COURS
D'ÉLECTRICITÉ

COURS
D'ÉLECTRICITÉ

PROFESSÉ

A L'ÉCOLE D'APPLICATION DU GÉNIE MARITIME

PAR

E. AUBUSSON DE CAVARLAY

INGÉNIEUR DE LA MARINE
SOUS-DIRECTEUR DE CETTE ÉCOLE

TOME SECOND

Dynamos à courants alternatifs, transformateurs, commutatrices.
Piles et accumulateurs. — Lampes et projecteurs.
Systèmes de distribution. — Installations à bord des navires,
transmetteurs d'ordres; télégraphie sans fil.

PARIS

AUGUSTIN CHALLAMEL, ÉDITEUR

LIBRAIRIE MARITIME

17, RUE JACOB

—

1899

COURS
D'ÉLECTRICITÉ

QUATRIÈME PARTIE
DYNAMOS A COURANTS ALTERNATIFS. — TRANSFORMATEURS. COMMUTATRICES.

CHAPITRE PREMIER
Alternateurs simples.

I. Fonctionnement en génératrices.

258. Principe de l'enroulement d'induit d'un alternateur. — Le principe des dispositions d'un générateur de force électromotrice alternative se conçoit immédiatement : on fait tourner l'un devant l'autre un champ magnétique ondulé et un conducteur à extrémités libres également ondulé de même pas. Considérons par exemple un ensemble d'inducteurs multipolaires tels que ceux d'une machine à courant continu (fig. 619), et sur un tambour mobile autour de son axe disposons des génératrices $a_1\, a'_1\, a_2\, a'_2\ldots$ distantes entre elles de la moitié du pas des inducteurs, relions-les comme l'indique la figure 620, et joignons les extrémités du conducteur ainsi formé chacune à une bague isolée montée sur l'arbre de l'induit : les génératrices initiales $a_1\, a_2\, a_3\ldots$ et les génératrices de retour $a'_1\, a'_2\, a'_3$ se trouveront à un instant quelconque identiquement placées les unes par rapport aux pôles

NN... et les autres par rapport aux pôles SS.., et elles recueilleront des forces électromotrices alternatives, fonctions du lieu où elles se trouvent, à tout moment égales entre elles et additives. Ces forces électromotrices fournissent aux bagues BB' une différence de potentiel alternative périodique, qui représente exactement leur somme si la capacité du système est négligeable et que l'alternateur ne débite entre ses bornes aucun courant.

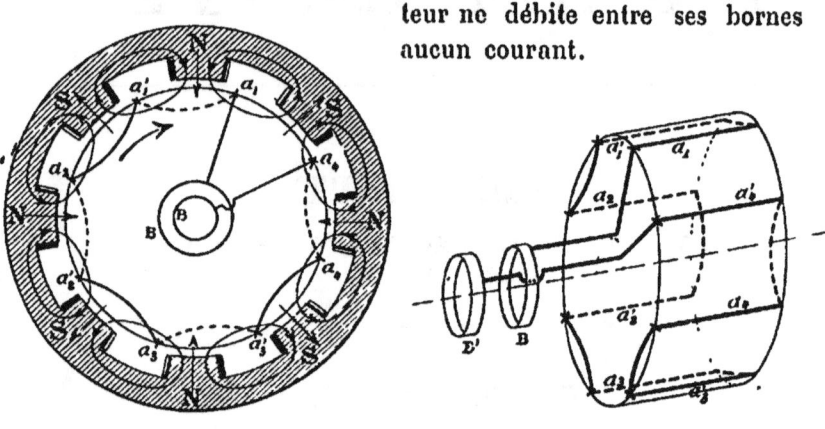

Fig. 619.   Fig. 620.

Au lieu de laisser fixe le système inducteur, on peut le faire tourner et maintenir immobile l'enroulement induit : ce sont alors les extrémités du conducteur d'excitation des inducteurs qui doivent être munies de bagues pour recevoir le courant nécessaire, et les extrémités de l'induit sont de simples bornes fixes.

Les alternateurs peuvent d'ailleurs recevoir les dispositions les plus variées. L'enroulement de l'induit peut se faire en anneau ou en disque, aussi bien qu'en tambour, comme nous l'avons supposé; le fil est ramené d'ordinaire sur lui-même dans chaque section et forme des bobines de proportions diverses que l'on peut, ou non, monter sur noyaux. Tantôt les inducteurs entourent l'induit, tantôt ils sont enveloppés par lui; le champ magnétique, au lieu de présenter des alternances, n'offre parfois que des variations d'intensité sans renversement de sens. Les enroulements inducteurs et induits peuvent être maintenus tous deux fixes, et les variations de flux nécessaires à l'induction s'obtenir par l'intermédiaire d'armatures en fer, dont le mouvement produise des variations périodiques de réluctance dans les circuits magnétiques communs aux deux enroulements.

Enfin si l'on place sur un même induit divers enroulements identiques, à des distances égales à une même fraction du pas du champ magnétique, on obtient du générateur autant de forces électromotrices identiques, décalées entre elles de fractions de période, qui peuvent engendrer, dans des circuits identiques et identiquement disposés chacun par rapport aux autres, des courants polyphasés.

259. Force électromotrice en circuit ouvert; influence des proportions relatives des pièces polaires, intervalles polaires et bobines. — La loi de variation de la force électromotrice avec le temps dépend des formes et proportions des diverses parties du champ magnétique et de celles des bobines de l'enroulement; à vitesse constante et pour chaque génératrice, elle est directement définie par la répartition des valeurs de la composante radiale de l'intensité du champ dans l'entrefer. On a en effet pour une génératrice

$$\varepsilon = -\frac{d\mathcal{K}}{dt} 10^{-8} = -\mathcal{K} 10^{-8} l \frac{D}{2} \frac{d\alpha}{dt} = -l \frac{D}{2} 2\pi N.\mathcal{K} 10^{-8}$$

en désignant par $\mathcal{K}$ la valeur locale de cette composante, par l la longueur des génératrices, par D le diamètre du tambour et par N le nombre de tours par seconde. Si donc on porte en ordonnées suivant les rayons les valeurs locales de l'intensité radiale, on obtient une courbe qui représente, à l'échelle convenable, les valeurs de la force électromotrice que recueille une génératrice de l'enroulement aux divers points de la circonférence. En développant la circonférence et en portant ces mêmes valeurs en ordonnées, on obtient une courbe de formes di-

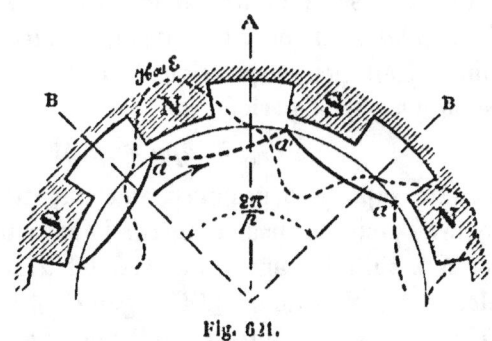

Fig. 621.

verses suivant les proportions des parties en jeu. Cette force électromotrice s'annule sur les axes de symétrie géométrique interpolaires B, A, B,..., atteint ses maxima et minima aux passages sous les pôles (si ceux-ci ne sont pas trop larges) et a pour période le temps $T = \dfrac{1}{pN}$. Sa valeur moyenne pour une demi-période est, en désignant par $\mathfrak{N}_p$ le flux issu d'un pôle,

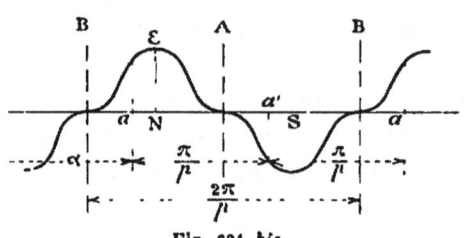

Fig. 621 bis.

$$\varepsilon_{moy} = -\dfrac{\mathfrak{N}}{\dfrac{T}{2}} 10^{-8} = 2p\,\mathfrak{N}_p\, N\, 10^{-8}$$

Avec un lacet complet et unique de $2p$ génératrices, tel que l'indique la figure 620, la force électromotrice totale instantanée de la machine serait égale au produit $2p\varepsilon$, car toutes les ordonnées $a'a'..$ (fig. 621 bis), qui correspondent aux génératrices de retour, doivent être inversées, et leurs ordonnées s'ajouter arithmétiquement à celles des ordonnées aa, avec le signe de ces dernières qui sont dans le temps alternativement positives et négatives. Si l'enroulement comportait $2m$ lacets identiques, rigoureusement superposés au premier et montés en série avec lui, la force électromotrice totale serait multipliée par $2m$, et, en désignant par n le produit $2p2m$ ou nombre total des génératrices de l'enroulement, on obtiendrait pour expression de la force électromotrice totale moyenne par demi-période

$$e_{moy.} = 2pn\,\mathfrak{N}_p\, N\, 10^{-8}$$

Mais on ne superpose pas ainsi exactement les lacets; il faudrait au moins, pour ne pas exagérer l'épaisseur de l'entrefer, les placer à la suite les uns des autres, les génératrices côte à côte, décalées entre elles de quantités égales à leur largeur augmentée de l'épaisseur des isolants. On fait mieux encore, tant pour faciliter le montage et les visites, que pour éviter de ramener côte à côte des génératrices entre lesquelles se produiraient des forces électromotrices égales à $2p\varepsilon$: on constitue l'enroulement de paires de bobines de m spires chacune, enroulées en sens contraires (fig. 622) ou bien identiques et connectées à rebours (fig. 623). Une paire de bobines constitue une section de l'enroulement et équivaut à $2m$ génératrices d'aller et $2m$ de retour : c'est là un élément

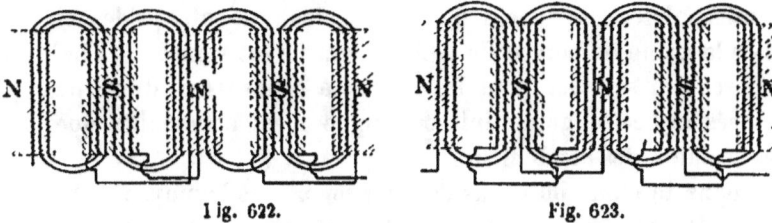

Fig. 622.   Fig. 623.

complet de la machine, et on connecte entre eux ces éléments en tension ou en quantité entre les bagues ou bornes, selon la force électromotrice et la conductance que l'on veut donner à l'induit.

Dans son ensemble l'enroulement comporte de toutes façons une suite de faisceaux de $2m$ génératrices alternativement d'aller a et de retour a'. Ces génératrices ne se trouvent plus soumises simultanément à des actions inductrices identiques et la force électromotrice totale n'est à chaque instant qu'un composé d'éléments inégaux. A chaque instant, ce sera la moyenne η des $2m$ ordonnées

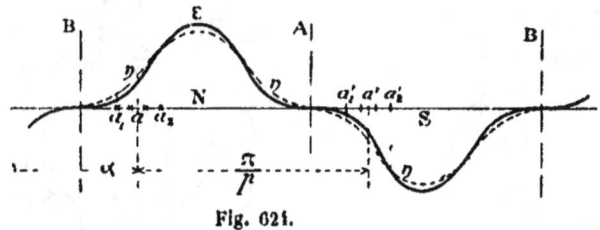

Fig. 624.

de la courbe ε comprises dans l'intervalle $a_1 a_2$ ou $a'_1 a'_2$, qu'occupe le faisceau d'aller a ou le faisceau de retour a', qui définira la valeur de la force électromotrice e de la machine au facteur $4\,pm$ près (montage en série) ou $2\,p$ (montage en quantité). La forme de la courbe η construite avec ces valeurs moyennes pour ordonnées différera plus ou moins de celle de la courbe ε, selon la valeur du rapport de la largeur des pleins $a_1 a_2, a'_1 a'_2$, de la gaine de cuivre de l'induit au demi-pas de l'alternateur. Généralement la courbe η coupera la courbe ε en des points assez voisins des inflexions de cette dernière; elle conservera les mêmes zéros et les mêmes axes, mais ses ordonnées maxima et minima seront moindres en valeur absolue; ses bosses en un mot seront moins accentuées. Sa forme définitive dépend des proportions relatives entre pièces polaires, vides interpolaires, épaisseur d'entrefer, ainsi qu'entre vides et pleins de la gaîne de cuivre de l'induit, qui ici est ajoutée, à l'inverse de ce qui se passe pour les induits à courants continus ou polyphasés où cette gaîne ininterrompue n'est segmentée que par les isolants des conducteurs.

On a dans le choix judicieux de ces proportions le moyen d'obtenir des alternateurs des forces électromotrices à peu près sinusoïdales.

On peut employer dans ce but deux moyens : ou bien proportionner directement pièces polaires, intervalles et épaisseur d'entrefer de façon que la courbe ε soit assez voisine d'une sinusoïde (fig. 625), ou bien espacer les pièces polaires de quantités plus considérables (fig. 626) et séparer en deux groupes chaque faisceau de génératrices parallèles, pour compenser les irrégularités de la courbe ε dont les zéros prennent alors une étendue notable. Dans

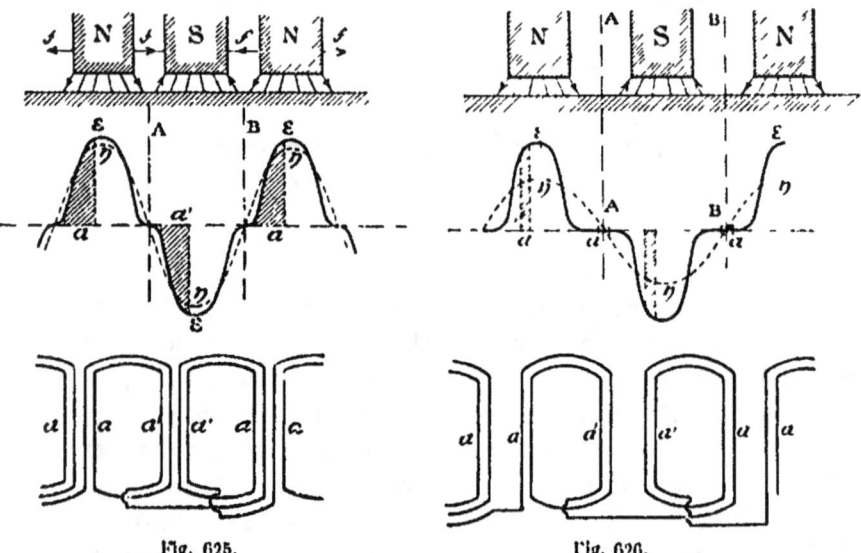

Fig. 625. Fig. 626.

le premier cas, l'utilisation du cuivre de l'induit est aussi bonne que possible, car toutes les génératrices se trouvent soumises à tout moment à des actions inductrices à peu près égales entre elles et concordantes, les forces électromotrices ne se trouvant opposées que pendant le court instant du passage d'un faisceau sous le zéro ; mais les dérivations de flux f, qui se produisent entre fûts inducteurs rapprochés (fig. 625), augmentent en pure perte la dépense d'excitation. Avec la seconde combinaison, ce dernier inconvénient ne compte plus, mais l'utilisation du cuivre de l'induit est moins bonne, car chaque demi-faisceau reste longtemps inactif, et la force électromotrice n'est donnée tour à tour que par un côté des bobines dont tout l'ensemble résiste cependant au passage du courant.

On munit souvent de noyaux feuilletés l'intérieur des bobines, et l'on forme ainsi des induits à radiations polaires, assez équivalents, au mouvement de fer près, aux induits à disques. Dans ces derniers on abandonne la forme rectangulaire, pour donner aux spires des contours plus ou moins arrondis. Les bobines, alternativement enroulées dans un sens et dans l'autre, prennent alors les dispositions qu'indique la figure 627. Il est plus commode dans ce

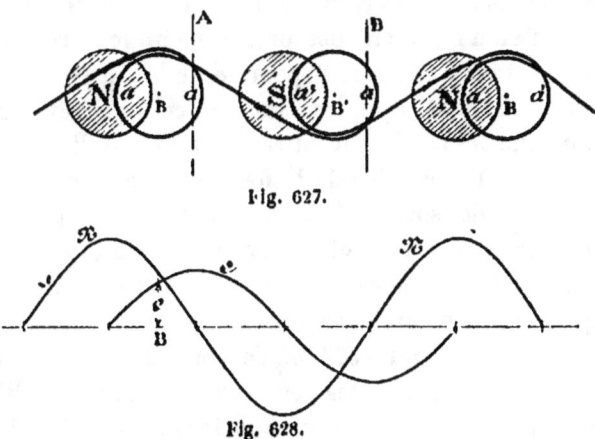

Fig. 627.

Fig. 628.

cas, pour étudier la force électromotrice, de considérer les variations de flux total $\mathfrak{X}$ au travers de chacune des bobines, car les différents éléments d'une même spire courbe se trouvent au même moment dans des régions d'intensité magnétique différente et il s'y engendre des forces élémentaires Δ_e différentes. La courbe des valeurs du flux $\mathfrak{N}$ qui traverse une bobine B, en fonction des positions qu'occupe son centre, est alors une courbe plus ou moins voisine d'une sinusoïde selon les proportions des diverses parties, et la dérivée de cette courbe changée de signe représente, à vitesse constante, la force électromotrice totale de la machine (fig. 628). L'expression de la moyenne des valeurs de cette force dans une demi-période est

$$e_{moy.} = 2pm \cdot \frac{2\mathfrak{N}_p}{\frac{T}{2}} 10^{-8} = 2pm \cdot 2p\,N \cdot 2\mathfrak{N}_p 10^{-8} = 2pn\,\mathfrak{N}_p\,N\,10^{-8}$$

en désignant par n le double du nombre de spires (chaque spire correspondant à une paire de génératrices aa') et par $\mathfrak{N}_p$ le flux issu d'un pôle qui traverse en moyenne les m spires d'une bobine quand cette bobine est exactement en face du pôle.

Nous n'avons jusqu'ici considéré que le cas d'inducteurs alternés; mais il suffit, avons-nous dit, que le champ soit ondulé pour produire une force électromotrice alternative. On voit en effet immédiatement sur la figure 627 que, sans changer l'enroulement, on obtiendrait encore une force électromotrice alternative, si, conservant tous les pôles N, on supprimait les pôles S.

Cette suppression ferait en effet tomber à zéro les forces électromotrices de toutes les bobines B' pour toute la durée du passage des bobines B sous les pôles, et, inversement, celles-ci deviendraient inertes, alors que les bobines B' entreraient en activité pour fournir la demi-période négative de la force électromotrice par leur passage sous les pôles suivants. L'avantage principal de cette combinaison est la suppression de toute dérivation de flux entre pôles voisins; elle se prête d'ailleurs, avec les induits en disque (Mordey), à une disposition très simple des enroulements inducteurs.

Reportons-nous à la figure 625, où l'enroulement est fait de faisceaux de génératrices parallèles contiguës; il va de soi qu'il n'y a plus lieu d'espacer ces dernières, puisque les pôles semblables peuvent être rapprochés sans inconvénient. Supprimons tous les pôles S et raisonnons sur des inducteurs d'induit en disque, tous de même sens (fig. 629); la courbe e prend la forme qu'indique la figure. Les génératrices d'aller aa... et celles de retour $a'a'$... n'engendrent de force électromotrice que tour à tour, les génératrices $a'a'$ se trouvant en région d'intensité magnétique nulle alors que les génératrices aa passent sous les pôles, et inversement. La courbe de la force électromotrice des faisceaux aa est faite de portions identiques aux arcs positifs de la courbe η de la figure 625 et de portions de l'axe des espaces, et la courbe $\eta + \eta'$, composée des ordonnées η et des ordonnées η' d'une courbe identique mais inversée et décalée d'un demi-pas, représente la force électromotrice d'une paire moyenne de génératrices aa'.

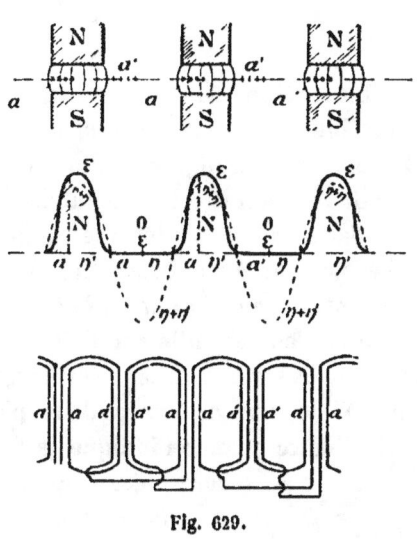

Fig. 629.

On a donc pour valeur de la force électromotrice moyenne totale

$$e_{moy} = \frac{2p\,2m}{2}\,\frac{2\,\mathfrak{N}_p}{T}\,10^{-8} = pn\,\mathfrak{N}_p\,N\,10^{-8}$$

en représentant par $\mathfrak{N}_p$ le flux moyen issu d'un pôle, qui traverse les m spires d'une bobine, quand elle est en face du pôle (ce flux est au flux total issu du pôle dans le rapport de l'ordonnée moyenne de η à l'ordonnée moyenne de ε) et par n le nombre des génératrices, double du nombre des spires.

Remarque. — Nous ne nous sommes préoccupés que de la valeur de la force électromotrice moyenne; or c'est la force électromotrice efficace E_{eff} qui définit l'action moyenne de l'alternateur, et c'est à la force électromotrice maxima E qu'ont à résister les isolants des conducteurs. Les valeurs de ces éléments ont une grande importance; elles sont liées à la force électromotrice moyenne par des rapports qui dépendent des proportions et qu'il faut demander à l'expérience de déterminer dans chaque cas [1]. Nous rappellerons que, dans le cas où la force électromotrice suit la loi sinusoïdale, on a entre ces éléments

$$E = \frac{\pi}{2} c_{moy} \qquad E_{eff} = \frac{\pi}{2\sqrt{2}} c_{moy}$$

260. Excitation des inducteurs. — Le plus souvent l'excitation des inducteurs est obtenue à l'aide d'un courant continu issu d'une source étrangère, ordinairement une petite dynamo à faible voltage. Tantôt cette excitatrice est absolument indépendante de l'alternateur, tantôt elle est montée sur le même arbre que lui et par conséquent solidaire de lui.

Quelquefois on envoie dans les circuits d'excitation un courant ondulatoire qu'on recueille sur l'alternateur même à l'aide d'un collecteur redresseur. On peut employer un système analogue à celui de Wilde, qui comporte deux pièces à dents s'emboîtant l'une dans l'autre comme l'indique la figure 630. Chacune de ces

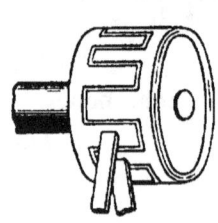

Fig. 630.

deux pièces, isolées l'une de l'autre, est mise en communication avec une des bagues de l'induit mobile, et deux balais écartés d'une largeur de dent, c'est-à-dire d'un angle égal à l'angle qui sépare un pôle nord du pôle sud suivant, se trouvent par suite de la rotation alternativement connectés aux deux pôles de l'enroulement induit; ils changent donc de pôle au moment même où la différence de potentiel entre ces pôles change de sens, et ils recueillent cette différence toujours dans le même sens [2].

261. Dispositions de principe de quelques alternateurs. — Comme type d'alternateur à induit mobile enroulé en tambour sur noyaux polaires, nous citerons l'alternateur de la Cie Westinghouse. L'induit est fait de tôles minces de fer doux; les noyaux des inducteurs sont reliés par une carcasse en fonte (fig. 631). Les noyaux des bobines sont constitués par les appendices radiaux des tôles découpées qui forment le corps de l'induit. Les bobines b, plus larges que les noyaux B, sont fixées à l'aide de coins en bois $\beta\beta$

---

(1) M. Kapp a calculé ces rapports pour diverses proportions relatives des bobines et des intervalles polaires.
(2) Nous reviendrons sur la question de l'autoexcitation des alternateurs au chapitre de la distribution par courants alternatifs.

dont l'effort les étire et les applique contre les parois des noyaux. Le courant d'excitation est prélevé sur l'alternateur lui-même à l'aide d'un redresseur; un rhéostat établi sur le circuit inducteur permet de faire varier ce courant.

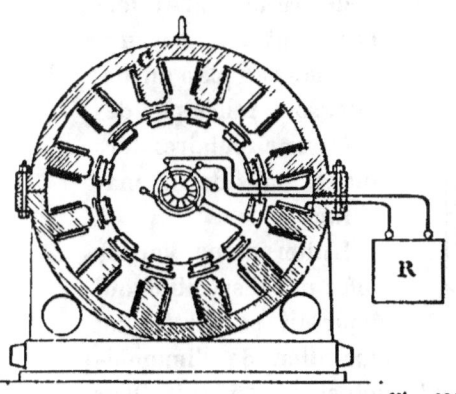
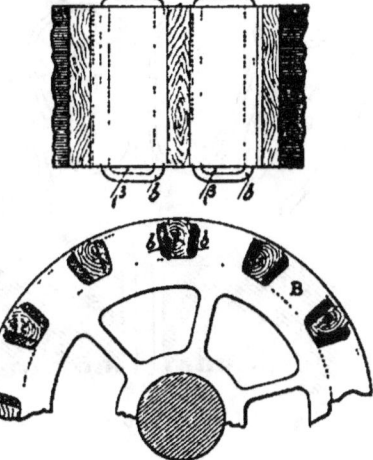

Fig. 631.

Le Creusot construit des alternateurs du type Zipernowski. L'induit, constitué de bobines à noyaux rectangulaires montées sur une carcasse circulaire, est fixe et l'inducteur mobile. Les circuits magnétiques, lamellés dans toute leur étendue, sont faits de tôles minces taillées en U ou en T et décroisées dans leur empilage comme l'indique la figure 632.

L'alternateur Siemens et Halske est enroulé en anneau : l'induit fixe entoure, comme dans la machine précédente, le système inducteur mobile. Le principe des dispositions de cet alternateur est donné par la figure 633.

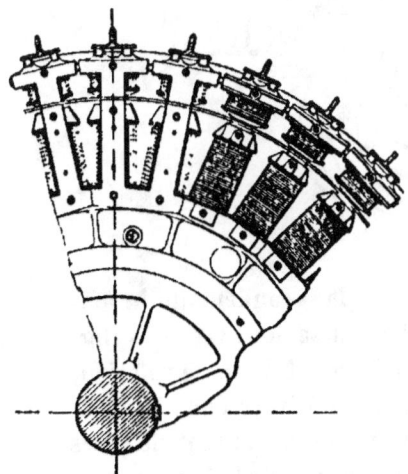

Fig. 632. Fig. 633.

L'alternateur de Ferranti est un alternateur en disque fait de bobines identiques connectées par paires, comme l'indique la figure 634, sans noyaux de fer. Le système inducteur fixe est composé d'électro-aimants alternés dont les noyaux, normaux au plan du disque, sont reliés par des culasses circulaires formant bâti de la machine.

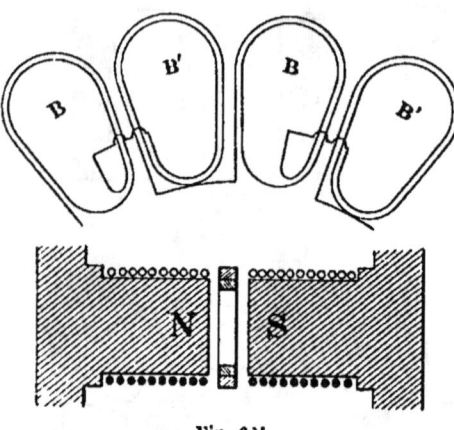

Fig. 634.

L'alternateur Mordey offre une disposition qui pourrait se prêter au maintien de l'immobilité simultanée des deux enroulements inducteur et induit. Dans le type Victoria la bobine inductrice est néanmoins mobile : l'in-

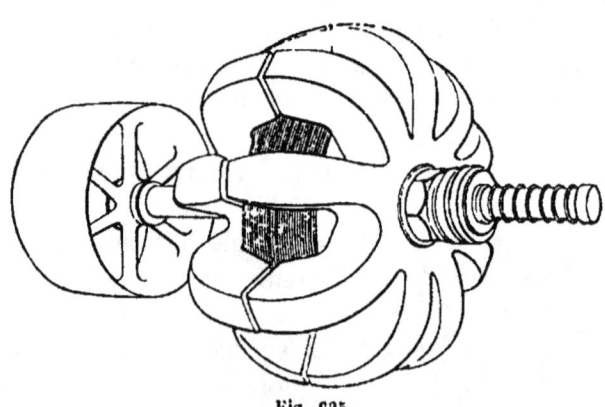

Fig. 635.

ducteur, en fer ou en acier doux suivant la grandeur de la machine, porte une double série de griffes qui se font vis-à-vis (fig. 635). La bobine inductrice crée, parallèlement à l'axe de rotation, un flux constant qui se partage en branches dérivées dans les griffes : ces dernières constituent ainsi d'un même côté autant de pôles de même signe. L'induit en disque, fixe, est fait de bobines accostées formant autant de paires de faisceaux de génératrices qu'il y a de griffes dans l'inducteur (fig. 635 *bis*).

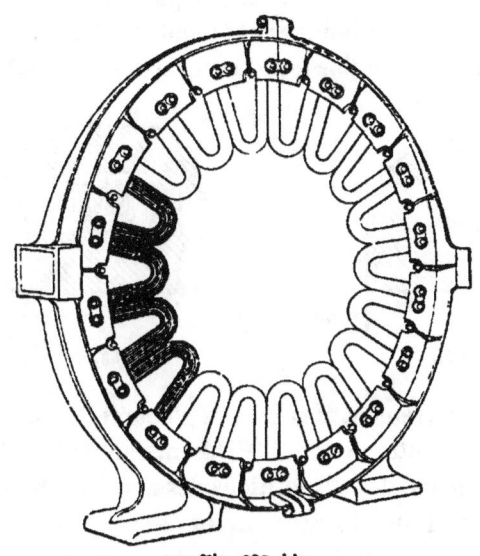

Fig. 635 *bis*.

Comme exemple d'alternateur à fer tournant, nous indiquerons un type récemment adopté par les ateliers d'OErlikon, dont les dispositions ont une analogie étroite avec celle de l'alternateur Mordey. Les bobines induites fixes, au lieu de former dans leur ensemble le disque que représente la figure 635 *bis*, sont réparties en deux moitiés sur les noyaux feuilletés rayonnants de la couronne d'acier doux AA (fig. 636 *bis*), de part et d'autre de l'enroulement

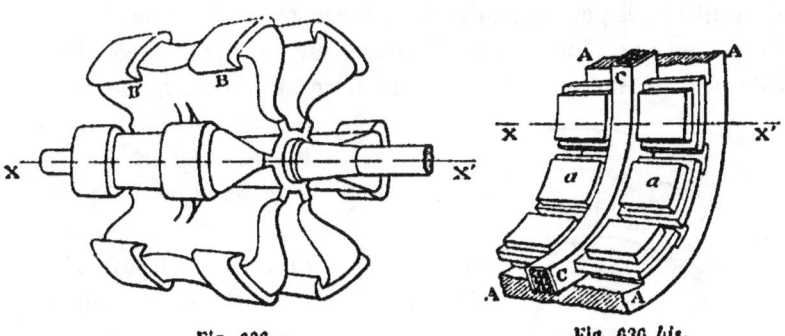

Fig. 636.   Fig. 636 *bis*.

inducteur logé lui-même dans la gorge de l'anneau fixe CC. Les ponts de fer feuilleté BB, fixés à l'arbre mobile XX (fig. 636), viennent alternativement fermer et couper les circuits magnétiques de chaque paire de bobines et jouent manifestement le rôle des griffes de l'inducteur Mordey. Les figures 637 et 637 *bis*, qui

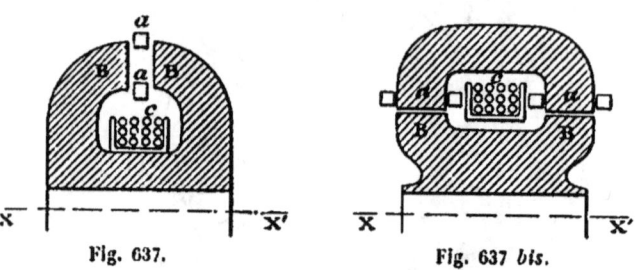

Fig. 637. Fig. 637 *bis*.

représentent respectivement des coupes diamétrales de l'alternateur Mordey et de l'alternateur d'OErlikon, mettent d'ailleurs en évidence l'équivalence des dispositions des deux machines.

262. Réaction d'induit d'un alternateur. — Nous avons vu comment se produisait la force électromotrice dans l'induit d'un alternateur, mais nous avons supposé que l'alternateur ne débitait pas, afin de n'avoir pas à tenir compte de la réaction magnétique des courants induits. Prenons maintenant le cas du fonctionnement en circuit fermé; le circuit, qui comprend d'ailleurs l'enroulement de l'induit même, a une certaine résistance, un certain coefficient de selfinduction et une certaine capacité. Nous connaissons, dans ses traits principaux (§ 90), le mode d'action de ces facteurs; nous chercherons ici à nous rendre compte de l'effet que le courant établi peut produire sur l'alternateur lui-même.

Supposons que l'inductance l'emporte sur la capacitance : l'intensité retarde sur la force électromotrice appliquée d'une fraction de période plus petite qu'un quart. A l'instant où l'induit passe dans la position qu'indique la figure 638, l'axe de B en coïncidence avec l'axe de N,

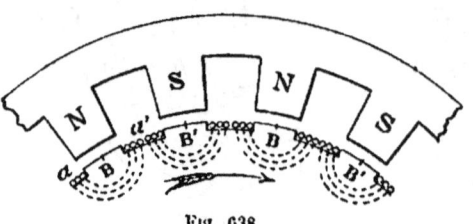

Fig. 638.

la force électromotrice est nulle et, l'induit tournant par rapport à l'inducteur dans le sens de la flèche, la force électromotrice devient positive, le flux dans B diminuant; la force électromotrice serait d'ailleurs représentée en fonction des positions des axes B des bobines par la sinusoïde *e* (fig. 639), si le champ magné-

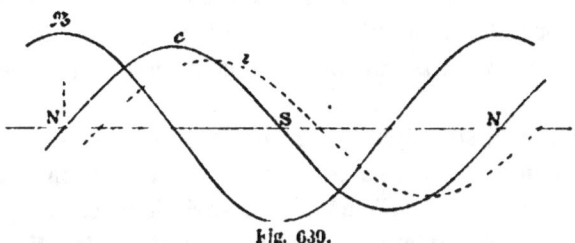

Fig. 639.

tique (courbe ᴁ) n'était dû qu'aux inducteurs. D'autre part, s'il n'y avait pas de réactance, l'intensité coïnciderait avec cette force électromotrice. Mais la selfinduction fait retarder l'intensité sur la force électromotrice supposée *e* et la courbe *i* se place comme l'indique la figure. Cette même courbe représente à un facteur constant près la force magnétisante que donne la bobine B. Étudions les effets de cette force.

En particulier, lorsque la bobine B passe devant le pôle N, la force magnétisante de l'induit agit à l'opposé de la force magnétisante de l'enroulement inducteur; elle est faible alors, mais le circuit offert au flux de l'induit est lui-même de faible réluctance, et comme en moyenne pendant la durée de ce passage l'intensité est négative, la réaction d'induit comporte un effet démagnétisant.

Quand la bobine B au contraire a son axe dans le vide interpolaire, l'intensité *i* est voisine de son maximum, mais la réluctance du circuit offert aux lignes de force de la bobine B est considérable. La réaction d'induit agit

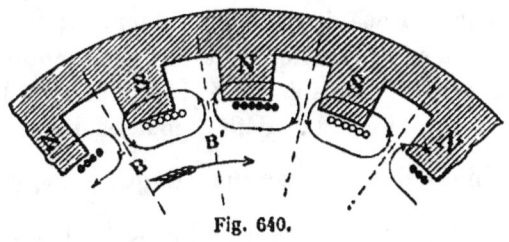

Fig. 640.

alors dans les pièces polaires suivant les lignes qu'indique la figure 640, et oblique le flux dans le sens du mouvement. Ces deux actions pulsatoires donnent lieu à un flux oscillant et ondulatoire qui nécessite la segmentation des noyaux d'inducteurs. La période commune de ces deux pulsations est évidemment $\frac{T}{2}$.

On remarquera, en passant, que ces variations de flux engendrent dans le circuit d'excitation une force électromotrice périodique, qui a pour effet d'onduler le courant inducteur dans le cas même où celui-ci est fourni par une dynamo à force électromotrice constante.

Bien qu'on puisse admettre que la perméabilité du fer reste à peu près constante (§ 81), l'étude exacte de la réaction d'induit est fort complexe par le fait même des variations de forme des circuits magnétiques qui entraînent une variation périodique du coefficient de selfinduction propre de l'alternateur.

Des effets analogues se produiraient dans le cas où la capacitance l'emporterait sur l'inductance; le premier effet direct de la réaction d'induit serait inverse, par suite de l'avance de l'intensité sur la force électromotrice, car au moment des passages des bobines sous les pôles leurs flux seraient en moyenne concordants avec ceux des inducteurs et, au lieu de diminuer le flux, la réaction d'induit, tout en l'obliquant, l'augmenterait périodiquement. Là est l'avantage de l'emploi de condensateurs auxiliaires qui d'autre part, en diminuant le décalage de l'intensité sur la force électromotrice de l'alternateur, augmentent le facteur de puissance (§ 94).

Remarque. — Si l'on voulait admettre que la réluctance des circuits magnétiques offerts à l'établissement du flux propre de l'induit pût être considérée comme constante, avec une valeur moyenne convenable entre les valeurs extrêmes qu'elle prend en réalité, on se représenterait le flux que l'induit établit aux travers de ses propres spires comme proportionnel à la valeur de l'intensité : ce flux serait alors défini, pour les diverses positions des axes des bobines B, par une courbe telle que $\frac{n}{2}\mathcal{R}_t$ pour les $\frac{n}{2}$ spires de l'enroulement (n représente toujours le nombre des génératrices aller et retour, double de celui des spires). Les variations de flux que subiraient alors les bobines se déplaçant dans le sens de la flèche

FONCTIONNEMENT EN GÉNÉRATRICES.

f (fig. 641) produiraient, en même temps que la force électromotrice e, une force e_i qui serait la force de selfinduction propre à

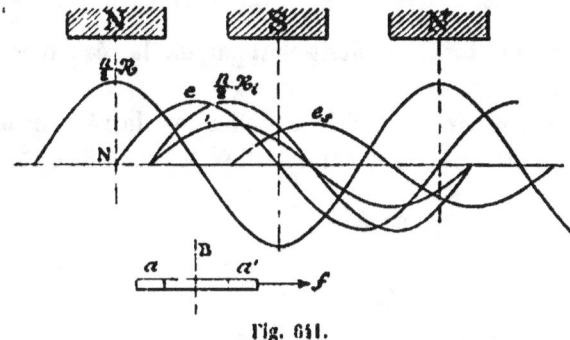

Fig. 641.

l'alternateur dans les conditions d'impédance totale où il débite; cette force e_i serait représentée par une sinusoïde décalée d'un quart de période sur $\mathfrak{X}_i$ comme e sur $\mathfrak{X}$. Les deux forces e et e_i ont une résultante e' que l'on peut considérer comme engendrée par les variations du flux $\frac{n}{2}\mathfrak{X}'$ résultant de $\frac{n}{2}\mathfrak{X}$ et $\frac{n}{2}\mathfrak{X}_i$.

Représentons ces divers éléments par des vecteurs tournant avec la vitesse $\frac{2\pi}{T}$ (fig. 642). Le vecteur E représentant la force engendrée par $\frac{n}{2}\mathfrak{X}$ retarde de $\frac{\pi}{2}$ sur le vecteur $\frac{n}{2}\mathfrak{X}$; cette force engendre une intensité i qui retarde (dans le cas d'une réactance totale positive) sur E d'un certain angle φ. C'est dans cette direction qu'il faut porter la force contre électromotrice d'effet Joule $r\,\mathrm{I}$ (r désignant la résistance totale du circuit) et le flux $\frac{n}{2}\mathfrak{X}_i$, d'autre part. La résultante de $\frac{n}{2}\mathfrak{X}$ et de $\frac{n}{2}\mathfrak{X}_i$ est $\frac{n}{2}\mathfrak{X}'$; c'est ce flux qui donne E', force

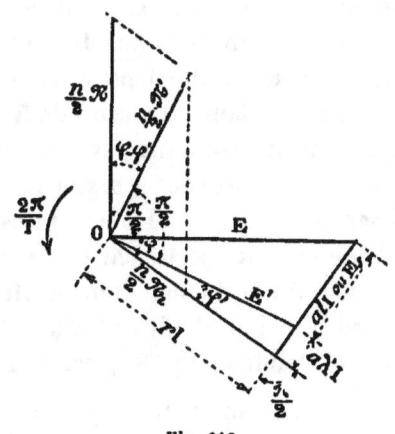

Fig. 642.

COURS D'ÉLECTRICITÉ. — T. II.

électromotrice de l'alternateur résultant de son flux inducteur et de son flux de réaction d'induit, force électromotrice qui est équilibrée par toutes les autres réactions du circuit $r\,\mathrm{I}, a\mathcal{L}\mathrm{I}, \dfrac{1}{ac}\mathrm{I}$ etc., en un mot par $r\,\mathrm{I}$ et $a\lambda'\mathrm{I}$, en désignant par $a\lambda'$ la réactance totale du circuit extérieur.

On voit que si le circuit extérieur n'offre pas de réactance, λ' et par suite φ' étant nuls, on a entre le flux $\mathcal{X}'$ et le flux $\mathcal{X}$ la relation

$$\mathcal{X}' = \mathcal{X}\cos\varphi$$

avec

$$tg\,\varphi = a\,\frac{l}{r}$$

l désignant le coefficient moyen de selfinduction de l'alternateur et r la résistance de son induit augmentée de celle du circuit extérieur.

Il n'y a là que des relations approximatives.

263. Puissance fournie à l'alternateur; emploi de cette puissance. — La puissance moyenne fournie à un alternateur dans une période T comprend les watts d'excitation, si le courant inducteur est emprunté à une source étrangère, et la puissance mécanique $2\pi\,\mathrm{CN}$ dépensée sur son arbre, C désignant en joules le couple que l'arbre oppose en moyenne au moteur qui le mène à l'allure moyenne de N tours par seconde; le couple est en réalité variable à tout moment de la durée d'une période T, puisque l'intensité i et les flux sont périodiques. Cette puissance mécanique est employée à diverses fins. D'une part, elle doit vaincre les frottements divers : frottements mécaniques, frottements magnétiques par hystérésis dans les masses de fer, frottements électriques correspondant aux courants parasites tant dans les masses de cuivre que dans les masses de fer segmentées; d'autre part, elle fournit la puissance électrique du courant direct induit.

L'ensemble des pertes par frottements divers, que nous désignerons par F H P, est fonction de la vitesse et de l'induction; c'est sur la valeur maxima du flux résultant $\mathcal{X}'$ qu'elles se règlent. La formule de Steinmetz (§ 73) permet d'apprécier les pertes par hystérésis en fonction de la fréquence du courant $\dfrac{1}{T}$ et de l'induction maxima $\mathfrak{B}' = \dfrac{\mathfrak{X}'}{s}$. Quant aux pertes de watts par courants parasites, qui varient avec l'épaisseur des tôles comme le carré de $\mathfrak{B}$ et comme le carré de la fréquence $\dfrac{1}{T}$, on peut les apprécier pour du fer doux de bonne qualité par la formule de MM. Loppé et Bouquet

$$w_p = 0{,}16 \, \dfrac{X^2 \, \mathfrak{B}^2}{T^2} \, 10^{-11}$$

où X désigne l'épaisseur des tôles en dixièmes de millimètre. On peut d'ailleurs se contenter de la formule Steinmetz, en donnant au coefficient A la valeur que l'expérience indiquée au § 172 du tome I permet de calculer pour les tôles toutes lamellées placées dans les conditions de leur emploi.

La puissance du courant induit a pour valeur (§ 94) :

$$w = \dfrac{\int_0^T ei\,dt}{T} = E_{\text{eff.}} \, I_{\text{eff.}} \cos\varphi = \dfrac{EI}{2}\cos\varphi.$$

C'est le $\frac{1}{2}$ produit de la projection de E ou de E' sur la direction de I par l'intensité I elle-même ; ce produit n'est autre que l'effet Joule total $\frac{1}{2} r I^2$ lorsqu'il n'y a pas de transformation d'énergie sur la ligne (fig. 642 cas de l'éclairage), ou bien il est égal au produit de $\frac{1}{2} I^2$ par r', résistance apparente totale, lorsqu'il y a transformation d'énergie (cas de l'alimentation de moteurs). De toutes façons cette puissance comprend les watts perdus par effet Joule dans l'enroulement de l'induit. En désignant par c la valeur moyenne en joules du couple résistant des actions électromagnétiques entre génératrices portant courant et inducteurs, on peut écrire

$$2\pi\, cN = \dfrac{EI}{2}\cos\varphi = \dfrac{\pi}{2}\, 2\, pn\, \mathfrak{X}N\, 10^{-8}\, \dfrac{I}{2}\cos\varphi$$

en remplaçant E par sa valeur $\dfrac{\pi}{2} e_{\text{moy}}$ (§ 259). On tire de cette relation, pour valeur de c,

$$c = \dfrac{pn\, 10^{-8}}{4}\, \mathfrak{X}I \cos\varphi = p^2 m\, 10^{-8}\, \mathfrak{X}I \cos\varphi$$

(n désignant toujours le nombre total des génératrices de l'enroulement, soit le double du nombre total $2\,p\,m$ des spires, et en supposant d'ailleurs un enroulement en série et des inducteurs à pôles alternés). Ce couple ne dépend donc que du produit $\mathcal{K}'\mathrm{I}$ lorsque le circuit extérieur ne présente que de la résistance, puisqu'on a alors $\mathcal{K}\cos\varphi = \mathcal{K}'$.

264. Fonctionnement simultané des alternateurs. — Pour que deux alternateurs identiques tournant à la même vitesse, couplés en tension sur un même circuit, puissent ajouter efficacement leurs forces électromotrices, il faudrait qu'ils fussent en concordance de phase. Or, si l'on essaie de réaliser cette expérience, on constate que ce genre de fonctionnement est instable c'est-à-dire que la concordance de phase des deux alternateurs, réalisée momentanément, ne subsiste pas et que les deux forces électromotrices tendent à se décaler de plus en plus l'une par rapport à l'autre; cherchons à nous rendre compte de ce phénomène.

I. Alternateurs couplés en tension. — Supposons qu'une faible différence de phase se soit produite. L'une des forces

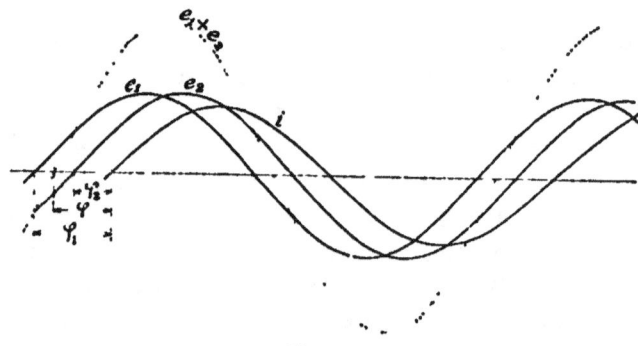

Fig. 643.

électromotrice est e_1, l'autre e_2; la force électromotrice résultante est $e_1 + e_2$, et l'intensité est représentée par la sinusoïde i qui retarde sur $e_1 + e_2$ d'une fraction de période moindre que $\dfrac{\mathrm{T}}{4}$. L'intensité retarde donc d'une quantité moindre sur e_2 que sur e_1, et la puissance $\frac{1}{2}\mathrm{EI}\cos\varphi_2$ développée par l'alternateur 2 *qui s'est mis en retard* est plus considérable que la puissance $\frac{1}{2}\mathrm{EI}\cos\varphi_1$ que développe l'alternateur 1. Or, si l'alternateur e_2 a pris du retard sur

e_1, après avoir été en concordance avec lui, c'est que son moteur lui communiquait un couple un peu trop faible. Si donc le retard subi a pour effet d'accroître encore le couple résistant de l'alternateur 2, il est évident que le retard ne fera que s'accentuer. Étudions le phénomène d'une façon plus générale.

Construisons le diagramme des vecteurs (fig. 644). Les deux forces électromotrices E_1 et E_2 sont toujours égales, leur résultante est la bissectrice de leur angle de décalage; le retard φ de l'intensité i sur la résultante défini par la relation $tg\,\varphi = \dfrac{2\pi}{T}\dfrac{\mathcal{L}}{r}$ est constant (en désignant par $\mathcal{L}$ le coefficient moyen de selfinduction de l'ensemble, alternateurs et circuit extérieur). Les puissances développées par les deux alternateurs, lorsque l'écart entre E_1 et E_2 varie, sont proportionnelles aux projections de i sur les deux côtés du losange des forces électromotrices : ces puissances sont en effet $\dfrac{EI}{2}\cos\varphi_1$ et $\dfrac{EI}{2}\cos\varphi_2$, en désignant par E le maximum commun constant des forces électromotrices $e_1\,e_2$. L'intensité I varie d'ailleurs proportionnellement à la résultante E_r des deux E; le choix des échelles restant arbitraire, nous prendrons la longueur OI toujours égale à OE_r. Les directions OE_r et OI peuvent être toujours les mêmes, et sur le diagramme l'angle $\varphi_1 - \varphi_2$ des côtés du losange des forces électromotrices variera seul. Les puissances développées par les alternateurs sont donc entre elles comme Ow_1 et Ow_2 et ces longueurs représentent encore à une autre échelle les couples résistants des alternateurs, l'allure étant la même pour les deux

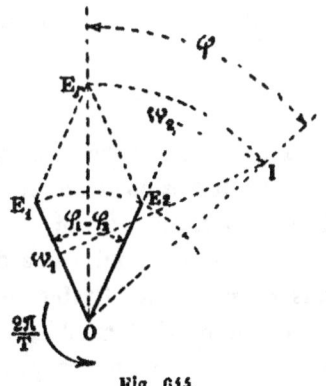

Fig. 644.

alternateurs, à la variation près extrêmement petite qui règle les retards : nous supposons d'ailleurs l'allure maintenue presque constante par les régulateurs des moteurs. La figure montre que Ow_2 est plus grand que Ow_1 : l'alternateur en retard est donc nécessairement celui qui offre le couple résistant le plus considérable; le décalage $\varphi_1 - \varphi_2$ s'accroît donc de tous les retards qui se peuvent produire, par petits à-coups, glissements de la courroie 2 par exemple, et le couple résistant Ow_1 diminue de plus en plus, tant par accroissement de l'angle w_1OI, qui est égal à $\varphi + \dfrac{\varphi_1 - \varphi_2}{2}$, que par diminution de OI qui suit la réduction de OE_r. Le couple Ow_1 devient même nul lorsque le décalage $\varphi_1 - \varphi_2$ atteint la valeur $2\left(\dfrac{\pi}{2} - \varphi\right)$; le moteur 1 n'a plus à fournir alors que la puissance absorbée par les frottements, les courants parasites et l'hystérésis (terme FHP), et quand le décalage dépasse cette valeur, le signe de Ow_1 change, l'alternateur 1 produit *un couple moteur*, dont le travail est fourni par le moteur 2 (fig. 645). La différence de

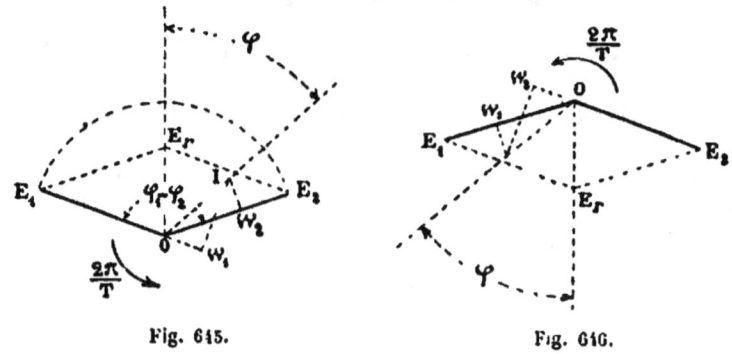

Fig. 645.   Fig. 646.

phase ne peut donc encore continuer qu'à s'accroître jusqu'à ce que les deux forces électromotrices soient en opposition. L'intensité alors sera nulle avec la résultante OE_r, et les deux moteurs ne fourniront que la puissance absorbée par les frottements, les courants parasites et l'hystérésis. Ce régime sera stable, car si l'une quelconque des machines venait à subir un retard, c'est elle qui, à l'inverse du cas précédent, aurait le couple le plus faible à fournir, et elle se trouverait en situation de regagner le temps perdu. Le diagramme précédent le montre, car alors si c'est OE_2 qui retarde, OE_r et OI changent de sens (la rotation des vecteurs ayant toujours lieu dans le sens de la flèche $\dfrac{2\pi}{T}$) et l'alternateur 2 fournit à son tour un couple moteur (fig. 646).

Remarques. — Outre la conclusion immédiate qu'elle fournit relativement à l'instabilité de fonctionnement en concordance des deux alternateurs en tension, cette étude permet de faire quelques remarques importantes : 1° si le circuit offrait une capacité prépondérante sur la selfinduction, le fonctionnement en concordance des deux alternateurs en tension deviendrait stable, l'intensité avançant sur la force électromotrice résultante; 2° puisqu'à partir d'un certain décalage, l'alternateur en avance peut fournir un couple moteur, la transformation en énergie mécanique de l'énergie électrique produite sous forme de courant alternatif est possible avec les alternateurs simples; 3° le fonctionnement en parallèles de deux alternateurs sera stable, par le fait même de

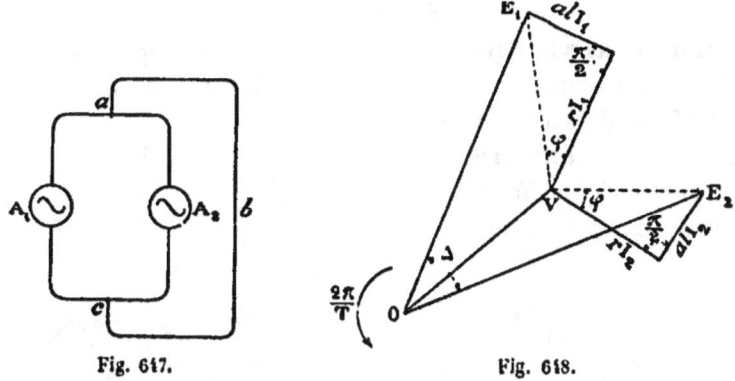

Fig. 617.   Fig. 618.

la selfinduction, car deux alternateurs couplés en quantité $A_1 A_2$ ajoutent leurs forces électromotrices sur un circuit extérieur $a\,b\,c$, s'ils sont exactement en opposition sur le circuit fermé $c\,A_1\,a\,A_2$ (fig. 647). Étudions directement ce dernier cas.

II. *Alternateurs couplés en quantité.* — Supposons deux alternateurs identiques couplés en quantité sur un circuit $a\,b\,c$ de résistance R et de coefficient de selfinduction £. Soient r et l la résistance et la selfinduction de chacun des tronçons $c\,A_1\,a$, $c\,A_2\,a$. Les deux alternateurs marchent à la même vitesse, mais admettons qu'une différence de phase Δ existe entre eux. Que se passe-t-il? Nous désignerons par e_1, e_2, i_1, i_2, i les forces électromotrices et les intensités, et par v la différence de potentiel aux bornes $a\,c$ (§ 93).

Construisons le diagramme des vecteurs (fig. 648). Les droites OE_1

et OE_2, représentatives des forces électromotrices sont égales et font entre elles l'angle Δ. Si nous connaissions la différence de potentiel V, nous pourrions construire en direction et en grandeur la droite OV qui la représente. Supposons-la connue : le vecteur OV résulte d'une part de OE_1, de alI_1 et de rI_1 et d'autre part de OE_2, de alI_2 et de rI_2; on obtiendrait donc la figure 648, où les angles marqués φ sont égaux entre eux et définis par la relation

$$tg\ \varphi = \frac{al}{r}$$

D'un autre côté OV doit avoir, avec la force électromotrice de selfinduction $a\mathcal{L}I$, RI pour résultante; ces forces sont disposées ainsi que l'indique la figure 649, l'angle Φ étant défini par l'équation

$$tg\ \Phi = a\mathcal{L}I$$

Si nous transportons la figure 649 sur la figure 648 et que nous construisions la résultante de rI_1 et de rI_2, *nous devrons obtenir une parallèle à RI et de plus les deux droites devront être entre elles dans le rapport de R à r*. Telles sont les deux conditions qui

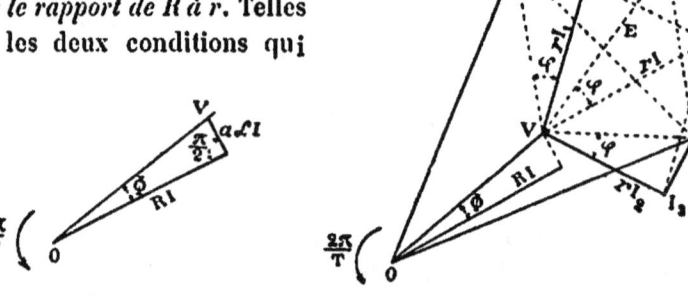

Fig. 649.   Fig. 650.

doivent nous suffire à déterminer OV en direction et en grandeur. Or les deux angles marqués φ étant égaux et toujours de même sens, et de plus les deux triangles $VE_1 I_1$ et $VE_2 I_2$ étant semblables, la résultante VA de VE_1 et de VE_2 fait l'angle φ avec rI et de plus VA est à rI dans dans le rapport de VE_1 à rI_1 ou de VE_2 à rI_2, c'est-à-dire que

$$VA = \sqrt{r^2 + a^2 l^2}\ I$$

puisque $VE_1 = \sqrt{r^2 + a^2 l^2}\ I_1$ et $VE_2 = \sqrt{r^2 + a^2 l^2}\ I_2$

D'autre part

$$OV = \sqrt{R^2 + a^2 \mathcal{L}^2}\ I$$

FONCTIONNEMENT EN GÉNÉRATRICES.

Le rapport des deux droites OV et VA est donc déterminé

$$\frac{VA}{OV} = \frac{\sqrt{r^2 + a^2 l^2}}{\sqrt{R^2 + a^2 \mathcal{L}^2}} = \frac{\rho}{P}$$

en appelant ρ l'impédance de l'une des branches cA_1a et P celle du circuit extérieur. De plus, puisque rI et RI sont parallèles, la résultante VA fait avec OV un angle

$$\alpha = \varphi - \Phi$$

Or, OE_1 et OE_2 étant données, et la droite VA passant par le milieu de E_1E_2 qui est la seconde diagonale du parallélogramme E_1VE_2A, le problème revient à déterminer le point V par la condition que OV et VE fassent entre eux l'angle α et par celle que

$$\frac{VE}{OV} = \frac{1}{2}\frac{\rho}{P}.$$

Le point V s'obtient donc par l'intersection de deux cercles

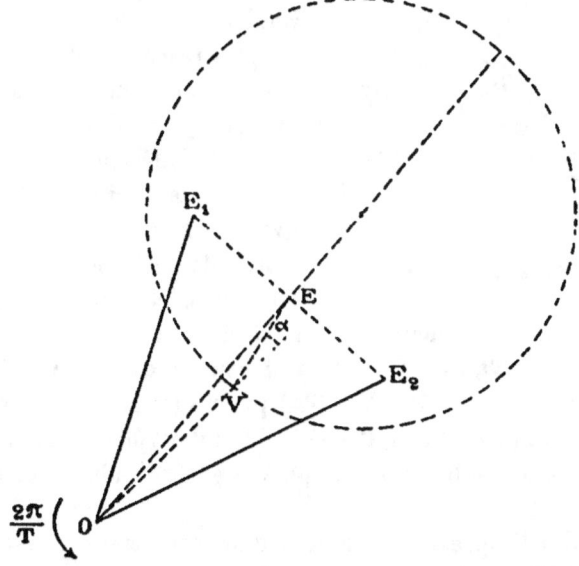

Fig. 651.

1° Cercle passant par O et E capable du supplément de α, 2° Cercle lieu des points tels que leurs distances aux points O et E soient dans le rapport de 2 P à ρ.

Quand on a obtenu ainsi OV, on construit le reste de la figure sans difficulté.

Examinons maintenant comment les deux alternateurs se partagent le travail. L'alternateur 1, qui avance de Δ sur l'alternateur 2, développe une puissance qui a pour expression

$$w_1 = \frac{EI_1}{2} \cos (VI_1, OE_1)$$

et l'alternateur 2 une puissance

$$w_2 = \frac{EI_2}{2} \cos (VI_2, OE_2)$$

Dans un cas tel que celui de la figure (OV retardant sur VE), la puissance que développe l'alternateur en avance est la plus grande, pour les deux raisons 1° que VI_1 est plus grand que VI_2, 2° que l'angle de VI_1 avec OE_1 est plus petit que celui de VI_2 avec OE_2. Les couples résistants des deux alternateurs diffèrent donc l'un de l'autre dans un sens tel que la différence de phase ne peut que diminuer. Si OV avançait sur VE (cas où la constante de temps du circuit extérieur serait plus grande que celle d'une branche cA_1a), VI_1 deviendrait plus petit que VI_2; mais l'angle de VI_2 avec OE_2 étant plus grand que celui de VI_1 avec OE_1, la projection $I_2 \cos (VI_2, OE_2)$ pourra encore se trouver plus grande que la projection $I_1 \cos (VI_1, OE_1)$; il est facile d'étudier chaque cas, et de se rendre ainsi compte des effets d'inductance ou de capacitance des circuits.

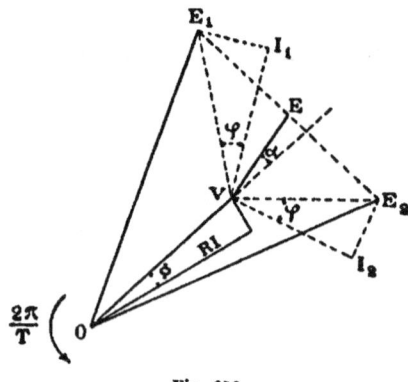

Fig. 652.

Mais cherchons l'expression générale d'un coefficient pouvant mesurer la stabilité de fonctionnement des alternateurs en quantité. Supposons le régime de concordance établi: OE_1 et OE_2 coïncident, VE_1 et VE_2 se confondent et donnent une résultante double de leur longueur commune; le diagramme devient ce qu'indique la figure 653. Supposons que pour une raison ou une autre un léger décalage Δ se produise entre les deux alternateurs. Les couples résistants des deux alternateurs, primitivement égaux, diffèrent maintenant, et c'est la valeur de leur différence qui, rapportée à leur valeur moyenne et à la grandeur du décalage Δ, pourra être prise pour mesure de la stabilité de fonctionnement des alternateurs en parallèle. Cette stabilité sera donc définie par le rapport

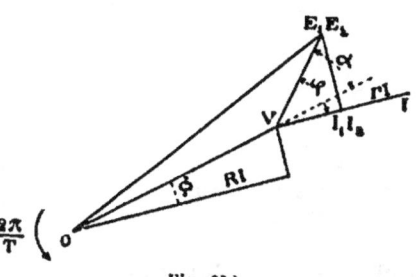

Fig. 653.

$$S = \frac{\frac{1}{2}E \cdot \frac{VE_1 \cos \varphi}{r} \cos(VI_1, OE_1) - \frac{1}{2}E \cdot \frac{VE_2 \cos \varphi}{r} \cos(VI_2, OE_2)}{\frac{1}{2}E \cdot \frac{VE_1 + VE_2}{2} \cdot \frac{1}{r} \cos \varphi \cos(VI, OE) \cdot \Delta}$$

c'est-à-dire

$$S = \frac{VE_1 \cos(VI_1, OE_1) - VE_2 \cos(VI_2, OE_2)}{VE \cos(VI, OE) \Delta}.$$

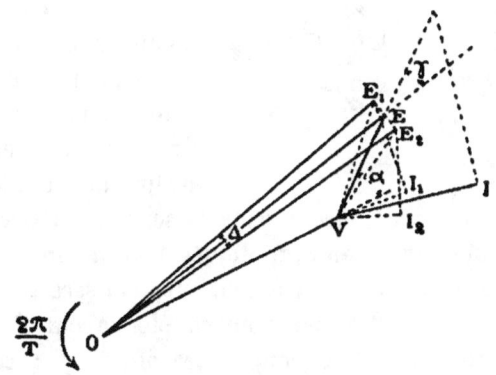

Fig. 654.

L'étude des figures 654 et 652 montre que ce coefficient peut s'écrire

$$S = \frac{\left(1 + \frac{2R}{r}\right) \sin 2\varphi + \sin 2(\varphi - \Phi)}{2\left(1 + \frac{r}{2R}\right) \cos^2 \Phi}$$

Dans le cas où le circuit extérieur n'offre que de la résistance, l'angle Φ est nul et la stabilité devient maxima pour $\varphi = \frac{\pi}{4}$ c'est-à-dire pour

$$tg\ \varphi = \frac{2\pi}{T}\frac{l}{r} = 1$$

II. Fonctionnement en réceptrice synchrone.

265. Principe du fonctionnement d'un alternateur simple en moteur synchrone. — Reportons-nous à la figure 640 : dans la position qu'occupe l'induit par rapport aux inducteurs, et avec les sens de courants indiqués par les sections noires et blanches, il s'exerce entre les pôles et les barres de cuivre des efforts qui résistent au mouvement qu'on impose à l'induit dans le sens de la flèche; ce sont ces efforts qui constituent le couple résistant de la dynamo. Supposons qu'au lieu de mener l'induit nous l'abandonnions à lui-même, et que, à l'aide de forces électromotrices convenables appliquées à ses bornes, nous lancions les mêmes courants qui y sont momentanément établis : l'induit libre de ses mouvements obéira au couple des efforts f (fig. 655) et se déplacera dans le sens de la flèche F, si le couple des efforts résistants appliqués à son arbre ne sont pas trop grands; son accélération à tout moment sera telle que le couple des forces d'inertie, joint au couple de ces derniers efforts, équilibre précisément le couple des efforts f : ceux-ci varieront par le fait du changement de situation des pleins de la gaine par rapport aux pôles et par celui des variations que peut subir l'intensité du courant. Au bout d'un certain temps, les pleins de la gaine de cuivre de l'induit arriveront entre les pôles, en position de ne recevoir aucune poussée du champ inducteur, quel que soit le courant qui les parcoure. L'induit ne continuera alors son mou-

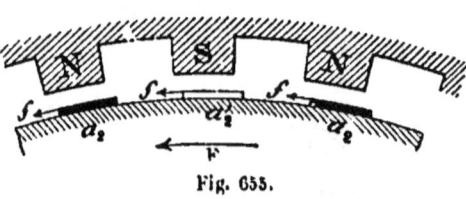

Fig. 655.

vement dans le sens de la flèche F qu'en vertu de son inertie et de la vitesse acquise, et les pleins de la gaine passeront sous les pôles suivants : là, ils recevront une impulsion moyenne de même sens, si le courant s'est inversé dans les génératrices a_2 qui se trouvent alors sous les pôles S et i', sous les pôles N, et ils seront ainsi poussés sous les pôles suivants.

Le mouvement de la dynamo se continuera ainsi, à la condition que les inversions successives du courant dans l'induit concordent, à une différence de phase près qui doit être fonction du couple résistant, avec les inversions de sens du champ magnétique que les faisceaux de génératrices rencontrent dans leur mouvement : c'est ce que l'on exprime en disant qu'il y a *synchronisme* entre la réceptrice et la génératrice qui l'actionne, car il est visible que c'est à un simple alternateur que l'on empruntera la force électromotrice nécessaire à l'établissement du courant moteur.

Dans leur mouvement sous l'action des efforts électromagnétiques, les génératrices a, a', deviendront le siège de forces électromotrices antagonistes (fig. 636) dont le produit par l'intensité représentera à tout moment la puissance développée par les efforts électromagnétiques, c'est-à-dire le produit du couple moteur instantané c par la vitesse angulaire instantanée $2\pi N$ (le travail électromagnétique est $i\dfrac{dx}{dt} dt$ ou $ei\, dt$ pour les $2p$. $2m$ génératrices ou $2\pi c N dt$).

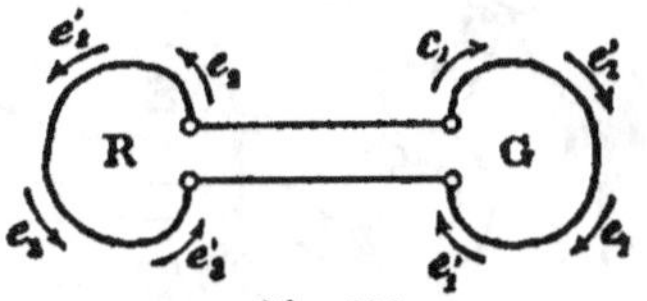

Fig. 636.

Nous verrons à l'aide du diagramme des rayons vecteurs comment ces forces électromotrices se disposent par rapport aux forces électromotrices de la génératrice et aux forces de selfinduction dans le mouvement, en moyenne uniforme, que chacun des deux induits prend une fois le régime permanent établi. Mais nous pouvons nous rendre compte directement qu'en moyenne la force électromotrice de l'alternateur récepteur s'oppose à celle du générateur ; si donc nous représentons le schéma des deux alternateurs montés en série, de telle façon que les génératrices semblablement orientées dans les deux induits se trouvent décrites dans le même sens lorsqu'on parcourt le circuit fermé qu'ils forment avec la ligne, il faut que les génératrices semblables passent à peu près en même temps sous des pôles de même nom si les deux alternateurs tournent en sens inverses (fig. 657), ou sous des pôles inverses s'ils tournent dans le même sens (fig. 658). Dans ce dernier cas, auquel d'ailleurs est

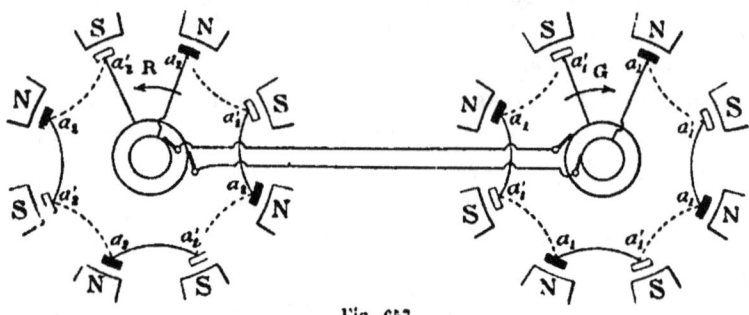

Fig. 657.

identique le premier (il suffit de regarder l'alternateur G (fig. 657) par la face arrière et d'appeler a_1 a_1 les génératrices marquées a'_1 a'_1 ... ,... deviennent alors génératrices d'aller), les deux in-

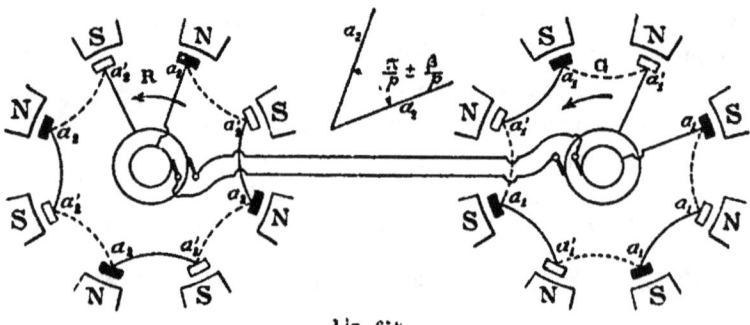

Fig. 658.

duits se suivent à une distance angulaire entre points semblables voisine de $\frac{\pi}{p}$: nous désignerons cette distance angulaire par $\frac{\alpha}{p}$ ou par $\frac{\pi \pm \beta}{p}$ en appelant $\frac{\beta}{p}$ l'écart angulaire qui s'établit entre génératrices inverses les plus voisines de la réceptrice et de la génératrice (fig. 659); c'est de cette distance que dépend la différence de phase entre les deux forces électromotrices de la génératrice et de la réceptrice.

FONCTIONNEMENT EN RÉCEPTRICE SYNCHRONE. 31

Nous établirons d'ailleurs que l'angle $\frac{\beta}{p}$ dépend de la valeur du couple des résistances mécaniques opposées à l'induit récepteur et varie avec lui; ce fait est à peu près évident. On peut se rendre compte alors que le régime de l'alternateur récepteur n'est stable qu'à la condition que le décalage entre les deux induits soit tel qu'un accroissement de retard de la réceptrice sur la génératrice pro-

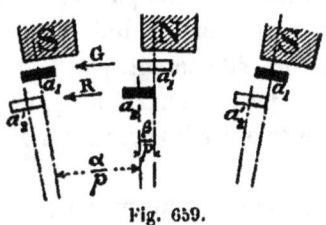

Fig. 659.

duise une augmentation du couple moteur de la réceptrice. Il est en effet nécessaire qu'en cas d'augmentation, si légère soit-elle, du couple des résistances mécaniques, augmentation qui commence par produire un ralentissement de la réceptrice et une augmentation de son retard sur la génératrice (a_1 s'écartant de a, en rétrogradant), le couple moteur augmente en proportion pour appuyer l'induit et l'entraîner encore à la même vitesse dans un nouvel équilibre.

266. Étude géométrique du fonctionnement du moteur. —

Nous considérerons seulement le cas où la réceptrice est excitée, comme la génératrice d'ailleurs, par un courant indépendant que nous ferons varier au besoin pour maintenir la force contre électromotrice de la réceptrice E_2 constante en grandeur. Nous considérerons encore comme invariable la force électromotrice E_1 de la génératrice dont l'allure sera maintenue constante. Les deux forces électromotrices $E_1 E_2$, décalées entre elles d'un angle α dans le circuit fermé des deux alternateurs, donnent une résul-

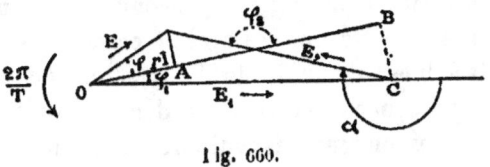

Fig. 660.

tante E, sur laquelle l'intensité et la force électromotrice correspondante rI retardent d'un angle défini par la relation

$$tg\, \varphi = \frac{2\pi}{T} \frac{\mathcal{L}}{r}$$

$\mathcal{L}$ désignant ici une moyenne relative à la selfinduction (§ 262) et r la résistance du circuit des deux induits et de la ligne.

La puissance fournie par la génératrice est représentée, à un facteur constant près, par le produit de OA par OB, car OA, au facteur r et à un facteur d'échelle près, représente l'intensité maxima I et OB est la projection $E_1 \cos \varphi_1$ de E_1 sur r I. Quant à la puissance absorbée par la réceptrice, abstraction faite des pertes par effet Joule dans l'induit, elle est représentée, au même facteur près que précédemment, par le produit de OA par BA, puisque BA est la projection $E_2 \cos \varphi_2$ de E_2 sur r I. Le carré de OA représente en outre les pertes par effet Joule dans les deux induits et dans la ligne.

Les couples sont proportionnels aux puissances, puisque la vitesse est constante.

Faisons varier le couple résistant appliqué à la réceptrice ; le produit OA × AB variera en conséquence, et puisque nous admettons qu'on maintienne E_2 constante, en faisant varier au besoin les ampèretours d'excitation pour compenser la modification de réaction d'induit résultant des nouvelles conditions de grandeur et de phase de l'intensité dans l'induit, c'est l'angle α qui devra varier. L'extrémité du rayon E_2 décrit un cercle de centre C et A décrit un autre cercle dont le centre est sur la droite en retard de φ sur OC (fig. 661), puisque l'angle est constant et que le rapport

$$\frac{rI}{E} = \cos \varphi$$

ne varie pas. Quant au point B, son lieu est le cercle décrit sur OC comme diamètre. Traçons ces trois cercles. Le couple moteur correspondant à un angle α quelconque est donné par le produit des deux segments que les arcs de cercle tracés en fort sur la figure déterminent sur la droite d'intensité. Une droite d'intensité quelconque coupe le cercle C' en deux points A et A' ; ces deux points ne correspondent pas toujours au cas de la production d'un couple moteur par l'alternateur 2. Le point A', situé au delà de B par rapport à O, correspond à une force électromotrice E'_2 qui ferait travailler l'alternateur 2 en génératrice comme l'alternateur 1. Les limites entre lesquelles peut donc se déplacer la force électromotrice de la réceptrice sont CD' et CD''. Mais toutes les positions intermédiaires ne correspondent pas à un équilibre stable. Suivons

FONCTIONNEMENT EN RÉCEPTRICE SYNCHRONE.

sur la figure les variations du couple moteur en faisant partir la droite OAB de OD'. Le couple moteur est nul, la force contre-électromotrice retarde d'un angle α_0 sur E_1 et tout le travail produit

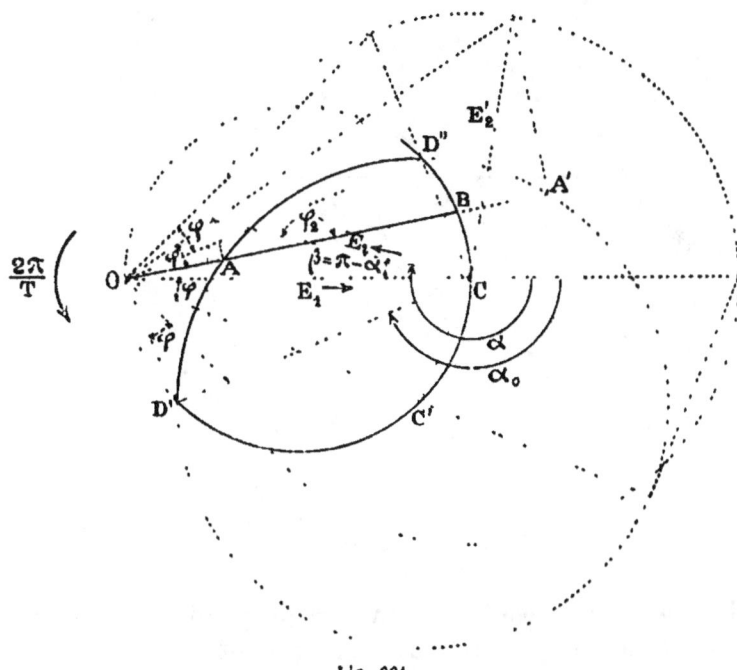

Fig. 661.

par la génératrice est absorbé en effet Joule (ce régime ne peut être atteint dans la réalité, car le couple des résistances passives FHP de la réceptrice n'est jamais nul; il faudrait fournir mécaniquement à l'arbre de la réceptrice précisément cette puissance pour obtenir ce régime). Quand OAB s'écarte de OD', le retard de E_2 sur E_1 augmente, celui de l'intensité mesuré par l'angle de OAB avec OC diminue, et le produit OA × AB, proportionnel au couple, croît. Le couple moteur croît donc lorsque le retard de la réceptrice sur la génératrice augmente. Le couple moteur atteint un maximum qui, avec de la selfinduction et une force E_2 plus petite que E_1 (cas de la figure), correspond à un retard de E_2 sur E_1 plus grand que π, c'est-à-dire à une avance assez voisine de π de la réceptrice sur la génératrice; il se produit *même une avance de* l'intensité sur la force électromotrice de la génératrice. Ce maxi-

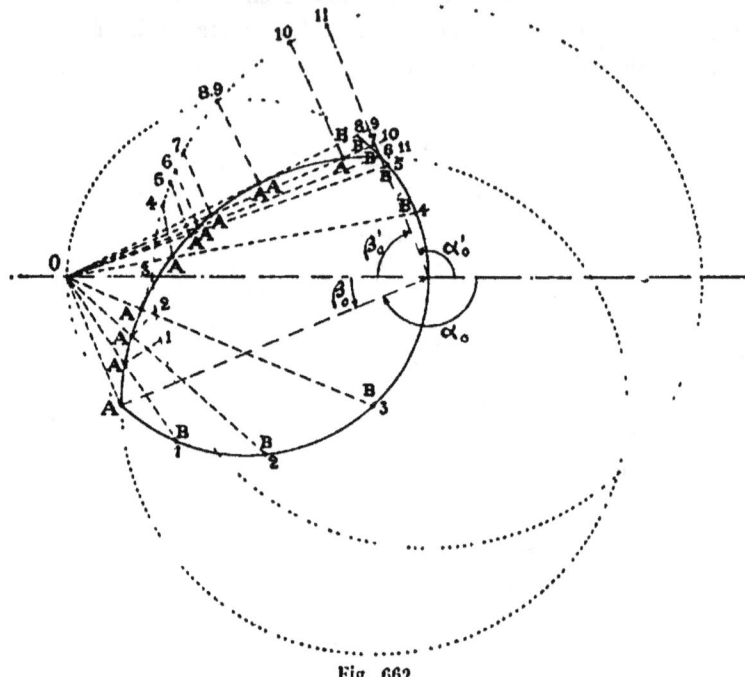

Fig. 662.

mum du couple est atteint aux environs du point 6 comme le montre le tableau ci-après, relevé sur la figure 662 :

Numéros	OA	AB	$\dfrac{AO \times AB}{\text{Produit proportionel au couple}}$
0	21,0	»	»
1	16,0	14,5	232,00
2	13,1	27,6	361,56
3	12,2	38,4	468,48
4	16,0	38,0	608,00
5	20,0	31,5	630,00
6	21,4	29,5	631,30
7	23,9	26,0	621,40
8	32,4	16,0	518,40
9	32,4	»	»
10	45,6	4,3	196,08
11	50,9	»	»

Si l'on porte ces résultats en courbe (fig. 663), on obtient une caractéristique mécanique qui donne, à l'échelle convenable, les valeurs du couple moteur de la réceptrice en fonction de l'angle de calage β de E_2 par rapport à la direction opposée à E_1.

Au delà du maximum, le couple diminue jusqu'à zéro, l'avance de E_2 sur E_1 diminue jusqu'à la valeur correspondant à l'angle de

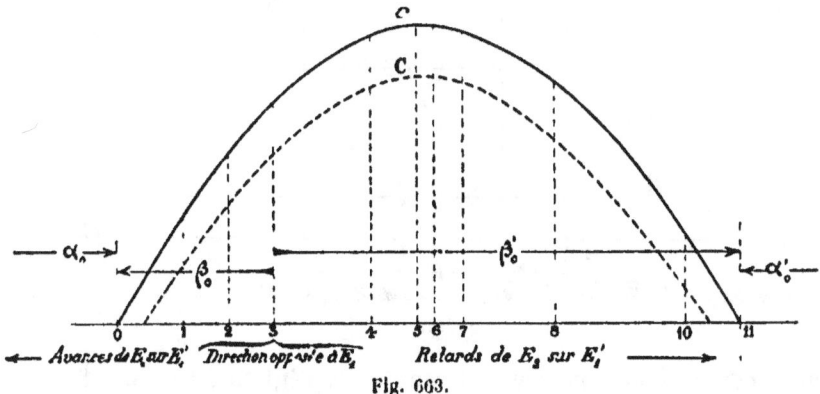

Fig. 663.

CD' avec OC et le calage de l'intensité sur la force électomotrice E_1 est mesuré par l'angle de OD" avec OC [1]. Il faudrait retrancher des ordonnées de cette courbe les valeurs du couple des résistances passives FIIP pour avoir la caractéristique mécanique extérieure de l'alternateur, et l'on obtiendrait ainsi une courbe C.

L'alternateur est donc, dans les conditions d'excitation et d'alimentation supposées, capable au maximum de vaincre un couple résistant C_M (fig. 664) : pour toute valeur C_1 du couple inférieur à ce maximum, il s'établit entre l'induit de la génératrice et celui de la réceptrice un certain calage β_1 qui se maintient pendant tout le temps que le couple résistant conserve sa valeur. La courbe indique un second régime qui semble possible avec un calage β'_1, mais le seul régime correspondant à la partie ascendante de la courbe est stable. Supposons en effet le régime établi avec le calage β_1, et admettons que pour une raison ou une autre le cou-

---

[1] Les angles α doivent être rapportés à 2π et multipliés par T pour donner les avances ou retards en fonction du temps; ils doivent être rapportés à 2π et multipliés par $2\pi \dfrac{D}{2p}$ pour donner les distances mesurées à la périphérie de l'induit de diamètre D.

ple résistant vienne à croître : devant cette augmentation d'effort à vaincre, la partie tournante va instantanément ralentir; la force électromotrice E_2 va augmenter son retard sur E_1 ou diminuer son avance et le couple moteur augmentera. Le mouvement continuera

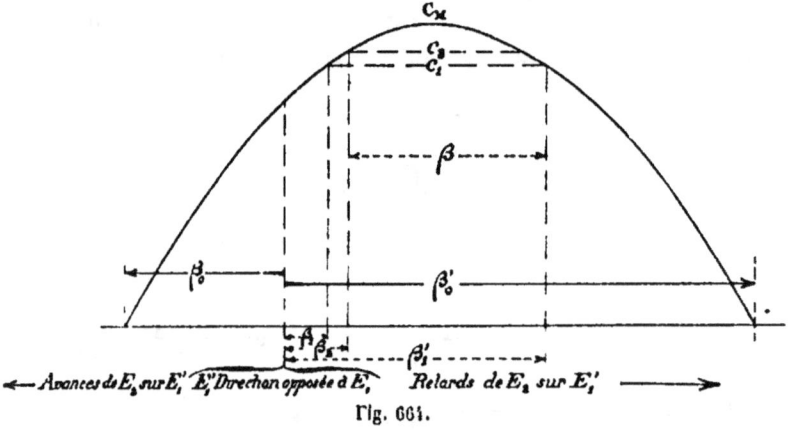

Fig. 664.

donc avec un calage un peu différent β_2; le régime est stable. Si au contraire nous imaginions le régime établi avec le calage β'_1, dans la région où les augmentations de retard correspondent à des diminutions du couple moteur, la moindre variation du couple résistant suffirait à détruire l'équilibre, puisque le moindre retard diminue le couple moteur.

La force électromotrice E_2 rétrograderait donc de $2\pi - \beta'_1 + \beta_2$ en passant par CD'', puis CD' jusqu'à atteindre de nouveau, dans la région des régimes stables, le calage β_2. Si notamment le couple résistant normal est trop voisin du maximum, une faible augmentation momentanée de ce couple pourra suffire à faire dépasser avec le maximum la limite de la région de stabilité, l'alternateur *décrochera* suivant l'expression employée, et ne fournira de couple moteur qu'après avoir perdu pour ainsi dire un cran sur la génératrice.

On peut à l'aide du diagramme précédent étudier les variations du rendement électrique de la transformation, abstraction faite des dépenses d'excitation et des pertes par frottements divers F H P. Le rendement est donné par le rapport $\dfrac{AB}{OB}$, puisque la puissance fournie est proportionnelle à $\dfrac{E_1 I}{2} \cos \psi$, c'est-à-dire à $OA \times OB$. Le rendement passe par un maximum, qui ne correspond pas en général au maximum de puissance.

Il est intéressant également d'étudier les variations que subissent divers éléments lorsque, en maintenant constant le couple résistant ainsi que la fréquence (vitesse de la génératrice), on fait varier l'intensité d'excitation de la réceptrice, à l'aide par exemple d'un rhéostat intercalé dans le circuit des inducteurs et de la source de courant continu qui les alimente. Nous admettrons encore que l'on conserve au potentiel de l'alimentation sa même valeur E_1 et que, malgré la variabilité de la perméabilité, le coefficient $\mathcal{L}$ reste également constant en sorte que l'angle φ ne change pas; E_2 varie seulement. Les points O, C et C' ne changent donc pas; ce sont les rayons des deux cercles C et C' qui varient en conservant toujours leur même rapport $\cos \varphi$.

Si l'on conserve au couple résistant une valeur constante, le point A devra diviser le segment OB d'une droite quelconque d'intensité en deux parties OA et AB dont le produit sera constant, soit P. Prenons comme variable indépendante la direction de la droite d'intensité (fig. 665) : le lieu du point A est un cercle dont le centre est au milieu de OC (car la condition $OA \cdot AB = P$ équivaut à $OA \cdot Oa = P$) et qui est tangent aux cordes OB_1, OB_2 dont la longueur est égale à $2\sqrt{P}$ (car on doit avoir $OA_1 \cdot A_1 B_1 = P$).

Les points A_1, A_2 sont obtenus par l'intersection du cercle décrit sur la moitié de OC comme diamètre et du cercle décrit de O comme centre avec $\sqrt{P}$ pour rayon. Le cercle $A_1 A A_2$ peut donc être appelé un cercle de puissance; il varie avec la valeur de la puissance demandée à la réceptrice. Rappelons-nous que, dans le diagramme précédent (fig. 661), le point A correspond à

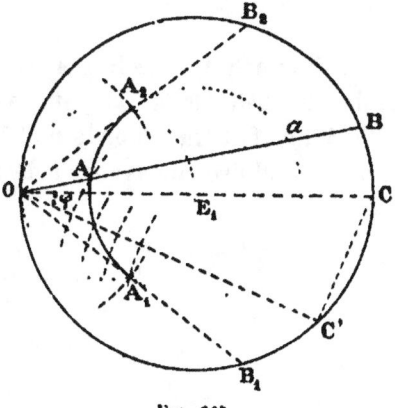

Fig. 665.

un cercle particulier décrit de C' comme centre, et dont le rayon n'est autre que $E_i \cos \varphi$; E_i varie avec l'intensité d'excitation de la réceptrice, φ est l'angle défini par la valeur supposée constante de $\frac{2\pi}{T} \frac{\mathcal{L}}{r}$. L'emploi du cercle de puissance nous permettra donc d'étudier les variations de l'intensité $\left(I = \frac{OA}{r} \right)$ qui s'établit dans la ligne, ainsi que celles du calage de cette intensité par rapport à la force électromotrice de la génératrice (OC = E_i) lorsque, en maintenant constant le couple résistant de la réceptrice, on fait varier l'intensité du courant inducteur de cette dynamo.

Il est visible sur la figure que, lorsqu'on fait croître cette intensité, l'intensité (mesurée par OA) décroît d'abord jusqu'à un certain minimum pour recroître ensuite, et qu'elle atteint son minimum précisément lorsqu'elle se trouve en concordance de phase avec la force électromotrice de la génératrice.

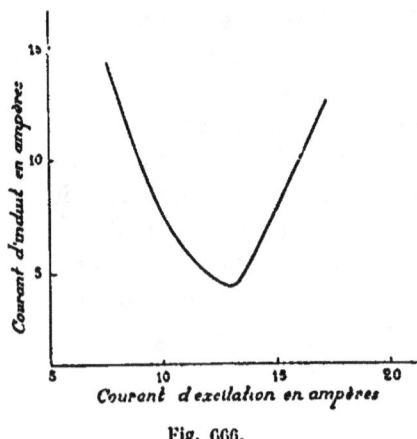

Fig. 666.

On s'explique ainsi les formes des courbes relevées par expérience (fig. 666).

On remarquera sur le diagramme 661 que le rendement électrique, égal au rapport de AB à OB, passe par un maximum qui, dans le cas de la figure, correspond à une avance de l'intensité de la ligne sur la force électromotrice du générateur. Si l'on fait travailler le moteur dans de telles conditions, il peut donc produire une avance à la façon de la capacité.

CHAPITRE II.

Alternateurs polyphasés.

I. — Générateurs de courants polyphasés.

267. Génération des forces électromotrices polyphasées; principe des enroulements. — Pour produire des forces électromotrices polyphasées, on peut recourir à l'emploi d'alternateurs simples montés sur un même arbre avec le calage convenable. On obtient par exemple des forces diphasées dans deux enroulements identiques à l'aide d'inducteurs mobiles décalés entre eux d'un quart de leur pas commun (fig. 667). L'avantage de cette

Fig. 667.

disposition est de ménager la possibilité d'établir entre les deux forces électromotrices e_1 et e_2 une certaine différence de grandeur pour compenser, s'il y a lieu, des inégalités entre les récepteurs alimentés par les deux courants : tel le cas où, en même temps que des moteurs qui réagissent identiquement sur les deux phases, la double canalisation alimente des lampes qu'on ne veut pas s'astreindre à coupler par paires.

Mais il est bien préférable de disposer les divers enroulements sur le même induit : on réduit ainsi le poids et la dépense, et surtout on régularise la réaction magnétique de l'induit, dont les pulsations s'atténuent en s'ajoutant à intervalles réguliers et qui peut, à une légère oscillation près, être considérée comme constante. Les divers enroulements garnissent en effet l'induit de génératrices également espacées, à la façon des génératrices d'une dynamo à courant continu, et se complètent pour bien dire les uns les autres.

Les bobines des deux enroulements d'un générateur diphasé peuvent s'entrecroiser comme l'indique la figure 668, et l'on fait entre elles les connexions définies par le schéma 668 bis, qui suppose l'inducteur mobile devant les enroulements fixes.

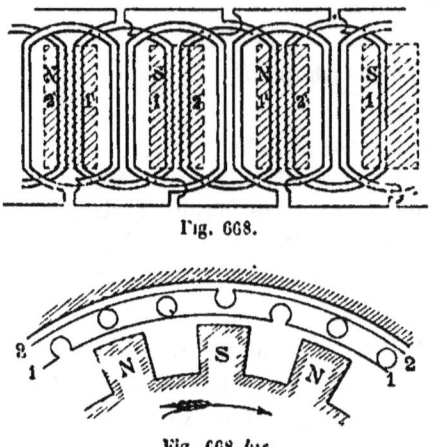

Fig. 668.

Fig. 668 bis.

On dispose souvent les barres de l'enroulement soit dans des rainures, soit dans des trous percés dans le fer lamellé à faible distance de la surface cylindrique. On relie entre elles les barres d'aller et de retour, comme l'indique la figure 669. Les deux enroulements commencent par exemple en a_1 et en b_1, écartés l'un de l'autre d'un quart de pas. Cette figure suppose un induit mobile.

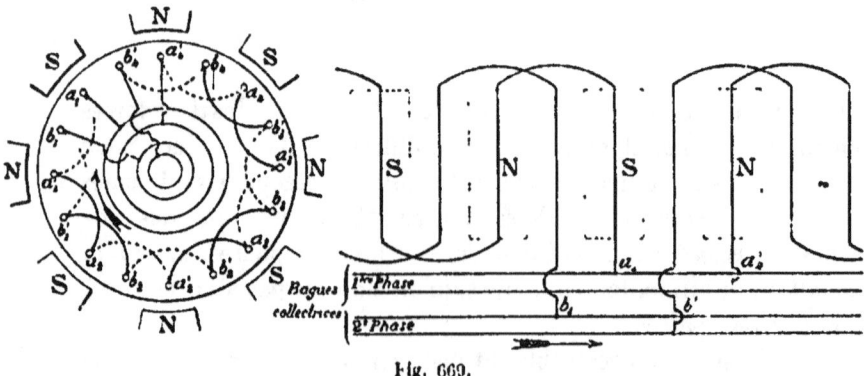

Fig. 669.

Dans le cas d'un générateur triphasé, les trois enroulements commenceront en des points tels que a_1, b_1, c_1 qui divisent en tiers le pas du champ inducteur (intervalle entre pôles semblables NN).

Ils fourniront ainsi trois forces électromotrices identiques, qui présenteront entre elles des différences de phases égales à T.

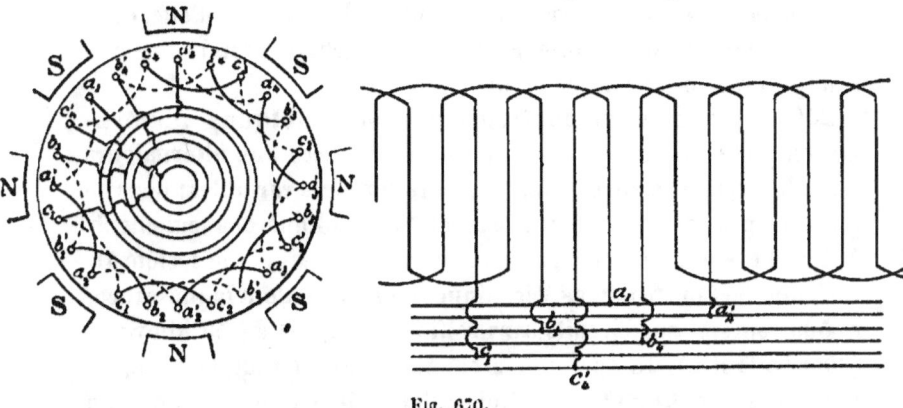

Fig. 670.

Les enroulements des diverses phases, absolument distincts dans la machine, peuvent être reliés en certains points ainsi qu'on l'a vu au § 93; nous n'avons pas à revenir sur ce sujet. Dans le cas du

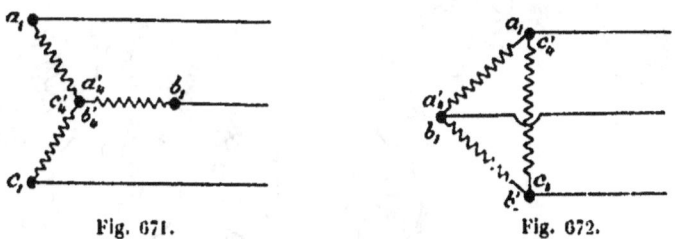

Fig. 671.   Fig. 672.

montage en étoile, ce seront par exemple les trois extrémités a'_1, b'_1, c'_1 des trois circuits $a\,b\,c$ que l'on réunira en un même point; les trois autres extrémités a_1, b_1, c_1 seront reliées chacune à une bague ou à une borne fixe selon que l'induit sera mobile ou fixe. Si l'on fait un montage en triangle (fig. 672), l'extrémité a_1 par exemple s'unira à l'extrémité c'_1, l'extrémité c_1 à l'extrémité b'_1, etc.

Vu l'identité de situation de chacun des enroulements par rapport aux deux autres, il va de soi que, si les fils de la ligne sont disposés symétriquement et que les circuits récepteurs offrent la même identité relative, les intensités qui s'établiront dans les trois enroulements induits, prendront sur leurs forces électromotrices des différences de phases égales. Il en est de même des générateurs diphasés, à la condition que l'on garde leurs enroulements complètement indépendants; la réunion de deux des fils de la ligne détruit la symétrie nécessaire au maintien de l'identité d'effet dans les deux parties du générateur, mais la perturbation est d'assez peu d'importance en pratique (§ 98).

268. Dispositions particulières de quelques générateurs polyphasés. — Les dispositions données aux alternateurs polyphasés par les divers constructeurs sont très variables; nous ne pouvons pas nous étendre sur ce sujet. Nous indiquerons seulement, à titre d'exemple, le schéma d'une machine triphasée de la société Alsacienne de Constructions Mécaniques de Belfort, dont la puissance, à 500 tours et sur circuits sans selfinduction, est de 53 kilowatts (3000 volts et 10, 2 ampères dans chaque phase). L'induit est fixe, les trois phases sont montées en étoile; l'enroulement est fait de fil de $2^m/_m$ 5 de diamètre logé dans des cannelures où il repasse 44 fois.

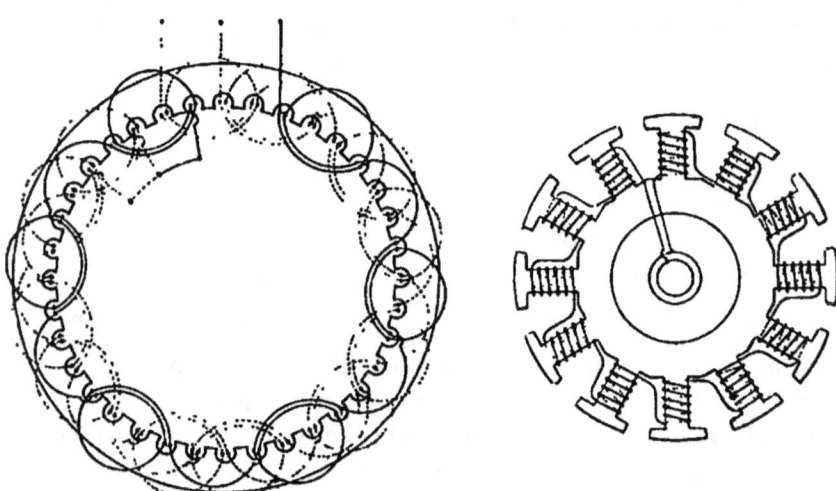

Fig. 673.

L'isolation du fil est faite au coton; celle des cannelures et des joues à l'amiante et au mica (épaisseur de $3^m/_m$). L'inducteur mobile, à pôles rayonnants alternativement N et S, est excité par un courant continu de 23 ampères sous 46 volts; chaque pôle porte 140 spires d'un fil à section carrée de $4^m/_m 5$ de côté.

Certains constructeurs profitent de la fixité relative du flux de réaction d'induit pour éviter la segmentation du fer de l'inducteur. La disposition adoptée par la Maison Brown, de Baden, se prête à une simplification très notable de l'enroulement inducteur. Ce dernier est une simple bobine annulaire, et les pôles sont réalisés à la périphérie par une double série d'épanouissements qui proviennent alternativement d'un côté et de l'autre de la bobine (fig. 674).

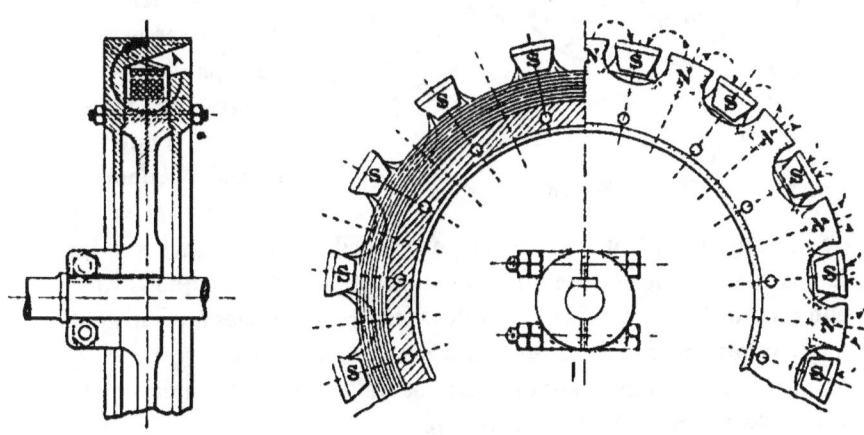

Fig. 674.

269. Fonctionnement d'un générateur de courants polyphasés; réaction d'induit. — Considérons un alternateur polyphase en débit sur un système de circuits offrant entre eux la symétrie voulue pour que les intensités engendrées dans les divers enroulements de l'induit soient égales et également décalées sur les forces électromotrices e_a, e_b, e_c, e_d..... Nous supposerons que le nombre f des enroulements distincts est impair de façon que les génératrices d'aller et retour des diverses phases viennent s'intercaler régulièrement entre elles (fig. 675). Dans le mouvement de l'induit qu'on déplace devant les inducteurs N, S, dans le sens de la flèche par exem-

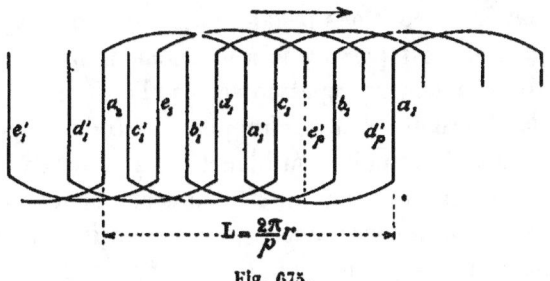

Fig. 675.

ple (fig. 676), il se produit dans les diverses génératrices des forces électromotrices instantanées, fonctions du lieu où elles se trouvent,

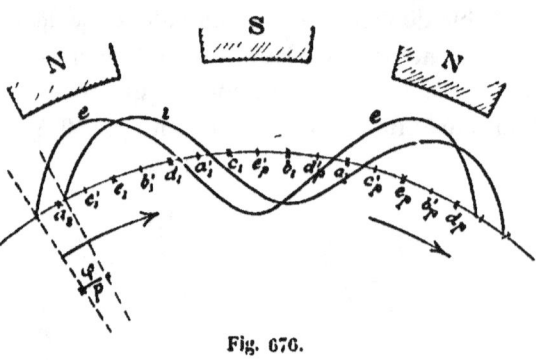

Fig. 676.

qui peuvent être représentées, en fonction de la position des génératrices d'aller a, b, c, des diverses phases, par la courbe e plus ou moins voisine d'une sinusoïde rapportée à la circonférence de l'induit. Quant aux intensités, en retard ou en avance sur les forces électromotrices selon que la réactance de chaque branche est positive ou négative, elles sont représentées à un instant quelconque, en fonction du lieu où se trouvent les génératrices a, b, c, par les ordonnées d'une courbe telle que i, décalée sur la sinusoïde e d'une quantité convenable.

Si donc nous considérons l'induit dans une position quelconque, les valeurs des intensités établies dans les barres d'aller à l'instant correspondant seront données par les ordonnées des points a_1, b_1, c_1... e_1, a_2; quant aux intensités des barres de retour, qui sont égales respectivement aux intensités des barres d'aller lorsqu'on suit l'enroulement dans son développement, elles sont en réalité dirigées en sens contraires sur la périphérie de l'anneau et se trouvent représentées en grandeur et en signe, au point de vue de leur direction absolue dans l'espace et par conséquent à celui de leurs effets magnétisants, par les ordonnées de la sinusoïde i correspondant à leurs positions instantanées : en un mot, une génératrice quelconque est parcourue à un moment quelconque par une intensité exactement représentée par l'ordonnée qui lui correspond sur la sinusoïde i fixe par rapport aux inducteurs. En représentant par des sections noires ou blanches les pleins de la gaine de cuivre parcourus par des courants fuyants ou venant en avant du plan de la figure, nous obtenons pour un instant quelconque un diagramme tel que celui qu'indique la figure 677.

Ce sont ces intensités qui définissent la réaction instantanée de l'induit. Celle-ci n'admet donc que de légères fluctuations périodiques, qui suivent les variations de la somme des f ordonnées équidistantes (cinq dans le cas de la figure) comprises entre deux

Fig. 677.

points d'inflexion consécutifs de la sinusoïde, et elle reprend identiquement la même valeur lorsque l'induit tourne de l'intervalle qui sépare les faisceaux successifs de génératrices ; la période de l'oscillation de la réaction d'induit est en définitive égale à la période du courant divisée par le double du nombre d'enroulements distincts, soit $\frac{T}{10}$ dans le cas de la figure et $\frac{T}{6}$ dans le cas d'un générateur triphasé. Avec un nombre suffisant de phases, on obtiendrait une réaction pratiquement constante, un champ propre de réaction d'induit fixe par rapport aux inducteurs, c'est-à-dire un champ ondulé tournant par rapport à l'induit en sens inverse et avec la vitesse même de ce dernier. Il est directement évident d'ailleurs que les intensités décalées qui parcourent les enroulements de l'induit y établissent le champ tournant que nous avons étudié dès la Première Partie de cet ouvrage (t. I, § 97).

En laissant de côté l'oscillation périodique sur place du champ d'induit, nous pouvons représenter les courants induits par leurs valeurs moyennes, et, en proportionnant la largeur des secteurs blancs et noirs à la valeur des intensités locales, nous obtiendrons le diagramme qu'indique la figure 678. Dans un milieu

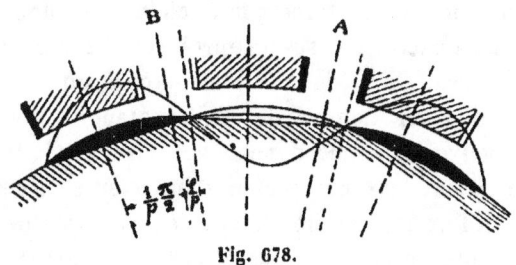

Fig. 678.

homogène ou de perméabilité uniforme, de tels courants donneraient lieu à un champ dont les lignes de force seraient dirigées

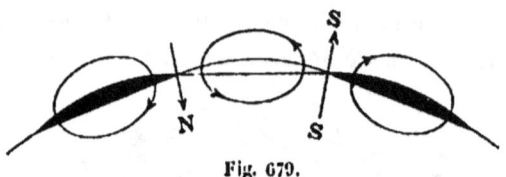

Fig. 679.

comme le montre la figure 679.

Ce sont là des résultats identiques, à la décroissance des intensités près, à ceux que donnent les dynamos à courants continus. Le champ résultant, c'est-à-dire celui qui s'établit réellement pendant le fonctionnement dans les circuits magnétiques de l'alternateur sous l'action combinée des courants de ses inducteurs et des courants de son induit, offre des lignes de force obliquées dans le sens du mouvement, plus denses au voisinage des becs de sortie qu'à celui des becs d'entrée; l'angle, égal à $\frac{1}{p}\left(\frac{\pi}{2}+\varphi\right)$, qui sépare les pôles semblables ou axes des forces magnétomotrices de même sens sur les inducteurs et sur l'induit, est fonction ici des coefficients d'induction des lignes et récepteurs aussi bien que de leur capacité et de leur résistance.

Dans le cas où les lignes et récepteurs n'offrent que de la résistance, le décalage φ entre intensité et force électromotrice ne se produit que sous l'action résultant de la selfinduction et de l'induction mutuelle des circuits enroulés sur l'induit; les forces électromotrices correspondant à ces actions peuvent être alors représentées dans leur ensemble pour un circuit par la force électromotrice qui serait engendrée par le déplacement de ce circuit dans le champ propre à l'induit : ce serait la force électromotrice de selfinduction totale de l'alternateur, pour chacun de ses circuits, puisque c'est la force que le champ tournant de l'induit engendre dans chacun de ses propres circuits. Le champ résultant total donnerait lieu (dans le cas toujours où il n'y a pas d'effets d'induction en dehors de l'alternateur) à la force électromotrice effective en concordance avec l'intensité. Il va de soi que, dans le calcul des ampèretours inducteurs nécessaires à l'obtention d'un flux déterminé, il faut tenir compte des fuites et réductions de flux qui se produisent, entre l'inducteur et l'induit, tant par suite de l'éloignement relatif des enroulements que sous l'action des ampèretours antagonistes de l'induit, comme nous l'avons fait pour les dynamos à courant continu (§ 193 et suivants). Mais nous ne nous arrêterons pas davantage à l'étude de ces générateurs, et nous passerons immédiatement à celle des moteurs à champ tournant.

II. — Moteurs polyphasés dits à champ tournant.

270. Moteurs synchrones. — Dans le cas du moteur à courant alternatif simple que nous avons étudié au § 265, on met effectivement en présence l'un de l'autre un champ fixe ondulé et un circuit également ondulé, de même pas, dans lequel on fait agir une force électromotrice alternative : dans ces conditions, le couple moteur résulte d'une série d'impulsions additives, à la condition que l'induit se déplace avec une vitesse convenable dite vitesse de synchronisme. Au lieu d'un seul circuit ondulé, prenons-en deux que nous décalerons dans l'espace d'un quart de pas, et faisons agir dans ces deux circuits des forces électromotrices identiques décalées dans le temps d'un quart de période : il est évident que les impulsions résultant de l'action mutuelle des inducteurs et de l'un des circuits induits viendront s'intercaler dans le temps entre les impulsions dues à l'autre système, et que l'on obtiendra, sur l'arbre à mouvoir, un couple moteur plus régulier que dans le cas d'un seul circuit. Le résultat mécanique est comparable, mais avec plus de régularité encore à cause des effets d'induction mutuelle entre les deux circuits, au résultat que l'on obtiendrait avec deux moteurs à courant alternatif simple montés sur le même arbre, avec un décalage d'un quart de pas.

Nous arrivons de la sorte à la conception du mode de fonctionnement d'un moteur à courants polyphasés synchrone ; avec trois circuits ondulés décalés de tiers de pas, parcourus par trois courants décalés de tiers de période, on obtiendrait un couple moteur plus régulier encore. Les moteurs polyphasés sont donc aux moteurs alternatifs simples ce que les machines à vapeur à plusieurs cylindres sont aux machines à un seul cylindre.

Considérons d'ailleurs directement, d'une part, un système de circuits ondulés de pas $\frac{2\pi}{p}$ parcourus par des courants polyphasés qui y engendrent une suite de pôles inverses mobiles à la vitesse angulaire $\frac{2\pi}{p}\frac{1}{T}$ et, d'autre part, une série de pôles invariables, également alternés, montés autour d'un arbre à des distances entre pôles semblables égales à $\frac{2\pi}{p}$. Il est évident que, si le couple des résistances mécaniques n'est pas trop considérable, les pôles de l'arbre suivront le mouvement des pôles du champ tournant, en se tenant écartés de ces derniers d'un angle constant qui sera fonction précisément de la valeur du couple moteur à produire pour vaincre le couple des résistances mécaniques.

Pour fixer les idées, imaginons un anneau convenablement enroulé de deux circuits parcourus par des courants décalés de $\frac{T}{4}$ (fig. 680); le champ tournant engendré par eux est disposé

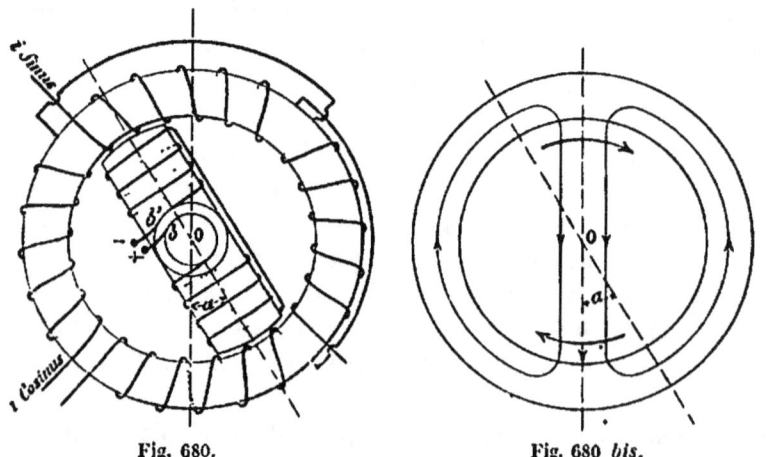

Fig. 680.   Fig. 680 bis.

comme l'indique la fig. 680 bis. Montons sur l'arbre O un électro-aimant, et envoyons dans le fil de ce dernier, par l'intermédiaire des bagues et frotteurs bb', un courant continu excitateur.

L'électro tournera avec la vitesse du champ, mais son axe conservera sur l'axe principal du flux de l'anneau un retard a qui variera avec la valeur du couple résistant; ce retard serait nul si le couple résistant (y compris les frottements de toutes sortes) pouvait être nul; à 90° de l'axe du flux de l'anneau, le couple moteur atteint au contraire son maximum. C'est là la limite des positions relatives d'équilibre stable. Au delà, à une augmentation du retard a correspondrait une réduction du couple des attractions magnétiques, et le moteur décrocherait (§ 220 et 266).

L'identité du mode d'action réciproque des champs en présence avec les efforts qui se produisent dans un galvanomètre de Deprez-d'Arsonval par exemple est évidente : l'angle d'écart est fonction du couple qui se trouve en quelque sorte pesé par lui dans le moteur synchrone comme dans le galvanomètre. Toutefois l'entraînement ne se produit pas sans oscillations qu'il importe d'amortir. Le couple résistant n'est en effet jamais rigoureusement constant; il varie le plus souvent périodiquement, avec les diverses positions de l'arbre. On obtient l'apériodicité voulue en ajoutant sur les pôles d'aimants des anneaux de cuivre de section suffisante pour que les courants, qu'y engendrent leurs déplacements relatifs devant les pôles du champ moteur, suppriment toute oscillation.

271. Moteurs à courants polyphasés asynchrones. — Considérons un champ tournant engendré, comme dans le cas précédent, par un système de courants polyphasés portés par des circuits fixes par exemple, et un système de circuits mobiles autour d'un axe. Dans le cas précédent, un courant continu parcourait ces derniers et créait un champ invariable dont les pôles, correspondant aux pôles du champ tournant, se trouvaient entraînés à leur suite avec un certain retard fonction du couple résistant. Supposons maintenant que ces circuits, fermés sur eux-mêmes, ne reçoivent de courant d'aucune source extérieure. Le déplacement relatif du flux tournant y engendre alors des courants qui, d'après la loi de Lenz, s'opposent à ce déplacement relatif; les circuits induits sont donc sollicités à se déplacer dans le sens de rotation du champ tournant, et l'induit est entraîné avec une vitesse β moindre cette fois que la vitesse α du champ tournant, à la condition que le couple résistant opposé au mouvement de l'induit ne soit pas trop considérable. Si le couple des résistances totales est extrêmement faible la vitesse de rotation de l'induit β est presque égale à α, car les courants engendrés dans l'induit sont fonctions, pour une résistance donnée, des forces électromotrices qui elles-mêmes dépendent des variations de flux par unité de temps, c'est-à-dire finalement de la vitesse relative $\alpha-\beta$. A une vitesse $\alpha-\beta$ nulle ne correspondrait aucune force électromotrice, aucune intensité, partant aucun couple. Ici la vitesse relative, dite vitesse *de glissement*, est fonction du couple. Le moteur est dit asynchrone. On voit immédiatement l'avantage si séduisant de ce genre de moteur qui fonctionne sans balais.

Représentons ce qu'est, à un instant quelconque, le champ propre aux courants polyphasés de période T, que nous supposons portés par des enroulements placés à l'extérieur du cercle principal de la figure 681 ; la vitesse angulaire α, avec laquelle se déplace le champ créé par ces courants dans le sens de la flèche α, a pour valeur

$$\alpha = \frac{2\pi}{p} \frac{1}{T} = 2\pi\, N_T$$

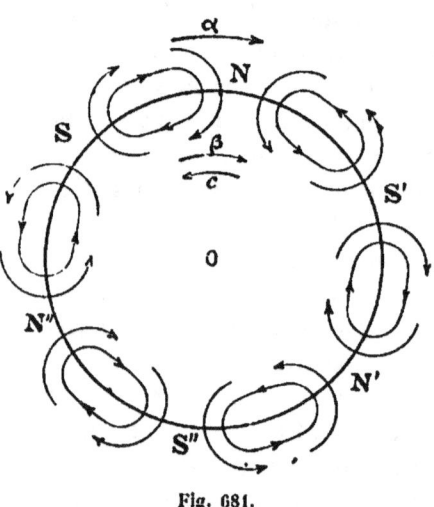

Fig. 681.

Le nombre de tours que l'induit, entraîné dans le sens de la flèche β avec la vitesse angulaire β, donne par seconde est

$$N = \frac{\beta}{2\pi}$$

C'est le couple c des résistances totales, qui, agissant dans le sens de la flèche c, empêche l'induit de suivre le champ tournant à la vitesse α; c'est ce couple qui fait rétrograder l'induit dans le sens de la flèche c par rapport au champ inducteur avec la vitesse $\alpha-\beta$.

Les forces électromotrices engendrées dans l'induit sont donc exactement celles que l'on obtiendrait en faisant tourner cet induit dans le sens de la flèche c à la vitesse $\alpha-\beta$ dans un champ inducteur fixe identique au champ SNS'N'...

Soit Θ le temps que l'induit mettrait à tourner, dans ce mouvement relatif, d'un angle égal à $\dfrac{2\pi}{p}$, nous aurons

$$\alpha - \beta = \frac{2\pi}{p}\frac{1}{\Theta} = 2\pi\, N_0$$

et Θ sera précisément la période des forces électromotrices induites, et par conséquent celle des courants engendrés dans l'induit. Si l'enroulement induit comporte plusieurs parties identiques, proportionnées d'après le pas des inducteurs, distantes entre elles de fractions de ce pas, nous aurons une véritable génératrice de courants polyphasés qui donneront naissance à un champ tournant (§ 269) : le mouvement de ce champ se produira précisément à contre de la rotation relative avec la vitesse α-β, c'est-à-dire que le champ propre à l'induit, entraîné dans l'espace d'abord avec la vitesse β de l'induit et en outre avec la vitesse α-β par rapport à l'induit, tournera finalement avec la vitesse α, et restera *fixe par rapport au champ inducteur*. Ce résultat est d'ailleurs directement évident comme nous le constaterons un peu plus loin.

272. Dispositions générales des moteurs. — Les enroulements inducteurs sont en général établis sur le type défini au § 97 : le plus souvent les génératrices d'aller et de retour sont lo-

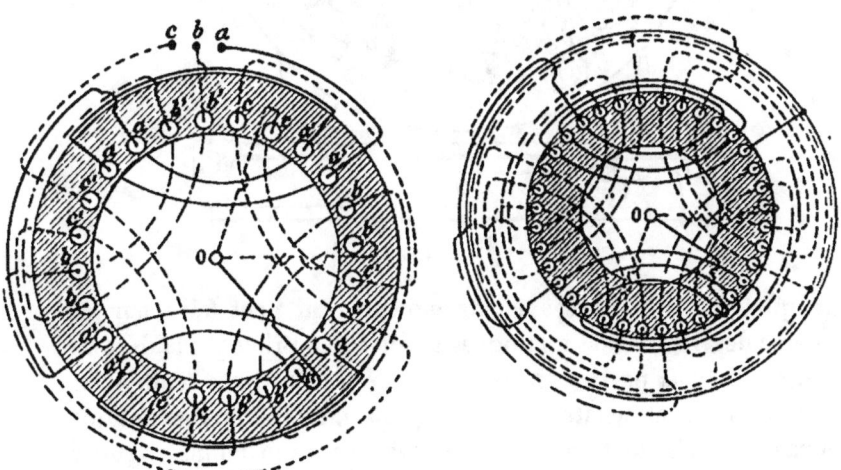

Fig. 682.

gées dans des rainures ménagées à la face interne d'un anneau de fer feuilleté, ou enfilées dans des trous équivalents, comme l'indique la figure 682 qui représente un électromoteur triphasé de la Société Alsacienne de constructions mécaniques de Belfort.

Quelquefois aussi, avec les courants diphasés notamment, on se dispense d'entrecroiser les génératrices des deux phases : on dispose une suite de bobines enroulées alternativement dans un sens et dans l'autre a et a', sur des appendices radiaux d'un anneau feuilleté, et l'on intercale entre elles les bobines semblables du second courant $b\ b'$ (fig. 683) ; telle est la disposition adoptée par le Creusot

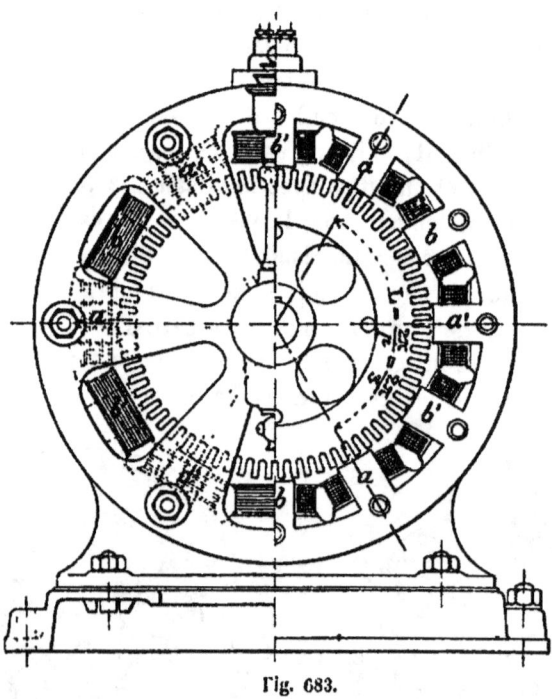

Fig. 683.

sur quelques-uns de ses électromoteurs. On peut faire sur ce système des remarques analogues à celles que provoque la décomposition en deux parties des faisceaux de génératrices semblables sur l'induit des alternateurs simples (§ 259). Le champ magnétique tournant est d'ailleurs avec ce système beaucoup moins régulier que dans le cas précédent.

MOTEURS POLYPHASÉS DITS A CHAMP TOURNANT.

Quant à l'enroulement induit, c'est un ensemble de circuits fermés sur eux-mêmes, qui ne sont pas nécessairement en nombre égal au nombre des courants producteurs du champ moteur; il suffit qu'ils soient ondulés sur le même pas que ce dernier. C'est ainsi que, dans les petits moteurs, l'induit est souvent constitué de simples barres réunies entre elles par un anneau circulaire à chaque bout (induits en cage d'écureuil, fig. 684). Le plus souvent cependant les enroulements de l'induit sont faits de parties distinctes identiques, décalées entre elles de fractions égales du pas du champ inducteur. Sur l'induit de la figure 683, l'enroulement comporte des barres placées dans les

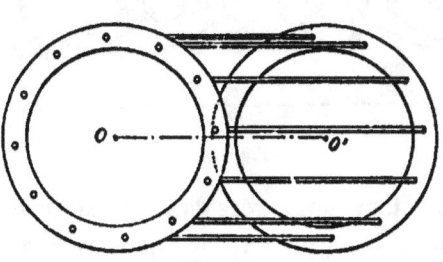

Fig. 684.

rainures du noyau feuilleté et reliées entre elles de façon à former deux parties indépendantes, décalées d'un quart de pas, comme le sont les bobines inductrices. La figure 682 donne le schéma de l'enroulement d'induit du moteur de la Société Alsacienne : on y distingue sans peine trois parties décalées entre elles de tiers de pas, qui sont montées en étoile, avec une extrémité commune O, et aboutissent d'autre part chacune à une bague. Ces bagues sont représentées sur la figure 682 par les trois circonférences extérieures à l'induit. On les relie d'ailleurs entre elles, comme nous le verrons plus loin (§ 281), par une étoile à trois branches de résistance variable pour les besoins du démarrage.

273. Disposition du champ de réaction d'induit; expression des flux et des forces électromotrices. — Raisonnons sur un moteur du type de la figure 682 de pas $\frac{2\pi}{p}$, alimenté par un système de courants à f phases, cinq par exemple, de façon à pouvoir considérer les champs tournants comme invariables de forme; nous supposerons que l'induit comporte un même nombre de circuits ondulés fermés sur eux-mêmes.

Les enroulements inducteurs sont disposés comme l'indique la figure 683, chaque section complète telle que $a\,a'$ comprenant un nombre m_1 de spires que nous considérerons comme superposées entre elles; les courants $a, b, c...$, retardent d'ailleurs successive-

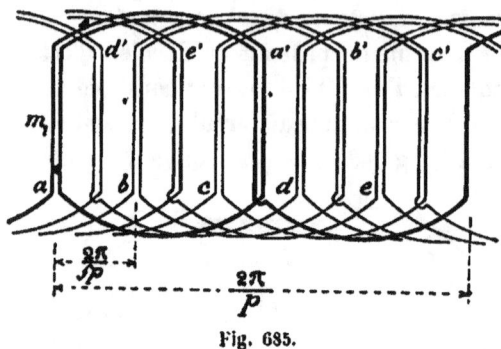

Fig. 685.

ment de fractions de période égales à $\dfrac{T}{l}$ dans l'ordre naturel des lettres. Les enroulements induits sont semblables avec un nombre m_2 de spires à chaque section. Les génératrices d'aller et de retour sont logées dans des rainures telles que celles que représente la figure 686, les génératrices d'aller dans les rainures marquées de lettres sans accent et les génératrices de retour dans les autres.

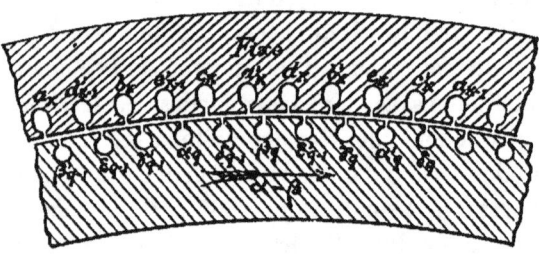

Fig. 686.

A un instant quelconque les intensités dans les diverses génératrices de l'inducteur sont représentées par les ordonnées d'une sinu-

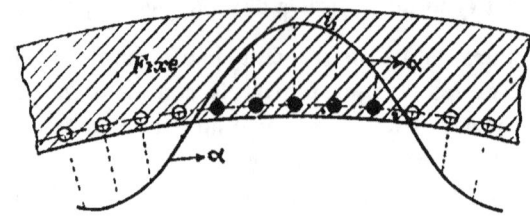

Fig. 687.

soïde i_1 mobile dans le sens de la flèche x avec la vitesse angulaire $2\pi N_T = \dfrac{2\pi}{pT}$ (§ 97) et les courants prennent le sens qu'indiquent les ronds noirs et blancs. L'action magnétisante suit les va-

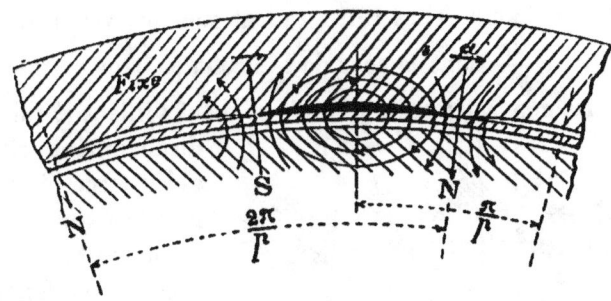

Fig. 688.

riations des f ordonnées équidistantes comprises dans la demi-onde de la sinusoïde (§§ 97 et 269), et en moyenne on peut représenter les courants magnétisants par les secteurs sinusoïdaux blancs et noirs de la figure 688 mobiles dans le fer fixe avec la vitesse $2\pi N_T$ dans le sens de la flèche x.

Le champ tournant que ces courants engendrent présente ses pôles inducteurs comme l'indique la figure, et le flux total N_1 qui correspond à chacun d'eux $\left(\text{intervalle } \dfrac{\pi}{p}\right)$, peut être considéré comme proportionnel au courant total porté par chacun des secteurs noirs ou blancs, et inversement proportionnel à la réluctance du circuit offert à sa propagation. Le courant total de chaque secteur peut s'exprimer par le produit de l'ordonnée moyenne $\dfrac{2}{\pi} I_1$ de la sinusoïde i_1 (I_1 désignant le maximum commun aux f courants inducteurs) par le nombre $f m_1$ des génératrices comprises dans l'intervalle d'un demi-pas. Quant à la réluctance, elle est fonction de la perméabilité des fers des anneaux feuilletés fixe et mobile, de l'épaisseur de l'entrefer, de la forme des rainures, de la section des anneaux, de leurs diamètres et du pas de l'enroulement $\dfrac{2\pi}{p}$. Nous pourrons donc écrire

$$\mathcal{N}_1 = A\, m_1\, I_1$$

en renfermant dans A tous les facteurs constants y compris le nombre de phases f et les facteurs d'unités (I en ampères, $\mathfrak{X}$ en CGS ou webers), et en nous rappelant que A qui contient la perméabilité μ varie effectivement avec I_1 (§ 280).

Les barres de l'induit ne se meuvent pas avec la même vitesse x à la suite de ce champ; elles rétrogradent sur lui avec la vitesse relative $2\pi N_\Theta = \dfrac{2\pi}{p\Theta}$ dans le sens de la flèche β. Dans ce mouvement relatif les génératrices de l'induit coupent l'intensité radiale du champ inducteur,

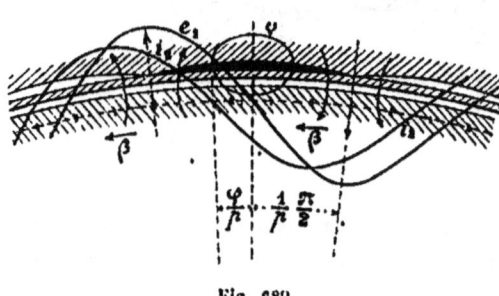

Fig. 689.

et les forces électromotrices qui s'y engendrent sont représentées, en fonction de leurs positions instantanées dans le champ inducteur, par les ordonnées de la sinusoïde e_2 qui lui est invariablement liée. La moyenne de la force électromotrice ainsi engendrée dans une génératrice par son déplacement devant un pôle a pour valeur le quotient du flux effectivement coupé par le temps $\dfrac{\Theta}{2}$: ce flux n'est que la fraction $\dfrac{\mathfrak{X}_1}{\nu}$ du flux total $\mathfrak{X}_1$, car une partie des lignes de force du champ inducteur se ferment sans pénétrer l'enroulement induit (1). En cas de loi sinusoïdale parfaite, la valeur maxima de la force électromotrice induite par génératrice est à cette force moyenne dans le rapport de π à 2, et le maximum E_2 de la force électromotrice qui agit au total dans les $2 pm_2$ génératrices de chacun des f enroulements de l'induit a pour valeur

$$E_2 = \frac{\pi}{2} \cdot 2pm_2 \cdot \frac{\mathfrak{X}_1 \, 10^{-8}}{\nu} \cdot \frac{1}{\frac{\Theta}{2}} =$$

$$= \frac{2\pi}{\Theta} pm_2 \frac{\mathfrak{X}_1 \, 10^{-8}}{\nu} = \frac{2\pi}{\Theta} pm_2 m_2 \frac{A \, 10^{-8}}{\nu} I_1.$$

(1) Ce coefficient ν, qui dépend de l'importance des fuites de flux, correspond au coefficient d'Hopkinson des dynamos à courant continu (§ 193).

En posant

$$pm_1 m_2 \frac{A\,10^{-8}}{v} = \mathfrak{M}$$

quantité qui n'est autre qu'un coefficient d'induction, et, en désignant par b la quantité $\frac{2\pi}{\Theta}$,

$$b = \frac{2\pi}{\Theta}$$

le maximum de la force électromotrice engendrée dans chacun des circuits induits, par le fait de leur infériorité de vitesse sur le champ des courants inducteurs, s'écrit

$$E_2 = b\,\mathfrak{M}\,I_1$$

et la force électromotrice instantanée correspondante est

$$e_2 = E_2 \sin bt.$$

C'est cette force qui entretient l'oscillation électrique dans chacun des circuits induits, avec les différences de phase que déterminent leurs écarts relatifs, et qui rencontre comme réactions dans chacun d'eux, outre la force contre-électromotrice d'effet Joule $r i_2$, la résultante des effets de la selfinduction de chacun et de l'induction mutuelle des $f-1$ autres circuits voisins. Il est facile de se rendre compte directement que ces actions se résument en une force de la forme $\mathcal{L}_2 \frac{di_2}{dt}$ (§ 98), vu la symétrie de circuits, en désignant par $\mathcal{L}_2$ le coefficient totaliseur des effets en question. L'intensité i_2 qui s'établit dans chaque circuit induit retarde donc d'une même fraction de période $\frac{\varphi}{2\pi}\Theta$ sur e_2, et les

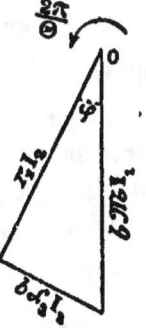

Fig. 690.

vecteurs E_2, $b\mathcal{L}_2 I_2$, $r_2 I_2$ présentent entre eux les dispositions qu'indique la figure 690, l'angle φ correspondant à la relation.

$$tg\,\varphi = b\,\frac{\mathcal{L}_2}{r_2}.$$

Les intensités i_2 que portent les diverses barres de l'induit, en fonction de leurs positions instantanées dans le champ tournant inducteur sont donc représentées par les ordonnées d'une sinusoïde i_2 (fig. 689) invariablement liée à ce champ, décalée d'un angle $\frac{\varphi}{p}$ sur la sinusoïde e, et en retard sur elle pour le sens β du déplacement relatif des génératrices. Les courants magnétisants de l'induit sont donc disposés, à un instant donné, comme l'indiquent les ronds noirs et blancs de la figure 691 et ont, à cet instant, les valeurs que définissent les ordonnées correspondantes de la sinusoïde i_2. Les conducteurs, dont ces ronds représentent les sections, se déplacent dans le sens de la flèche β par

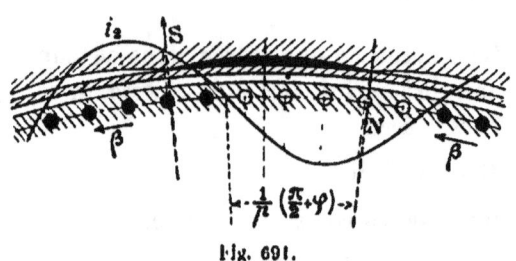

Fig. 691.

rapport au champ inducteur avec la vitesse angulaire $\frac{2\pi}{p\Theta}$; la réaction d'induit se retrouve donc identiquement la même à intervalles de temps égaux à $\frac{\Theta}{2f}$, à la façon du champ inducteur d'ailleurs qui se retrouve rigoureusement identique à lui-même à intervalles de temps égaux à $\frac{T}{2f}$ (§ 97).[1]

En moyenne, les courants magnétisants sont représentés par les secteurs sinusoïdaux blancs et noirs qu'indique la figure 692, auxquels correspond un champ analogue au premier, invariablement lié à lui, mobile par conséquent en réalité avec la même vitesse α, mais décalé sur lui d'un angle égal à $\frac{1}{p}\left(\frac{\pi}{2} + \varphi\right)$: c'est évidemment la valeur du couple des résistances mécaniques appliqué à l'arbre qui règle la valeur de cet angle.

---

[1] La vitesse angulaire $\frac{2\pi}{\Theta}$ peut être très faible ; elle l'est en particulier si le moteur tourne à vide. En réalité l'oscillation lente $\frac{\Theta}{2f}$ du champ induit autour de sa forme moyenne, laquelle est mobile dans l'espace avec la vitesse α, se greffe sans accord de phase, puisque T et Θ n'ont pas entre eux de rapport simple, sur l'oscillation de courte durée $\frac{T}{2f}$ du champ inducteur autour de sa forme moyenne.

C'est ce second champ qui résume tout le flux de l'induit : c'est lui dont le mouvement à la vitesse β au travers de chaque enrou-

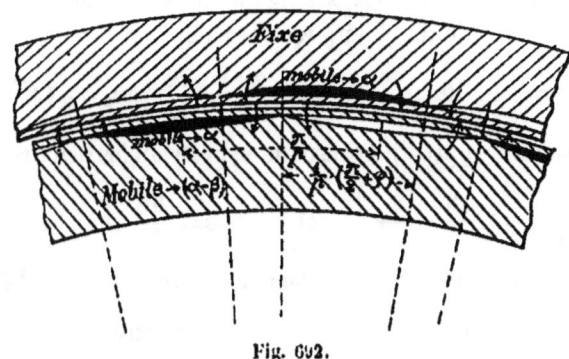

Fig. 692.

lement d'induit y engendre la force électromotrice totale d'induction que nous avons désignée par $\mathcal{L}_2 \dfrac{di_2}{dt}$. Le flux $\mathfrak{K}_2$ qu'il contient dans chaque intervalle $\dfrac{\pi}{p}$ peut s'écrire, de même que pour le premier champ,

$$\mathfrak{K}_2 = A\, m_2\, I_2$$

car la réluctance des circuits magnétiques offerts à l'établissement des flux est la même à bien peu près, et nous avons supposé le nombre de phases f le même à l'induit qu'à l'inducteur.

Ici chaque génératrice dans le temps $\dfrac{\Theta}{2}$ coupe tout le flux $\mathfrak{K}_2$, et le maximum de la force électromotrice correspondante est pour les $2\,pm_2$ génératrices de chaque enroulement

$$S_2 = \dfrac{\pi}{2}\cdot 2p\, m_2\, \mathfrak{K}_2\, 10^{-8}\, \dfrac{2}{\Theta} = b\, p\, m_2^{\,2}\, A\, 10^{-8}\, I_2$$

c'est-à-dire que le coefficient $\mathcal{L}_2$ n'est autre que $pm_2^{\,2}\, A\, 10^{-8}$.

$$\mathcal{L}_2 = pm_2^{\,2}\, A\, 10^{-8}.$$

Le champ de réaction d'induit se combine en réalité avec le champ inducteur, et c'est le mouvement de l'induit dans le champ résultant qui donne lieu directement à l'intensité i_2. La résultante $r_2\, I_2$ des deux vecteurs E_2 et $b\,\mathcal{L}_2\, I_2$ (fig. 690) peut donc être considérée comme la force électromotrice engendrée directement par le déplacement de chacun des circuits de l'induit dans le champ résultant. En appelant $\mathfrak{X}$ le flux utile de ce champ, c'est-à-dire le flux que chacune des $2\,pm_2$ génératrices coupe dans son trajet devant un pôle du champ résultant, on aurait

$$r_2\,I_2 = \frac{\pi}{2}\cdot 2p\,m_2\cdot \mathfrak{X}\,10^{-8}\,\frac{2}{\Theta} = \frac{2\pi}{\Theta}\,pm_2\,\mathfrak{X}\,10^{-8}$$

On voit ainsi, en rapprochant de cette expression les deux relations

$$E_2 = \frac{2\pi}{\Theta}\,pm_2\,\frac{\mathfrak{X}_1\,10^{-8}}{v} \quad \text{et} \quad S_2 = \frac{2\pi}{\Theta}\,pm_2\,\mathfrak{X}_2\,10^{-8}$$

que les trois vecteurs de la figure 690 peuvent représenter à l'échelle convenable les trois flux $\frac{\mathfrak{X}_1}{v}$, $\mathfrak{X}_2$ et $\mathfrak{X}$ et que entre ces flux on a les relations :

$$\mathfrak{X}_2 = \frac{\mathfrak{X}_1}{v}\sin\varphi \qquad \mathfrak{X} = \frac{\mathfrak{X}_1}{v}\cos\varphi$$

Ces trois flux sont ceux qui respectivement traversent une section de l'enroulement induit, quand le centre de cette dernière se trouve

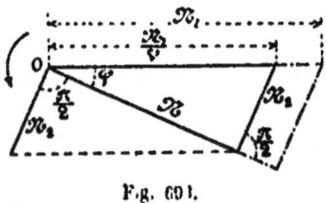

Fig. 691.

exactement en coïncidence avec l'axe du champ inducteur, ou avec l'axe du champ induit, ou dans la position du maximum de flux dans le champ résultant. Les vecteurs qui représentent ces trois flux sont disposés comme l'indique la figure 693, normaux respectivement aux directions des forces électromotrices $b\,\mathfrak{X}\,I_1$, $b\mathfrak{L}_2\,I_2$, $r_2\,I_2$ qui leur correspondent, la force électromotrice engendrée dans une spire étant nulle lorsque le flux qui traverse la spire est maximum.

On remarquera incidemment que la position maximum du flux pour les spires d'une section dans le champ résultant ne correspond pas rigoureusement à la position de coïncidence du centre de la section avec l'axe du champ résultant, si tant est que ce champ ait un axe. Pour qu'il en fût ainsi, il faudrait qu'il n'y eût pas de fuites de flux ($v = 1$). Il faudrait que les deux enroulements fussent sur le même cylindre, ce qui est impossible. Mais ce qui est toujours vrai, tant du moins qu'on n'introduit dans les cir-

MOTEURS POLYPHASÉS DITS A CHAMP TOURNANT.

cuits induits aucun élément étranger de réactance, c'est que les axes du champ induit retardent (dans le sens de la vitesse relative β) d'un quart de pas sur les positions qu'occupent les centres des bobines lorsqu'elles reçoivent du champ résultant leur flux maximum $\mathfrak{K}$. On rapprochera ces résultats de ceux qu'a donnés la composition des champs d'une dynamo à courant continu; le cas présent ne diffère de ce dernier que par la gradation de la densité d'intensité aux divers points de la gaine de cuivre (§ 178).

On remarquera sur la figure 693, l'effet direct des fuites de flux; nous ajouterons que la présence des forces magnétomotrices de l'induit qui agissent contre le flux inducteur augmente nécessairement la fraction de ce flux qui se détourne de l'induit, et il faut compter, comme pour les dynamos à courant continu, sur un accroissement du coefficient ν avec l'intensité I_2.

274. Force contre-électromotrice de transformation. — Passons maintenant à l'étude des courants dans les circuits inducteurs. Les forces électromotrices polyphasées qu'on y applique y trouvent les réactions d'effet Joule et les réactions d'induction auxquelles donne naissance le déplacement des deux champs tournants 1 et 2. Nous désignerons par V le maximum des différences de potentiel sinusoïdales, décalées de fractions égales de période, qu'on entretient aux bornes des f enroulements inducteurs et par r_1 la résistance de chacun d'eux; l'intensité I_1 dans chacun d'eux se décale sur V de la quantité qu'imposent les réactions S_1 et E_1 dues respectivement au mouvement des champs inducteur et induit. S_1 est le maximum de la force électromotrice qui résume les effets de selfinduction de chacun des circuits sur lui-même et les effets de mutuelle induction des $f - 1$ autres circuits inducteurs enchevêtrés avec lui; c'est le flux total du champ inducteur $\mathfrak{K}_1$ qui agit ici sur chaque génératrice dans le temps $\dfrac{T}{2}$ pour définir la valeur moyenne de cette force, et la valeur du maximum S_1 n'est autre, pour les $2pm_1$ génératrices du même enroulement, que

$$S_1 = \frac{\pi}{2} \cdot 2p\, m_1 \cdot \mathfrak{K}_1\, 10^{-8}\, \frac{2}{T} = a\, pm_1\, \mathfrak{K}_1\, 10^{-8} = a\, pm_1{}^2\, \Lambda\, 10^{-8}\, I_1$$

en désignant par a la caractéristique de la fréquence du courant inducteur $\dfrac{2\pi}{T}$. Cette force s'écrit $S_1 = a\, \mathcal{L}_1\, I_1$

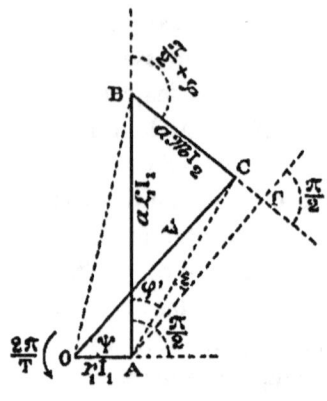

Fig. 694.

si l'on désigne par $\mathcal{L}_1$ le coefficient totaliseur

$$\mathcal{L}_1 = p m_1^2 \text{A} \, 10^{-8}$$

Si nous représentons la force contre-électromotrice d'effet Joule par le vecteur $r_1 \, \text{I}_1$ tournant à la vitesse $\dfrac{2\pi}{T}$, nous porterons $a \, \mathcal{L}_1 \, \text{I}_1$ en avance de $\dfrac{\pi}{2}$ sur $r_1 \, \text{I}_1$ pour représenter la réaction de selfinduction $\mathcal{L}_1 \dfrac{di_1}{dt}$ (fig. 694). A la suite du champ inducteur, et en retard sur lui de $\dfrac{1}{p}\left(\dfrac{\pi}{2}+\varphi\right)$, vient le champ induit qui balaye chaque génératrice : mais c'est ici le flux réduit $\dfrac{\mathfrak{K}_2}{\nu}$ qui seul atteint les génératrices, et la force contre-électromotrice, que le passage de ce champ induit dans les $2p \, m_1$ génératrices de l'enroulement considéré, a pour valeur maxima, toujours dans l'hypothèse des variations sinusoïdales,

$$\text{E}_1 = \dfrac{\pi}{2} \cdot 2p \, m_1 \, \dfrac{\mathfrak{K}_2 \, 10^{-8}}{\nu} \dfrac{2}{T} = ap \, m_1 \, \dfrac{\mathfrak{K}_2 \, 10^{-8}}{\nu} = ap \, m_1 \, m_2 \, \dfrac{\text{A} \, 10^{-8}}{\nu} \text{I}_2$$

soit

$$\text{E}_1 = a \mathfrak{M} \, \text{I}_2$$

Cette force est représentée par le vecteur BC sur la figure 694. C'est là la force contre-électromotrice qui, avec $a \, \mathcal{L}_1 \, \text{I}_1$ et $r_1 \, \text{I}_1$, fait équilibre à V, en sorte que le vecteur OC représente précisément le maximum de cette différence de potentiel. La résultante de $a \, \mathcal{L}_1 \, \text{I}_1$ et de $a \, \mathfrak{M} \, \text{I}_2$, c'est-à-dire AC, représente la force contre-électromotrice engendrée par le champ résultant dans son mouvement au travers de chacun des circuits primaires. Elle fait avec AB un angle φ' plus petit que φ, par la raison que le flux $\mathfrak{K}_1$ agit intégralement, tandis que le flux $\mathfrak{K}_2$ n'agit qu'en partie, ce qui a pour effet de rapprocher des axes M_1 du champ inducteur (fig. 695) les points M' d'intensité radiale maxima sur la circonférence moyenne extérieure où sont établis les enroulements inducteurs. Le point C sur la figure 694 tombe donc nécessairement en deçà du pied I' de la perpendiculaire abaissée de A sur B C (autrement dit $\mathfrak{M}$ $< \sqrt{\mathfrak{L}_1 \mathfrak{L}_2}$, § 92).

En appelant ϵ l'angle CAI' qui mesure la différence entre φ et φ', ou l'augmentation d'écart entre la force contre-électromotrice de transformation AC et l'intensité I_1, augmentation due aux fuites du flux, la figure 694 donne pour valeur de V, en fonction de OA, de AC et de φ' :

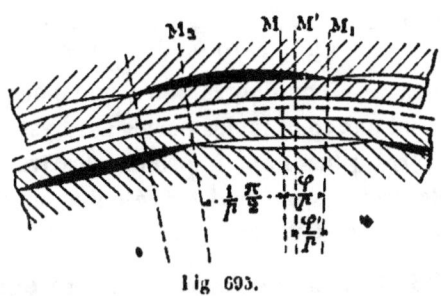

Fig. 695.

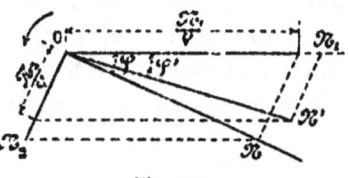

Fig. 696.

$$V^2 = r_1^2 I_1^2 + \frac{a^2 \mathfrak{L}_1^2 I_1^2 \cos^2 \varphi}{\cos^2 \epsilon} + 2 r_1 \frac{a \mathfrak{L}_1 \cos \varphi}{\cos \epsilon} \sin (\varphi - \epsilon) I_1^2$$

ou, pour le cas où l'on voudrait négliger l'effet des pertes de flux ($\epsilon = \circ$),

$$V^2 = r_1^2 I_1^2 (\sin^2 \varphi + \cos^2 \varphi) + a^2 \mathfrak{L}_1^2 I_1^2 \cos^2 \varphi + 2 r_1 a \mathfrak{L}_1 I_1^2 \cos \varphi \sin \varphi$$

c'est-à-dire

$$V^2 = r_1^2 I_1^2 \cos^2 \varphi [1 + (tg \varphi + tg \varphi_1)^2]$$

en appelant φ_1 l'angle (AOB sur la figure 694) défini par la relation

$$tg \varphi_1 = a \frac{\mathfrak{L}_1}{r_1}$$

Quant à la valeur de l'angle de décalage ψ de l'intensité I_1 sur la force électromotrice appliquée aux bornes V, elle se lit immédiatement sur la figure 694 :

$$tg \psi = \frac{a \mathfrak{L}_1 I_1 \frac{\cos \varphi}{\cos \epsilon} \cos (\varphi - \epsilon)}{r_1 I_1 + a \mathfrak{L}_1 I_1 \frac{\cos \varphi}{\cos \epsilon} \sin (\varphi - \epsilon)}$$

Dans le cas où l'on admettrait que ϵ fut égal à zéro, cette expression deviendrait

$$tg\ \psi = \frac{a\mathcal{L}_1 I_1 \cos^2\varphi}{r_1 I_1 + a\mathcal{L}_1 I_1 \cos\varphi \sin\varphi} = \frac{tg\ \varphi_1}{1 + tg\ \varphi(tg\ \varphi_1 + tg\ \varphi)}$$

Nota. — Les diagrammes que nous venons de construire, ne tiennent pas compte des pertes par hystérésis et courants parasites. On verra plus loin, à propos des transformateurs (§ 287), par quels vecteurs on peut représenter les forces électromotrices qui correspondent à ces pertes.

275. Puissance fournie au moteur; répartition de cette puissance : pertes diverses, couple moteur. — Considérons le moteur alimenté sous potentiel V, en fouction sur des résistances mécaniques extérieures déterminées, dont le couple est C. La puissance que reçoivent ses f circuits inducteurs a pour expression

$$W = f\ \frac{VI_1}{2} \cos\psi.$$

Examinons ce que devient cette puissance.

L'effet Joule primaire absorbe d'abord la part

$$j_1 = f\ \frac{r_1 I_1^2}{2}.$$

Le mouvement du champ total à la vitesse N_T dans le fer feuilleté de l'inducteur y produit des variations d'aimantation et y engendre des courants parasites : nous désignerons la puissance perdue de ce fait par le symbole $(HP)_1$. Il nous restera à compter, dans le même ordre d'idées, la puissance perdue par hystérésis et par courants parasites dans le fer de l'induit $(H P)_2$; dans ce dernier, le déplacement relatif ne se fait qu'en vertu de la vitesse de glissement, à raison de N_Θ tours par seconde, et les pertes $(H P)_2$ sont relativement très faibles.

C'est en vertu du même mouvement rétrograde que se produisent les courants induits d'intensité maxima I_2, dans les f circuits de l'induit; la part de puissance qu'ils absorbent est représentée par

$$j_2 = f\ \frac{r_2 I_2^2}{2}.$$

La puissance qui passe sur l'arbre de l'induit, s'emploie à vaincre à la vitesse N les résistances de frottement de l'arbre sur ses

MOTEURS POLYPHASÉS DITS A CHAMP TOURNANT.

coussinets, dont le couple est C_f, et enfin les résistances mécaniques extérieures dont le couple est C. C'est ce couple résistant $C' = C + C_f$ qui équilibre le couple moteur appliqué à l'induit, c'est-à-dire le couple des efforts d'attraction entre les deux champs inducteur et induit, ou encore le couple moyen des efforts électromagnétiques entre les courants I_1 et les courants induits I_2. La puissance mécanique ainsi produite a donc pour valeur :

$$2\pi \, C'N$$

Mais c'est ce même couple C' qui empêche l'induit de suivre le champ inducteur à la vitesse $2\pi \, N_T$, c'est lui qui le fait rétrograder à la vitesse $2\pi \, N_\theta$ sur les pôles inducteurs; c'est donc ce couple qu'il faudrait appliquer à un induit identique, fermé en court circuit sur lui-même, pour le mouvoir en génératrice par rapport à des inducteurs qui seraient fixes et qui donneraient un champ identique au champ inducteur.

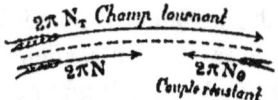

Fig. 697.

La puissance qu'on lui communiquerait alors, soit $2\pi \, C'N_\theta$, se retrouverait intégralement sous forme de chaleur dans ses conducteurs et dans ses masses de fer lamellées; on a donc, pour totaliser les pertes par hystérésis, courants parasites et effet Joule direct dans l'induit, la relation

$$2\pi \, C'N_0 = f \frac{r_2 \, I_2{}^2}{2} + (HP)_2.$$

La répartition de la puissance fournie au moteur est donc finalement représentée par l'équation.

$$f \frac{VI_1}{2}, \cos\psi = f \frac{r_1 \, I_1{}^2}{2} + (HP)_1 + 2\pi \, C'N_0 + 2\pi \, C'N$$

le couple C' comprenant le couple des frottements de l'arbre de l'induit sur ses coussinets en plus du couple utile C.

Nous pouvons écrire ceci

$$W = f \frac{r_1 \, I_1{}^2}{2} + (HP)_1 + 2\pi \, C'N_T$$

en remarquant que

$$N_T = N + N_0$$

Le rendement mécanique du moteur serait mesuré par le rapport de la puissance 2π C'N à la puissance totale W. Dans ce rendement l'inducteur aurait sa part, soit la puissance 2π C'N$_r$ rapportée à la puissance totale, et l'induit son rendement propre soit le rapport de 2π C'N à 2π C'N$_r$, ou encore le rapport de N à N$_r$. La part de puissance que l'induit proprement dit prélève sous forme de chaleur sur la puissance qu'il reçoit se mesure donc par le rapport de N$_\Theta$ à N$_r$ ou de b à a puisqu'on a

$$b = \frac{2\pi}{\Theta} \quad \text{avec} \quad N_\Theta = \frac{1}{p\Theta}$$

et

$$a = \frac{2\pi}{T} \quad \text{avec} \quad N_r = \frac{1}{pT}.$$

Ceci nous montre immédiatement qu'il importe déjà, pour obtenir du moteur un rendement convenable, que la vitesse de glissement 2π N$_\Theta$ ne soit qu'une faible fraction de la vitesse de rotation 2π N$_r$ du champ tournant : on se tient dans la pratique à des valeurs comprises entre 4 et 12 % de la vitesse du champ soit

$$0,04 \, N_r < N_\Theta < 0,12 \, N_r$$

Il est d'ailleurs facile de trouver sur le diagramme des vecteurs des forces électromotrices (fig. 604) la représentation, à un facteur constant près, des diverses parts de la puissance. La puissance absorbée par effet Joule dans les inducteurs $f \frac{r_1 \, I_1^2}{2}$ est représentée par exemple, au facteur $\frac{f}{a \, \mathfrak{L}_1}$ près, par l'aire du triangle O A B qui a pour valeur $\frac{1}{2} \cdot r_1 \, I_1 \cdot a \, \mathfrak{L}_1 \, I_1$.

La puissance restante, déduction faite de ces pertes, a pour valeur $f \frac{AC \cdot I_1}{2} \sin \widehat{BAC}$ (fig. 698 et 699) [1]; ce produit n'est autre, au même facteur $\frac{f}{a \, \mathfrak{L}_1}$ près, que la surface du triangle ABC, dont

---

[1] L'angle BÂC n'est plus rigoureusement égal à l'angle φ défini précédemment, car ici le segment BC représente la résultante de la force contre-électromotrice de transformation $a \, \mathfrak{M} \, I_2$ et de la force contre-électromotrice représentative des effets de l'hystérésis et des courants parasites, lesquels ont leur flux analogue au flux $\mathfrak{M}_2$ des courants secondaires I_2.

MOTEURS POLYPHASÉS DITS A CHAMP TOURNANT. 67

la hauteur CD est égale à AC sin BÂC et dont la base AB est $a\,\mathfrak{L}_1\,I_1$. L'aire du quadrilatère AOBC correspond donc à la puissance totale fournie au moteur $f\dfrac{VI}{2}\cos\psi$. Sur l'aire ABC il faut retrancher la portion qui correspond aux pertes par hystérésis et par courants parasites (HP)$_1$ dans les parties fixes du moteur. Nous ne pouvons qu'apprécier ces pertes et retrancher, en vue de les représenter, une quantité Cg sur la hauteur DC du triangle (fig. 698 et 699); c'est l'aire Bg AC qui leur correspondrait, et l'aire du triangle ABg représenterait alors la puissance totale transmise à l'induit mobile soit $2\pi\,C\,N_T$. Mais il faut encore prélever sur cette aire la fraction $\dfrac{b}{a}$ qui se transforme en chaleur par effet Joule, hystérésis et courants parasites $j_2 + (H\,P)_2$. Il nous suffit pour cela de construire le point j tel que Dj soit à Dg dans le rapport de b à a : or, b n'est autre que $tg\varphi$, au facteur constant $\dfrac{\mathfrak{L}_2}{r_2}$ près, et, si nous appelons φ_2 la limite du décalage φ qui se trouve atteinte au démarrage lorsque Θ devient égal à T, N$_\Theta$ à N$_T$ avec N = o et $b = a$, soit

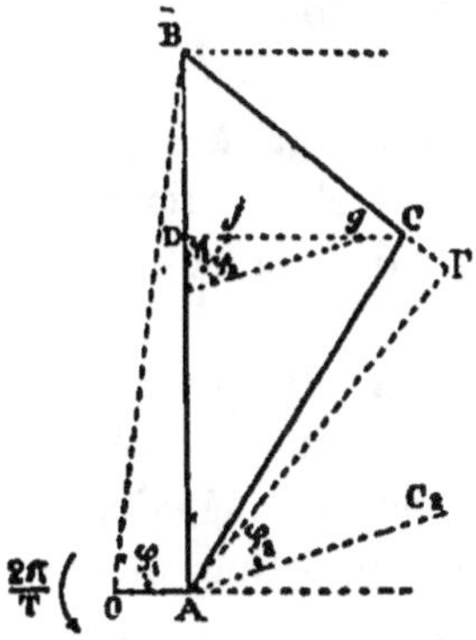

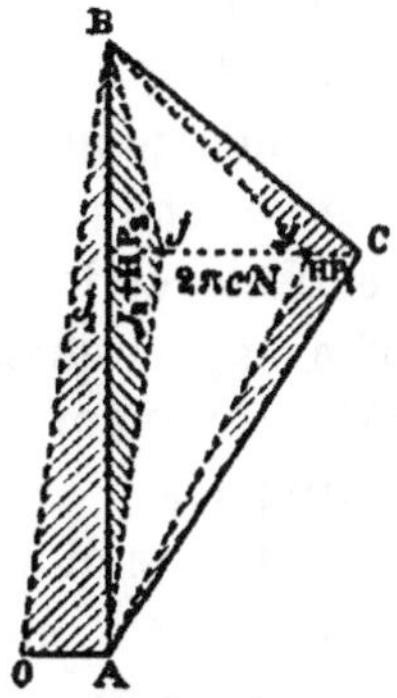

$$tg\,\varphi_2 = a\,\dfrac{\mathfrak{L}_2}{r_2}$$

Fig. 698. Fig. 699.

nous obtiendrons le point j en menant par g une parallèle à AC, (qui fait l'angle φ_2 avec AB) et par le point où cette parallèle rencontre AB une droite faisant l'angle φ avec AB. Le triangle ABj représentera alors, au facteur $\dfrac{f}{a\mathfrak{L}_1}$ près, la puissance $2\pi\,C'N_\Theta$ ou $j_2 +$ (HP)$_2$ qui correspond à ces pertes. Il restera enfin l'aire AjBg pour représenter la puissance $2\pi\,C'N$ qui, aux pertes près par frottement sur les coussinets, est l'effet mécanique utile de la réceptrice.

La figure montre que, pour obtenir un bon rendement, il faut que les angles φ_1 et φ_2 soient voisins de $\frac{\pi}{2}$ et que φ au contraire ait une valeur moyenne plus ou moins voisine de $\frac{\pi}{4}$; ceci conduit à donner aux rapports $\frac{2\pi}{T}\frac{\mathcal{L}_1}{r_1}$ et $\frac{2\pi}{T}\frac{\mathcal{L}_2}{r_2}$ des valeurs considérables et à ramener $\frac{2\pi}{\Theta}\frac{\mathcal{L}_2}{r_2}$ au voisinage de l'unité, en n'admettant que des vitesses de glissement $2\pi N_\Theta$ faibles par rapport à la vitesse du champ tournant. La première condition conduit à calculer largement les circuits magnétiques et à donner à la gaine de cuivre de l'inducteur et de l'induit les plus fortes sections possibles; mais il ne faut pas oublier que les pertes dans le fer croissent avec le volume des circuits magnétiques.

276. Fonctionnement du moteur; caractéristiques mécaniques. — Proposons-nous de déterminer les éléments du régime que prend un moteur donné, alimenté dans des conditions déterminées, sur une résistance mécanique également définie. Si l'on veut procéder par le calcul, on englobera dans une première approximation les pertes par courants parasites et par hystérésis avec la puissance mécanique sous un même symbole : on appellera c, par exemple, le couple défini par la condition que $2\pi c N_r$ représente la puissance totale diminuée seulement de l'effet Joule dans l'inducteur, et en prenant la fraction $\frac{N_\Theta}{N_r}$ de cette puissance pour représenter les pertes dans l'induit, on écrira

$$2\pi c N_0 = f \frac{r_2 I_2^{\,2}}{2}. \qquad (1)$$

Cela revient à raisonner comme s'il n'y avait pas de pertes par hystérésis ni courants parasites. D'autre part, N_Θ est relié aux éléments des courants inducteurs par les relations

$$tg\,\varphi = b\,\frac{\mathcal{L}_2}{r_2} = 2\pi\,p\,N_\Theta\,\frac{\mathcal{L}_2}{r_2} \qquad (2)$$

et

$$b\,\mathcal{L}_2\,I_2 = b\mathcal{M}\,I_1\,\sin\varphi$$

qui se lit immédiatement sur la figure 694, soit en négligeant les fuites de flux,

$$m_2 \, I_2 = m_1 \, I_1 \sin \varphi \qquad (3)$$

D'ailleurs, entre I_1 et la différence de potentiel V appliqué aux bornes, la figure 694 fournit la relation déjà établie,

$$V = r_1^2 \, I_1^2 \cos^2 \varphi \, [1 + (tg \, \varphi + tg \, \varphi_1)^2] \qquad (4)$$

et le décalage ψ qui s'établit entre I_1 et V répond à l'équation, pour le même cas,

$$tg \, \psi = \frac{tg \, \varphi_1}{1 + tg \, \varphi \, (tg \, \varphi_1 + tg \, \varphi)} \qquad (5)$$

avec

$$tg \, \varphi_1 = a \, \frac{\mathcal{L}_1}{r_1} \quad \text{et} \quad tg \, \varphi_2 = a \, \frac{\mathcal{L}_2}{r_2}.$$

Ces cinq équations entre les sept quantités c, N_Θ, φ, I_1 I_2, V, ψ qui y entrent en dehors des données f, p, r_1, r_2, $\mathcal{L}_1$, $\mathcal{L}_2$, $\mathfrak{M}$ du moteur et T du courant, en laissent deux arbitraires qui peuvent être par exemple le potentiel V et le couple c. Sous potentiel constant, ce qui est le cas le plus fréquent, ces équations définissent la valeur de la vitesse 2π N ou 2π ($N_\tau - N_\Theta$) que prend l'induit pour chaque valeur de c et permettent par conséquent de construire la caractéristique en c et N de la machine ; on peut encore construire les courbes représentatives des valeurs des divers éléments tels que c, I_1, I_2, etc. en fonction de N_Θ ou, ce qui revient au même, en fonction du décalage φ, les vitesses angulaires de glissement n'étant autres que les tangentes de l'arc φ, au facteur p près. On obtient par exemple pour valeur du couple c en fonction de φ l'expression

$$c = \frac{pf}{2a} \, \frac{V^2}{r_1} \, \frac{tg \, \varphi_1 \, tg \, \varphi}{1 + (tg \, \varphi_1 + tg \, \varphi)^2}$$

Les calculs, qui n'offrent aucune difficulté, sont un peu longs, et il est bien préférable de déduire les caractères essentiels de ce genre de moteur de l'étude directe du diagramme des vecteurs, ainsi que nous allons le faire.

Reportons-nous donc à la figure 698, et prenons pour variable indépendante le décalage φ, en nous rappelant que du choix de cette quantité dépendent immédiatement l'écart entre les champs inducteur et induit ainsi que les valeurs complémentaires de la vitesse de glissement et de la vitesse absolue de l'induit. Remarquons d'abord que φ peut varier à partir d'une limite positive très voisine de zéro qui correspond au cas de la marche à vide : le couple extérieur C étant nul alors, les courants induits n'ont qu'à fournir un couple égal au couple $C' = C_f$ des résistances de frottement, et la vitesse de glissement est très faible, l'induit suivant presque le champ moteur à la vitesse N_T ; la période des courants induits est alors très longue, la quantité $b = \dfrac{2\pi}{\Theta}$ presque nulle et avec elle $tg\,\varphi$ qui n'est autre que $\dfrac{b\,\mathcal{L}_2}{r_2}$. Si le couple croît, φ augmente d'abord nécessairement, N diminue. Quand φ augmente, le couple passe par un maximum et redécroît ; toutefois φ ne peut dépasser la valeur φ_2 définie par l'équation $tg\,\varphi_2 = \dfrac{2\pi}{T}\,\dfrac{\mathcal{L}_2}{r_2}$ qui correspond au cas où l'induit reste immobile, la vitesse relative $2\pi\,N_\Theta$ devenant alors égale à la vitesse du champ $2\pi\,N_T$.

Donnons donc à φ une valeur quelconque comprise entre 0 et φ_2. La forme du diagramme est alors complètement déterminée, si du moins nous admettons une valeur convenable pour φ' qui dépend du coefficient de perte de flux ν. Mais laissons de côté la différence ε entre φ' et φ, et construisons le diagramme à une échelle quelconque (fig. 700). Il nous restera à déterminer cette

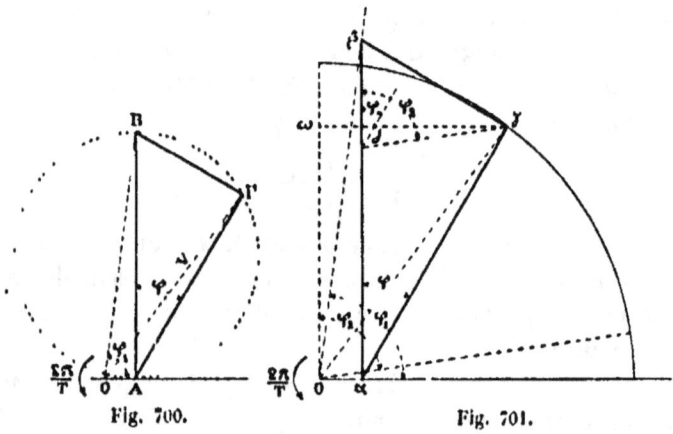

Fig. 700.   Fig. 701.

échelle par la condition que la résultante OI' ait la valeur voulue,

MOTEURS POLYPHASÉS DITS A CHAMP TOURNANT.

ou bien nous amplifierons la figure jusqu'à donner à OI' la valeur $O\gamma$ du rayon de la circonférence V. La surface du triangle $\alpha\beta\gamma$ (fig. 701) représentera alors, au facteur $\dfrac{f}{a\mathcal{L}}$ près, la puissance totale $2\pi\,c\,N$ fournie à la machine en plus de l'effet Joule $f\dfrac{r_1\,I_1^2}{2}$.

Nous aurons donc, en désignant par S la surface $\alpha\beta\gamma$, la relation

$$2\pi\,c\,N_T = \dfrac{f}{a\mathcal{L}_1}\,S$$

ou encore

$$c = \dfrac{pf}{a^2\,\mathcal{L}_1}\,S$$

Il suffit de porter en ordonnées des valeurs proportionnelles aux surfaces S en correspondance d'abscisses proportionnelles à l'angle φ pour obtenir une caractéristique du moteur; cette courbe représente d'ailleurs indifféremment aux échelles convenables le couple c et la puissance $2\pi\,c\,N_T$, puisque N_T ne varie pas (fig. 702). Pour avoir la puissance totale fournie au moteur, on ajoutera aux surfaces S les aires des triangles $O\alpha\beta$; on obtient ainsi une courbe dont les ordonnées, au facteur $\dfrac{f}{a\mathcal{L}_1}$ près représentent W. Pour obtenir la puissance $2\pi\,c\,N$, qui est la puissance utile abstraction faite des pertes par les hystérésis, on répétera la construction simple du point j pour chaque valeur de φ, et l'on retranchera des surfaces totales les triangles $\alpha\beta j$. Les rendements sont donnés par les rapports

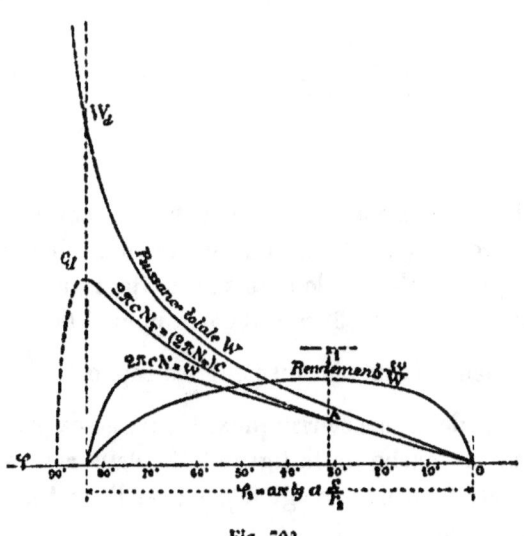

Fig. 702.

des ordonnées w aux ordonnées W (fig. 702) ou encore par les rapports des segments j γ aux segments ω γ (fig. 701).

Les courbes de la figure 702 mettent en évidence les propriétés fondamentales du moteur. Elles équivalent d'ailleurs à des caractéristiques en fonction de l'allure N, car, entre le décalage des champs φ et l'allure N de l'induit, il existe la relation

$$tg\ \varphi = b\frac{\mathcal{L}_2}{r_2} = 2\pi\ p\ N_\Theta\ \frac{\mathcal{L}_2}{r_2} = 2\pi\ p\ \frac{\mathcal{L}_2}{r_2}(N_T - N)$$

A l'abscisse $\varphi = o$ correspond l'allure maxima $N = N_T$ et à l'abscisse $\varphi = \varphi_2$, l'arrêt, soit $N = 0$. On pourrait donc sans peine construire les transformées de ces courbes avec les abscisses N. On

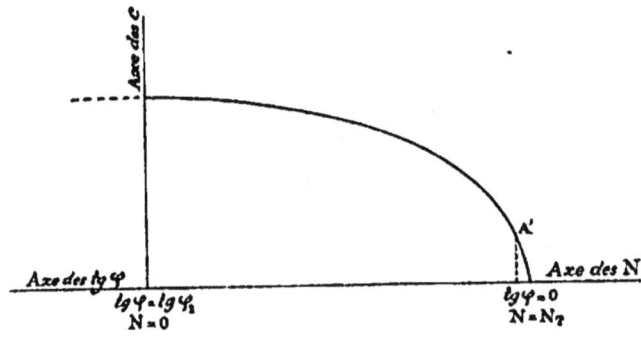

Fig. 703.

obtient par exemple pour courbe des couples c, en fonction des nombres de tours N, la courbe que donne la figure 703.

Avec les valeurs adoptées sur le diagramme 701 pour les angles φ_1 et φ_2 (environ 83° ce qui correspond à des valeurs voisines de 9 pour leurs tangentes ou pour les rapports $\frac{2\pi}{T}\ \frac{\mathcal{L}_1}{r_1}$ et $\frac{2\pi}{T}\ \frac{\mathcal{L}_2}{r_2}$), le sommet de la caractéristique se trouve assez près du point d'abscisse φ_2 sur la courbe de la figure 702; dans ces conditions le moteur donnerait au démarrage à peu près l'effort maximum dont il soit capable sous le potentiel V

L'abscisse du sommet de la courbe des couples (courbe $(2\pi N_T) c$ sur la figure 702) est d'ailleurs donnée par l'équation

$$tg\ \varphi = \sqrt{1 + tg^2\ \varphi_1}$$

ainsi qu'il est facile de s'en assurer en annulant la dérivée de l'expression de c donnée à la page 69. Le sommet de cette caractéristique se trouve donc dans la partie utile de la courbe ou en dehors, selon que la tangente de l'angle φ_2 est plus grande ou plus petite que $\sqrt{1 + tg^2 \varphi_1}$. Avec une valeur plus grande, c'est-à-dire avec la condition

$$\frac{2\pi}{T} \frac{\mathcal{L}_2}{r_2} > \sqrt{1 + \left(\frac{2\pi}{T} \frac{\mathcal{L}_1}{r_1}\right)^2}$$

qui suppose plus de cuivre sur l'induit que sur l'inducteur, le sommet de la courbe des couples passe à droite de l'origine qui correspond à $\varphi = \varphi_1$ (soit $N = 0$), et le couple au démarrage c_d du moteur peut devenir très faible. Le moteur ne démarre que sur résistances inférieures à c_d bien qu'il devienne *en vitesse* capable d'un couple plus grand c_m. Dans ce cas, dès que l'induit s'est mis en marche, avec une accélération naturellement telle que les forces d'inertie correspondantes fassent équilibre à la différence du couple c_d et du couple résistant, Θ augmente, φ diminue, le couple croît et en général avec lui l'accélération (en supposant le couple résistant constant

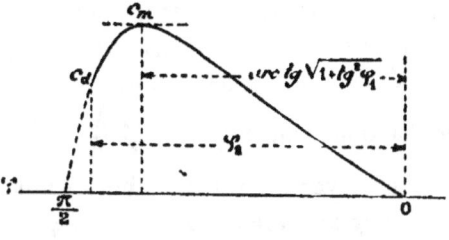

Fig. 704

par exemple); l'allure croît, atteint et dépasse l'abscisse du sommet c_m, et l'équilibre s'établit pour le point de la branche descendante de la caractéristique qui correspond à l'égalité des couples moteur et résistant. L'allure N et le décalage φ ont alors certaines valeurs. Si l'on vient après coup augmenter la charge, le moteur continue à fonctionner à une vitesse moindre et avec un décalage de champs plus considérable, le point d'équilibre s'élevant peu à peu vers c_m ; si le couple résistant dépassait c_m, il y aurait *décrochage* et arrêt.

La seule branche descendante de la courbe du couple, entre $\varphi =$ arc $tg \sqrt{1 + tg^2 \varphi_1}$ et $\varphi = 0$, correspond aux régions stables, et il importe que le moteur soit calculé, en vue du travail qu'il a à accomplir, de façon que l'allure d'équilibre corresponde à un point voisin du maximum de rendement (A sur la courbe de la figure 702, A' sur la caractéristique de la figure 703).

La position du point A' sur la courbe de la figure 703 montre que l'allure de régime peut différer d'un dixième environ de l'allure du champ inducteur, comme nous l'avons dit au § 275. Mais l'allure de régime peut en réalité s'écarter d'une quantité encore assez considérable de l'allure du maximum de rendement sans cesser de correspondre à une valeur acceptable du rendement, car la courbe du rendement reste voisine de l'horizontale de son sommet dans une région assez étendue. Il convient d'ailleurs que le régime normal, tout en demeurant voisin du régime de rendement maximum, corresponde à un point de la courbe situé entre A et le sommet de la courbe des couples (fig. 702) et non entre A et O; dans ce dernier cas, en effet, le moteur travaillerait sur un couple résistant plus faible que celui qu'il peut aussi avantageusement fournir, ou, pour mieux dire, le moteur calculé pour travailler sur un certain couple serait de plus grandes dimensions dans le second cas que dans le premier. De toutes façons, il importe que le rendement au régime normal soit de bonne valeur; cette condition exige que l'on donne aux rapports $\frac{2\pi}{T}\frac{\mathcal{L}_1}{r_1}$ et $\frac{2\pi}{T}\frac{\mathcal{L}_2}{r_2}$ des valeurs assez considérables. Avec les valeurs admises pour φ_1 et φ_2 dans la construction des figures 700 et 701 ($tg\ \varphi_1$ et $tg\ \varphi_2$ égales à 9, avons-nous dit), le rendement maximum atteint, d'après la courbe 702, environ 0,78. C'est trop peu, vu la réduction que les pertes négligées dans les constructions présentes font subir au rendement. Avec des valeurs respectives de 40 et de 60 pour $tg\ \varphi_1$ et pour $tg\ \varphi_2$, on trouverait un rendement fictif de 0,94 [1]. En pratique, on obtient des rende-

---

[1] Il est facile de tirer des équations données plus haut les expressions des puissances w et W et par suite celle du rendement k. On trouve ainsi

$$w = 2\pi c\,(N_T - N_0) = \frac{f}{2}\frac{V^2}{r_1}\frac{tg\ \varphi_1\ tg\ \varphi}{1 + (tg\ \varphi_1 + tg\ \varphi)^2}\left(1 - \frac{tg\ \varphi}{tg\ \varphi_1}\right)$$

$$W = f\frac{VI_1}{2}\cos\psi = \frac{f}{2}\frac{V^2}{r_1}\frac{1 + tg\ \varphi\,(tg\ \varphi_1 + tg\ \varphi)}{1 + (tg\ \varphi_1 + tg\ \varphi)^2}$$

et

$$k = \frac{w}{W} = \frac{tg\ \varphi_1\ tg\ \varphi\left(1 - \frac{tg\ \varphi}{tg\ \varphi_1}\right)}{1 + tg\ \varphi\,(tg\ \varphi_1 + tg\ \varphi)}.$$

ments de 65 à 80 % avec les petits moteurs et de 80 à 95 % avec les moteurs de grandes dimensions.

On remarquera en outre que, dans la région des bons rendements, la caractéristique en c et N de la figure 703 offre précisément une pente accentuée; ce sont là des conditions excellentes pour la stabilité du régime (§ 220, t. I).

277. Démarrage. — Mais les courbes de la figure 702 mettent en évidence un inconvénient grave de ce genre de moteur, c'est la disproportion de la puissance W_d qu'ils absorbent au démarrage avec la puissance W qui correspond à leur régime normal. Avec de petits moteurs, l'inconvénient n'a pas de conséquences autrement fâcheuses qu'un accroissement momentané de la puissance absorbée. Mais avec des moteurs de puissance importante par rapport à la puissance de la génératrice ou du transformateur qui les alimente, l'à-coup qui se produit à la mise en marche peut déterminer un *abaissement* assez grand *de la différence de potentiel* pour que le moteur refuse de démarrer en charge. Les ordonnées à l'origine φ_d des courbes c et W de la figure 702 cessent alors de représenter le couple et la puissance effectives, puisque la différence de potentiel a baissé; il y a en même temps réduction et du couple c_d et de la puissance W_d, et, si l'on ne vient pas réduire la charge ou *modifier quelque chose dans les circuits du moteur*, il s'établit, dans les deux enroulements, des courants I_1 et I_2 d'intensités considérables, dangereuses pour la conservation des isolants. Le moteur avec son induit fixe constitue alors un transformateur proprement dit, dont le secondaire, fermé sur lui-même et de résistance extrêmement faible, débite une intensité énorme.

Que faut-il faire alors pour relever le potentiel en agissant uniquement sur le moteur? C'est M. Maurice Leblanc qui en a indiqué le moyen dès 1894 : il suffit d'introduire des résistances dans les enroulements de l'induit pour diminuer la quantité φ_d, qui n'est autre que $\operatorname{arc} tg \dfrac{2\pi}{T} \dfrac{x_2}{r_2}$, et ramener ainsi (fig. 702) dans une région

---

La valeur maxima du rendement se produit pour la valeur de φ qui répond à l'équation

$$tg\,\varphi = \dfrac{-1 + \sqrt{1 + tg\,\varphi_1 (tg\,\varphi_1 + tg\,\varphi_2)}}{tg\,\varphi_1 + tg\,\varphi_2}$$

70 DYNAMOS A COURANTS ALTERNATIFS.

de moindre puissance totale l'ordonnée d'abscisse φ_2 qui définit l'origine des parties utiles des courbes de puissance. On ne modifie ainsi en rien les courbes W et $(2\pi\,N_T)\,c$ qui ne dépendent que des données de l'inducteur. L'augmentation de r_2 au dénominateur du rapport $\dfrac{2\pi}{T}\dfrac{v_2}{r_2}$ produit d'ailleurs un effet analogue à celui de la rotation de l'induit qui, changeant T en Θ, augmente le dénominateur du même rapport; la seule courbe w se trouve modifiée, et le point c_d se déplace sur la courbe des puissances $(2\pi\,N_T)\,c$ dans une région où cette courbe ne baisse pas beaucoup, où même elle peut s'élever tout d'abord (dans le cas où le sommet serait à droite de l'origine primitive, fig. 70¼), tandis que le point W_d se déplace sur la courbe des W dans la région où la pente de cette dernière est considérable. On réduit en fait le décalage des deux champs inducteur et induit, décalage qui d'axes en axes semblables est égal à $\dfrac{\frac{1}{2}\pi + \varphi}{p}$ (fig. 695) et qui au démarrage serait trop voisin de l'opposition : on met en un mot les deux champs en position d'agir plus efficacement l'un sur l'autre, comme on ferait d'aimants presque opposés qu'on amènerait en croix, et on laisse subsister un flux résultant qui s'oppose à l'établissement dans le primaire d'une intensité considérable. On se rend ainsi parfaitement compte qu'en introduisant des résistances dans l'induit, on puisse obtenir le démarrage en charge d'un moteur qui, avec ses enroulements calculés en vue d'un bon rendement en vitesse, refusait de se mettre en marche malgré l'absorption d'une puissance énorme.

278. Valeurs des intensités et des flux. — Nous ne nous sommes pas encore préoccupés de suivre les variations des intensités I_1 et I_2 du courant dans l'inducteur et dans l'induit; étudions-les maintenant. Leurs expressions se déduisent sans peine des équations du § 276[1], mais on en peut construire immédiatement les courbes

---

(1) On trouve en effet les expressions suivantes

$$I_1 = \frac{V}{r_1}\frac{\sqrt{1+tg^2\varphi}}{\sqrt{1+(tg\,\varphi_1+tg\,\varphi_2)^2}} \quad \text{et} \quad I_2 = \frac{m_1}{m_2}\frac{V}{r_1}\frac{tg\,\varphi}{\sqrt{1+(tg\,\varphi_1+tg\,\varphi_2)^2}}$$

On remarquera que l'intensité I_1 peut être considérée comme la résultante géométrique

représentatives à l'aide du diagramme 701. Le segment $\alpha\beta$ représente en effet I_1 au facteur $a \mathcal{L}_1 = \frac{2\pi}{T} p\, m_1^2 A$ près, et le segment $\beta\gamma$ mesure I_2 au facteur près $a \mathcal{M} = \frac{2\pi}{T} p\, m_1\, m_2 A$. En portant en ordonnées les longueurs de ces segments aux abscisses φ, on obtient des courbes telles que celles de la figure 703. Ces courbes montrent la rapidité avec laquelle croissent les intensités primaire et secondaire aux grandes valeurs de φ, et l'on comprend le danger que courent les isolants si, dans un démarrage hésitant, on laisse le décalage se tenir longtemps à une trop grande valeur.

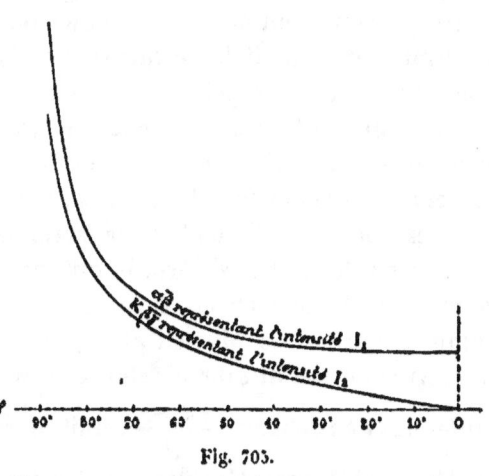

Fig. 703.

A vide, c'est-à-dire lorsque φ est très petit avec Θ très grand et l'allure très voisine de N_T, l'intensité I_2 est très petite et l'intensité I_1 a à peu près la valeur qu'elle aurait dans l'enroulement inducteur si l'enroulement induit était supprimé. Il s'établit alors un certain flux $\mathcal{R}_{max}$ dont la valeur $\mathcal{R}_1 = A\, m_1\, I_1$, soit à peu près $A\, m_1 \frac{V}{r_1} \cos \varphi_1$, ne peut être dépassée dans aucune autre circonstance de fonctionnement du moteur alimenté sous le potentiel V; le courant I_1 n'a d'autre effet alors, en dehors des pertes, que d'entretenir

de deux intensités I_1 et I_2 qui auraient respectivement pour valeur

$$I_1 = I_1 \cos \varphi = \frac{V}{r_1} \frac{1}{\sqrt{1 + (tg\, \varphi_1 + tg\, \varphi_2)^2}}$$

$$\text{et}\quad I_2 = I_1 \sin \varphi = \frac{V}{r_1} \frac{tg\, \varphi}{\sqrt{1 + (tg\, \varphi_1 + tg\, \varphi_2)^2}}$$

Ces composantes du courant I_1 sont représentées sur la figure 701, à des facteurs constants près faciles à écrire, par les segments $\alpha\gamma$ et $\gamma\beta$. La première s'appelle la composante de *magnétisation*, la seconde la composante de *travail*.

le champ tournant, le décalage entre I_1 et V est considérable et la puissance dépensée correspond aux seules pertes d'effet Joule et d'hystérésis.

Dès qu'on met le moteur en charge, l'intensité I_2 croissant, réagit contre le flux inducteur; mais le décalage des champs d'axes en axes semblables est encore voisin de $\frac{\pi}{2p}$, φ étant d'abord très faible, et la réaction d'induit consiste principalement en une réaction transversale pour ainsi dire, comme il arrive dans une dynamo à courant continu dont les balais sont calés à peu de distance des plans de symétrie interpolaires. Le flux total du champ résultant, tout en diminuant, conserve donc une valeur assez voisine de la valeur primitive, bien que les intensités I_1 et I_2 croissent toutes deux et avec elles le flux de chacun des champs inducteur et induit. Les choses continuent de la sorte tant que le couple des résistances mécaniques s'élève, jusqu'à ce qu'il dépasse la valeur maxima que le moteur est capable de vaincre : alors les deux champs s'écartent de plus en plus jusqu'à ce que l'arrêt se produise. Avec un induit sans résistance, le décalage entre axes semblables des deux champs $\frac{\frac{1}{2}\pi + \varphi}{p}$ serait alors voisin de $\frac{\pi}{p}$ et les intensités I_1 et I_2 considérables annuleraient leurs effets magnétiques. Mais ces limites ne sauraient être atteintes, et les seules parties des courbes qui nous intéressent sont celles qui sont comprises entre $\varphi = 0$ et $\varphi = \varphi_1$.

La faiblesse des variations du flux résultant $\mathcal{K}$ dans ces régions peut se lire sur la formule qui se tire des équations des §§ 273 et 276.

Ce flux $\mathcal{K}$ est lié au flux $\mathcal{K}_1$ par la relation (fig. 693)

$$\mathcal{K} = \frac{\mathcal{K}_1}{\nu} \cos \varphi$$

et, si l'on remplace $\mathcal{K}_1$ par sa valeur $A\, m_1\, I_1$, on obtient pour expression du flux $\mathcal{K}$

$$\mathcal{K} = \frac{A\, m_1\, I_1}{\nu} \cos \varphi.$$

C'est-à-dire que les variations de ce flux, qui est proportionnel au produit $I_1 \cos \varphi$, sont représentées sur la figure 701 par celles du vecteur α γ. En portant en ordonnées les longueurs de ce vectour pour les diverses valeurs de φ, on obtient la courbe de la figure 706.

Ce résultat capital de la constance approximative du flux dans la région utile de la courbe 706 est la justification de toute cette théorie, qui est basée sur l'hypothèse de la constance des coefficients A fonctions des perméabilités du fer.

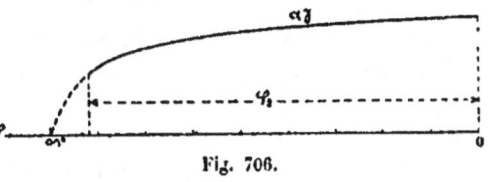

Fig. 706.

On en tire encore la conclusion que les pertes par hystérésis et courants parasites dans le fer de l'inducteur, seules importantes, sont constantes.

279. Influence des fuites de flux; épure de M. Blondel. — Pour simplifier cette première étude, nous avons laissé de côté l'effet des fuites de flux. Il importe de nous rendre compte maintenant des changements qu'apporterait aux résultats acquis l'introduction de ce facteur. Or, à chaque valeur de φ, notre variable indépendante dans l'établissement des courbes qui précèdent, correspond une valeur de ε ou différence entre φ et φ' (fig. 702 et 696) qu'il est facile d'exprimer en fonction de φ. La figure 696 donne en effet immédiatement

$$\mathcal{X}_1 \cos \varphi \, tg \, \varepsilon + \frac{\mathcal{X}_2}{\nu} = \mathcal{X}_1 \sin \varphi$$

et

$$\mathcal{X}_2 = \frac{\mathcal{X}_1}{\nu} \sin \varphi$$

On a donc, en remplaçant $\mathcal{X}_2$ par sa valeur dans la première équation,

$$\mathcal{X}_1 \cos \varphi \, tg \, \varepsilon + \frac{\mathcal{X}_1 \sin \varphi}{\nu^2} = \mathcal{X}_1 \sin \varphi$$

c'est-à-dire, en divisant par $\cos \varphi$, et chassant $\mathcal{X}_1$,

$$tg \, \varepsilon = \left(1 - \frac{1}{\nu^2}\right) tg \, \varphi$$

C'est-à-dire que la tangente de l'angle ε peut être considérée comme proportionnelle à celle de l'angle φ, tant du moins que le coefficient moyen d'Hopkinson ν peut être tenu pour constant.

En désignant par σ le coefficient $1 - \dfrac{1}{\nu^2}$, que nous appellerons, avec M. Blondel, *coefficient de dispersion* [1],
on a

$$tg\ \varepsilon = \sigma\ tg\ \varphi$$

En nous reportant donc à la figure 698, nous voyons que le point C divise la droite BΓ en deux segments qui sont entre eux dans le rapport de $1-\sigma$ à σ

$$\frac{BC}{B\Gamma} = 1 - \sigma$$

Rien n'est donc plus simple, si σ est constant, que de déterminer pour chaque valeur de φ la position du point C et de construire, comme nous l'avons fait précédemment, les courbes représentatives des aires des triangles, amplifiés sur vecteur $O\gamma'$ constant égal à V (γ' correspondant au point C). En donnant à σ une valeur de $1/_{10}$ par exemple, voisine des valeurs que l'expérience indique, et en adoptant pour φ_1 et φ_2 les mêmes valeurs que sur le diagramme 701, on obtient pour les puissances et les couples en fonction de φ, variable toujours égale à arc $tg\dfrac{2\pi}{\Theta}\dfrac{x_2}{r_2}$, les courbes qu'indique la figure 708.

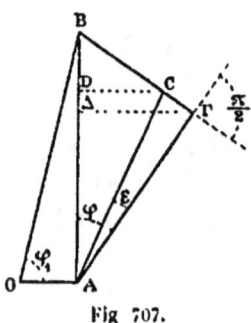

Fig 707.

On peut remarquer que la courbe des $2\pi N_T c$ de la nouvelle figure n'est pas loin d'avoir ses ordonnées proportionnelles à celles de la même courbe sur la figure 702, car les aires des triangles ABC et ABΓ (fig. 707) sont entre elles dans le rapport des hauteurs CD et ΓΔ c'est-à-dire dans le rapport de $1-\sigma$ à 1; toutefois ce rapport ne se conserve pas entre les triangles amplifiés $\alpha\beta\gamma'$ et $\alpha\beta\gamma$, parce que l'amplification est faite par égalisa-

---

(1) Dans les diverses notes qu'il a publiées dès 1893 sur la théorie des moteurs polyphasés, M. Blondel distingue deux valeurs ν_1 et ν_2 du coefficient moyen ν, qui correspondent aux pertes de flux 1° de l'inducteur à l'induit et 2° de l'induit à l'inducteur; le coefficient désigné par σ devient alors $1 - \dfrac{1}{\nu_1 \nu_2}$, ainsi qu'il est facile de s'en assurer.

MOTEURS POLYPHASÉS DITS A CHAMP TOURNANT. 81

tion à V des vecteurs $O\gamma'$ dans un cas et $O\gamma$ dans l'autre. La fraction, par laquelle il faudrait multiplier les ordonnées de la courbe

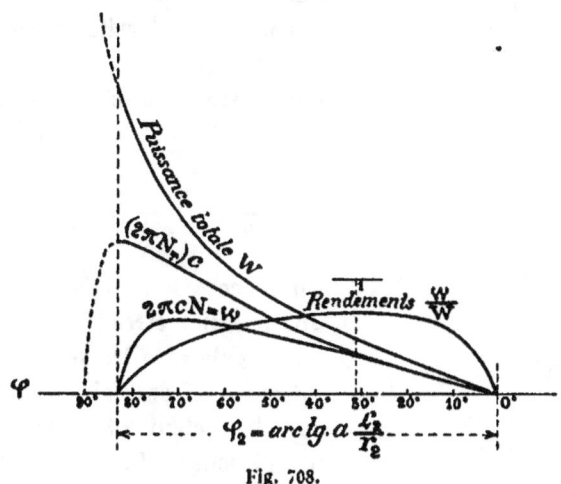

Fig. 708.

des couples de la figure 702 pour obtenir celles de la courbe correspondante de la figure 708, est donc $(1 - \sigma)\dfrac{OI'^2}{OC^2}$, la fraction variable $\dfrac{OI'}{OC}$ ne différant d'ailleurs jamais beaucoup de l'unité.

On obtiendrait de même les courbes représentatives des intensités I_1 et I_2 d'une part, et du flux résultant ∞' d'autre part en portant en ordonnées les longueurs des vecteurs $\alpha\beta$ et $\beta\gamma'$ et celles du segment $\alpha\gamma'$. Les courbes présentent des formes analogues à celles des figures 705 et 706, et cette dernière fournit encore pour le flux du champ résultant des valeurs assez peu différentes les unes des autres dans toute la région utile.

Au lieu d'amplifier le diagramme 707 sur vecteur $O\gamma'$ égal à V pour étudier les propriétés du moteur polyphasé alimenté sous potentiel constant, on peut mettre à profit la constance approximative du flux résultant ∞' et bâtir le diagramme des vecteurs pour les diverses valeurs de φ *sur segment $\alpha\gamma'$ constant* : on obtient alors l'élégante épure dont M. Blondel a indiqué la construction dans sa note insérée dans l'Industrie Électrique (25 février 1896).

et qui définit le fonctionnement du moteur *à flux résultant constant*.

Le point γ' partageant le segment βγ dans le rapport de 1−σ à σ et l'angle en γ étant droit, le lieu de γ, lorsque φ variera, sera la circonférence décrite sur αγ' comme diamètre (fig. 709), et le lieu de β, une autre demi-circonférence décrite sur le segment γ'M défini par la condition :

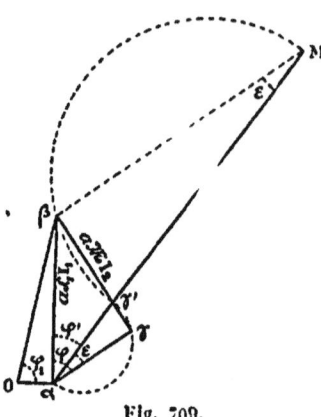

Fig. 709.

$$\frac{\gamma' M}{\gamma \alpha} = \frac{\gamma' \beta}{\gamma' \gamma} = \frac{1-\sigma}{\sigma}$$

On placera horizontalement la ligne des diamètres (fig. 710) et, en laissant de côté les vecteurs αγ et γγ' qui n'offrent point d'intérêt, on aura le vecteur αβ pour représenter l'intensité I_1, au facteur $a \mathcal{L}_1$ près, et, pour représenter I_2, le vecteur βγ' au facteur $a \mathfrak{M}$ près; ce

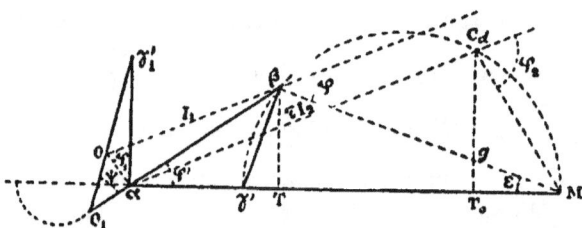

Fig. 710.

vecteur représentera τI_2 au facteur $a \mathcal{L}_1$ près, en posant

$$\tau = \frac{\mathfrak{M}}{\mathcal{L}_1} \quad (1)$$

L'angle en M n'est autre que ε, l'angle en α est φ' et l'angle en β marqué φ est la somme de φ' et de ε.

---

(1) Le rapport $\frac{\mathfrak{M}}{\mathcal{L}_1}$ se réduit au rapport $\frac{m_2}{v m_1}$ lorsque l'on admet que les coefficients ν d'Hopkinson sont les mêmes de l'inducteur à l'induit et de l'induit à l'inducteur, et que les coefficients λ sont encore les mêmes pour chacun des deux enroulements, avec un même nombre de phases.

La surface du triangle $\alpha\beta\gamma'$ représente toujours au facteur $2\pi N_T$ près la valeur du couple moteur c; mais ici la base $\alpha\gamma'$ étant constante, le couple varie comme la hauteur βT. Le couple au démarrage *à flux constant* est représenté par l'ordonnée du point C_d qui correspond à un angle φ égal à φ_2.

Au facteur σ près, les tangentes de l'angle ε représentent les tangentes de l'angle φ. Or, on a toujours :

$$tg\, \varphi = \frac{2\pi}{\Theta} \frac{\mathcal{L}_2}{r_2} = 2\pi\, p\, \frac{\mathcal{L}_2}{r_2} (N_T - N)$$

On a donc, entre les tangentes de l'angle ε et les vitesses de glissement $N_T - N$, la relation

$$tg\, \varepsilon = 2\pi\, p\, \frac{\mathcal{L}_2}{r_2}\, \sigma\, (N_T - N).$$

En graduant en centièmes une ordonnée quelconque telle que $T_0 C_d$, on obtiendra donc, au point de rencontre de cette ordonnée avec le vecteur $M\beta$, la valeur du glissement en centièmes $\dfrac{N_T - N}{N_T}$. Autrement dit, le segment $g\, C_d$ mesure les nombres de tours N de l'induit.

Le vecteur $\alpha\beta$ représente, avons-nous dit, l'intensité I_1; ses composantes αT et $T\beta$ représenteront les courants de magnétisation I' et de travail I'', courant déwatté et courant watté si l'on veut, puisqu'elles sont l'une normale et l'autre parallèle au vecteur AC (fig. 694 et 696) qui représente la force contre-électromotrice totale du moteur. A vide, l'intensité I_1 devient $\alpha\gamma'$; au démarrage, αC_d. Elle reste toujours inférieure à αM, dont la valeur est $\dfrac{\alpha\gamma'}{\sigma}$, valeur limite correspondant au cas d'un moteur théorique à constante de temps $\dfrac{\mathcal{L}_2}{r_2}$ infinie ou résistance r_2 nulle.

Quant à la force contre-électromotrice du moteur, elle est invariable, puisque le flux résultant est supposé constant. A un facteur près, facile à déterminer, cette force pourrait être représentée par $x\gamma'$. Il faut composer cette force avec la force contre électromotrice d'effet Joule $O\, \alpha$ (fig. 709) pour avoir le vecteur représentatif de la différence de potentiel V à appliquer pour chaque régime. L'angle φ_1 étant constant, O α est une fraction déterminée de αβ, à porter normalement à αβ. Pour dégager la figure et en raison de ce que les vecteurs du diagramme 710 représentent des intensités et non plus des forces électromotrices, on peut porter sur la verticale la force contre-électromotrice qui correspond au flux $\mathfrak{N}$, la force $r_1 I_1$ (O α de la fig. 709) se trouve alors dirigée suivant le prolongement de αβ, et le lieu de O_1 est une demi-circonférence homothétique du lieu de β par rapport à α (O α étant une fraction déterminée de αβ); la différence de potentiel V est représentée [1] par le vecteur $O_1 \gamma'_1$ et le décalage entre I_1 et V est donné par l'angle $\gamma'_1 O_1 α$.

Enfin si l'on veut considérer la puissance correspondant aux pertes par hystérésis et courants parasites comme comprise dans l'aire du triangle αβγ', on retranchera des ordonnées T β une certaine part qui représenterait le couple C_{hp}. Le flux étant constant et le principal des pertes par hystérésis se produisant dans l'inducteur, à la période T, la puissance $2\pi N_T C_{hp}$ est à peu près constante et C_{hp} aussi par conséquent. Il va de soi que les ordonnées T β comprennent encore la part afférente aux pertes d'effet Joule dans l'induit, pertes qu'il faut défalquer.

280. Remarques générales à appliquer dans l'étude d'un projet de moteur polyphasé asynchrone. — Dans l'étude d'un moteur, on a en général en vue de fournir un couple moteur déterminé, à une vitesse approximativement déterminée, dans des conditions satisfaisantes d'économie, sous un potentiel donné de fréquence également déterminée. Si nous imaginons construit le diagramme des forces électromotrices du moteur (fig. 711), nous remarquerons tout d'abord que la longueur du vecteur $O\gamma'$ est déterminée par la valeur de la différence de potentiel V que la canalisation fournira aux bornes des enroulements inducteurs, borne extérieure de chaque enroulement et centre de montage en étoile si tel est le système adopté. La donnée du potentiel V définit donc l'échelle du

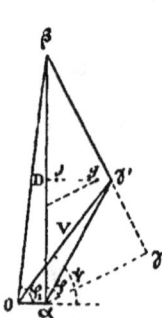

Fig. 711.

---

[1] Cette construction n'est pas celle qu'indique M. Blondel, non plus que la suivante. Nous ne les donnons que pour marquer la corrélation de cette épure avec les diagrammes que nous avons établis précédemment.

diagramme. Mais les propriétés générales du moteur, quelle qu'en soit la puissance, dépendent principalement des valeurs des angles φ_1 et φ_2 et du coefficient de dispersion σ qui définit la position du point γ' sur le segment $\beta\gamma$.

Une fois déterminées les valeurs de ces éléments, le diagramme se bâtit sans peine pour une valeur quelconque de φ, et l'on peut construire un système de caractéristiques telles que celles de la figure 708.

Pour obtenir un bon rendement, il faut donner à $tg\,\varphi_1$ et à $tg\,\varphi_2$ de grandes valeurs, et le maximun du rendement correspond à une certaine valeur de φ plus ou moins voisine de 45°. Si l'on se fixe une valeur K du rendement au régime normal, on s'impose en réalité de ne pas descendre pour $tg\,\varphi_1$ et $tg\,\varphi_2$ au-dessous de certaines limites faciles à déterminer par le graphique, car on sait, par les résultats d'essais de moteurs de types analogues à celui qu'on projette de construire, dans quelles proportions se distribuent les pertes par effet Joule dans le primaire et dans le secondaire et les pertes par hystérésis et courants parasites : on s'arrangera de façon que Ox soit une fraction suffisamment faible de $D\,\gamma'$ pour que la soustraction des segments Dj et $g\,\gamma'$, qui correspondent aux pertes probables par effet Joule dans l'induit et hystérésis et courants parasites, laisse un segment jg d'accord avec le rendement prévu. Il conviendra en outre que la valeur de φ du régime normal corresponde à un point situé sur la courbe des rendements plutôt au delà du maximum qu'en deçà (fig. 702), afin de réduire les dimensions du moteur. Outre le bénéfice que cette précaution permet de réaliser sur les dimensions du moteur, on y trouve l'avantage de réduire le décalage ψ entre l'intensité I_1 et la différence de potentiel aux bornes du moteur V : on s'imposera en général d'ailleurs de ne pas laisser tomber le facteur de puissance $\cos\psi$ au-dessous de 0,80. L'augmentation de l'angle ψ entraîne en effet celle de l'intensité I_1 du courant de ligne pour une même puissance $\dfrac{VI_1}{2}\cos\psi$ à transporter, et en réduisant I_1 on fait une économie de cuivre sur la canalisation : il y a d'ailleurs tout avantage au point de vue des transformateurs qui alimentent les moteurs à diminuer la réactance de ces derniers. Les valeurs relatives de φ_1 et de φ_2 se détermineront d'autre part en considérant la valeur du couple de démarrage ; il conviendra en général de rapprocher φ_2 de la valeur de l'abscisse du sommet de la courbe des couples 2π N_r c. Quant à la valeur du coefficient de dispersion σ, on la choisira d'après les résultats d'essais suivant les dispositions que l'on compte donner aux rainures, d'après leur espacement, leur profondeur, la grandeur des entrefers, etc. C'est là un coefficient dont la détermination suppose l'acquit de nombreux essais.

C'est donc, en un mot, sur le diagramme même des forces électromotrices qu'on lira les propriétés fondamentales du moteur : on déterminera ainsi les trois éléments principaux φ_1, φ_2 et σ avec la valeur de φ au régime normal. Or, de celle-ci dépend la vitesse de glissement, puisque le rapport de $tg\ \varphi$ à $tg\ \varphi_2$ n'est autre que le rapport de N_Θ à N_r ; le nombre de paires de pôles du moteur p et sa vitesse au synchronisme se trouveront d'ailleurs déterminés par la relation

$$p\text{T}\ N_r = 1$$

où l'on donnera à p la valeur entière qui fournira pour N_r une valeur telle que la vitesse $N = N_r - N_\Theta$, au régime normal, soit de l'ordre de grandeur voulue. Il restera à définir les dimensions du moteur de façon qu'il possède des coefficients $tg\ \varphi_1$, $tg\ \varphi_2$ et σ de valeurs aussi voisines que possible des valeurs prévues.

Or, qu'est-ce que mesurent ces coefficients ? on a

$$tg\ \varphi_1 = \frac{2\pi}{\text{T}} \frac{\mathcal{L}_1}{r_1} \qquad tg\ \varphi_2 = \frac{2\pi}{\text{T}} \frac{\mathcal{L}_2}{r_2}$$

et

$$\sigma = 1 - \frac{1}{v^2}$$

Les coefficients $\mathcal{L}_1$ et $\mathcal{L}_2$ correspondent aux flux d'induction de chacun des enroulements primaire et secondaire. Ils sont définis, en fonction de la quantité que nous avons désignée par A et des nombres m_1 et m_2 des génératrices de chaque enroulement par demi-pas (§ 273), par les relations

$$\mathcal{L}_1 = p\ m_1^2\ \text{A}\ 10^{-8} \qquad \mathcal{L}_2 = p\ m_2^2\ \text{A}\ 10^{-8}$$

Nous avons admis pour simplifier l'exposition que la quantité A, qui n'est autre qu'un inverse de réluctance, était la même pour les deux enroulements inducteur et induit, en supposant, ce qui n'est pas nécessaire, le nombre de phases le même à l'induit qu'à l'inducteur et les mêmes proportions de rainures. Distinguons maintenant par des indices les deux quantités A_1 et A_2, et voyons ce qu'elles représentent. Nous aurons, en désignant par $\mathfrak{K}_1$ et $\mathfrak{K}_2$ les flux totaux par pôle de chacun des champs inducteur et induit,

$$\mathfrak{K}_1 = A_1 \, m_1 \, I_1 \qquad \mathfrak{K}_2 = A_2 \, m_2 \, I_2.$$

Le courant total de chaque secteur blanc ou noir de la figure 688 a pour valeur $f_1 \, m_1 \, \dfrac{2}{\pi} \, I_1$, et la force magnétomotrice totale qu'il fournit est, en gilberts,

$$4\pi \cdot f_1 \, m_1 \, \frac{2}{\pi} \, I_1 \, 10^{-1}$$

C'est à cette force magnétomotrice qu'on peut attribuer la moitié $\mathfrak{K}_1$ du flux total.

Désignons par l_e l'épaisseur de l'entrefer (fig. 712), par l_d et l'_d la longueur des dents de fer entre rainures remplies de cuivre sur l'inducteur et sur l'induit, par l_f la longueur de la ligne moyenne dans le fer en dehors des zones occupées par les rainures, par R le rayon de l'induit en centimètres, par b la longueur commune de l'inducteur et de l'induit dans le sens perpendiculaire au plan de la figure, par δ' et δ'' le rapport de

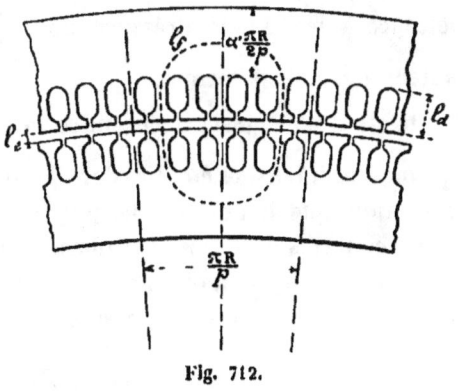

Fig. 712.

plein de fer à vide et suivant la circonférence dans la zone de cuivre de l'inducteur et de l'induit, par $\alpha' \dfrac{\pi R}{2p}$ et $\alpha'' \dfrac{R\pi}{2p}$ les épaisseurs radiales du fer en dehors des zones dentées.

Le flux $\dfrac{\mathfrak{K}_1}{2}$ existe intégralement dans le fer de l'inducteur et il n'en passe que la portion $\frac{\mathcal{K}_1}{2\nu}$ dans le fer de l'induit. On a alors la relation, en admettant que le fer occupe les 85 centièmes de la ongueur b qui comprend fer feuilleté et isolants,

$$4\pi f_1 m_1 \frac{2}{\pi} \mathrm{I}_1 10^{-1} = \frac{\mathcal{K}_1}{2} \left[\frac{l_f}{\mu \alpha' \frac{\pi \mathrm{R}}{2p} 0{,}85\, b} + \frac{2l'_d}{\mu \delta' \frac{\pi \mathrm{R}}{2p} 0{,}85\, b} \right]$$

$$+ \frac{\mathcal{K}_1}{2\nu} \left[\frac{2l_e}{\frac{\pi \mathrm{R}}{2p}.b} + \frac{2l''_d}{\mu \delta'' \frac{\pi \mathrm{R}}{2p} 0{,}85\, b} + \frac{l_f}{\mu \alpha'' \frac{\pi \mathrm{R}}{2p} 0{,}85\, b} \right].$$

En remplaçant $\mathcal{K}_1$ par sa valeur $\mathrm{A}_1\, m_1\, \mathrm{I}_1$ et posant

$$\lambda_1 = \frac{l_f}{\mu \alpha' 0{,}85} + \frac{2l'_d}{\mu \delta' 0{,}85} + \frac{2l_e}{\nu} + \frac{2l'_d}{\nu \mu \delta'' 0{,}85} + \frac{l_f}{\nu \mu \alpha'' 0{,}85}$$

nous aurons

$$\mathrm{A}_1 = \frac{16 f_1}{\lambda_1} \frac{10^{-1}}{} \frac{\pi \mathrm{R}}{2p} b = 8 f_1\, 10^{-1} \frac{\mathrm{S}}{\lambda_1}$$

en désignant d'ailleurs par S la surface d'un pôle ou surface cylindrique limitée à un demi-pas, et la longueur réduite λ_1 ayant une valeur variable avec les proportions des rainures, mais assez peu supérieure à $\frac{2l_e}{\nu}$, vu la présence de la perméabilité μ au dénominateur des autres termes.

Toutefois il n'est juste de prendre la moyenne $\frac{2}{\pi} \mathrm{I}_1$ pour valeur moyenne des intensités établies dans les diverses génératrices, qu'à la condition que le nombre des phases f_1 soit assez considérable. Avec les courants diphasés et triphasés qu'on emploie uniquement dans la pratique, il faut introduire un coefficient correcteur h_1 à déterminer par expérience, et écrire en réalité

$$\mathrm{A}_1 = h_1 . 8 f_1\, 10^{-1} \frac{\mathrm{S}}{\lambda_1}.$$

En ce qui concerne le coefficient ν qui dépend de l'importance des fuites de flux, on remarquera qu'il y a tout avantage à maintenir la coupure des rainures qui enferment les génératrices; mais il convient aussi d'épanouir les dentures comme le représente la figure, afin de répartir aussi uniformément que possible le flux dans l'entrefer (Voir d'ailleurs à ce sujet les remarques faites au § 200, tome I).

Examinons maintenant de quels éléments sont fonctions les résistances r_1 et r_2 d'un enroulement inducteur et induit. En désignant par $2b_1$ et par $2b_2$ les longueurs moyennes d'une spire de chaque enroulement (une génératrice d'aller et une de retour avec les jonctions intermédiaires), par s_1 et par s_2 les sections d'une génératrice de l'inducteur et de l'induit et par γ leur conductibilité, on a

$$r_1 = \frac{pm_1\,2b_1}{\gamma s_1} \qquad r_2 = \frac{pm_2\,2b_2}{\gamma s_2}$$

ou encore

$$r_1 = pm_1^2\,\frac{2b_1}{\gamma m_1 s_1} \qquad r_2 = pm_2^2\,\frac{2b_2}{\gamma m_2 s_2}.$$

Les coefficients $tg\,\varphi_1$ et $tg\,\varphi_2$ du moteur ont donc pour valeurs

$$tg\,\varphi_1 = \frac{2\pi}{T}\,8.10^{-9}\,h_1\,\gamma\,\frac{S}{\lambda_1}\,\frac{f_1\,m_1\,s_1}{2b_1} = \frac{8\pi}{T}\,h_1\,\gamma\,10^{-9}\,\frac{S\,\Sigma_1}{\lambda_1\,b_1}$$

et

$$tg\,\varphi_2 = \frac{2\pi}{T}\,8.10^{-9}\,h_2\,\gamma\,\frac{S}{\lambda_2}\,\frac{f_2\,m_2\,s_2}{2b_2} = \frac{8\pi}{T}\,h_2\,\gamma\,10^{-9}\,\frac{S\,\Sigma_2}{\lambda_2\,b_2}$$

Σ_1 et Σ_2 désignant respectivement la section de cuivre totale des génératrices de l'inducteur et de l'induit *pour l'intervalle d'un demi-pas*.

Comme la surface S est le produit de $\frac{\pi R}{p}$ par b et que b_1 varie en partie comme b, on peut dire que donner au moteur de forts coefficients $tg\,\varphi_1$ et $tg\,\varphi_2$ pour en augmenter le rendement, c'est lui donner un

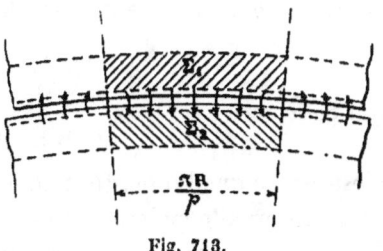

Fig. 713.

rayon d'induit suffisant, des enroulements largement calculés, et un entrefer aussi faible que possible.

Enfin, comme le coefficient de dispersion σ ne peut que diminuer lorsqu'on augmente les proportions des circuits magnétiques et que l'on diminue l'entrefer, il n'y a point de contradiction entre les conditions d'obtention de grandes valeurs de $tg\,\varphi_1$ et de $tg\,\varphi_2$

et de valeurs avantageuses du coefficient σ. Toutefois l'augmentation du volume de fer entraîne celle des pertes par hystérésis et courants parasites, et l'accroissement des sections de cuivre sur un pôle de surface déterminée augmente la proportion des fuites. Comme d'autre part le prix de revient du moteur augmente avec les dimensions, il y a des proportions d'avantage maximum à établir entre les divers éléments que nous considérons ici, proportions que la pratique permet seule de définir.

L'un des chiffres caractéristiques de ces proportions sera tout d'abord l'induction moyenne dans l'entrefer; on se donnera a priori dans l'étude du moteur la valeur de cet élément. On admettra par exemple de 3000 à 3500 gauss, ce qui correspondra à une induction maxima d'environ 5000 aux axes du champ tournant, et qui, eu égard au rapport de la section de fer des dents feuilletées entre rainures à la section cylindrique totale, pourra correspondre à une induction de 12000 à 15000 pour le fer entre génératrices. On remarquera que se donner l'induction dans l'entrefer, c'est, entre-circuits semblables se donner les ampères par centimètre courant de la circonférence de l'induit, car on a, entre les flux et les ampères, la relation

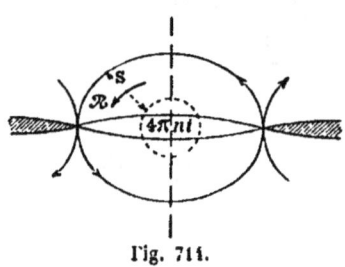

Fig. 711.

$$\mathcal{B} s \Sigma \frac{l}{\mu s} = 4\pi\, ni$$

qu'on peut écrire

$$\mathcal{B} L = B.ni$$

C'est-à-dire que l'intensité totale portée par la gaine de cuivre, dans un intervalle polaire ou demi-pas, serait proportionnelle à la longueur du pas. Les chiffres varient naturellement avec les proportions et les formes des rainures et avec l'importance relative des entrefers, et à ces éléments sont liés les coefficients de fuites de flux.

En résumé, lorsqu'on a des points de comparaison assez nombreux, on peut sans grande erreur tracer le diagramme des forces électromotrices du moteur que l'on projette, pour le régime normal économique. L'intensité du courant I_1 se déduit alors immédiatement de la valeur de la puissance utile w, que le moteur doit fournir, augmentée de la valeur totale des pertes que l'on prévoit en raison du rendement cherché; on a en effet

$$f \cdot \frac{VI_1}{2} \cos \psi = w + \text{pertes} = W.$$

Le diagramme donne alors les valeurs de $\mathcal{L}_1$ et de r_1 (fig. 715), puisque les segments $o\alpha$ et $\alpha\beta$, qu'il suffit de mesurer à l'échelle des forces électromotrices, représentent respectivement les maxima des forces contre-électromotrices $r_1 I_1$ et $\frac{2\pi}{T} \mathcal{L}_1 I_1$. Les quantités

$$r_1 = pm_1^2 \frac{2b_1}{m_1 s_1} \quad (1)$$

et

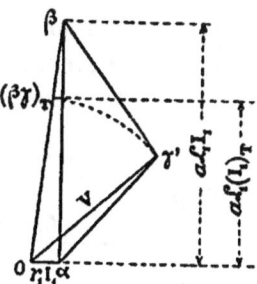

Fig. 715.

$$\mathcal{L}_1 = pm_1^2 A_1 10^{-3} = pm_1^2 \cdot h_1 \, 8 f_1 \, 10^{-9} \cdot \frac{\pi R}{p} \frac{b}{\lambda_1} \quad (2)$$

se trouvent en conséquence déterminées, et nous avons deux relations entre les éléments m_1, b_1, s_1, R, b et λ_1 de l'inducteur et de l'induit.

Cherchons maintenant quelles seraient les valeurs des flux afin de nous fournir un nouveau renseignement sur les dimensions à donner au moteur. Or, connaissant $\mathcal{L}_1$ et r_1, nous aurons immédiatement la valeur du flux que la différence de potentiel V établirait dans l'inducteur s'il n'y avait pas d'enroulement sur l'induit, c'est-à-dire, à très peu près, du flux du champ tournant pour la marche à vide ($\rho = o$, $N = N_T$). Il nous suffit de décrire du point o comme centre avec $o\gamma$ ou V pour rayon, un arc de cercle qui rencontrera $o\beta$ en $(\beta\gamma)_T$; l'ordonnée de ce point représentera la force contre électromotrice de selfinduction et, en la mesurant, nous aurons, au facteur $a\mathcal{L}_1$ près, la valeur limite $(I_1)_T$ de l'intensité I_1. Ce point ne peut être atteint. En réalité, à la marche à vide, le courant inducteur travaille sur les résistances dues à l'hystérésis et aux courants parasites, et le diagramme exact serait tel que l'indique la figure 716 avec une très faible valeur de l'angle βxγ. Mais peu nous importe : avec φ = 0 nous obtenons, par l'ordonnée de (βγ)₁, le maximum limite de la longueur du segment αγ' qui représente les flux résultants, et en tablant sur le flux engendré dans l'inducteur par l'intensité (I₁)ᵣ, nous calculons comme il convient les éléments du moteur. Le flux (ℨ₁)ᵣ a pour valeur

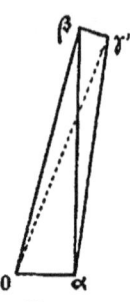

Fig. 716.

$$(\mathfrak{N}_1)_\tau = A_1 \, m_1 \, (I_1)_\tau$$

En remplaçant A_1 par sa valeur et exprimant $(\mathfrak{N}_1)_\tau$ en fonction de l'induction moyenne dans l'entrefer $\mathfrak{B}$, nous aurons

$$\nu \, \mathfrak{B} \, S = h_1 \, 8 f \, 10^{-1} \, \frac{S}{\lambda_1} \, m_1 \, (I_1)_\tau$$

c'est-à-dire

$$\mathfrak{B} = \frac{h_1 \, 8 f \, 10^{-1}}{\nu} \, \frac{m_1 \, (I_1)_\tau}{\lambda_1} \qquad (3)$$

Si nous nous imposons pour $\mathfrak{B}$ une certaine valeur, nous obtenons ainsi une relation susceptible de déterminer m_1 lorsque λ_1 le sera.

Il nous faut prendre en considération maintenant la nécessité d'assurer à l'induit mobile une bonne résistance mécanique ainsi que celle de maintenir la température de la machine à un degré convenable : ces deux conditions nous fourniront deux relations limites entre les dimensions géométriques de la machine. D'une part, en effet, la vitesse circonférencielle ne devra pas dépasser un certain chiffre, 25 mètres par exemple à la seconde ; d'autre part la surface de refroidissement devra être proportionnée à l'importance des pertes de puissance qui fournissent effectivement un certain nombre de calories par seconde : on exigera par exemple, suivant le type de la machine, suivant la vitesse circonférencielle admise qui aide évidemment au refroidissement, une certaine surface cylindrique de l'induit (soit $2p\,S$) pour tant de watts dégagés dans la machine W-w. On aura ainsi deux conditions de la forme

$$2\pi \, RN < v \qquad (4)$$

et

$$2p \, S > (W - w) \, s_0 \qquad (5)$$

On se donnera en général un rayon de l'induit eu égard à la condition (¹); on prendra l'entrefer le plus faible possible en tenant compte du jeu nécessaire entre l'induit et l'inducteur, eu égard à la précision du montage et à la dureté du métal des coussinets; la quantité λ_1 sera alors déterminée, avec les proportions données aux encoches. Les coefficients h_1 et v étant alors susceptibles d'être appréciés en même temps que le coefficient σ dont la détermination judicieuse permettra de bâtir le diagramme des vecteurs (fig. 711), la relation (3) donnera m_1; la relation (2) fournira alors b, longueur de l'induit. On vérifiera que la relation (5) est satisfaite. La longueur b_1 d'une demi-spire sera alors déterminée et la relation (1) fournira s_1, section de cuivre d'une génératrice. On vérifiera que cette section fournit pour l'intensité I_1 une densité d'intensité convenable [1].

Il restera alors à déterminer les enroulements de l'induit. Or nous avons admis déjà la condition de donner à $tg\, \varphi_2$ une valeur suffisante. Nous avons trouvé

$$tg\, \varphi_2 = \frac{2\pi}{T}\, 8\, 10^{-9}\, \gamma\, \frac{S}{\lambda_2}\, \frac{f_2\, m_2\, s_2}{8\, b_2}.$$

Dans l'expression de $tg\, \varphi_2$ entrent T, γ et S, quantités qui sont déterminées, λ_2 longueur fictive de circuit magnétique déterminée avec les éléments déjà arrêtés, à peu près identique d'ailleurs à λ_1, f_2 et b_2 nombre de phases et longueur de spire également fixés, et enfin le produit $m_2\, s_2$. D'autre part, le diagramme des vecteurs (fig. 694) fournit la longueur de la force électromotrice de transformation

$$\beta\, \gamma' = a\, \mathcal{M} I_2 = a\, p m_1\, m_2\, \frac{A_1}{\nu}\, I_2.$$

Le produit $m_2\, I_2$ a donc sa valeur déterminée, tout comme le produit $m_2\, s_2$. Enfin la perte par effet Joule dans l'induit $\frac{r_2\, I_2^2}{2}$ ayant une valeur déjà estimée dans l'appréciation du rendement, on a tous les éléments voulus pour déterminer le nombre de spires et la section des enroulements d'induit.

281. Divers systèmes employés pour réduire la puis-

---

[1] On rapprochera de tout ceci les indications données pour les dynamos à courant continu (§ 193, Tome I).

sance absorbée par le moteur au démarrage. — Ainsi que nous l'avons fait remarquer déjà, un des inconvénients principaux du moteur polyphasé asynchrone est la grandeur de la puissance qu'il absorbe au démarrage. Pour réduire à rien la durée de l'absorption d'une telle puissance, il suffit de faire démarrer le moteur à vide et de n'appliquer la charge sur l'arbre qu'une fois qu'il est en vitesse. Mais c'est là une sujétion inadmissible dans la plupart des cas de la pratique, et, pour réduire l'absorption de puissance au démarrage, on a le plus souvent recours à l'introduction momentanée de résistances dans l'induit (§ **277**).

Le premier dispositif qui se présente à l'esprit consiste à faire aboutir l'extrémité de chaque branche de l'étoile, qui constituent en général les enroulements de l'induit, à une bague montée sur l'arbre et à relier cette bague par l'intermédiaire d'un frotteur à une branche du rhéostat étoilé dont on fera varier à volonté la résistance : dès que le moteur est en marche, on réduit progressivement les résistances jusqu'à les retirer complètement et fermer les bagues en court circuit. C'est là le système qu'on emploie le plus fréquemment. Il a l'inconvénient d'apporter une complication au moteur polyphasé dont la simplicité de construction est si séduisante.

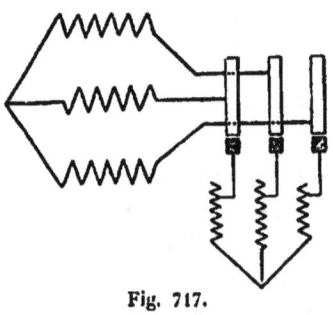

Fig. 717.

Pour éviter l'addition des bagues et frotteurs, on pourrait loger dans l'induit en dehors des circuits magnétiques, des résistances mobiles avec lui et manœuvrer en marche les manettes du rhéostat par l'intermédiaire d'un mécanisme quelconque, train d'engrenage ou autres, tel qu'une mise en train. Mais ce sont là encore complications, outre les inconvénients directs qu'aurait la présence de ces résistances (gêne pour la ventilation de l'induit, etc.).

Il est à peine besoin de faire remarquer qu'une modification de couplage entre génératrices de l'induit ne procurerait aucun changement appréciable de la valeur du coefficient $tg\,\varphi_2$ qui règle la position du point de démarrage sur les courbes des puissances de l'induit; il suffit, pour s'en rendre compte de se reporter à l'expression

$$tg\ \gamma_i = K \frac{S \Sigma_i}{\lambda_i\ b_i}$$

qui montre que, quel que soit le montage des génératrices, le coefficient ne dépend que des dimensions du moteur et des sections de cuivre.

Dans ces derniers temps, M. Boucherot a eu l'idée de produire un effet analogue à celui de l'introduction de résistances dans l'induit par un décalage relatif des deux parties qui constituent le champ inducteur. Ses induits sont de simples induits en cage d'écureuil qui portent, en plus des deux anneaux de jonction des extrémités BB, un anneau médian fait d'un alliage très résistant (fig. 718). L'inducteur comprend deux parties, identiques aux inducteurs ordinaires, mais complètement distinctes et montées sur deux carcasses susceptibles de recevoir un déplacement angulaire relatif d'un demi-champ. Chaque moitié d'inducteur correspond exactement à une moitié de la cage d'écureuil. Lorsque les enroulements inducteurs sont calés de façon à former leurs axes de champs semblables exactement en regard les uns des autres, les choses se passent comme dans un moteur ordinaire, les forces électromotrices engendrées dans les moitiés d'une même génératrice étant en concordance. Si au contraire on décale les deux inducteurs, et qu'on arrive à leur donner, d'axes en axes semblables, un écart angulaire égal à un demi-pas, les deux champs parallèles engendrent dans les deux moitiés de l'induit des forces électromotrices opposées, et les courants qui prennent naissance dans l'induit ne peuvent se propager que par la voie de l'anneau de jonction intermédiaire. Dès que le moteur a démarré, on réduit l'écart des deux champs et on les

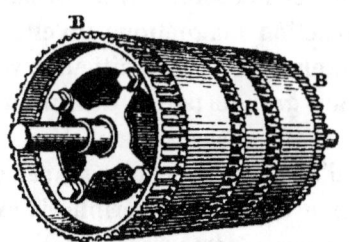

Fig. 718.

amène en définitive à la concordance complète. L'inducteur comprend donc une partie fixe (stator fixe) et une partie mobile (stator déplaçable) : le mouvement de cette dernière s'obtient par un simple levier sur les petits moteurs, et par un mécanisme qui comporte une vis tangente et une roue striée sur les moteurs de plus grandes dimensions.

M. Boucherot emploie d'ailleurs un autre système de principe différent. Il dispose sur l'induit deux enroulements ou simplement deux cages d'écureuil, l'une au voisinage de la périphérie (barres $b'b'$ et anneaux de jonction B'B' fig. 719), l'autre plus profondément

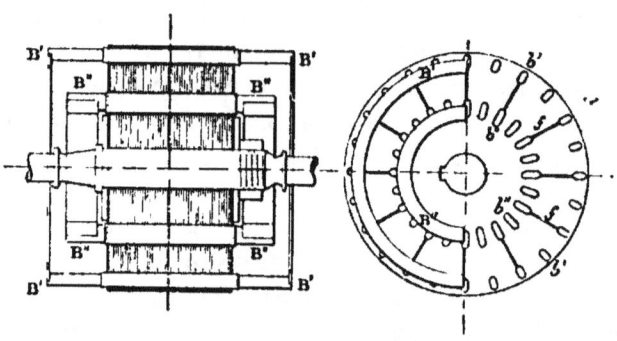

Fig. 719.

noyée dans le fer de l'induit (barres $b''b''$ et anneau B''). La constante de temps de la première cage $\frac{\mathcal{L}_1}{r_1}$, avec des sections de cuivre relativement faibles, a une valeur telle que le couple moteur atteigne son maximum au démarrage. La cage intérieure, noyée dans le fer, offre au contraire une constante de temps $\frac{\mathcal{L}_2}{r_2}$ très grande et le coefficient de dispersion σ est pour elle considérable. La réaction magnétique qu'elle donne au départ est donc assez forte, en opposition d'ailleurs avec le flux inducteur, pour chasser la plus grande partie du flux dans l'intervalle des deux cages; cette cage intérieure peut donc être considérée comme jouant le rôle d'écran et les choses se passent comme si l'induit était limité intérieurement à la périphérie extérieure de cette cage. Lorsque le moteur a démarré et que la vitesse N_0 relative de l'induit et du champ inducteur diminue, le décalage du champ propre à la cage intérieure diminue : le flux résultant qui la traverse augmente, et elle vient ajouter un couple moteur important à celui de la cage extérieure, qui a fortement diminué alors. On a le soin de ménager dans le fer, entre les rainures des deux cages, des fentes FF qui augmentent la réluctance circonférencielle et guident le flux inducteur jusqu'aux barres de l'enroulement intérieur : les choses se passent alors en vitesse à peu près comme si l'induit comportait une cage unique de section de cuivre égale à la somme des deux, et, sur couple résistant assez considérable, le rendement peut atteindre de bonnes valeurs avec un glissement N_θ faible, ce que la cage extérieure seule ne permettrait pas d'obtenir. En fonction des vitesses de l'induit, les couples moteurs des deux cages peuvent en définitive se représenter par les deux courbes c' et c' qui fournissent pour le couple total la courbe c [1].

Comme on le voit les deux ingénieuses dispositions des moteurs Boucherot réalisent, sans mécanisme dans l'induit, une augmentation de résistance effective du secondaire au démarrage.

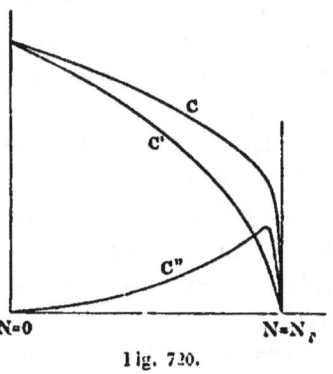

Fig. 720.

282. Essais d'un moteur à champ tournant. — Les essais complets d'un moteur à champ tournant comportent, comme ceux des dynamos à courant continu, la détermination des éléments électriques et mécaniques de son fonctionnement. La mesure du couple se fait à l'aide d'un frein de Prony pour les petits moteurs; pour les grands, on peut leur faire mouvoir une dynamo à courant continu, dont on aura déterminé les couples résistants à diverses allures par l'une des méthodes indiquées au chapitre V de la Troisième Partie. La puissance électrique produite par la dynamo peut s'absorber dans des résistances ou encore s'utiliser à l'essai même. La détermination de la puissance totale fournie au moteur se fait à l'aide de wattmètres.

Les pertes par effet Joule dans les inducteurs se déduisent de la connaissance de l'intensité I_1 et de la résistance r_1 de chaque enroulement, résistance qu'il convient de mesurer à chaud, après une marche d'assez longue durée à l'intensité I_1.

[1] Bulletin de la Société Internationale des Electriciens (février 1898).

Quant aux pertes par hystérésis et courants parasites, elles dépendent de la valeur du flux résultant $\mathcal{K}$ qui se meut à la vitesse $\frac{2\pi}{pT}$ dans l'inducteur. La valeur de ce flux reste à peu près constante aux divers régimes. On peut donc pour la mesure se contenter de faire un essai à vide. On fait tourner le moteur sans lui opposer aucune résistance mécanique extérieure, et l'on mesure à l'aide de wattmètres la puissance qu'il absorbe alors. Cette puissance comprend, ainsi que nous l'avons vu déjà (§ 275), 1° les pertes par effet Joule dans les inducteurs, qu'il est facile d'évaluer, 2° les pertes par hystérésis et courants parasites dans l'inducteur, 3° les pertes analogues dans l'induit, pertes pour ainsi dire nulles puisque l'induit suit alors le champ tournant presque à la vitesse N_r, 4° les pertes par effet joule dans l'induit, également négligeables, 5° les frottements mécaniques de l'induit sur ses coussinets. En retranchant donc la première part du total de la puissance électrique fournie aux bornes, on aura pour représenter les pertes par hystérésis et courants parasites un chiffre légèrement supérieur à la réalité.

La perte par effet Joule dans l'induit peut être mesurée directement, lorsque l'induit est enroulé de plusieurs circuits distincts. Mais cette mesure est délicate; car, outre la détermination de la résistance r_2, elle exige celle de l'intensité I_2 qui passe dans ces enroulements mobiles. Supposons cependant qu'elle ait été faite.

Nous pourrons alors écrire pour expression du rendement total

$$K = \frac{W - f\frac{r_1 I_1^2}{2} - (FHP)_0 - f\frac{r_2 I_2^2}{2}}{W}$$

et l'on obtient ainsi la valeur du rendement industriel sans mesure directe de la puissance mécanique utile.

Si au contraire on a fait la mesure du couple moteur à l'allure N_1, on a directement le rendement industriel par le rapport

$$K = \frac{2\pi \, CN}{W}.$$

Il n'est alors besoin d'aucune autre mesure pour connaître les pertes par effet Joule dans l'induit : il suffit de compter exactement le nombre de tours N de l'induit, en même temps que celui de l'alter-

MOTEURS POLYPHASÉS DITS A CHAMP TOURNANT.

nateur qui alimente le moteur, soit N_T; le rapport

$$k = \frac{N}{N_T}$$

donne le rendement propre à l'induit et permet de calculer les pertes $f \frac{r_2 I_2}{2} + (F H P)_2$.

En répétant les mesures complètes pour divers régimes, on peut construire les caractéristiques du moteur. On obtient par exemple des courbes telles que celles des figures 721 et 722, en portant

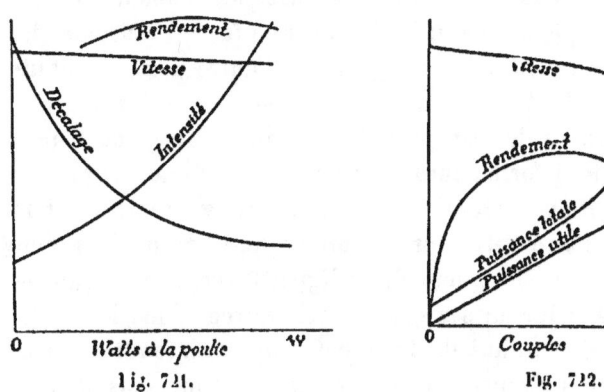

Fig. 721. Fig. 722.

en abscisses, tantôt les watts à la poulie, tantôt les kilogrammes sur le levier du frein [1].

Un point, qu'il est intéressant de signaler enfin, est qu'avec les nombres de phases petits de deux ou de trois qu'on emploie dans la pratique, le couple au démarrage dépend de la position dans laquelle l'induit s'est arrêté vis-à-vis de l'inducteur. Les champs n'ont pas en effet la régularité que nous leur pouvions supposer avec un nombre assez grand d'enroulements polyphasés, et les variations de la valeur du couple avec la position relative des enroulements peuvent être assez considérables pour déterminer l'existence de points morts.

[1] Note de M. Boucherot sur le transport de force de Noisiel.

CHAPITRE III

Transformateurs.

283. Usage et principe des transformateurs. — Il y a le plus souvent avantage, notamment dans un transport de puissance, à modifier, entre la source et les récepteurs, les éléments du courant que l'on emploie : l'usage direct d'une force électromotrice très élevée offre en effet des dangers, et, d'autre part, les hauts potentiels permettent de réduire considérablement les sections de cuivre des lignes de transport de puissance. On recourt alors à l'emploi de transformateurs élévateurs qui, alimentés par un courant d'intensité considérable sous faible voltage, fournissent un courant d'intensité réduite sous un voltage que l'on proportionne au développement en longueur de la ligne. Inversement, d'autres transformateurs réducteurs reçoivent à l'arrivée, dans leurs circuits primaires, le courant de haut potentiel et engendrent, sous faible voltage dans leurs secondaires, un courant sans danger pour le personnel. Souvent on se dispense de la première transformation, et l'on élève à la valeur voulue le potentiel des génératrices, que le seul personnel technique doit approcher.

Un transformateur de courants alternatifs par induction mutuelle, ou simplement un transformateur, comporte deux enroulements sur un même circuit magnétique. Dans le primaire agit la force électromotrice de la ligne, et les alternances de flux, qu'établissent dans le circuit magnétique les variations du courant, engendrent la force électromotrice que l'on utilise aux bornes du secondaire.

284. Principales dispositions des transformateurs. — L'une des conditions principales que l'on doit avoir en vue de réaliser, en étudiant les dispositions à donner aux transformateurs, est de réduire au minimum les fuites de flux entre les deux circuits qui réagissent l'un sur l'autre (§ 92). Aussi doit-on chercher à rapprocher le plus possible les spires des deux enroulements soit en plaçant côte à côte, sur le noyau commun, des bobines appartenant alternativement à l'un et à l'autre circuit, soit en engageant les bobines l'une dans l'autre, en laissant toujours entre elles l'espace nécessaire à leur isolement ou à la circulation de l'huile destinée à la fois à les isoler et à les rafraîchir.

Le circuit magnétique peut être simple : le cuivre alors entoure le fer; on désigne souvent les transformateurs ainsi disposés sous le nom de transformateurs à noyaux. Le circuit magnétique peut être double, se refermer à l'extérieur des spires des enroulements et les entourer partiellement; il peut même l'envelopper complètement : on obtient ainsi les transformateurs cuirassés. Dans le premier cas, les forces magnétomotrices et les réluctances des tronçons du circuit unique sont en quelque sorte disposées en série; dans le second les bobines sont courtes, et les sections de fer larges. Le premier type exige donc en général moins de fer que le second, mais plus de cuivre, car les ampères de magnétisation croissent en raison de la réluctance.

On peut donner au circuit magnétique la forme d'un anneau circulaire à section rectangulaire : on le constitue alors de disques annulaires de tôles minces vernies ou isolées au papier. Les bobines primaires et secondaires sont disposées côte à côte et recouvrent des secteurs égaux (fig. 723). Pour avoir une méridienne circulaire de forme plus avantageuse au point de vue de l'économie de cuivre à section de fer égale, on peut constituer le tore de fil de fer: mais on perd en vides entre fils le bénéfice que la forme circulaire pour les spires permet en principe de réaliser.

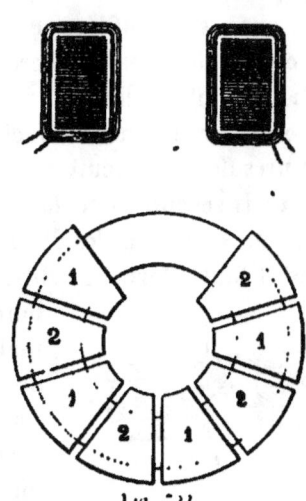

Fig. 723.

De telles dispositions ne se prêtent pas au montage des bobines tout enroulées, à moins qu'on ne coupe le circuit en deux demi-anneaux que l'on rapproche après y avoir enfilé les bobines.

On préfère alors donner au circuit magnétique la forme d'un cadre rectangulaire, dont les côtés les plus longs reçoivent les bobines. On pourrait placer les bobines primaires et secondaires à la suite les unes des autres; mais, au point de vue de la réduction du coefficient de dispersion, il est bien préférable de les enfermer l'une dans l'autre : il est à peu près indifférent d'ailleurs que les bobines primaires soient à l'extérieur ou à l'intérieur des bobines secondaires. Le circuit magnétique est fait de lamelles isolées, qu'on peut courber aux extrémités et rabouter comme l'indique la figure 724, après avoir mis en place, sur

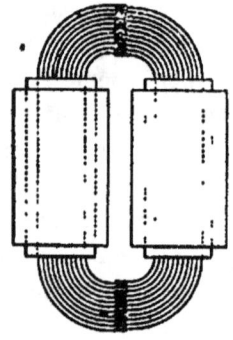
Fig. 724.

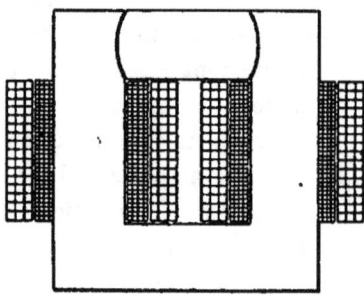
Fig. 725.

chaque moitié, les deux bobines enroulées à l'avance (transformateur Lowrie-Hall). La société de l'Éclairage électrique emploie au contraire des lamelles découpées en U, et empilées avec des feuilles de papier de soie ; les bobines primaires et secondaires, enroulées à l'avance, sont enfilées sur les branches de l'U, et l'on rapporte entre elles, dans les échancrures ménagées ad hoc, un bouchon cylindrique fait également de fer lamellé (fig. 725).

C'est donc en vue de faciliter le montage que l'on admet des coupures dans le circuit magnétique. De tels entrefers n'augmenteraient pas sensiblement la réluctance du circuit, si l'on pouvait ajuster exactement les divers tronçons et les amener au contact; mais il faut interposer entre eux au moins une mince lame iso-

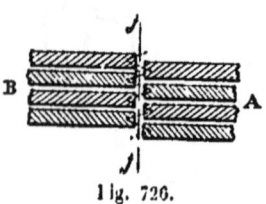
Fig. 726.

lante : car, sans cette précaution, les lamelles des deux tronçons contigus, qui ne peuvent se trouver rigoureusement dans le prolongement les unes des autres, se mettraient mutuellement en communication. Les abouts des tôles en contact deviendraient alors le siège de courants parasites, qui suivraient la ligne en zigzag (fig. 726), et dont la puissance déterminerait en pure perte un échauffement exagéré du joint [1]. Il faut alors compter sur un entrefer d'un demi-millimètre à chaque joint, et la réluctance du circuit magnétique de longueur l en centimètres se trouve augmentée dans le rapport

$$\frac{l}{\mu}+j\,0,05 : \frac{e}{\mu} = \frac{l+j.\mu.0,05}{e} = \frac{l+100\,j}{e}$$

en désignant par j le nombre des joints et en admettant que la perméabilité soit de 2000. Sur de petits transformateurs où la longueur peut être de 100 centimètres en moyenne, l'existence de deux joints triple la réluctance et avec elle le courant de magnétisation. En charge, alors que le courant de magnétisation n'est qu'une faible part du courant total, ces joints n'ont guère d'importance; à vide, ils en prennent au contraire une énorme, puisque l'intensité du courant de magnétisation est presque l'unique composante du courant total.

Dans les transformateurs où le fer entoure le cuivre, il n'y a en général qu'une bobine primaire et une secondaire. On peut encore adopter l'une ou l'autre des dispositions indiquées précédemment pour le feuilletage du fer. Le transformateur de Ferranti par exemple a son circuit magnétique constitué de lames de tôle enfilées dans l'intérieur des bobines et raccordées à leurs extrémités (fig. 727).

On emploie aussi des lames de tôles découpées sur formes diverses. Pour permettre la mise en place des bobines tout enroulées, la Compagnie Westinghouse coupe en deux endroits l'un des côtés du rectangle, que forme la partie extérieure du circuit magnétique, et

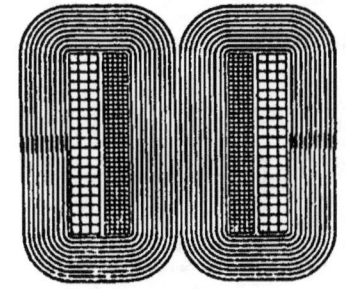

Fig. 727.

relève les tronçons aa', comme l'indique la figure 728. On peut alors introduire la branche centrale de chaque tôle dans le vide

---

[1] Les transformateurs à courants alternatifs, par Gisbert Kapp.

des deux bobines placées l'une contre l'autre et rabattre ensuite les deux tronçons relevés. Chaque lamelle porte sa feuille de papier de soie, et le montage se fait ainsi très simplement.

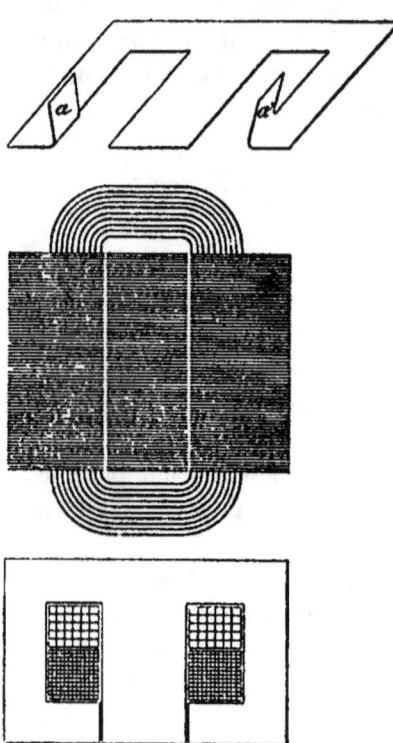

Fig. 728.

Dans le transformateur Mordey, les tôles superposées, munies de leur vernis ou de leur papier isolant sur une face, ont alternativement la forme qu'indique la figure 729 (cadre rectangulaire C et noyau A) et celle que définit la figure 729 bis (soit deux pièces C C en U et une traverse A'). On assure ainsi plus exactement la correspondance des morceaux de tôles d'un même plan.

Enfin pour diminuer les pertes par hystérésis, M. Swinburn a construit des transformateurs à circuit magnétique ouvert qui ont reçu le nom de transformateurs hérisson ; le noyau de fer est un faisceau de fils parallèles, dont les extrémités s'épanouissent, comme l'indique la figure 730, et donnent aux lignes de force leur direction à leur entrée dans l'air.

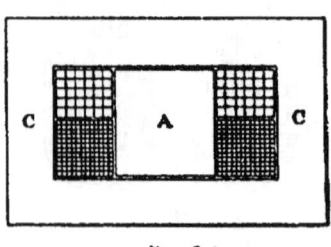

Fig. 729.

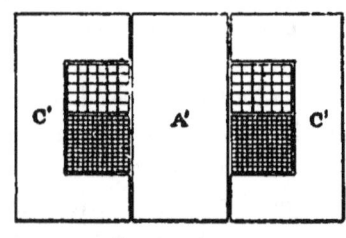

Fig. 729 bis.

285. Transformateurs polyphasés. — On peut recourir

TRANSFORMATEURS.

aux mêmes dispositions de principe pour les transformateurs polyphasés. Pour faire un transformateur biphasé, on dispose par exemple, sur l'une des branches extérieures d'un cadre de fer rectangulaire (fig. 731), les bobines primaires et secondaires des deux phases. On obtient de la sorte dans les branches extérieures deux forces magnétomotrices décalées de $\frac{T}{4}$. Les flux, qui s'établissent dans les deux branches extérieures, sont décalées de même quantité, comme les intensités des courants qui parcourent les deux bobines secondaires identiques, fermées sur circuits identiques[1]. Ces flux ont pour valeur maxima une même valeur $\mathfrak{X}$, ils passent tous deux par le tronçon central et donnent dans cette branche un flux instantané $\mathfrak{X}_t$, dont l'expression est de la forme

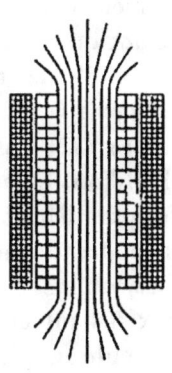

Fig. 730.

$$\mathfrak{X}_t = \mathfrak{X} \sin at \pm \mathfrak{X} \cos at$$

c'est-à-dire

$$\mathfrak{X}_t = \sqrt{2}\, \mathfrak{X} \sin\left(at \pm \frac{\pi}{4}\right).$$

On peut donc proportionner la section du noyau central à celle de l'une des branches extérieures dans le rapport de $\sqrt{2}$ à 1; on donne cependant quelquefois à la branche centrale une section égale à la somme des sections des deux tronçons extérieurs, ce qui revient à faire deux transformateurs.

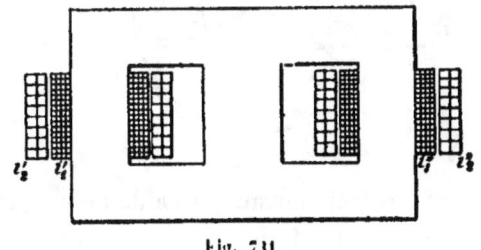

Fig. 731.

On fera de même un transformateur triphasé : on disposera sur trois noyaux les trois bobines primaires parcourues par les courants $i'\, i''\, i'''$ (fig. 732). Les bobines secondaires, non représentées sur la figure, seront placées sur les mêmes noyaux. Si les trois circuits secon-

---

(1) Voir à ce sujet les remarques faites au paragraphe 98 du tome I.

dy nos sont identiques, on obtiendra dans les noyaux A'A" A''' trois flux décalés de $\frac{T}{3}$, et dans les secondaires trois forces électromotrices également décalées de tiers de période. On reliera haut et bas les trois noyaux entre eux de façon à obtenir un montage en triangle ou en étoile des trois tronçons magnétiques.

La forme la plus symétrique est celle que suppose le schéma de la figure 732; c'est celle qu'ont adoptée les Ateliers de machines d'OErlikon. La nécessité de lameller le fer parallèlement à la direction du flux, pour atténuer les courants parasites, oblige à constituer les anneaux B haut et bas d'un ruban de fer enroulé en spirale (fig. 733); quant aux noyaux A, ils sont faits de lamelles disposées comme l'indique la figure.

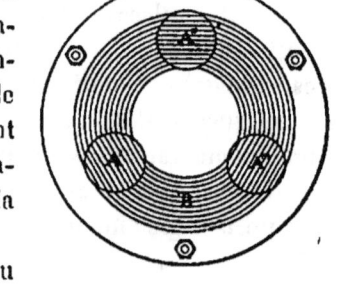

Les culasses B sont maintenues au

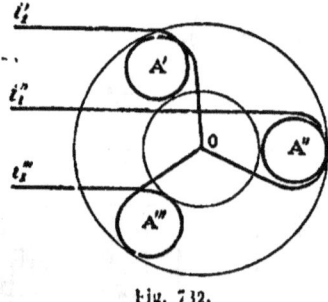

Fig. 732.

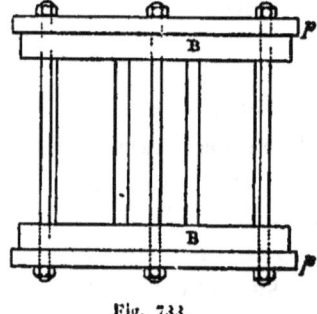

Fig. 733.

contact des trois noyaux, à l'aide de plaques de bronze p réunies par des tirants extérieurs.

Dans le transformateur triphasé Labour (fig. 734) les trois branches sont taillées dans la même tôle. On empile les tôles, on enfile sur les noyaux ainsi constitués les trois groupes de bobines primaire et secondaire, et l'on ferme le circuit par deux cylindres de tôles feuilletées BB.

Dans l'un et dans l'autre cas, il est facile d'apprécier les sections à donner aux culasses par rapport aux sections du noyau. Dans le type précédent, la section de la culasse doit être égale à celle d'un noyau, puisqu'une portion de la culasse est en fait le prolongement d'un noyau, le flux instantané $\mathcal{X}_t''$ du noyau central étant toujours égal à la somme des deux flux dans les noyaux extrêmes $\mathcal{X}_t'$ et $\mathcal{X}_t'''$. C'est exactement un montage en étoile avec les centres

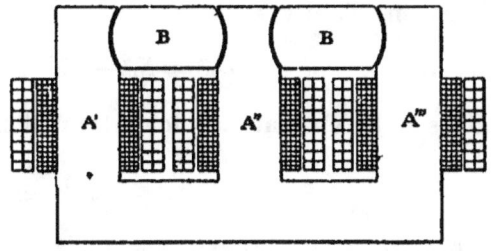

Fig. 734.

en o et o' (fig. 735); les trois circuits toutefois n'étant pas rigoureusement équivalents au point de vue magnétique, il conviendrait de donner aux noyaux extérieurs un léger excès de diamètre sur le noyau central.

Prenons le cas du transformateur d'OErlikon (fig. 736). Les flux dans les trois noyaux ont respectivement pour expression

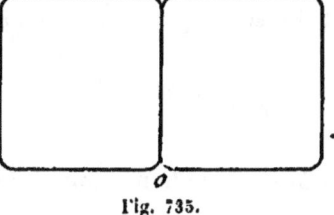

Fig. 735.

$$\mathcal{X}_t' = \mathcal{X} \sin at$$

$$\mathcal{X}_t'' = \mathcal{X} \sin \left(at - \frac{2\pi}{3}\right)$$

$$\mathcal{X}_t''' = \mathcal{X} \sin \left(at - \frac{4\pi}{3}\right).$$

Comptons positivement ces flux quand ils descendent sur le plan de la figure, et

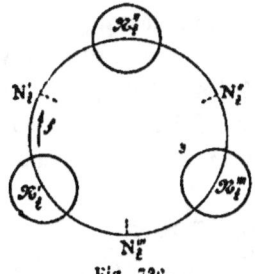

Fig. 736.

appelons N_t' N_t'' N_t''' les flux instantanés dans les trois parties de la culasse, en comptant positivement ces flux dans le sens de la flèche f.

Puisqu'il n'y a aucune force magnétomotrice sur le circuit fermé N_t' N_t'' N_t''', nous avons la relation

$$N_t' + N_t'' + N_t''' = 0$$

qui est encore évidente si l'on remarque que les 3 flux sont, à cause de la symétrie, décalés de $\frac{T}{3}$ et qu'ils ont par conséquent une somme constamment nulle.

Nous avons d'ailleurs

$$\mathcal{K}_t' = N_t' - N_t''' \qquad \mathcal{K}_t'' = N_t'' - N_t' \qquad \mathcal{K}_t''' = N_t''' - N_t''$$

relations qui n'en font que deux, étant donné que l'on a d'ailleurs

$$\mathcal{K}_t' + \mathcal{K}_t'' + \mathcal{K}_t''' = 0$$

Il est facile de tirer de là les relations

$$N_t' = \frac{\mathcal{K}_t' - \mathcal{K}_t''}{3} \qquad N_t'' = \frac{\mathcal{K}_t'' - \mathcal{K}_t'''}{3} \qquad N_t''' = \frac{\mathcal{K}_t''' - \mathcal{K}_t'}{3}$$

d'où il résulte, pour expression de N_t' par exemple,

$$N_t' = \frac{\mathcal{K}}{3}\left[\sin at - \sin\left(at - \frac{2\pi}{3}\right)\right] = \frac{\sqrt{3}}{3}\mathcal{K}\cos\left(at - \frac{\pi}{3}\right)$$

c'est-à-dire que le maximum de flux dans la culasse est $\frac{\sqrt{3}}{3}\mathcal{K}_t$. Il convient donc de proportionner la section de la culasse à celle du noyau dans le rapport de 1 à $\sqrt{3}$.

286. Fonctionnement d'un transformateur sur circuit extérieur simplement résistant. — Proposons-nous maintenant d'étudier les conditions de fonctionnement d'un transformateur. Considérons le cas d'un transformateur de courant

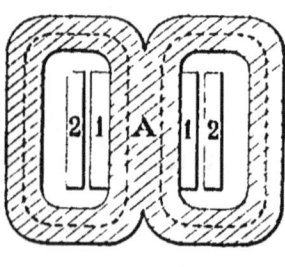

Fig. 737.

alternatif simple et supposons, pour fixer les idées, qu'il s'agisse d'un transformateur abaisseur de potentiel comportant m_1 spires dans son enroulement primaire et m_2 spires dans son secondaire, m_2 moindre que m_1. Les deux enroulements sont disposés sur le circuit magnétique en parties assez voisines les unes des autres pour réduire au minimum les pertes de flux de l'un à l'autre, et il s'établit dans le circuit magnétique qui leur est commun un flux alternatif, de maximum $\mathcal{X}$, qui résulte de l'action des ampèretours primaires $m_1 I_1$ et des ampèretours secondaires $m_2 I_2$.

S'il n'y avait de pertes d'aucune sorte dans le transformateur, ce flux serait la résultante exacte des deux flux $\mathcal{X}_1$ et $\mathcal{X}_2$ respectivement propres aux deux enroulements. En désignant alors par $\mathcal{A}$ la réluctance en œrsteds du circuit magnétique et en posant

$$A = \frac{4\pi \, 10^{-1}}{\mathcal{A}}$$

on aurait pour expressions des flux partiels en webers

$$\mathcal{X}_1 = A \, m_1 \, I_1 \qquad \mathcal{X}_2 = A \, m_2 \, I_2$$

et pour expressions des coefficients d'induction en henrys

$$\mathcal{L}_1 = A \, m_1^2 \, 10^{-8} \qquad \mathcal{L}_2 = A \, m_2^2 \, 10^{-8}$$

$$\mathcal{M} = A \, m_1 \, m_2 \, 10^{-8}$$

$\mathcal{L}_1$, $\mathcal{L}_2$ et $\mathcal{M}$ représentant respectivement les coefficients de self-induction des deux enroulements et $\mathcal{M}$ leur coefficient d'induction mutuelle.

Considérons d'abord le cas où le circuit extérieur mis aux bornes du secondaire n'offrirait que de la résistance ohmique, comme il arrive lorsque le transformateur n'alimente que des lampes à incandescence : le flux $\mathcal{X}_2$, qui concorde naturellement avec l'intensité I_2, retarde alors d'un quart de période sur le flux résultant $\mathcal{X}$, dont les variations résumeraient toutes les forces électromotrices d'induction, et, de plus, le retard du flux $\mathcal{X}$ sur le flux $\mathcal{X}_2$ est défini par la valeur du rapport ($tg\,\varphi$) de l'inductance propre au secondaire $a \mathcal{L}_2$ à la résistance $r_2 + \rho$ du circuit secondaire dans son ensemble. Le diagramme des vecteurs représentatifs des flux et des forces électromotrices en jeu dans les deux circuits offre en conséquence les dispositions qu'indique la figure 738 [1].

On y voit d'abord le parallélogramme des flux $\mathcal{X}_1$ $\mathcal{X}_2$ avec leur résultante $\mathcal{X}$, puis les deux polygones des forces électromotrices

---

[1] On pourra se reporter d'ailleurs aux paragraphes 91 et 92 (tome I) et comparer encore le présent diagramme aux diagrammes des figures 690, 693 et 694 qui correspondent au cas du moteur à champ tournant (§§ 273 et 274).

agissant respectivement dans le primaire et dans le secondaire. Dans ce dernier notamment agit la force électromotrice de mu-

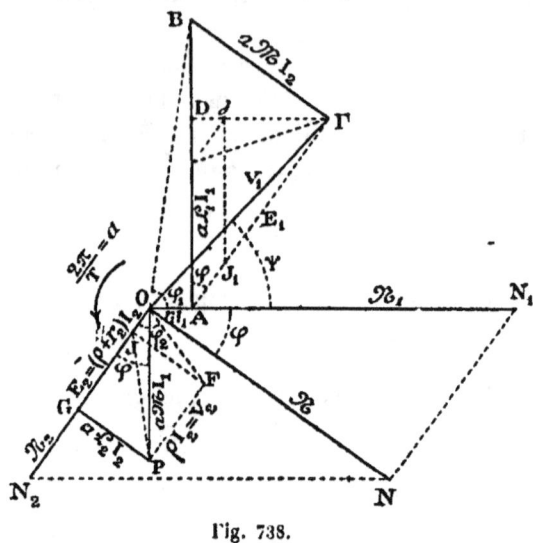

Fig. 738.

tuelle induction $-\mathcal{M}\dfrac{di_1}{dt}$, qui retarde d'un quart de période sur l'intensité et qui doit être représentée par un vecteur en retard de $\dfrac{\pi}{2}$ sur $\mathcal{K}_1$; cette force trouve comme réactions dans ce circuit la force contre-électromotrice d'effet Joule totale $(r_2 + \rho) I_2$ et la force contre-électromotrice de selfinduction $a \mathcal{L}_2 I_2$ qui avance de $\dfrac{\pi}{2}$ sur $\mathcal{K}_2$, et l'angle φ des vecteurs $a\mathcal{M} I_1$ et $(r_2 + \rho) I_2$ est défini par l'équation

$$ tg\ \varphi = \dfrac{a\ \mathcal{L}_2}{r_2 + \rho}. $$

Le vecteur total $(r_2 + \rho) I_2$ représente la force électromotrice totale e_2 que les variations du flux résultant $\mathcal{K}$ engendrent dans le secondaire; c'est la résultante de $a\mathcal{M} I_1$ et de $a\mathcal{L}_2 I_2$ prise en sens de force électromotrice, et si l'on en retranche $r_2 I_2$, réaction d'effet Joule des m_2 spires du secondaire, il reste la différence de potentiel V_2 aux bornes du secondaire.

Dans le primaire, aux bornes duquel est appliquée la différence de potentiel V_1, réagissent : 1° la force contre-électromotrice d'effet Joule $r_1 I_1$, représentée sur la figure par le vecteur OA en concordance avec le vecteur du flux primaire $\mathfrak{X}_1$, 2° la force contre-électromotrice de selfinduction $a \mathfrak{L}_1 I_1$, en avance d'un quart de période sur I_1 et représentée par suite par un vecteur AB en avance de $\frac{\pi}{2}$ sur OA, 3° la force contre-électromotrice de mutuelle induction $\mathfrak{M} \frac{di_2}{dt_2}$ de maximum $a \mathfrak{M} I_1$, qui avance d'un quart de période sur i_2 et qui introduit le vecteur BI' normal au vecteur du flux secondaire $\mathfrak{X}_2$. Si l'on remarque que la résultante e_1 des deux forces contre-électromotrice $a \mathfrak{L}_1 I_1$ et $a \mathfrak{M} I_1$ est nécessairement normale au flux résultant $\mathfrak{X}$, aux variations duquel elle doit correspondre, on constatera que l'on peut, une fois l'angle φ donné, construire tout le diagramme et déterminer par suite en grandeur et en position le vecteur OI' représentatif de la différence de potentiel V_1 appliquée aux bornes primaires du transformateur : l'angle I'OA représente le décalage ψ qui s'établit entre intensité et différence de potentiel dans le primaire pour la valeur particulière ρ donnée à la résistance du circuit extérieur, et la détermination de l'échelle des forces électromotrices ne dépend plus que de la détermination de la valeur de l'une d'elles, soit qu'on se donne le potentiel aux bornes de la canalisation V_1, soit qu'on se propose d'obtenir dans le secondaire une certaine intensité I_2, et que l'on se donne par suite V_2.

Les deux vecteurs opposés AI' et OG, tous deux normaux au vecteur représentatif du flux résultant $\mathfrak{X}$, représentent respectivement les maxima des forces électromotrices totales des deux enroulements du transformateur : l'une, E_1, est la force contre-électromotrice de transformation qui s'oppose, avec un certain décalage à la différence de potentiel V_1, l'autre, E_2, est la force électromotrice qui agit en définitive dans le secondaire et qui, diminuée de l'effet Joule $r_2 I_2$ des m_2 spires de cet enroulement, produit aux bornes du circuit extérieur simplement résistant la différence de potentiel V_2.

Ces deux forces correspondent aux variations du flux alternatif total $\mathfrak{X}$ établi dans le circuit magnétique du transformateur;

elles ont respectivement pour valeurs en volts

$$E_1 = a\, m_1\, \mathcal{K}\, 10^{-8} \qquad E_2 = a\, m_2\, \mathcal{K}\, 10^{-8}$$

C'est à ces forces que s'applique exactement l'effet du rapport de transformation défini par le rapport des nombres de spires m_2 et m_1

$$\frac{E_2}{E_1} = \frac{m_2}{m_1}$$

et non au rapport des différences de potentiel V_2 et V_1, qui diffèrent respectivement de E_2 et de E_1 de quantités déterminées par les valeurs des forces contre-électromotrices d'effet Joule et par celles de leurs décalages sur les intensités.

La puissance fournie au secondaire par le primaire a pour expression indifféremment

$$\frac{E_1\, I_1}{2} \sin \varphi \qquad \text{ou} \qquad \frac{E_2\, I_2}{2}.$$

Elle est représentée, au facteur $a\, \mathcal{L}_1$ près, par l'aire du triangle ABP ou bien, au facteur $a\, \mathcal{L}_2$ près, par celle du triangle OGP. Ces deux triangles, qui sont semblables, ont pour rapport de similitude linéaire le rapport de transformation $\frac{m_2}{m_1}$. Ils peuvent donc se substituer l'un à l'autre, à condition de prendre les échelles convenables.

Les puissances perdues par effet Joule dans les deux enroulements ont pour expressions respectives

$$\frac{r_1\, I_1^2}{2} \qquad \text{et} \qquad \frac{r_2\, I_2^2}{2}.$$

Elles sont représentées par les aires des triangles OAB, au facteur $a\, \mathcal{L}_1$ près, et OJF ou encore OJP, au facteur $a\, \mathcal{L}_2$ près.

La puissance totale fournie au transformateur, soit

$$W = \frac{V_1\, I_1}{2} \cos \psi = \frac{r_1\, I_1^2}{2} + \frac{E_1\, I_1}{2} \sin \varphi$$

correspond à l'aire du quadrilatère OABP, au facteur $a\, \mathcal{L}_1$ près.

La puissance utile, qui a pour expression

$$w = \frac{E_2\, I_2}{2} - \frac{r_2\, I_2^2}{2}$$

se retrouve sur le diagramme, au facteur $a \mathcal{L}_2$ près, dans l'aire PFJ ou JGP. En divisant la hauteur DΓ du triangle primaire ABΓ, comme nous l'avons fait à propos des moteurs à champ tournant (fig. 698), ou ce qui revient au même en divisant le côté AΓ (fig. 738) en parties AJ_1 et AΓ qui soient entre elles dans le rapport de r_2 à $r_2 + \rho$ ou encore de $tg\ \varphi$ à $tg\ \varphi_2$, ($tg\ \varphi_2$ désigne le quotient de $a \mathcal{L}_2$ par r_2), et en joignant le point J_1 au point B, on obtiendra dans les aires des triangles ABJ_1 et BJ_1 Γ la représentation, au facteur $a \mathcal{L}_1$ près, de la puissance perdue par effet Joule dans l'enroulement secondaire et de la puissance fournie au circuit extérieur (fig. 739).

Au régime particulier caractérisé par la valeur ρ donnée à la résistance du circuit extérieur, valeur qui définit l'angle φ seul variable sur le diagramme de la figure 739, le rendement électrique du transformateur est donné par le rapport des aires du triangle J_1 BΓ et du quadrilatère OAΓB ou des hauteurs j Γ et ω Γ.

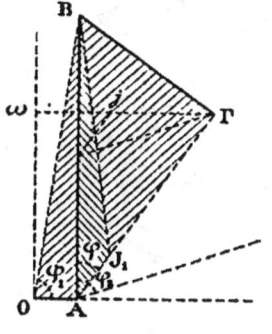

Fig. 739.

Rien ne serait plus facile que de construire en fonction de φ, ou de ρ finalement, les courbes qui donneraient les divers éléments du fonctionnement du transformateur, abstraction faite naturellement des pertes par hystérésis et courants parasites ainsi que des effets des fuites de flux. Il suffirait d'amplifier le diagramme sur vecteur OΓ constant comme on l'a fait pour les moteurs (§ 276). On obtiendrait de la sorte des courbes identiques à celles de la figure 702. On remarquera en outre que, pour chaque régime, la chute de tension totale entre les bornes primaires et les secondaires serait donnée par la différence entre la diagonale J_1 Γ multiplié par le rapport de transformation $\dfrac{m_2}{m_1}$ et la diagonale OΓ.

On constate ainsi que, pour que le rendement électrique soit bon, il est nécessaire d'abord de donner des valeurs considérables aux tangentes des angles φ_1 et φ_2, c'est-à-dire aux rapports $\dfrac{2\pi}{T} \dfrac{A\ m_1^2\ 10^{-5}}{r_1}$ et $\dfrac{2\pi}{T} \dfrac{A\ m_2^2\ 10^{-5}}{r_2}$. Or r_1 et r_2, résistances ohmiques de

m_1 et m_2 spires des enroulements du transformateur, varient en raison directe des carrés des nombres de spires m_1 et m_2, à peu près en raison directe de la longueur de tour du noyau de fer soit comme $\sqrt{S}$, et en raison inverse des sections σ_1 et σ_2 du cuivre des deux enroulements. La quantité A, d'autre part, qui représente, à un facteur constant près, l'inverse de la réluctance du circuit magnétique, varie comme la section S, à longueurs de circuit et à perméabilités égales. La condition de grandeur suffisante des tangentes des angles φ_1 et φ_2 revient donc à développer les sections de cuivre et de fer du transformateur. On est arrêté dans cette voie par l'augmentation du prix de revient de l'appareil, par celle de son encombrement, mais aussi, en ce qui concerne le noyau de fer, par l'augmentation des pertes par hystérésis, dont la réduction a autant d'importance que celle des pertes par effet Joule seules comptées pour le moment; en augmentant enfin les sections du conducteur des deux enroulements, on accroît sans aucun doute la proportion des fuites de flux dont nous étudierons plus loin l'influence.

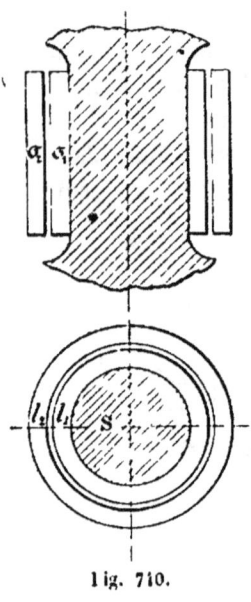

Fig. 710.

Mais pour obtenir un bon rendement d'un transformateur où $tg\,\varphi_1$ et $tg\,\varphi_2$ ont des valeurs avantageuses, il faut encore le faire débiter sur un circuit extérieur de résistance convenable, c'est-à-dire donner à ρ une valeur telle que l'angle φ qui en résulte définisse un régime avantageux. L'examen du diagramme 739 montre que le maximum du rapport des surfaces ABΓ et OAΓB correspond à l'angle φ de 45° : le maximum du rendement électrique, mesuré par le rapport des surfaces $BJ_1\Gamma$ et OAΓB ou par celui des hauteurs $j\Gamma$ et $\omega\Gamma$, se produirait donc pour une valeur de φ un peu plus petite, car si l'on déplace Γ sur la demi-circonférence décrite sur AB comme diamètre (fig. 741) à partir du sommet qui correspond à l'angle φ de 45°, on fait varier Dj de quantités du premier ordre, tandis que $\omega\Gamma$ ne varie que de quantités du second. C'est d'ailleurs ce que font ressortir les courbes de la figure 702, qui sont aussi bien applicables au cas du transformateur qu'à celui du moteur à champ tournant [1]. Le régime avantageux correspondrait donc à une valeur de φ plus ou moins voisine d'une quarantaine de degrés; mais il ne faut pas oublier que le présent diagramme ne tient compte ni des fuites de flux ni des pertes par hystérésis et courants parasites. Or, l'effet des fuites de flux est de rapprocher la direction de la force contre-électromotrice e_1 de celle de la force contre-électromotrice de selfinduction $a\mathcal{L}_1 I_1$ (angle φ' au lieu de l'angle φ, fig. 694) et d'augmenter par suite notablement la valeur de φ qui rend maximum le rapport des aires relatives aux puissances utile et totale (voir à ce sujet les §§ 288 et 290).

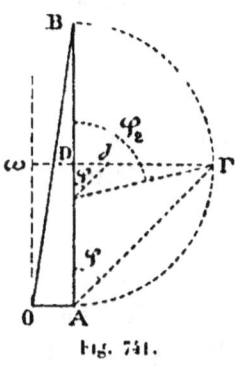

Fig. 741.

Il y a d'ailleurs avantage à calculer les dimensions d'un transformateur de telle façon que la puissance maxima qu'on a en vue de lui faire produire corresponde, sur ses caractéristiques (voir la fig. 708), à une ordonnée située au-delà (à gauche) de l'ordonnée de rendement maximum, plutôt qu'en deçà : on réduira ainsi les dimensions de l'appareil et, en même temps, la valeur du decalage φ que le débit sur la résistance extérieure fera naître entre intensité et potentiel primaire.

Enfin l'hystérésis, en offrant effectivement une occasion de travail au courant primaire, diminue le décalage de l'intensité sur la force électromotrice totale e_1 et il en résulte, ainsi que nous allons le voir au paragraphe suivant, que la direction de l'intensité I_2 se rapproche davantage encore de la direction opposée à

---

[1] Les équations qu'on peut déduire de l'inspection du diagramme des vecteurs pour le transformateur comme pour le moteur (§ 274), en remarquant simplement que $2\pi c N\tau$ correspond à la puissance $\dfrac{E_2 I_2}{2}$ et $2\pi c N$ à la puissance $\dfrac{V_2 I_2}{2}$, donnent d'ailleurs pour valeur de φ rendant maximum le rendement électrique $\dfrac{w}{W}$

$$tg\,\varphi = \frac{-1 + \sqrt{1 + tg\,\varphi_2(tg\,\varphi_1 + tg\,\varphi_2)}}{(tg\,\varphi_1 + \varphi_2)^2}$$

tangente toujours plus petite que 1.

I_1 et qu'au lieu de la relation

$$m_2\, I_2 = m_1\, I_1 \sin \varphi$$

qui se lit sur la figure 738, on peut admettre, au moins pour la pleine charge, l'égalité

$$m_2\, I_2 = m_1\, I_1.$$

Les intensités sont donc approximativement entre elles comme le sont exactement les forces contre-électromotrice e_1 et électromotrice e_2, dans le rapport de transformation $\dfrac{m_1}{m_2}$.

C'est dans ces conditions que l'on peut démontrer, comme l'a fait M. Kapp [1], qu'il y a avantage à répartir la section de cuivre totale des deux enroulements du transformateur de telle façon que les pertes d'effet Joule dans l'enroulement primaire et dans l'enroulement secondaire (triangles OAB et AEJ sur la figure 739) soient, à pleine charge, exactement égales.

287. Pertes par hystérésis et courants parasites. — Il est un moyen simple d'obtenir sur un transformateur donné la mesure de l'importance des pertes par hystérésis et courants parasites, c'est de déterminer la puissance que l'appareil absorbe à vide sous l'action de la différence de potentiel nécessaire pour engendrer dans le secondaire une force électromotrice E_2 de valeur normale. Cet essai est sous tous les rapports analogue à celui d'une dynamo en réceptrice à vide (§ 254, tome I).

Pour le faire, on applique aux bornes primaires une différence de potentiel, un peu plus grande que la force contre-électromotrice E_1 du régime normal, et l'on règle la valeur V_1 de cette différence de potentiel de façon que la différence de potentiel aux bornes isolées du secondaire V_2 soit égale à la force E_2 du régime normal. Aux pertes de flux près, dont l'importance varie d'ailleurs dans une certaine mesure avec les débits, le flux $\mathfrak{N}$ du circuit magnétique atteint sa valeur normale, puisque entre E_2 et $\mathfrak{N}$ on a toujours la relation $E_2 = a\, m_2\, \mathfrak{N}\, 10^{-8}$.

Le seul travail que produit alors par seconde le courant pri-

---

[1] *Les transformateurs à courants alternatifs simples et polyphasés*, par Gisbert Kapp.

TRANSFORMATEURS.

maire I_1 correspond à l'effet Joule primaire et aux pertes HP par hystérésis et effet Joule des courants parasites. Si ces pertes HP ne se produisaient pas, le flux $\mathfrak{R}$ correspondrait directement aux ampèretours $m_1 I_m$ en désignant par I_m le maximum de l'intensité primaire qui s'établirait alors, et la force $E_1 = a\, m_1\, \mathfrak{R}\, 10^{-8}$ ne serait autre que la force contre-électromotrice de selfinduction $a \mathcal{L}_1 I_m$. Le diagramme se réduirait donc à celui qu'indique la figure 742, l'angle φ du secondaire ouvert $\left(tg\, \varphi = \dfrac{a\, \mathcal{L}_2}{r_2 + \rho}\right)$ devenant nul avec $\rho = \infty$, et la seule puissance dépensée $\dfrac{V_1 I_m}{2} \cos \varphi_1$ serait celle qu'absorbe l'effet Joule primaire et que représente le triangle OABΓ au facteur $a \mathcal{L}_1$ près.

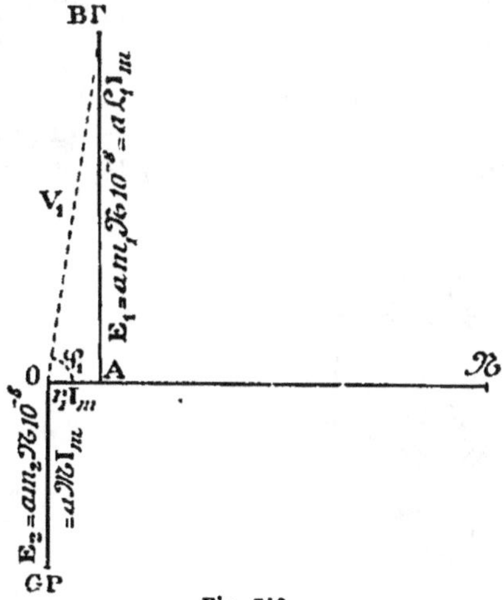

Mais l'hystérésis et l'effet Joule parasite entrent en jeu, et la puissance fournie $\dfrac{V_1 I_1}{2} \cos \psi$ s'accroît en proportion : I_1 devient plus grand

Fig. 742.

que I_m et ψ plus petit que φ_1. Dans leur ensemble les courants parasites jouent le rôle du courant qui s'induirait dans un secondaire accessoire enroulé sur le noyau et fermé sur lui-même : ils fournissent des ampèretours et un flux N_h qu'il faut composer avec le flux $\mathfrak{R}_1$ total du primaire pour avoir le flux résultant $\mathfrak{R}$. Si, pour simplifier le diagramme, nous voulons admettre que l'hystérésis donne un effet analogue et représenter par un flux $\mathfrak{R}_h$ convenable l'ensemble du flux qu'il faut composer effectivement avec le flux $\mathfrak{R}_1$ correspondant à l'intensité effective I_1 pour obtenir le flux $\mathfrak{R}$ tel qu'il est, et de plus admettre que l'angle φ_2 propre au secondaire accessoire est nul, nous porterons $\mathfrak{R}_h$ en retard de $\dfrac{\pi}{2}$ sur $\mathfrak{R}$, et $\mathfrak{R}_1$ sera disposé comme l'indique le diagramme 743. Ceci revient à distinguer dans le courant primaire total I_1 deux composantes : l'une I_m, courant de magnétisation, nécessaire à donner le flux $\mathcal{R}$ abstraction faite de tout travail, et en concordance avec lui, l'autre I_h, courant watté, en concordance de E_1, dont le produit par E_1 représente les watts perdus dans le secondaire auxiliaire, c'est-à-dire les watts de l'hystérésis et des effets Joule parasites. Le diagramme des vecteurs des forces électromotrices en jeu devient alors celui qu'indique la figure 744 : dans cette figure (1), l'aire du triangle O'AB représente les watts de l'effet Joule dans le primaire $\dfrac{r_1 I_1^2}{2}$, toujours au facteur $a \mathcal{L}_1$ près, et les watts de l'hystérésis et des courants parasites, qui ont pour valeur $\dfrac{E_1 I_1}{2} \sin \tau_1$, correspondent à l'aire du triangle AB'B. La différence de potentiel aux bornes du primaire est O'B et la puissance totale absorbée par le transformateur $\dfrac{V_1 I_1}{2} \cos \varphi$ correspond à l'aire du quadrilatère O ABB'.

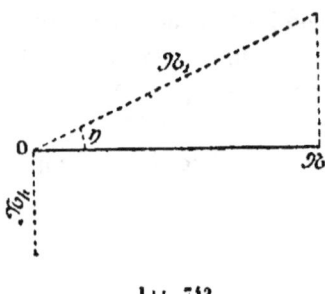

Fig. 743

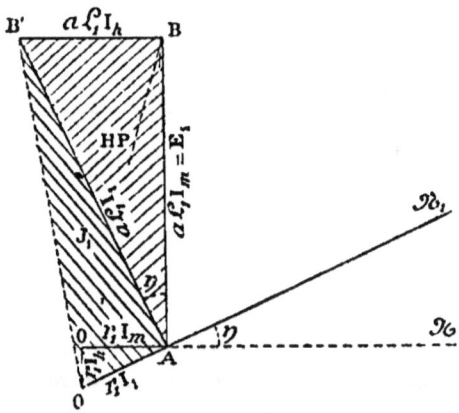

Fig. 744.

L'expérience faite sur le transformateur en fonctionnement à vide permet de construire cette figure. Il suffit de mesurer la différence de potentiel aux bornes du primaire ($V_1 = V_{eff} \sqrt{2}$ dans l'hypothèse de la loi sinusoïdale), l'intensité I_1, la puissance W et la résistance r_1. On porte, à une échelle quelconque, un segment

---

(1) Pour rendre plus claire la construction, on a augmenté à dessein l'aire O AB et réduit l'angle φ_1 que O B' doit faire avec O A.

O Ⅱ égal au quotient $\frac{2W_1}{I_1}$, qui représente la projection de O'B sur la direction de I_1, puis on décrit, avec un rayon égal à V_1, un arc de cercle qui coupe la verticale de l'extrémité du segment précédent au point B. On prend sur ce segment une longueur O'A égale à $r_1 I_1$. Le point A est la projection du point B', qui doit être d'ailleurs sur la normale à la droite AB.

On peut alors mesurer sur la figure l'angle r_1, qui représente le décalage entre l'intensité I_1 et sa composante de magnétisation I_m, et calculer immédiatement cette dernière, ainsi que l'autre composante I_h. En mesurant enfin la différence de potentiel V, aux bornes du secondaire, qui est ouvert, en

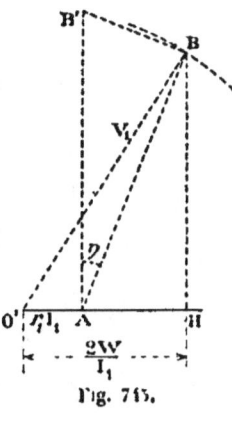

Fig. 745.

la multipliant par l'inverse du rapport de transformation $\frac{m_1}{m_2}$ et en comparant le résultat à la longueur du vecteur AB, représentatif de E_1, on aura un renseignement sur l'importance de l'effet global des fuites de flux et des erreurs commises, car, sans fuites et sans erreur, on doit avoir $E_1 \frac{m_1}{m_2} = V_2$.

Voyons maintenant à tenir compte des pertes par hystérésis et courants parasites pour un régime quelconque. Nous pourrons admettre que, dans les limites assez rapprochées entre lesquelles varie le flux résultant (remarque faite au § 279, fig. 706) l'angle r_1, que définissent les intensités I_m et I_h ou encore les flux résultant $\mathcal{K}$ et auxiliaire $\mathcal{K}_h$ (fig. 743), ne varie pas. Nous raisonnerons alors de la façon suivante. Pour une valeur donnée de la résistance extérieure ρ, le diagramme des forces électromotrices et des flux en jeu serait, s'il n'y avait de pertes ni par hystérésis ni par courants parasites, celui que nous avons déjà construit et que reproduit la figure 746 à cela près que, pour dégager la partie OA de la figure, nous avons transporté au point A le centre des vecteurs des flux ainsi que celui des vecteurs des forces électromotrices du secondaire; mais, par suite de la réaction magnétique du secondaire auxiliaire représentatif de l'effet des circuits parasites et de l'hystérésis du fer, aux ampèretours primaires totaux s'opposent, en même

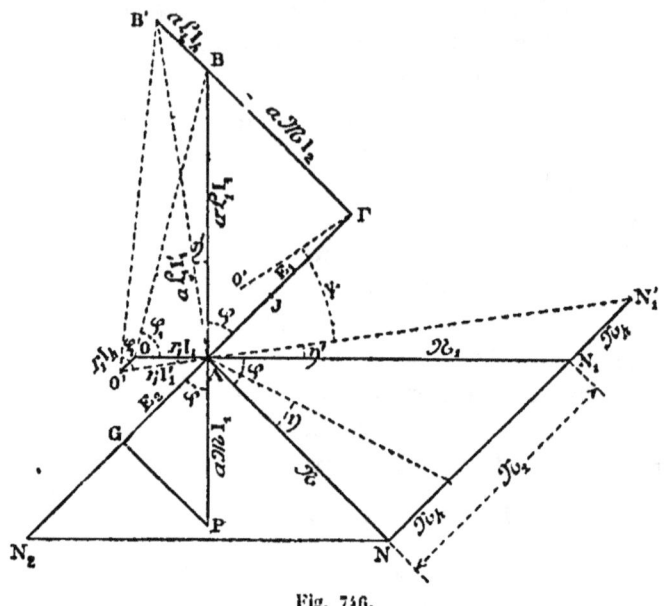

Fig. 746.

temps que les ampèretours secondaires (flux $\mathfrak{K}_2$), les ampèretours fictifs du flux $\mathfrak{K}_h$ normal au flux existant $\mathfrak{K}$. L'intensité primaire totale I'_1 doit donc comprendre, en plus de I_1, une composante I_h qui fournisse précisément, normalement au flux $\mathfrak{K}$, le surcroît d'ampèretours nécessaires. Nous mènerons donc par A une droite qui fasse avec AN l'angle η; nous définirons ainsi, à l'échelle des flux, le flux fictif $\mathfrak{K}_h$ et nous le reporterons en $N_1N'_1$ pour le composer avec $\mathfrak{K}_1$ et obtenir le flux $\mathfrak{K}'_1$ total des ampèretours primaires (vecteur AN'_1). Nous n'aurons donc qu'à mener par O une normale à la direction du flux résultant $\mathfrak{K}$, et à la limiter au prolongement de $\mathfrak{K}'_1$, pour avoir en OO', à l'échelle des forces électromotrices primaires, la force électromotrice d'effet Joule correspondant au nouveau courant I_h, et, en O'A finalement, la force contre-électromotrice d'effet Joule total primaire du courant total I'_1.

On obtiendra la force contre-électromotrice de selfinduction du primaire avec sa nouvelle valeur $a\mathcal{L}_1 I'_1$, en menant AB' normale à O'A. Il est visible qu'on aura, en O'OA, B'BA, N'$_1$N$_1$A, des triangles semblables, et que les puissances en jeu seront représentées, au facteur $a\mathcal{L}_1$ près toujours, 1° la puissance d'effet Joule primaire par l'aire du triangle O'AB' ; 2° la puissance HP absorbée par l'hystérésis et les courants parasites par l'aire AB'B ; 3° la puissance $\frac{E_2 I'_2}{2}$ fournie au secondaire, égale à la puissance $\frac{E_1 I_1}{2} \sin \varphi$ ou $\frac{E_1 I_1}{2} \sin (\varphi + \varphi'_i)$ — HP, par l'aire ABI'. On peut diviser cette dernière, par la construction indiquée précédemment, en parties ABJ et JBI' représentatives respectivement de la puissance d'effet Joule secondaire et de la puissance fournie définitivement au circuit extérieur. La puissance totale correspond à l'aire du quadrilatère AO'B'I'.

On lit enfin sur la figure le décalage entre l'intensité I'$_1$ et la différence de potentiel aux bornes primaires O'I' : il est donné par l'angle ψ et l'on voit que l'effet de l'hystérésis et des courants parasites est d'augmenter d'un angle φ'_i le retard de l'intensité secondaire sur l'intensité primaire (ce retard est mesuré par l'angle $\varphi + \frac{\pi}{2} + \varphi'_i$).

288. Effet des fuites de flux ; mesure de leur importance. — Nous avons raisonné jusqu'ici comme s'il ne se produisait aucune fuite de flux entre les deux enroulements du transformateur. En réalité, lorsque le transformateur est bien construit avec un circuit magnétique de faible réluctance, la portion de flux de chacun des enroulements qui évite l'autre est relativement faible ; mais, à pleine charge au moins, l'effet de ces fuites n'est pas négligeable et nécessite, sur le diagramme des vecteurs, des corrections du genre de celles que nous avons indiquées déjà pour le cas des moteurs polyphasés. Pour simplifier, nous admettrons encore que le flux inutile de chaque enroulement est une même fraction du flux total de chacun d'eux.

Désignant toujours par A le produit des facteurs constants, explicités plus haut, par l'inverse de la réluctance du circuit magnétique qui porte les flux utiles, et par ν la valeur, supposée commune, des deux coefficients d'Hopkinson ν_1 et ν_2, nous exprimerons les flux totaux primaire et secondaire par les formules :

$$\mathcal{K}_1 = A_1\, m_1\, I_1 = \nu_1\, A\, m_1\, I_1 = \nu\, A\, m_1\, I_1.$$

$$\mathcal{K}_2 = A_2\, m_2\, I_2 = \nu_2\, A\, m_2\, I_2 = \nu\, A\, m_2\, I_2.$$

Les coefficients de selfinduction des deux enroulements auront alors pour valeurs respectives

$$\mathcal{L}_1 = A_1\, m_1^2\, 10^{-9} = \nu\, A\, m_1^2\, 10^{-9}$$

$$\mathcal{L}_2 = A_2\, m_2^2\, 10^{-9} = \nu\, A\, m_2^2\, 10^{-9}$$

et leur coefficient d'induction mutuelle sera

$$\mathcal{M} = A\, m_1\, m_2\, 10^{-9}$$

Le flux du circuit magnétique, qui résultera des ampèretours primaires et des ampèretours secondaires, sera la résultante des flux réduits ou utiles $\dfrac{\mathcal{K}_1}{\nu}$ et $\dfrac{\mathcal{K}_2}{\nu}$, et les flux et les forces seront disposés

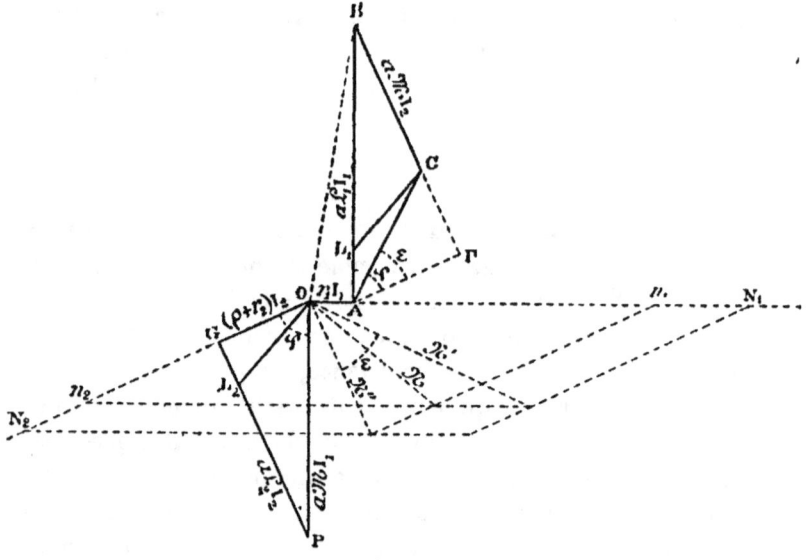

Fig. 747.

comme l'indique la figure 747. Les points $n_1 n_2$, $N_1 N_2$, limitent respectivement les vecteurs des flux réduits et totaux du primaire et du secondaire.

Dans le secondaire agiront les variations inductrices du flux réduit $\frac{\mathcal{K}_1}{\nu}$ (soit la force $a\mathcal{M}\,\mathrm{I}_1$) et les variations réactrices du flux total secondaire $\mathcal{K}_2$ (soit la force $a\,\mathcal{L}_2\,\mathrm{I}_2$), et, *s'il n'y a pas d'inductance extérieure*, la direction de $\mathcal{K}_2$, qui est celle de I_2, sera normale à la résultante $\mathcal{K}''$ des flux $\frac{\mathcal{K}_1}{\nu}$ et $\mathcal{K}_2$, en faisant d'ailleurs avec $a\mathcal{M}\,\mathrm{I}_1$ l'angle φ défini par la relation

$$tg\,\varphi = \frac{a\,\mathcal{L}_2}{r_2 + \rho}.$$

D'autre part, dans le primaire, entreront en jeu, outre la réaction d'effet Joule $r_1\,\mathrm{I}_1$, la force contre-électromotrice $a\mathcal{L}_1\,\mathrm{I}_1$ correspondant aux variations du flux total primaire $\mathcal{K}_1$ et la force contre-électromotrice de transformation $a\mathcal{M}\,\mathrm{I}_2$, normale à $\mathrm{O}n_2$. Ces deux forces, $a\mathcal{L}_1\,\mathrm{I}_1$ et $a\mathcal{M}\,\mathrm{I}_2$, se résument dans l'effet des variations du flux $\mathcal{K}'$ résultant du flux $\mathcal{K}_1$ et du flux réduit $\frac{\mathcal{K}_2}{\nu}$: le vecteur A C est donc normal à la résultante de $\mathrm{O}\mathrm{N}_1$ et de $\mathrm{O}n_2$, et fait avec AB l'angle φ' qui diffère de φ de la quantité ε définie par la relation (§ 279)

$$tg\,\varepsilon = \left(1 - \frac{1}{\nu^2}\right) tg\,\varphi = \sigma\,tg\,\varphi.$$

Les forces d'induction totales en jeu dans les deux enroulements correspondent donc respectivement aux flux $\mathcal{K}'$ et $\mathcal{K}''$: elles ne sont plus directement opposées, comme dans le cas où l'on néglige les fuites de flux. Mais on peut les considérer comme les résultantes d'un même flux, qui est le flux $\mathcal{K}$ effectivement établi dans le circuit magnétique du transformateur, et respectivement des flux différentiels $n_1\,\mathrm{N}_1$ et $n_2\,\mathrm{N}_2$, qui correspondent exactement aux fuites c'est-à-dire aux parties inutilisées en induction mutuelle des flux propres à chaque enroulement. Menons en effet, par O et par C, les droites OL_2 et $\mathrm{L}_1\,\mathrm{C}$ toutes deux normales à la résultante $\mathcal{K}$ des deux flux réduits $\mathrm{O}n_1$ et $\mathrm{O}n_2$: les vecteurs OL_2 et $\mathrm{L}_1\,\mathrm{C}$ représenteront respectivement les forces électromotrice $am_2\,\mathcal{K}10^{-8}$ et contre-électromotrice $am_1\,\mathcal{K}10^{-8}$, que les variations du flux $\mathcal{K}$ engendrent dans le secondaire et dans le primaire, et les portions GL_2 et AL_1 des vecteurs $a\,\mathcal{L}_2\,\mathrm{I}_2$ et $a\,\mathcal{L}_1\,\mathrm{I}_1$ représenteront les portions des forces contre-électromotrices de selfinduction correspondant aux portions n_2 N_2 et n_1 N_1 des flux d'ampèretours secondaires et primaires. En désignant par l_1 et l_2 les coefficients de selfinduction différentiels des deux enroulements, on écrira

$$\mathcal{L}_1 = \nu_1\, A\, m_1^2\, 10^{-9} = l_1 + A\, m_1^2\, 10^{-9} = l_1 + \frac{\mathcal{L}_1}{\nu_1}$$

$$\mathcal{L}_2 = \nu_2\, A\, m_2^2\, 10^{-9} = l_2 + A\, m_2^2\, 10^{-9} = l_2 + \frac{\mathcal{L}_2}{\nu_2}$$

et l'on pourra considérer que, dans le secondaire, la force électromotrice $E_2 = am_2\, \mathfrak{N} 10^{-8}$ (vecteur OL_2) trouve comme réactions les forces contre-électromotrices $(r_2 + \rho)\, I_2$ (vecteur OG) et $al_2\, I_2$ (vecteur GL_2) et que, dans le primaire, s'exercent comme réactions avec $r_1\, I_1'$ (vecteur OA) les forces contre-électromotrices $al_1\, I_1$ (vecteur AL_1) et $E_1 = am_1\, \mathfrak{N} 10^{-8}$ (vecteur $L_1\, C$). Les forces ainsi définies $al_1\, I_1$ et $al_2\, I_2$ sont donc les forces de selfinduction des deux circuits primaire et secondaire *en présence l'un de l'autre*, combinaison faite des flux qui oscillent dans le circuit magnétique commun. Les réactances différentielles al_1 et al_2 définiront avec les résistances r_1 et r_2 des facteurs de décalage $tg\, \chi_1 = \dfrac{al_1}{r_1}$ et $tg\, \chi_2 = \dfrac{al_2}{r_2}$ pour les deux circuits; ces angles χ_1 et χ_2 varient naturellement avec l'importance des fuites et, par conséquent, avec les intensités I_1 et I_2.

Rien n'est plus facile que d'obtenir pour diverses valeurs des courants une mesure approximative de ces éléments, dont il importe de connaître la valeur moyenne au moins pour le débit normal. On fait fonctionner le transformateur en court circuit secondaire, et l'on règle la différence de potentiel à ses bornes primaires de façon à obtenir dans le secondaire l'intensité I_2 normale[1] : il est évident à *priori* que cet essai renseigne sur la valeur du coefficient de selfinduction du primaire en présence du secondaire, et par conséquent sur l'importance des fuites de flux, comme l'essai à vide du paragraphe précédent renseignait sur la valeur du coefficient de selfinduction total du primaire suppres-

[1] Rapprocher de cet essai les essais de dynamos faits à débits déterminés (§ 210, tome 1).

sion faite du courant dans le secondaire. Construisons d'ailleurs le diagramme des vecteurs pour ce nouveau cas (fig. 748). La résistance ρ étant nulle, l'angle φ devient égale à φ₂, et l'intensité I₂ passe presque en opposition avec I₁, vu la très grande valeur de $tg\,\varphi = \dfrac{a\,\mathcal{L}_2}{r_2}$; le triangle des forces du secondaire est alors disposé comme l'indique la figure, le flux $\mathcal{K}''$ étant alors très voisin de la normale à OA. Le flux $\mathcal{K}$ fait avec $\mathcal{K}''$ l'angle χ_2 défini précisément par l'importance des fuites de flux de secondaire à primaire $\left(tg\,\chi_2 = \dfrac{a\,l_2}{r_2}\right)$. Quant au

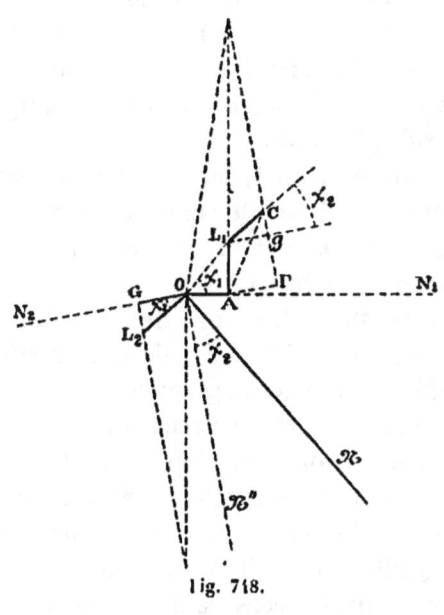

Fig. 748.

primaire, il s'y engendre la force E'₁ représentée par le vecteur AC; ce dernier est normal à $\mathcal{K}'$ qui fait avec $\mathcal{K}''$ l'angle ε défini par l'ensemble des fuites de flux, et la normale à $\mathcal{K}$ menée par C se trouve disposée comme l'indique la figure. Elle définit le point L₁ qui, joint à O, donnerait une droite inclinée sur OA d'un angle égal à χ_1, angle défini par la relation $\left(tg\,\chi_1 = \dfrac{a\,l_1}{r_1}\right)$.

Or, menons par L₁ la parallèle à OG, c'est-à-dire la normale L₁g à CP : nous définissons un triangle rectangle semblable au triangle OGL₂, c'est-à-dire que l'angle CL₁g n'est autre χ_2 et que, le rapport entre CL₁ et OL₂ étant l'inverse $\dfrac{m_1}{m_2}$ du rapport de transformation (CL₁ = $am_1 \mathcal{K}10^{-8}$ et OL₂ = $am_2 \mathcal{K}10^{-8}$), les segments L₁g et gC représentent les forces contre-électromotrices d'effet Joule et de selfinduction réduite du secondaire multipliées par le rapport $\dfrac{m_1}{m_2}$. L'angle ψ, que l'intensité I₁ fait alors avec la différence de potentiel V_1, n'est donc autre qu'une moyenne entre les deux décalages χ_1 et χ_2 qu'il s'agit de mesurer, puisque V_1 est la résultante des quatre vecteurs OA, AL_1, $L_1 g$ et gC.

On aurait donc, en mesurant I_1, V_1, W et r_1 dans cette expérience, les éléments voulus pour bâtir le quadrilatère $OACL_1$ comme nous l'avons fait au paragraphe précédent pour l'essai à à vide (fig. 745).

Mais, en réalité, dans les résultats des mesures sont comprises les pertes par hystérésis et courants parasites. Il faut donc, pour être rigoureux, corriger le diagramme en ajoutant la construction relative à ces pertes.

289. Combinaison des pertes diverses; diagramme complet. — L'addition de la correction des pertes HP se fait sans difficulté sur le diagramme qui tient compte des fuites de flux. Il suffit pour cela de remarquer que, à très peu près, c'est la résultante $\mathfrak{X}$ des flux réduits on_1 et on_2 qui règle les pertes de cette nature, car c'est cette résultante qui représente le flux effectivement établi dans le fer du transformateur.

Quelles que soient les conditions de débit du transformateur, nous considérerons ce flux $\mathfrak{X}$ comme accompagné d'un flux $\mathfrak{X}_h$, représentatif de la réaction fictive du secondaire auxiliaire du paragraphe 287. Nous mènerons une droite faisant avec le vecteur $\mathfrak{X}$ (fig. 749) un angle η; sur une normale quelconque au vecteur $\mathfrak{X}$ nous prendrons, à partir de la rencontre de cette normale avec la droite ON_1, un segment égal au segment compris entre $\mathfrak{X}$ et la droite η, et, en joignant à O l'extrémité de ce segment, nous définirons l'angle η' que l'intensité totale I'_1 fait avec la direction de l'intensité I_1; nous mènerons par le point A la parallèle $O'A$ à ON'_1 et limitant cette parallèle à sa rencontre O' avec la normale menée par O au vecteur $\mathfrak{X}$, nous aurons en $O'A$ la nouvelle valeur de la force contre-électromotrice d'effet Joule primaire $r_1 I'_1$. Les flux en jeu dans le primaire seront alors le flux ON'_1, dont la portion On'_1 est seule contenue dans le fer, puis le flux $\mathfrak{X}_h$, représenté par $n'_1 n_1$ ou $N'_1 H$, et enfin le flux On_2 que nous portons en HN'. C'est à la résultante ON' de ces flux que doit être en définitive normal le segment AC_1 qui résume les forces partielles AB', BB_1 et $B_1 C_1$ correspondant aux divers flux. AB' a pour

TRANSFORMATEURS. 127

valeur $a \mathcal{L}_1 \mathrm{I'}_1$ ou $am_1 \mathfrak{N}'_1\, 10^{-8}$, $\mathrm{B'B}_1$ correspond au flux $\mathrm{N'}_1\mathrm{H}$ et a pour valeur $am_1\, \mathfrak{N}_h\, 10^{-8}$ et $\mathrm{B}_1\, \mathrm{C}_1$, égale à BC, représente la force d'induction mutuelle du secondaire qui n'a pas changé.

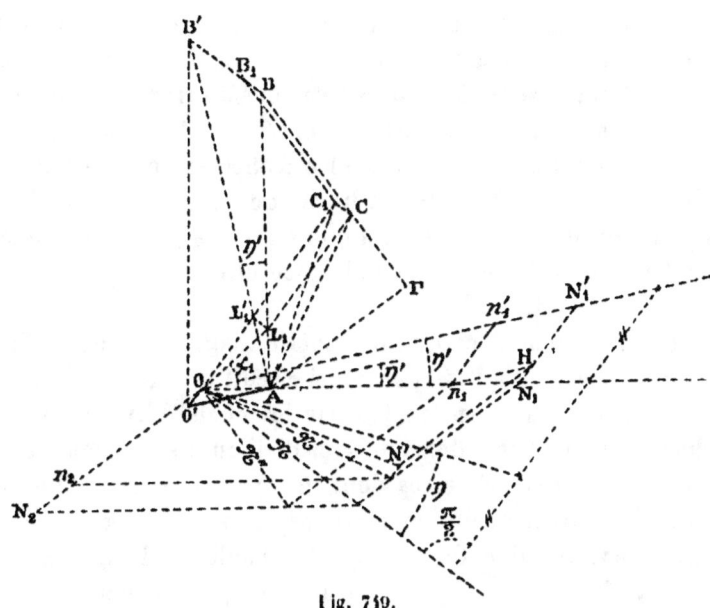

Fig. 749.

On remarquera que la puissance totale $\dfrac{\mathrm{V}_1 \mathrm{I'}}{2} \cos \psi'$ est alors représentée par l'aire du quadrilatère $\mathrm{AO'B'C}_1$. Le segment BC_1 résume les forces contre-électromotrices $\mathrm{B'B}_1$ et $\mathrm{B}_1\mathrm{C}_1$ des pertes IIP et de l'induction mutuelle. Si l'on projette B_1 sur $\mathrm{B'C}_1$ en b_1, normalement à $\mathrm{O'A}$ (fig. 749 *bis*), on a, dans l'aire du triangle $\mathrm{AB'}b_1$, la représentation des pertes IIP, au facteur $a\mathcal{L}_1$ près, comme dans l'aire $\mathrm{O'AB'}$ celle du nouvel effet Joule primaire, et il suffit de diviser AC_1 en segments proportionnels à r_2 et à ρ pour obtenir les deux parts de l'effet Joule secondaire et de la puissance utile.

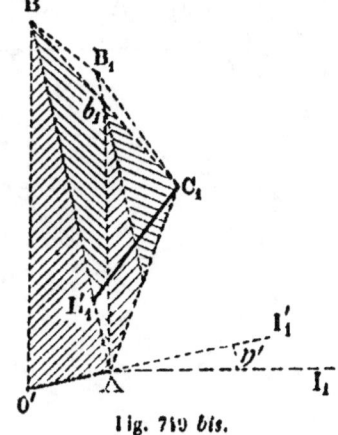

Fig. 749 *bis*.

On remarquera encore que, si, par le point L_1, on mène la parallèle au flux total du fer $\mathcal{R}$, et qu'on limite cette droite à sa rencontre L'_1 avec la droite d'angle η', on obtient en AL'_1 la nouvelle force de selfinduction réduite $al_1 I'_1$, qui correspond au flux hors fer $n'_1 N'_1$, et que le segment $L'_1 C_1$, égal et parallèle au vecteur $L_1 C$ (puisque l'on a visiblement $B_1 B = C_1 C = L'_1 L_1$), représente la force $am_1 \mathcal{R} 10^{-8}$ qui résume les autres réactions du transformateur. Les aires des triangles $O'AL'_1$ et $AL'_1 C_1$ représentent d'ailleurs, au facteur al_1 près cette fois, la puissance d'effet Joule primaire et la puissance transmise à la fois au noyau de fer et au secondaire, et l'on peut diviser ce dernier triangle en parts proportionnelles à l'effet Joule secondaire et à la puissance utile, comme nous avons fait pour le grand.

Voyons maintenant ce que devient le diagramme de la figure 748, qui correspond à l'essai en court circuit secondaire, lorsqu'on y ajoute les forces mises en jeu par les effets d'hystérésis et de conductibilité parasite. Reproduisons d'ailleurs seulement les polygones des forces primaires dont une partie est semblable aux triangles secondaires, et, pour ne pas changer la figure, faisons à part la construction de l'angle η' à l'aide de l'angle η. Nous n'aurons qu'à mener par A la droite AO' faisant avec AO l'angle η', ainsi que la normale AL'_1, puis, par O, la parallèle OO' à CL_1; nous mènerons par L_1 la normale $L_1 L'_1$ à $L_1 c$, et, en transportant $L_1 C$ en $L'_1 C_1$, nous obtiendrons la figure 750.

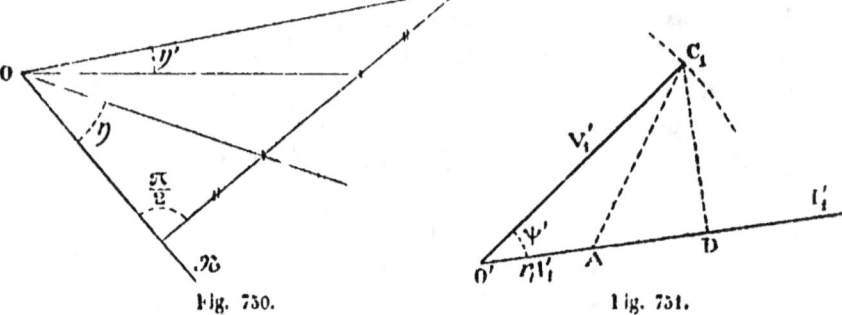

Fig. 750.   Fig. 751.

Cette figure nous montre que la direction O'A de l'intensité se rapprochera en général beaucoup de la direction opposée à I_1. La mesure de l'intensité primaire I'_1, de la différence de potentiel V'_1 (vecteur $O'c_1$) et de la puissance W nous permettra de définir l'angle ψ', que nous prendrons pour moyenne des angles χ_1 et χ_2 que nous cherchons à déterminer. En portant en effet sur une direction quelconque des segments O'A et O'D respectivement égaux à $r_1 I'_1$ et à $\dfrac{2W}{I'_1}$ (fig. 751), puis en élevant la perpendiculaire DC_1 jusqu'à sa rencontre avec l'arc de circonférence décrit de O' pour centre avec V'_1 pour rayon, on déterminera le vecteur $O'C_1$ qui fera avec O'D l'angle ψ'.

En multipliant successivement par $\dfrac{r_1}{a}$ et par $\dfrac{r_2}{a}$ la tangente de cet angle, on aura une valeur approchée des coefficients de selfinduction différentiels l_1 et l_2 des deux enroulements et par conséquent un renseignement sur l'importance des fuites.

290. Fonctionnement du transformateur sur circuit extérieur à réactance. — Considérons enfin le cas où le circuit extérieur mis aux bornes secondaires du transformateur offre de la réactance, positive ou négative, en même temps que de la résistance. Soit en un mot ψ_2 l'angle défini par la relation

$$tg\ \psi_2 = \frac{a\lambda}{\rho}$$

angle qui mesure le décalage entre intensité I_2 et différence de potentiel V_2 aux bornes du secondaire; s'il agit dans le secondaire des forces contre-électromotrices de transformation, comme il arriverait si le transformateur alimentait des moteurs ou d'autres transformateurs, $a\lambda$ et ρ représentent les composantes de l'impédance totale du circuit extérieur (§ 92, tome I). Construisons d'ailleurs le diagramme des vecteurs (fig. 752).

Dans le secondaire agiront, à l'encontre de la force électromotrice $a\Re I_1$ du primaire, la force contre-électromotrice d'effet Joule $r_2 I_2$ (vecteur OR), la différence de potentiel V_2 (vecteur RK) faisant l'angle ψ_2 avec $r_2 I_2$ et ayant pour composantes ρI_2 (vecteur RG) et $a\lambda I_2$ (vecteur GK), et enfin la force contre-électromotrice de selfinduction $a\mathcal{L}_2 I_2$ (vecteur KP) décomposable en deux parts $al_2 I_2$ (vecteur KL_2), correspondant au flux perdu pour le primaire, et $a\,(\mathcal{L}_2-l_2)\,I_2$ (vecteur L_2P) correspondant au flux réduit $\dfrac{\mathcal{K}_2}{\nu_2}$, c'est-à-dire au flux que les ampèretours secondaires établissent dans le circuit magnétique commun A.

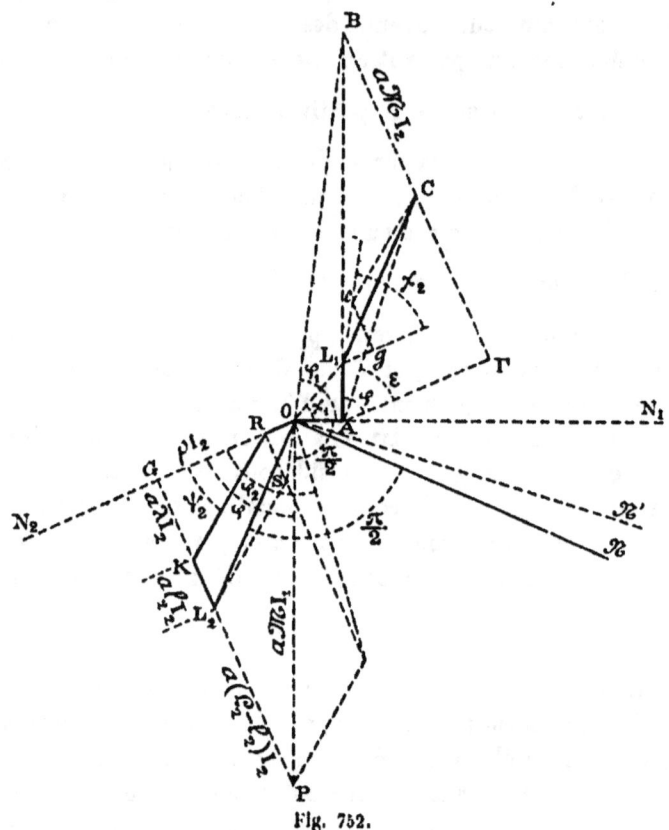

Fig. 752.

Le flux $\dfrac{\mathcal{K}_1}{\nu_1}$ correspondant aux ampèretours primaires avance d'un quart de période sur la force électromotrice $a\mathcal{K}\,I_1$, et le flux résultant $\mathcal{K}$, effectivement établi dans le circuit A par les ampèretours primaires et secondaires, est normal au vecteur OL_2, qui représente la résultante de $a\mathcal{K}\,I_1$ et de $a\,(\mathcal{L}_2-l_2)\,I_2$, c'est-à-dire la force électromotrice $am_2\,\mathcal{K}\,10^{-8}$ appliquée au secondaire.

Dans le primaire les forces en jeu sont donc disposées comme l'indique la figure, abstraction faite des composantes nécessitées par les courants parasites et l'hystérésis : la résultante de $a\mathcal{L}_1 I_1$ et $a\mathfrak{M} I_2$ (vecteur AC) est normale au flux $\mathfrak{N}'$, résultant de $\mathfrak{N}$ et du flux différentiel $\left(1 - \dfrac{1}{\nu}\right) \mathfrak{N}_1$, le vecteur L_1C, normal à $\mathfrak{N}$, parallèle à OL_1 représente la force contre électromotrice $a\, m_1\, \mathfrak{N}\, 10^{-8}$ et AL_1 la force contre-électromotrice de selfinduction différentielle. La différence de potentiel V_1 aux bornes du primaire est donc donnée par le vecteur OC, résultante de OA, AL_1 et L_1C.

L'angle φ_1 décalage total entre I_1 et $a\mathfrak{M}I_2$ est donné par l'angle l'AB et l'angle φ' par CAB. L'angle ε, qui, dans les cas précédents, ne correspondait qu'aux fuites de flux dans le transformateur, comprend ici tout l'angle ψ_2 en plus : le flux d'induction extérieur joue en effet exactement le rôle des fuites de flux de secondaire à primaire, la force contre-électromotrice $a\lambda I_2$ ajoutant directement son action à la force $al_2 I_2$, et la réduction de puissance du transformateur est d'autant plus grande que la réactance extérieure est plus considérable. On voit tout l'intérêt qui s'attache à la réduire, soit en ajoutant des récepteurs sans inductance tels que des lampes à incandescence aux récepteurs à grande réactance, soit en augmentant la capacitance du circuit extérieur si l'inductance en reste trop considérable.

L'emploi de condensateurs s'impose notamment avec les transformateurs à circuit magnétique ouvert, où les fuites de flux sont relativement plus considérables, en raison même de la grande réluctance du circuit, et où la réduction du facteur A conduit, à égalité de section de cuivre, à des valeurs relativement faibles des angles φ_1 et φ_2 du primaire et du secondaire.

Il importe dans tous les cas de déterminer les conditions de charge qui peuvent correspondre à un bon rendement du transformateur, lorsque l'angle ψ_2 se trouve donné par la nature des récepteurs à alimenter. Supposons par exemple que le transformateur soit destiné à alimenter des lampes à arc, dont le facteur de puissance correspond à un angle ψ_2 assez voisin de 45°; ces lampes seront montées par groupes de nombre déterminé en série, et nous pourrons faire varier le nombre des groupes en circuit. Dans la forme du polygone des vecteurs secondaires (fig. 752), qui, au facteur l_2 près, représentent aussi bien les résistances diverses que les forces électromotrices, ce qui changera, lorsque nous ferons varier l'impédance extérieure, c'est le rapport de la distance RG à la distance RO. Une augmentation du nombre des lampes correspondra à une réduction de ρ, et le point R se rapprochera de G : l'angle φ_s restant constant, l'angle φ augmentera.

Le point Γ du polygone des résistances primaires, *dont la forme seule définit les rendements*, décrira l'arc de cercle de diamètre AB (les vecteurs représentent les diverses résistances au facteur I_1 près, et abstraction faite de ce facteur, nous pourrons conserver OA et AB constants). En même temps l'angle ε variera, parce que les fuites de flux prennent d'autant plus d'importance que les débits augmentent, mais si l'inductance extérieure $a\lambda$ est considérable par rapport à l'inductance al, et al_1 des fuites, on pourra considérer ε comme assez voisin de ψ_s, et le point C, ε restant hypothétiquement constant, décrira l'arc de cercle ayant AC_0 pour diamètre ($C_0 AB = \varepsilon$, fig. 753). Le partage des puissances, toujours représen-

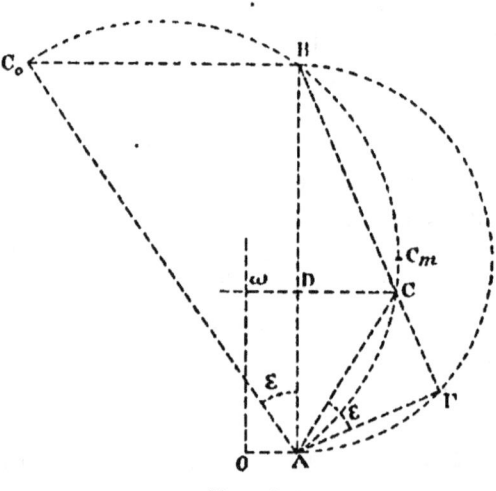

Fig. 753.

tées par les aires des triangles, se fait entre les spires du primaire et le secondaire dans le rapport de ωD à DC : pour obtenir un bon rendement, il faudra donc que l'angle φ soit tel que le point C tombe dans le voisinage du point le plus à droite C_m de l'arc de cercle BCA. Cette condition conduit à adopter pour φ de grandes valeurs, d'autant plus grandes d'ailleurs que ε et par conséquent ψ_s sont plus considérables.

A ce diagramme il importe d'ajouter, pour obtenir des résultats exacts, les vecteurs relatifs aux pertes par hystérésis et courants parasites. Cette construction se fera sans difficulté comme on l'a indiqué au paragraphe précédent, en partant de la direction de ℈ et en se donnant (soit qu'on l'ait mesurée par un essai à vide, soit qu'on l'ait estimée par le calcul) la valeur de l'angle η.

290 bis. Perte de charge; méthode de Kapp pour la déterminer rapidement. — En nous reportant au diagramme de la figure 752, nous voyons que les différences de potentiel aux bornes primaires et aux bornes secondaires sont respectivement déterminées, aux échelles quelconques employées pour tracer les vecteurs primaires et secondaires, par les vecteurs RK_1 ou SL_2 et OC. Il est facile de représenter V_2 sur le diagramme primaire. On remarquera en effet que les triangles L_1 CB et OL_2 P sont semblables, comme ayant leurs côtés parallèles, et que le rapport de similitude est le rapport de m_1 à m_2, puisque les vecteurs L_1C et OL_2 représentent respectivement les forces $am_1 ℈ 10^{-8}$ et $am_2 ℈ 10^{-8}$ engendrées par les variations du flux ℈. Il suffit donc de mener par L_1 des parallèles L_1g et L_1c aux droites OR ou AP et OS, et par C la parallèle Cc à L_2S pour obtenir en Cc la représentation du produit de V_2 par m_1. On lit alors immédiatement sur la figure la différence entre le potentiel V_2 amplifié et le potentiel V_1. Mais il faut tenir compte des effets d'hystérésis et de conductibilité parasite. Ceci conduit à passer du triangle OAL_1 au triangle $O'AL'_1$ et à transporter le contour $L_1\,g\,c\,C$ en $L'_1 g_1 c_1\,C_1$ parallèlement à lui-même (fig. 754). Les vecteurs des forces en jeu donnent alors le diagramme qu'indique la figure 754, où nous lisons la différence

entre $\dfrac{m_1}{m_2} V_2$ et V'_1 : c'est là ce

qu'on appelle la perte de charge pour le régime considéré. On retrouve, dans une partie de la figure, tout le diagramme de l'essai en court circuit (fig. 750). Si cet essai a été fait au débit I_2 qui correspond au nouveau régime considéré, on peut admettre sans grande erreur que les triangles $O'AL'_1$, $L'_1 g_1 c_1$ sont les mêmes dans les deux cas, et semblablement disposés, par la raison que pour les régimes de rendement

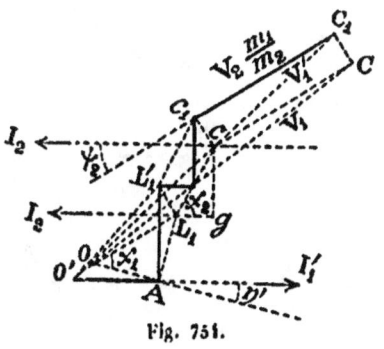

Fig. 754.

convenable, les directions des intensités I'_1 et I_2 sont presque opposées. Il suffit alors, pour déterminer la perte de charge, d'ajouter au diagramme de la figure 750, ou à celui de la figure 751 fournie par l'expérience, les deux vecteurs c_1C_1 et $O'C_1$ en les déterminant par les deux conditions 1° que C_1c_1 fasse avec $g_1L'_1$ l'angle ψ_1 défini par les données du circuit extérieur, 2° que $O'C_1$ soit égal à la différence de potentiel appliquée aux bornes du primaire.

On construit donc, à une échelle quelconque, avec les données de l'essai en court circuit au débit normal I_2, le triangle $O\,Dc$ de la figure 751 (nous supprimons, pour simplifier, les accents, bien que les vecteurs déduits de l'expérience comprennent les effets d'hystérésis). On décrit du point O comme centre, un arc de cercle de rayon égal, à la même échelle, à la différence de potentiel V_1 qu'on appliquera aux bornes du primaire : pour obtenir alors, au facteur m_1 près, le vecteur représentatif de la différence de potentiel V_2, qui s'établira aux bornes du secondaire lorsqu'on fera débiter le transformateur au débit I_2 sur circuit extérieur susceptible d'imposer, à ce même débit, un décalage ψ_2, il suffira de mener par le point C un vecteur faisant avec la direction de l'intensité I_2 un angle égal à ψ_2, et de limiter ce vecteur à son intersection avec la circonférence O (fig. 755).

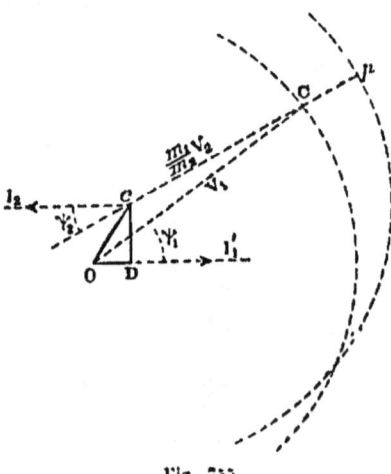

Fig 755.

Nous retrouvons ainsi la construction indiquée par M. G. Kapp (1) pour obtenir les parties essentielles du diagramme des vecteurs d'un transformateur et déterminer la perte de charge sur circuit quelconque. Ce dernier élément est en effet immédiatement déterminé par le prolongement cp du vecteur cC, prolongement limité à la circonférence décrite de c comme centre avec V_1 pour rayon. Cette construction n'est valable qu'autant que l'intensité I'_1 reste à peu près en opposition avec

(1) *Les transformateurs à courants alternatifs*, par Gisbert Kapp.

l'intensité I_1, car c'est avec la normale ΓC à l'intensité I_t que le vecteur cC fait en réalité l'angle ψ_t.

Le diagramme de Kapp montre l'effet produit dans les conditions précédentes par l'inductance ou la capacitance du circuit extérieur : la perte de charge augmente avec l'inductance, elle peut s'annuler et même changer de sens avec un circuit extérieur de capacitance suffisante; le potentiel aux bornes du secondaire s'élève alors au-dessus de la valeur qu'indiquerait le quotient $V_1 \dfrac{m_2}{m_1}$ du potentiel primaire par le rapport de transformation.

291. Essais des transformateurs. — Les essais de bon fonctionnement d'un transformateur comportent les mesures d'isolement et les relevés ordinaires de puissance, de différence de potentiel, d'intensité, de température : la mesure du décalage entre intensité et différence de potentiel résulte de l'emploi simultané du wattmètre, de l'ampèremètre et du voltmètre, ou encore de l'application de la méthode des trois voltmètres (§ 148). Le rendement total du transformateur est donné par le rapport des puissances aux bornes du secondaire et du primaire, et l'ensemble des pertes par effets Joule directs et indirects et par hystérésis correspond à la différence de ces puissances. La connaissance des résistances des deux enroulements permet d'estimer la part qui revient aux effets Joule directs dans ces pertes totales.

Les essais doivent se faire à divers régimes, et durer assez longtemps, au régime de débit maximum, pour démontrer que le transformateur supporte, sans élévation exagérée de température, le dégagement de chaleur qui correspond alors aux pertes. De tels essais sont nécessairement coûteux, s'il s'agit de transformateurs de grande puissance. Il y a tout avantage alors à recourir à l'emploi de méthodes de fonctionnement mutuel, analogues à celles que nous avons décrites pour les essais de dynamos (§ 255, tome I), lorsque du moins on dispose de deux transformateurs identiques : les génératrices d'alimentation n'ont alors à fournir que la puissance correspondant aux pertes des deux transformateurs, et de plus les mesures, portant directement sur de faibles puissances, offrent une exactitude relative bien supérieure.

En nous reportant aux dispositions indiquées pour les dynamos, nous voyons qu'on peut chercher à fournir la puissance compensatrice des pertes, soit en augmentant le potentiel aux bornes de l'un des deux transformateurs, soit en augmentant le courant qui l'alimente. Il faut d'abord monter en opposition les deux secondaires identiques des transformateurs T' et T' et relier en opposition encore leurs bornes primaires, comme l'indique la figure 756, en intercalant toutefois entre eux le secondaire d'un transformateur auxiliaire T dont on connaîtra le rendement. Si l'on pouvait, par un moyen quelconque, établir entre les deux transformateurs T' et T' une dissymétrie comparable à celle qu'on obtient entre les dynamos G et R des figures 616 et 617 (tome I) en donnant à leurs champs inducteurs des intensités différentes, on obtiendrait un courant d'intensité I_2 dans le circuit des secondaires des deux transformateurs T' T'' en alimentant le primaire du transformateur auxiliaire T par un alternateur A : mais, dans le cas actuel, par suite de la symétrie complète des circuits et des forces engendrées dans les deux secondaires par les variations de flux identiques des deux transformateurs T' T'', l'intensité I_2 se réduirait à zéro. Or, il est facile de détruire la symétrie, en reliant directement aux bornes primaires de l'un des transformateurs, T'' par exemple, les bornes de l'alternateur générateur A, comme l'indiquent les lignes pointillées de la figure 756. Dans ces conditions, la force électromotrice secondaire du transformateur T s'ajoutera géométriquement à la différence de potentiel v de l'alternateur, et le courant primaire I' du transformateur T' deviendra plus considérable que le courant I'' du transformateur T'' : le flux de T' sera plus grand que celui de T'' et, la force électromotrice secondaire du premier transformateur l'emportant sur la force électromotrice

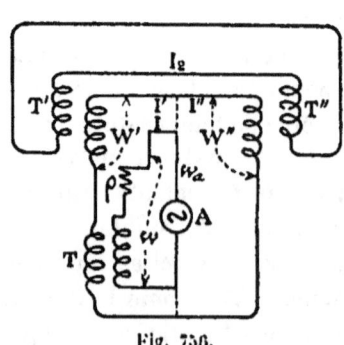

Fig. 756.

du second, il s'établira, dans le secondaire commun, un courant dont on pourra régler l'intensité I_2 à la valeur voulue, en graduant convenablement la force électromotrice auxiliaire de T. On obtiendra ce dernier résultat en ajoutant, sur le primaire de T, un rhéostat sans induction dont on fera varier selon le besoin la résistance ρ. Il convient naturellement que l'alternateur A donne à ses bornes une différence de potentiel V''', telle que la moyenne de cette différence, qui règle celle des bornes primaires de T'', et de la différence V', qu'on relève aux bornes de T', soit voisine de la valeur de la force électromotrice que les transformateurs doivent engendrer au régime normal.

La puissance p, absorbée par les deux transformateurs T' et T'' pendant l'essai, pourrait se déduire de la différence des puissances W' et W'', mesurées aux bornes primaires des deux appareils. Il est plus exact de tirer l'expression de cette puissance de la valeur des puissances, beaucoup plus faibles, mesurées aux bornes de l'alternateur A et aux bornes du circuit auxiliaire. En désignant par w_a la puissance issue de l'alternateur, par w la puissance aux bornes du circuit auxiliaire et par K_T le rendement du transformateur T, on aura pour expression des pertes dans ce dernier appareil et dans son rhéostat

$$(w - \rho I^2_{\text{eff}})(1 - K_T)$$

et pour la valeur des pertes p

$$p = w_a - (w - \rho I^2_{\text{eff}})(1 - K_T).$$

Le rendement des transformateurs en essai se calculera par l'une des formules

$$K = \frac{W' - \frac{p}{2}}{W'} \quad \text{ou} \quad \frac{W''}{W'' + \frac{p}{2}}$$

ou se déduira de la relation

$$K^2 W' = W' - p$$

qui conduit à la formule

$$K = \sqrt{\frac{W' - p}{W'}}.$$

Toutes ces formules sont identiques, à des fractions près du rapport $\left(\frac{p}{W'}\right)^2$.

Il n'est pas rare de trouver de la sorte, pour de bons transformateurs, des rendements de 95 et 96 %.

Voici d'ailleurs, à titre d'exemple, une courbe de rendement (fig. 757) relevée sur un transformateur Mordey; le rendement y atteint 96 % à la charge normale.

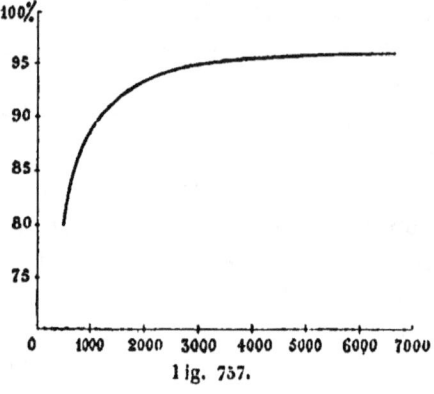
Fig. 757.

292. Remarques diverses. — Nous avons vu, au paragraphe 289, que l'estimation de la valeur moyenne des coefficients de selfinduction réduits des deux enroulements d'un transformateur pouvait se tirer des résultats d'un essai en court circuit secondaire. Nous ne reviendrons pas sur ce sujet.

Quant à la valeur du coefficient d'induction total de chacune des bobines, il peut se déduire des résultats d'essais faits en circuit secondaire ouvert (§ 287).

Ces essais, qu'on peut rapprocher de ceux que nous avons indiqués (§ 172, tome I) comme base de la mesure approximative des qualités d'un fer, donnent aussi la valeur des composantes de l'intensité totale $(I_o)_{eff}$ composantes qu'on appelle le courant de magnétisation $(I_m)_{eff}$ et le courant de travail à vide $(I_h)_{eff}$. Cette dernière se calcule en faisant le quotient $\dfrac{W}{E_{eff}}$ de la puissance absorbée dans l'essai à vide W par la tension E_{eff} aux bornes du primaire, et la composante de magnétisation $(I_m)_{eff}$ s'obtient par la formule

$$(I_m)_{eff} = \sqrt{(I_o)^2_{eff} - (I_h)^2_{eff}}. \quad (1).$$

L'induction $\mathfrak{B}_{eff}$, qui s'établit dans le noyau du transformateur, se déduit de la valeur $(E_2)_{eff}$ de la force électromotrice aux bornes du secondaire par la formule

$$(\mathfrak{B})_{eff} \cdot S = \mathfrak{X} = \dfrac{(E_2)_{eff} \, 10^8}{a m_2} \quad (2).$$

De ces résultats on peut tirer la valeur de la perméabilité du circuit magnétique, au régime considéré, et étudier les variations de cette perméabilité avec l'induction, en faisant varier la différence de potentiel appliquée aux bornes du transformateur. En désignant par l la longueur moyenne du circuit de fer et par δ l'épaisseur totale de tous les joints entre tronçons de fer, on a, entre le maximum $\mathfrak{B}$ de l'induction et la valeur efficace $(I_m)_{\text{eff}}$ de l'intensité de magnétisation, la relation

$$4\pi\, m_1 \sqrt{2}\, (I_m)_{\text{eff}}\, 10^{-1} = \mathfrak{B}\left(\frac{l}{\mu} + \delta\right)\quad (3).$$

De nombreux essais faits par cette méthode sur des noyaux de fer sans joints ($\delta = \varepsilon$), M. G. Kapp a déduit que l'on pouvait admettre pour valeurs moyennes des perméabilités du fer les chiffres suivants :

$\mathfrak{B} =$ 2000 3000 4000 5000 6000 7000 gauss
$\mu =$ 1300 1720 2070 2330 2570 2780

On peut ainsi, dans un projet de transformateur, estimer avec assez de précision la valeur du coefficient A (inverse de réluctance) des paragraphes précédents, à condition de tenir compte du nombre de joints et de l'épaisseur totale δ des isolants établis entre tronçons. La valeur de $\mathfrak{B}$ se trouve liée à la grandeur de la force électromotrice à produire, au nombre des spires et à la section du noyau par la formule (2), et l'intensité de magnétisation I_n résulte de la relation (3), où l et δ représentent les longueurs de fer et d'entrefer et où μ reçoit la valeur convenable en raison de $\mathfrak{B}$.

Ainsi que nous l'avons déjà remarqué, la valeur du flux $\mathfrak{N}$ du transformateur alimenté sous potentiel efficace constant varie peu, lorsque le débit varie dans d'assez grandes proportions : la perméabilité et, avec elle, la quantité A peuvent donc être considérées comme constantes.

L'importance des pertes par hystérésis et courants parasites s'estime en fonction de $\mathfrak{B}$, de la fréquence du courant et du volume du noyau de fer par la formule de Steinmetz (§§ 73 et 172), et, en divisant la puissance qui leur correspond par la force électromotrice, on peut calculer la valeur de la composante I_h de l'intensité à vide (les pertes par effet Joule direct à vide sont toujours faibles).

Cette composante ne dépend point de la réluctance totale des joints. Par contre, les joints ont une influence considérable (δ dévant $\dfrac{l}{\mu}$ dans la formule 3) sur la valeur de la composante de magnétisation I_m, et il en résulte que le courant à vide peut devenir relativement grand, et conduire à une perte sensible de puissance par effet Joule en ligne, avec un transformateur dont le circuit magnétique comporte plusieurs joints (§ 78).

L'augmentation du courant à vide n'a pas une très grande importance, lorsque le transformateur est destiné à fonctionner presque toujours en charge; mais si, par la variabilité même du débit qu'on lui demande, il se trouve sujet à fonctionner souvent à

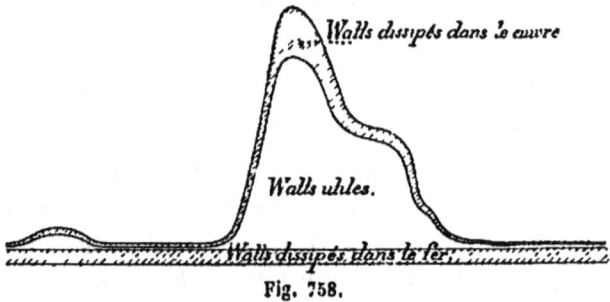
Fig. 758.

faible charge, la grandeur du courant à vide devient une cause de diminution notable du rendement général de la distribution, et il importe alors d'employer tous les moyens de le réduire, en réduisant notamment au strict minimum le nombre des joints sur le circuit magnétique.

Une remarque du même ordre est à faire au sujet du rapport qu'il convient d'établir entre les pertes de puissance par effet Joule directs, d'une part, et les pertes par hystérésis et effets Joule parasites, d'autre part, bien qu'il semble, de prime abord, assez indifférent de perdre d'une façon ou de l'autre la partie de puissance, qui résulte d'un rendement donné et qui se dégage en définitive sous forme de chaleur dans le transformateur. Mais, si le transformateur est destiné à fonctionner souvent à faible charge, il convient d'admettre pour la pleine charge exceptionnelle des pertes par effet Joule notablement plus fortes que les pertes par hystérésis; car, aux régimes les plus fréquents, les pertes par hystérésis, qui restent à peu près constantes, prendraient trop d'importance par rapport aux effets Joule dont la puissance varie comme le carré des intensités. La figure 758, qui donne un diagramme relevé par M. Picou sur un transformateur alimentant un circuit d'éclairage, montre d'une manière parfaitement nette les variations des pertes dans le fer et des pertes par effet Joule dans le cuivre avec la valeur de la puissance fournie par le transformateur : cette puissance est représentée par les portions d'ordonnées laissées en blanc entre les bandes hachurées qui correspondent aux deux genres de pertes.

CHAPITRE QUATRIÈME

Transformateurs tournants

293. Transformation des courants alternatifs en courant continu. — Les transformateurs statiques que nous venons d'étudier au chapitre précédent permettent d'approprier au service qu'on en attend les courants alternatifs simples ou polyphasés, en en modifiant le potentiel sans en changer la nature; mais la forme alternative du courant ne se prête pas à tous les usages, et, si on lui a donné la préférence en raison des avantages qu'elle offre pour le transport de l'énergie à grande distance, on peut se trouver dans l'obligation, à la station de distribution, de lui substituer la forme continue qu'exigent de nombreuses applications. On doit alors transformer les courants alternatifs que l'on reçoit à haute tension en courant continu de potentiel relativement faible.

La solution qui se présente tout d'abord à l'esprit est d'employer un *moteur-générateur*, c'est-à-dire de faire tourner la génératrice du courant continu dont on a besoin, à l'aide d'une réceptrice alimentée par les courants dont on dispose. Cette solution exige l'emploi de deux machines dont les dimensions, y compris le diamètre de l'arbre de jonction des deux induits, doivent correspondre à la puissance totale à transformer, et elle met en jeu doubles pertes par effet Joule et par frottements divers.

On réalise une économie notable en enroulant les deux circuits récepteur et générateur sur un même induit : les pertes par effet Joule dans ces derniers, à poids de cuivre totaux égaux, ne sont pas modifiées, mais les réactions magnétiques des deux enroulements s'annihilent à peu près, comme dans les transformateurs de courant continu (tome I, § 250), et l'on peut admettre en définitive une réduction sensible sur le poids de fer total et diminuer les pertes par hystérésis et courants parasites, sans augmenter d'ailleurs le coût de l'excitation. On remarquera, en outre, que l'arbre d'un tel transformateur cesse de transmettre le couple mécanique d'entraînement de l'enroulement récepteur à l'enroulement générateur, et qu'il ne sert plus que de guide au mouvement de la jante porte-cuivre; on peut donc réduire considérablement le diamètre de l'arbre et, en même temps, les dimensions des bras qui relient la jante au moyeu. L'inconvénient d'un tel système est l'enchevêtrement des deux circuits primaire et secondaire, entre lesquels existent en général de très grandes différences de potentiel : en l'employant, on se verrait conduit dans la plupart des cas à faire subir au courant moteur une première transformation pour en abaisser le potentiel et à ajouter en définitive un transformateur statique au *convertisseur tournant*. L'ensemble de ces deux appareils peut être alors aussi coûteux que le moteur-générateur, sans fournir d'ailleurs un rendement meilleur.

Mais si l'on admet l'emploi d'un premier transformateur abaisseur de potentiel, on peut calculer le rapport de transformation de manière à fournir au convertisseur des courants sous potentiel efficace déterminé, de l'ordre de grandeur du potentiel du courant continu que l'on veut en tirer, et l'on trouve alors tout avantage à réunir en un seul enroulement les deux circuits du convertisseur et à constituer ce qu'on appelle une *commutatrice*. L'enroulement d'une telle machine, identique en fait à un enroulement de machine à courant continu, se trouve d'une part soumis, en des points déterminés, à l'action des forces électromotrices polyphasées ou simplement alternatives de la canalisation, par l'intermédiaire de bagues et de frotteurs qui le relient aux fils de ligne, et il porte, d'autre part, une série de touches-antennes, qui fournissent à deux balais fixes dans l'espace une force électromotrice à peu près constante, lorsque, sous l'action des courants qui le traversent, il se meut en synchronisme. Une telle machine a sur le convertisseur à deux enroulements l'avantage considérable de la simplicité de construction et, à poids de cuivre égal, elle absorbe une moindre part de puissance par effet Joule : elle ne va pas d'ailleurs sans son transformateur abaisseur de potentiel.

294. Moteur-générateur. — Cherchons tout d'abord à nous rendre compte des conditions d'équilibre d'un moteur-générateur. On adoptera comme moteur soit une réceptrice asynchrone soit une réceptrice synchrone. Dans le premier cas, la vitesse d'équilibre sera déterminée, comme pour les transformateurs de courant continu (tome I, fig. 608), par l'abscisse du point d'intersection des caractéristiques motrice et résistante des deux machines, cette dernière caractéristique variant avec la valeur de la résistance du circuit de débit du courant continu.

Mais on préférera en général employer un moteur synchrone qui mènera la génératrice à vitesse invariable et lui fournira tous les avantages liés au maintien d'une allure constante (tome I, IIIe partie, chap. II). C'est d'ailleurs la seule combinaison possible dans le cas où l'on ne disposerait que d'un courant alternatif simple. Le décalage, qui se produira alors entre intensité et potentiel aux bagues d'alimentation, dépendra, pour une valeur donnée des ampèretours d'excitation de la réceptrice, de la valeur du couple résistant de la génératrice, c'est-à-dire de la résistance du circuit de débit (§ 266); le décalage entre potentiel et force contre électromotrice du moteur devra correspondre d'ailleurs à l'abscisse du point d'ordonnée égale au couple résistant, pris sur la branche d'équilibre stable de la caractéristique du moteur (fig. 664).

Considérons d'ailleurs directement le cas d'un moteur polyphasé synchrone. Supposons fixes les inducteurs des deux machines réceptrice et génératrice, tandis que leurs deux induits sont mobiles (fig. 759).

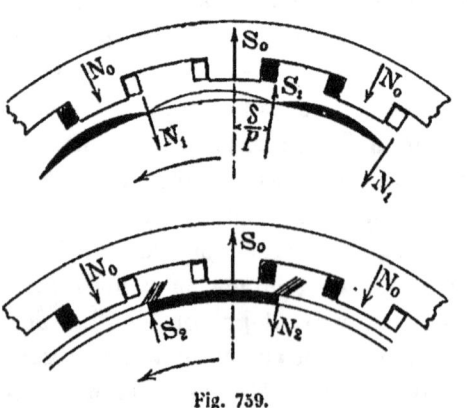

Fig. 759.

L'induit moteur est enroulé de f circuits identiques du type défini par la fig. 670 par exemple, et ces f circuits reçoivent l'action des forces électromotrices extérieures par l'intermédiaire de frotteurs et de bagues. Les courants polyphasés que cet induit reçoit y établissent un champ tournant, dont la vitesse relative $\frac{2\pi}{p\mathrm{T}}$ est dirigée par exemple dans le sens des aiguilles d'une montre, et ce champ, prenant appui sur les inducteurs fixes, fait dévirer l'induit au synchronisme dans le sens de la flèche (première partie de la fig. 759) [1] : les courants de l'induit mobile sont donc représentés par des secteurs progressifs, noirs et blancs suivant leur sens, qui sont fixes dans l'espace comme les inducteurs. Il est évident que, pour que le couple moteur (réactions entre courants et champ) soit dirigé dans le sens de la flèche, il faut qu'en moyenne sous les pôles S les courants viennent en avant du plan de la figure (règle des trois doigts main gauche), de plus, la condition de stabilité impose qu'une réduction instantanée de vitesse, déterminée par exemple par un accroissement du couple résistant opposé au moteur, réduction qui aurait pour effet de laisser filer un peu les secteurs blancs et noirs vers la droite, amène ces secteurs en position de recevoir des pôles S et N des répulsions plus grandes; autrement dit, un ralentissement instantané doit déterminer un accroissement du couple moteur. Les courants moteurs seront donc disposés comme l'indiquent les secteurs progressifs de la coupe du moteur, pour une certaine valeur de la résistance du circuit d'utilisation, et la génératrice fournira des courants continus disposés comme l'indiquent les secteurs uniformes blancs et noirs de la partie inférieure de la fig. 759, avec un certain calage des balais au plans d'intensité radiale nulle dans le champ résultant.

En admettant qu'on puisse représenter les forces électromotrices en jeu dans chacun des f circuits du moteur par les projections de vecteurs tournants, et en désignant par $\dfrac{\partial}{p}$ l'angle que font entre eux les axes de même sens des champs des inducteurs et de l'induit dans le moteur, on aura pour diagramme de ces forces le polygone qu'indique la fig. 760, où OA, A' et BC représentent les composantes du maximum du potentiel qu'on maintient aux bornes primaires, composantes nécessitées respectivement par l'effet Joule $r_1 I_1$, par la selfinduction ou l'inertie magnétique de

---

[1] Nous supposons que l'on ait fait démarrer le moteur à vide et qu'on l'ait amené au synchronisme par un des procédés quelconques que l'on emploie couramment dans ce but.

l'induit $a\mathcal{L}_1 I_1$ et par la présence des inducteurs E_0. Les segments E_0 et $a\mathcal{L}_1 I_1$, pris dans les sens CB et BA, font entre eux l'angle δ,

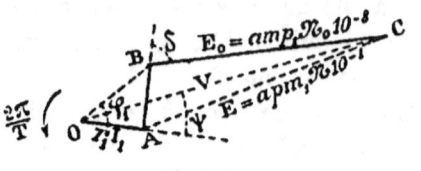

Fig. 760.

puisqu'une génératrice de l'enroulement moteur passe en S_1, axe du champ de réaction d'induit ou de self induction, $\frac{\delta}{2\pi} T$ secondes avant de passer en S_0, axe du champ des inducteurs, et les valeurs des maxima de ces forces sont respectivement :

$$E_0 = \frac{\pi}{2} \cdot 2p\, m_1 \cdot \mathcal{K}_0 \cdot \frac{2}{T}\, 10^{-8} = ap\, m_1\, \mathcal{K}_0\, 10^{-8}$$

et

$$a\, \mathcal{L}_1\, I_1 = \frac{\pi}{2} \cdot 2p\, m_1 \cdot \mathcal{K}_1 \cdot \frac{2}{T}\, 10^{-8} = ap\, m_1\, \mathcal{K}_1\, 10^{-}$$

en désignant par $2pm_1$ le nombre des génératrices de chacun des f enroulements primaires, et par $\mathcal{K}_0$ et $\mathcal{K}_1$ les maxima des flux qu'une spire moyenne de chacun de ces enroulements reçoit des champs S_0 et S_1.

La résultante E de ces deux vecteurs est la force contre électromotrice totale que la rotation du transformateur dans les conditions de l'expérience engendre dans chaque circuit primaire. Elle correspond au flux total $\mathcal{K}$ qui résulte de $\mathcal{K}_0$ et de $\mathcal{K}_1$.

L'angle δ est bien défini par la valeur du couple résistant total opposé à la cage de cuivre du moteur, puisque la puissance $f \frac{V_1 I_1}{2} \cos \varphi$ fournie au primaire, mise à part la puissance de l'excitation que nous supposons indépendante, s'emploie en effet Joule $f \frac{r_1 I_1^2}{2}$ et en puissance mécanique transmise à cette cage

$$2\pi\, c_1\, N_T = f\, \frac{E_0 \sin \delta \, I_1}{2}.$$

Au facteur $\frac{a\mathcal{L}_1}{f}$ près, cette dernière part de puissance est représentée par l'aire du triangle ABC et le couple c_1 lui-même, à un facteur constant près facile à écrire, correspond au produit $\mathcal{K}_1\, \mathcal{K}_0$

sin ξ des deux flux par le sinus de l'angle ξ, lequel ne diffère de l'angle d'écart des deux champs que par le facteur p.

C'est sur cette puissance que se trouvent prélevées les pertes par frottements, hystérésis et courants parasites dans les induits des deux machines, réceptrice et génératrice, pertes que nous désignerons par $(FHP)_{r+g}$, et la puissance transmise à la cage de cuivre du secondaire a pour expression

$$2\pi\, c_2\, N_T = f\, \frac{V\, I_1}{2}\, \cos\psi - f\, \frac{r_1\, I_1^2}{2} - (FHP)_{r+g} = ei_2$$

en désignant par e la force électromotrice engendrée par la rotation de l'induit à courant continu dans le champ résultant de l'action de ses inducteurs et de sa propre réaction magnétique, laquelle est fonction de l'intensité de débit i_2 et de l'angle de calage donné à ses balais.

A vide, c'est-à-dire sur circuit secondaire ouvert, l'angle ξ devient très petit, et le décalage ψ entre l'intensité I_1 et le potentiel V prend une valeur considérable, qu'on obtiendrait à l'aide des constructions indiquées au § 266 : ces constructions correspondent en effet au cas où, comme nous le supposons ici, on maintient constants le potentiel V ou E_1 et la réaction des inducteurs E_0 ou E_2. Le vecteur $r_1 I_1$ serait alors assez voisin de sa limite OD' (fig. 661), et l'aire du triangle ABC (fig. 761) correspondrait alors à la seule puissance $(FHP)_{r+g}$. On doit d'ailleurs remarquer qu'en réalité, au lieu de rester constant comme nous l'avons supposé par simplification à diverses reprises, le coefficient $\mathcal{L}_1$, qui dépend de la réluctance du circuit offert à l'établissement du flux de réaction d'induit, varie et augmente au fur et à mesure que S_1 se rapproche de S_0; avec $\mathcal{L}_1$ augmente l'angle ψ, et il est nécessaire d'évaluer dans la pratique l'importance de ces éléments pour chaque régime particulier que l'on considère [1].

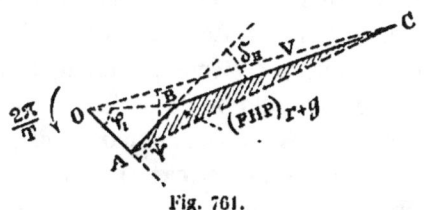

Fig. 761.

---

[1] Il y a là les mêmes nécessités qui s'imposent dans l'étude pratique de toutes les machines d'induction, à courant continu comme à courants alternatifs, et qui obligent à

A pleine charge au contraire z prend de grandes valeurs, le décalage ψ entre I_1 et V diminue et le rendement devient bon. On peut alors admettre, au moins approximativement, entre les puissances primaire et secondaire, la relation d'égalité

$$f \frac{E_0 \sin z \, I_1}{2} = c i_2$$

qui revient à négliger les pertes par frottements mécaniques, magnétiques et électriques (F H P).

La condition de stabilité impose comme limite au débit i_2 ou en définitive à la puissance $c\,i_2$, que l'angle z reste inférieur à la valeur qui correspond au maximum du couple moteur pour l'excitation considérée; le maximum du couple correspond d'ailleurs directement au maximum de puissance, puisque la vitesse est constante. En conservant les excitations invariables, on augmentera la puissance en réduisant la résistance ρ du circuit d'utilisation; mais il y a une limite au-dessous de laquelle on ne saurait descendre : à cette limite le moteur-générateur fournirait son maximum de puissance, et pour un rien décrocherait. Il importe donc de se tenir assez loin de cette limite, pour qu'une variation fortuite des résistances, ne fût-ce qu'une augmentation du frottement de l'arbre sur ses paliers ou une réduction de résistance ohmique de l'un des récepteurs alimentés par le courant continu, ne risque point de déterminer l'arrêt du transformateur.

A chaque valeur de la résistance du circuit d'utilisation correspond en fait un système de valeur de z et de ψ, pour une valeur donnée de l'excitation du moteur. On peut d'ailleurs, pour chaque valeur de la résistance ρ, et par conséquent pour chaque régime de puissance déterminée (car on maintient constante l'excitation de la génératrice), on peut, disons-nous, faire varier l'excitation du moteur et l'on modifie alors la valeur du décalage qui s'établit entre l'intensité primaire et le potentiel dans chaque ligne d'alimentation; on peut ainsi réduire à une valeur assez faible ce décalage,

recourir en définitive à l'expérience pour déterminer les réluctances des circuits magnétiques ou, sous une autre forme, les effets des réactions d'induit aux divers débits que les machines doivent fournir — rapprocher à ce propos les paragraphes 210 (tome I, dynamos à courants continus), 280 (tome II, moteurs polyphasés), 291 (tome II, transformateurs).

combinaison avantageuse au point de vue du rendement de la canalisation, et même arriver à faire avancer l'intensité I_1 sur la différence de potentiel aux bagues V, ce qui permet de corriger l'effet de la selfinduction des lignes. Mais il faut en tous cas se maintenir, comme nous venons de le dire, au-dessous du point de maximum de puissance et, en un mot, pour les régimes d'intensité réduite ne pas pousser trop loin l'excitation du moteur, afin de ne pas risquer de le faire décrocher. La figure 665 met ce fait en évidence, puisqu'en augmentant l'excitation et par suite le rayon du cercle décrit du point C′ comme centre, on reporte de plus en plus le point A vers les régions de décalage nul ou négatif sur le cercle qui correspond à la puissance considérée, qu'impose la valeur donnée à la résistance ρ.

295. Convertisseur à deux enroulements. — Considérons maintenant un convertisseur portant sur un même induit deux enroulements du genre des précédents, l'un moteur, l'autre générateur. Pour réduire les fuites de flux, on rapprochera les deux enroulements l'un de l'autre, autant que le permettra l'épaisseur des isolants. On en disposera par exemple les génératrices dans des rainures communes, en les appliquant respectivement le long des faces contre lesquelles les actions électromagnétiques les presseront : les barres primaires se trouveront placées en m et les

barres secondaires en g, si le mouvement doit se produire dans le sens inverse de celui des aiguilles d'une montre (fig. 762). On pourrait aussi disposer les deux enroulements sur deux cylindres concentriques; c'est la combinai-

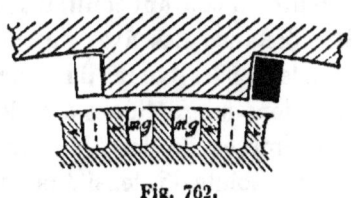

Fig. 762.

son que nous imaginerons réalisée, au moins pour donner plus de clarté aux figures.

L'enroulement récepteur, alimenté par les courants qui lui seront amenés par l'intermédiaire des frotteurs et des bagues montées sur l'arbre de la lanterne tournante, se trouvera parcouru par un champ dont les axes S_1, fixes dans l'espace dès que le synchronisme aura été atteint, se caleront par rapport aux axes S_0 des inducteurs à des distances angulaires $\dfrac{\delta}{p}$ qui dépendront de la valeur du couple à produire, c'est-à-dire finalement, pour une excitation donnée, de la valeur de la résistance ρ du circuit de débit du courant continu. Cette distance sera faible, comme dans le cas du fonctionnement à vide du moteur générateur, lorsque ρ sera très considérable, l'enroulement moteur n'ayant alors à fournir que le couple c_t des frottements divers. Au contraire, elle atteindra une valeur plus ou moins voisine de $\dfrac{2\pi}{p}$, lorsque l'enroulement secondaire débitera une intensité considérable (fig. 763). La réluctance des

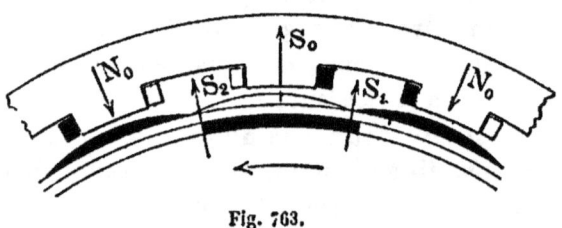

Fig. 763.

circuits magnétiques offerts à l'établissement du flux de selfinduction sera alors très grande. Les axes du champ résultant de S_0 et de S_1 se trouveront assez voisins des axes des pièces polaires, où se produiraient les maxima des forces électromotrices dans le secondaire, s'il n'y avait aucune réaction magnétique. Les balais collecteurs du courant continu devront en conséquence être placés à faible distance des axes de symétrie interpolaires; les courants que porteront les barres de l'enroulement générateur opposeront leurs actions magnétiques à celles des barres motrices, et, si l'on suit, comme on le doit, le champ résultant total pour caler les balais aux points d'intensité radiale totale effectivement nulle (abstraction faite de la condition d'annulation des étincelles, § 179, tome I), on aura des courants magnétisants primaires et secondaires, qui correspondront aux deux séries de secteurs blancs et noirs que représente la figure 763 : les axes S_1 du champ secondaire (position des balais) se trouvent nécessairement, par rapport au sens du mouvement indiqué par la flèche, en avant de $\dfrac{\pi}{2p}$ sur les axes du champ total qui résulte des trois champs S_0, S_1 et S_2.

Les forces électromotrices induites dans les $2\,pm_1$ spires de chacun des enroulements récepteurs ont alors pour valeurs, en admettant que les composantes radiales des intensités magnétiques dans l'entrefer suivent la loi sinusoïdale pour les trois champs — ce qui n'est qu'une fiction, puisque l'un est défini par des pièces polaires telles que S_0 et que, des deux autres, l'un, le champ primaire, correspond à une répartition progressive des intensités magnétisantes, et l'autre, le secondaire, à la répartition uniforme que procure le courant continu — les forces électromotrices, disons-nous, auront pour valeurs maxima respectives

$$a\mathcal{L}_1 I_1 = apm_1 \mathcal{K}_1 10^{-8}$$
$$E_0 = apm_1 \mathcal{K}_0 10^{-8}$$
$$a\mathcal{M} i_2 = apm_1 \mathcal{K}_2 10^{-8}$$

Ce sont ces forces qui, avec la différence de potentiel V appliquée aux bagues polyphasées, régissent l'intensité I_1, et le diagramme des vecteurs présente les dispositions qu'indique la fig. 764 : le segment AB, représentatif du maximum $apm_1 \mathcal{K}_1 10^{-8}$ de la force contre-électromotrice $\mathcal{L}_1 \dfrac{di_1}{dt}$, avance de $\dfrac{\pi}{2}$ sur $r_1 I_1$; le segment BC, qui correspond à la force $apm_1 \mathcal{K}_0 10^{-8}$, retarde d'environ $\dfrac{\pi}{2}$ sur AB,

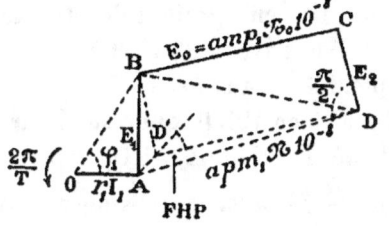

Fig. 764.

puisque les génératrices du primaire, dans leur mouvement de droite à gauche, ne passent en S_0 qu'environ $\dfrac{T}{4}$ secondes après être passées en S_1; enfin CD, qui représente le maximum de la force contre-électromotrice correspondant au champ secondaire, s'oppose presque à AB. L'angle ADC est droit, puisque S_2 est à $\dfrac{\pi}{2p}$ à gauche de la résultante des trois champs; le segment AD, qui résulte des trois segments AB, BC et CD, représente la force contre-électromotrice d'induction totale : elle avance de $\dfrac{\pi}{2}$ sur CD et a pour valeur $apm_1 \mathcal{K} 10^{-8}$.

En résumé, le polygone ABCD, dont les côtés représentent les maxima des forces électromotrices d'induction, correspond, à une autre échelle facile à déterminer, aux flux $\mathfrak{K}_0$, $\mathfrak{K}_1$ et $\mathfrak{K}_2$ qui les produisent. Au facteur $\dfrac{a \mathcal{L}_1}{l}$ près, le triangle ABD représente la puissance transmise par les enroulements primaire à la fois au noyau de fer et au secondaire. La diagonale BD représente le flux résultant du flux $\mathfrak{K}_0$ et du flux $\mathfrak{K}_2$: c'est sur ce flux que le flux propre au primaire $\mathfrak{K}_1$ prend appui, et le produit AB $\times$ BD. sin (AB.BD) peut représenter le couple d'entraînement appliqué par le primaire sur la lanterne tournante. Ce couple comprend le couple résistant du secondaire, et le couple c_t des frottements divers. Si l'on compose AB avec BD' (le segment BD' est parallèle et égal au segment CD), on obtient en AD' le flux résultant des deux enroulements primaire et secondaire, flux qui résume la réaction d'induit et dont l'action mécanique sur le champ inducteur pèse le couple total nécessaire pour entraîner l'induit; c'est là le couple qui, multiplié par 2π N$_T$, doit donner la puissance des frottements divers. Le demi-produit de AD' par D'D et par le sinus de l'angle que D'D fait avec AD', c'est-à-dire la surface du triangle AD'D, correspond donc aux pertes FHP.

La surface ABD'D, qui reste du triangle ABD quand on en a retranché le triangle AD'D, représente donc toujours, au même facteur $\dfrac{a \mathcal{L}_1}{l}$ près, la puissance transmise au secondaire, c'est-à-dire la puissance du courant continu i_2, comme il est facile de s'en rendre compte directement [1]. Ceci nous montre que D' est nécessairement compris dans l'intérieur du triangle ABD, et que BD' est finalement situé par rapport à AB, comme nous l'avons placé.

Si l'on se donne le potentiel V, l'excitation ou la longueur BC, ainsi que la valeur de la résistance ρ du circuit extérieur, tout dans le fonctionnement du convertisseur est déterminé, et l'on doit pouvoir construire le diagramme. On peut encore se proposer de faire fonctionner le transformateur à flux total constant : cela revient à se donner AD ; si l'on se fixe alors l'intensité i_2 du débit à fournir,

---

[1] Le couple utile transmis à la cage secondaire doit en effet correspondre à l'attraction qui s'exerce entre le champ secondaire et le champ résultant du primaire et des enroulements inducteurs, soit à la surface du triangle ACD, de base AD et de hauteur CD à laquelle est égale la hauteur BD'.

on connaîtra la valeur du flux $\mathfrak{N}_2$, et par conséquent le segment CD, qui doit demeurer normal à AD. Le flux et la vitesse N_r, qui dépend de la période connue des forces polyphasées, étant déterminés, les pertes FHP le sont et, par conséquent, l'aire du triangle AD'D est connue : c'est-à-dire que la hauteur de D' au-dessus de AD est déterminée. La puissance à fournir au secondaire étant déterminée avec la hauteur CD ou BD', le diagramme ne dépend plus que de la longueur du segment BC, qui varie avec l'excitation. De la valeur donnée à cette dernière variable dépendront alors finalement les valeurs 1° de AB ou $a\,\mathfrak{L}_1\,I_1$ et de OA ou $r_1\,I_1$, c'est-à-dire de I_1, 2° de OD, c'est-à-dire du potentiel à appliquer aux bornes primaires, 3° du décalage entre OA et OD. Il est visible qu'il y a une valeur de l'excitation qui permet de réduire à zéro le décalage entre l'intensité I_1 et le potentiel V. En un mot AD et CD étant donnés, le lieu de B (fig. 765) est la parallèle menée à AD à la distance qui correspond à la puissance totale à fournir au noyau de fer et au secondaire, et le lieu de O, second sommet du triangle rectangle en A d'angle φ_1 constant [1], est une normale à AD. L'excitation qui fournira le décalage nul correspondra à B_1C et le potentiel qu'il faudrait alors maintenir aux bornes primaires serait O_1D.

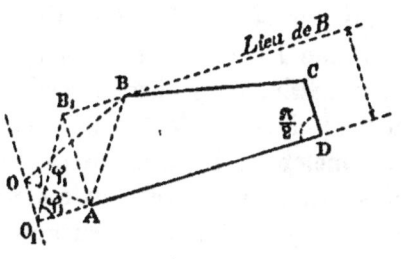

Fig. 765.

Inversement sous potentiel donné, il y a une valeur de l'excitation qui permet d'obtenir un décalage nul pour chaque valeur de l'intensité secondaire et pratiquement de la résistance donnée au circuit extérieur, et nous retrouvons pour le convertisseur les mêmes caractéristiques de fonctionnement que pour le moteur-générateur, avec des conditions limites au delà desquelles le *décrochage* ou l'arrêt se produirait.

[1] L'angle φ_1 est défini par sa tangente, fonction des données du primaire et de la réluctance du circuit magnétique offert à l'établissement du flux de réaction :

$$tg\,\varphi_1 = \frac{a\,\mathfrak{L}}{r_1} = \frac{apm_1^2\,A_1\,10^5}{r_1}$$

Si l'on voulait ne pas tenir compte des pertes par hystérésis et courants parasites, le diagramme comporterait, comme lieu de B, la parallèle à AD menée par C. Cette hypothèse correspondrait au cas où l'on ferait tourner la lanterne porte-cuivre au synchronisme, en l'actionnant à l'aide d'un petit moteur synchrone indépendant des enroulements primaires. L'excitation qui annulerait le décalage correspondrait alors au vecteur B_1 C de la figure 766 : les deux champs primaire et secondaire seraient

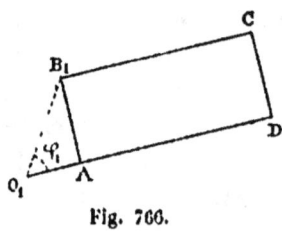

Fig. 766.

équivalents (AB_1 et CD) et se placeraient exactement en opposition, en croix de l'inducteur (B_1, C). Toute réaction d'induit serait alors annulée.

La considération de ce cas limite n'offre qu'un intérêt purement théorique, vu qu'ainsi toute cause de stabilité disparaîtrait. L'annulation rigoureuse de la réaction d'induit est d'ailleurs impossible par la raison que les courants primaires se répartissent suivant une loi progressive dans chaque secteur, tandis que les courants secondaires correspondent à une répartition uniforme. Dans le cas limite même de l'opposition des champs, les courants magnétisants primaires et secondaires se disposeraient comme l'indique la figure 767 : ils fourniraient les uns et les autres des

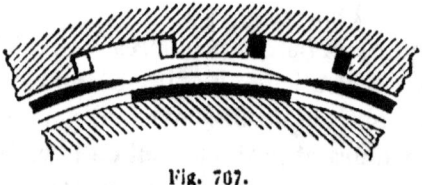

Fig. 707.

couples, l'un moteur et l'autre résistant, qui seraient égaux, et ils donneraient lieu finalement à des effets magnétisants différentiels, dont on peut avoir une image en ajoutant algébriquement les épaisseurs locales des deux séries de secteurs blancs et noirs, comme l'indique la figure 768. Le champ de réaction d'induit comporterait donc des alternances dans l'espace en nombre double de celles du champ inducteur. C'est bien en réalité l'effet qui se produira dans le cas du fonctionnement normal du convertisseur, avec cette différence qu'il s'établira nécessairement un certain décalage entre les deux champs primaire et secondaire : les secteurs blancs et noirs de la figure 768 perdront donc leur symétrie

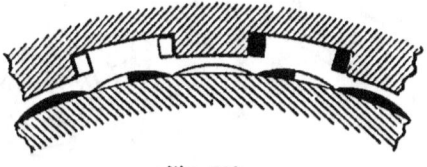

Fig. 769.

et se répartiront de façon à fournir sur les inducteurs un excédent de couple moteur sur couple résistant qui corresponde effectivement au couple des frottements divers

$$c_f = \frac{(\text{FHP})}{2\pi N_\tau}$$

Il importera d'ailleurs de maintenir, pour chaque valeur de la résistance ρ du circuit extérieur, l'excitation des inducteurs assez en dessous de la valeur qui transformerait la puissance du régime en maximum de puissance ; autrement on risquerait de déterminer le décrochage et l'arrêt de la machine.

On remarquera en outre que, si faible soit-elle, la réaction d'induit donne lieu à des forces électromotrices nutatoires, dans le cas même où les phases des courants inducteurs sont assez nombreuses pour qu'on puisse considérer les champs tournants comme invariables de forme, ainsi que nous l'avons supposé.

Ce sont là les effets principaux que l'on doit observer dans le fonctionnement des commutatrices, où les courants primaires et secondaires se superposent dans une même série de conducteurs.

296. Commutatrices. — Considérons une série de barres disposées à distances égales sur un cylindre de révolution et munies chacune d'une bague à une extrémité et d'une touche à l'autre, comme l'indique la figure 769. Les barres g sont en contact permanent, par l'intermédiaire de frotteurs p qui portent sur les bagues b, avec les extrémités des f conducteurs de la ligne où agissent les forces électromotrices polyphasées d'une génératrice ou des enroulements secondaires d'un transformateur. Les touches t se trouvent donc portées instantanément à des potentiels qui, abstraction faite des effets négligeables de la capacité, correspon-

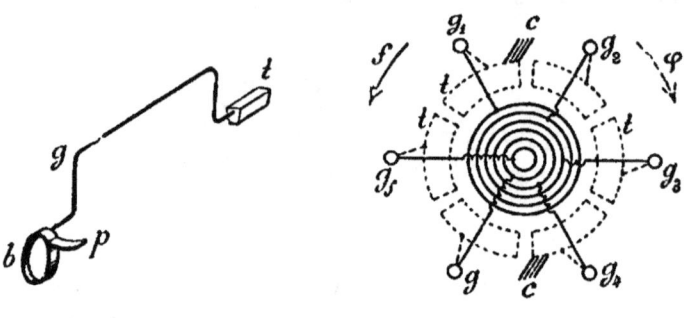

Fig. 769. Fig. 769 bis.

dent exactement aux potentiels appliqués aux bagues. Supposons qu'entre ceux-ci les retards successifs se produisent dans l'ordre des numéros 1,2,3... f, c'est-à-dire dans le sens de la flèche φ (fig. 769 bis), et faisons tourner en sens inverse la lanterne porte-cuivre à la vitesse $\frac{2\pi}{T}$ synchrone de la succession des forces : nous obtiendrons en des points fixes de l'espace, sur le collecteur mobile formé par les touches t, des potentiels qui, aux oscillations près de période égale à $\frac{T}{f}$, demeureront constants, et il suffira de placer deux balais cc aux extrémités d'un même diamètre pour recueillir une force électromotrice à peu près constante, dont la valeur dépendra d'ailleurs de la loi de répartition des potentiels et de l'angle de calage des balais cc par rapport à l'azimut du potentiel maximum.

En particulier, si les forces électromotrices polyphasées suivaient la loi sinusoïdale, elles seraient représentées par les projections de vecteurs tournants égaux $V_1, V_2, V_3... V_f$ (fig. 770), et les différences de potentiel entre touches voisines par les projections des côtés du polygone convexe correspondant $v_1, v_2, v_3... v_f$, l'axe de projection MM' étant fixe dans l'espace. La différence de potentiel entre deux balais calés dans le plan cc subirait les variations de la projection d'un diamètre oscillant entre les sommets les plus voisins du plan cc (voir à ce sujet les remarques faites au § 192 du tome I).

Un tel appareil serait un simple commutateur tournant au synchronisme, et si, entre les balais cc, on établissait un circuit de résistance ρ, on y obtiendrait un courant pulsatoire, de période $\dfrac{T}{f}$, qui se trouverait produit par les intensités lancées successivement dans chaque paire de barres opposées au moment de leur arrivée sous les balais. Un tel appareil aurait évidemment un fonctionnement dé-

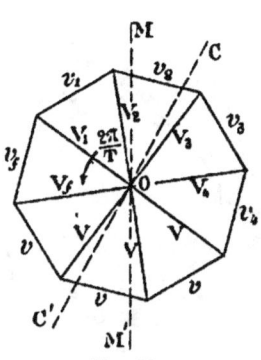

Fig. 770.

testable, car les barres se trouveraient mises hors circuit à peine y avoir été introduites, et la rupture des courants ne se ferait pas sans étincelles de puissance considérable entre touches et balais; en outre, les lignes de la canalisation ne portant courant chacune que pendant une courte fraction de la durée d'une période, l'utilisation du cuivre serait très mauvaise. Mais il est un moyen simple de rendre possible le fonctionnement de l'appareil : c'est de relier entre elles les barres du commutateur (fig. 771) par une ceinture, qui serve de conducteur aux courants des barres avant et après leur passage aux balais, et où l'on fasse agir des forces électromotrices dirigées dans le sens voulu pour faire affluer au balai positif les courants des barres voisines de ce dernier et partager entre les barres opposées le courant provenant du balai négatif.

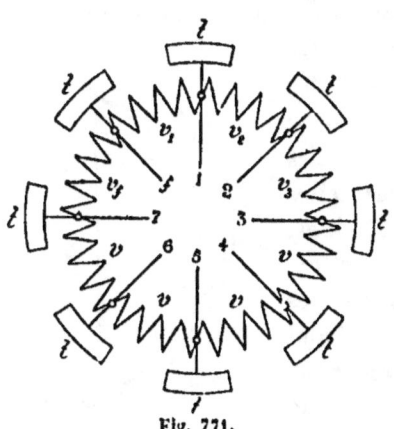

Fig. 771.

On obtiendra ce double résultat en faisant de la ceinture un enroulement de dynamo à courant continu, et en l'entourant de pièces polaires convenablement disposées. L'enroulement développé se représentera en fait par la simple circonférence qu'indique la figure 772. Les différences de potentiel v agissant aux extrémités des sections successives de la ceinture se répartiront suivant la loi de double croissance et décroissance, que définissent les projections sur l'axe MM' (fig. 770) des côtés du polygone convexe $v_1, v_2, \ldots v_t$, et d'autre part les forces électromotrices ε, fournies par le mouvement des mêmes sections dans le champ des inducteurs S N, se disposeront en deux séries parallèles, comme dans tout enroulement sans fin d'induit à courant continu (tome I, fig. 344, 363, etc.).

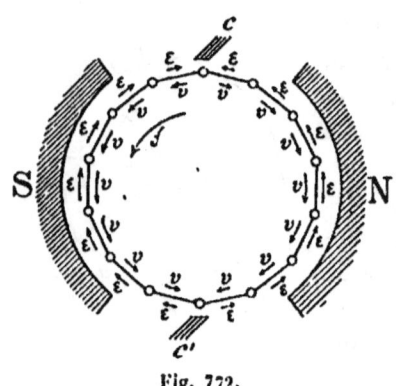

Fig. 772.

Les courants dans les sections successives de la ceinture se régleront donc à tout moment sur les valeurs des différences entre potentiels v et forces électromotrices ε; ils prendront donc des valeurs, uniquement fonctions du lieu dans l'espace fixe, qui d'un point à l'autre suivront la loi de variation des ordonnées comprises entre les deux courbes v et ε (fig. 773), courbes définies l'une par la loi de variation des forces polyphasées, l'autre par la répartition des composantes radiales de l'intensité du champ magnétique dans l'entrefer des inducteurs. Si en particulier les courbes v et ε présentent des formes telles que celles qu'indique la figure 773, il est visible que les courants, poussés par les forces ε prédominantes dans les sections voisines des balais, afflueront d'une part vers le balai positif, s'ajoutant les uns aux autres pour fournir le courant extérieur qui ne sera que la somme des courants apportés à l'induit par les barres de la partie supérieure, c'est-à-dire par les lignes de la canalisation polyphasée qui correspondent alors à ces barres et qui sont parcourues par les plus fortes intensités

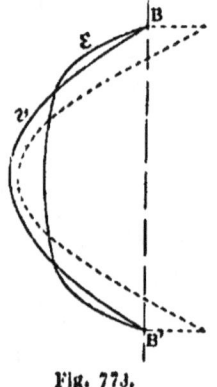

Fig. 773.

affluant à la station, tandis que, au voisinage du balai négatif, les forces ε, encore prédominantes, répartiront le courant à son retour du circuit extérieur entre les barres voisines du balai et finalement entre les fils de la canalisation polyphasée qui porteront alors des intensités négatives. Les chutes de force électromotrice entre les bagues et les points d'entrée des courants polyphasées dans l'enroulement polygonal s'accentueront d'ailleurs en raison même des intensités, et les voltages restant entre les extrémités des sections de la ceinture suivront une loi telle que celle qu'indique la courbe pointillée de la figure 773, les valeurs de v pour les sections voisines des balais pouvant devenir négatives. Par contre, si dans les régions moyennes, les différences de potentiel v l'emportent sur les forces ε, comme le suppose encore la figure 773, les courants se dirigeront à l'inverse de ces dernières, qui sont engendrées par la rotation dans les sections de la ceinture à leur passage sous les pôles, et ces sections recevront du champ inducteur des actions mécaniques, précisément dirigées dans le sens du mouvement : ce sont ces actions mécaniques qui fourniront le couple moteur voulu pour entretenir le mouvement.

L'enroulement de ceinture peut se faire en anneau, en disque ou en tambour ; si pour plus de simplicité nous l'imaginons fait en anneau, nous le représenterons par le schéma de la fig. 774, et, en le coupant par un plan perpendiculaire à son axe de rotation, nous obtiendrons dans l'espace fixe, pour représenter les intensités, l'ensemble de secteurs blancs et noirs que donne la fig. 775. A proprement parler, les intensités dans les sections successives de l'enroulement précédent, égales dans les barres d'une même section, varient de quantités finies de l'une à l'autre des sections, et ce n'est qu'en moyenne, et avec un grand

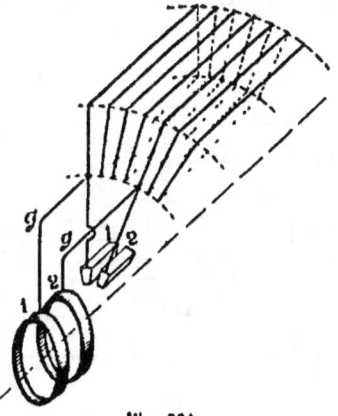

Fig. 774.

nombre de phases que les courants magnétisants portés par la commutatrice s'estompent comme le supposent les secteurs progressifs de la fig. 775. Quant aux courants portés par les barres g, ou mieux par les simples connexions entre bagues et enroulement qui remplacent effectivement ces barres et font suite aux fils de la ligne, ils répondent, à un instant quelconque, à la distribution que définit la fig. 775 *bis*.

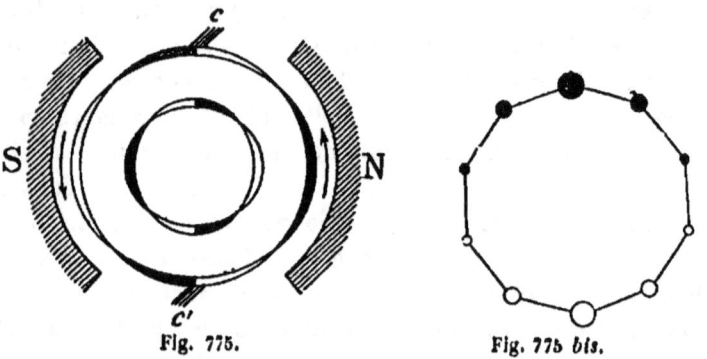

Fig. 775.   Fig. 775 *bis*.

En réalité, le nombre des phases des courants d'alimentation est toujours assez restreint, et l'on multiplie cependant les touches-antennes de la ceinture au collecteur. On dispose d'ailleurs le plus souvent les bagues polyphasées d'un côté de l'induit de la commutatrice, et l'on rejette de l'autre les touches-antennes, le collecteur et ses balais. L'enroulement développé répond alors au schéma que donne la fig. 776. Les bagues, en contact permanent avec les frotteurs polyphasés qu'on n'a pas représentés, sont reliées à des points équidistants de l'enroulement sans fin de l'induit; ces bagues sont représentées sur la figure par les lignes droites de la partie gauche. Les touches du collecteur sont reliées de l'autre bord à des points équidistants encore de l'enroulement, points beaucoup plus rapprochés cette fois, et elles portent à tour de rôle sous les balais fixes, que la figure ne représente pas non plus.

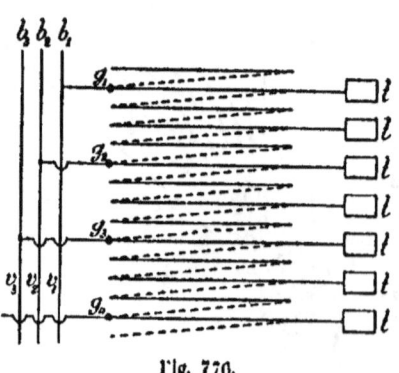

Fig. 776.

L'équivalence, au point de vue de la réaction magnétique de la lanterne mobile, est frappante entre le cas de la commutatrice (fig. 775) et celui du convertisseur à deux enroulements (fig. 768); les différences du schéma viennent seulement du fait de la multiplicité des pôles supposée dans ce dernier cas, ainsi que de l'emploi d'un enroulement en anneau, supposé dans le cas présent, enroulement qui fournit des courants à l'intérieur de l'anneau comme à l'extérieur. L'excédent du couple moteur des secteurs blanc sous pôle S et noir sous pôle N (fig. 775) sur le couple résistant des secteurs voisins des balais, doit fournir exactement le couple voulu pour vaincre les frottements divers, frottements mécaniques de l'arbre-guide sur ses coussinets [1], frottements magnétiques et électriques par hystérésis et courants parasites. Au point de vue mécanique, les valeurs absolues de ces deux couples sont assez indifférentes; ce qu'il faut seulement, en plus de la condition d'égalité entre leur différence et le couple des frottements c_t, c'est que, si ce couple vient à augmenter tant soit peu pour une raison ou une autre, le ralentissement momentané conséquent fasse passer le champ d'induit, lié aux secteurs blancs et noirs, dans une région d'effort moteur différentiel plus considérable [2]. Autrement le fonctionnement de la commutatrice ne serait pas stable; elle décrocherait, et il se produirait à la fois des courants d'intensité énorme et des étincelles de puissance dangereuse aux balais. La symétrie supposée précédemment, qui ne correspondrait qu'à une hypothèse limite théorique, ne peut donc subsister dans la réalité, et c'est avec un certain décalage, assez faible d'ailleurs, entre le plan de maximum des forces électromotrices polyphasées et le plan des balais, que la commutatrice fonctionnera. Les secteurs blanc sous pôle S et noir sous pôle N devront en un mot se trouver, par rapport au sens du mouvement, au delà des plans d'intensité magnétique radiale maxima, c'est-à-dire, pratiquement, au delà des milieux des pièces polaires.

Mais nous ne connaissons sur ce point aucun résultat d'expérience, et nous ne pouvons que faire remarquer que les éléments du

---

[1] L'arbre ne sert pas plus ici que dans les cas du convertisseur, à transmettre le couple entre les barres de l'enroulement.
[2] Ceci se produit par un décalage de la courbe des v sur la courbe des e.

fonctionnement d'une commutatrice dépendent essentiellement, non seulement des valeurs efficaces des forces électromotrices polyphasées et de celles des forces électromotrices engendrées dans le champ inducteur c'est-à-dire de l'excitation, mais encore de la forme et de la position relative des deux courbes v et ε de la fig. 773, lesquelles sont influencées par l'importance des débits, c'est-à-dire finalement par la valeur de la résistance donnée au circuit extérieur.

Nous remarquerons enfin que, si le schéma de l'enroulement d'une commutatrice peut être identique à celui de l'enroulement d'une dynamo à courant continu, les proportions de l'induit et des inducteurs doivent être calculées tout différemment dans les deux cas : celles-ci doivent dépendre essentiellement en effet, non seulement du nombre des courants polyphasés qu'on emploie pour alimenter l'induit, mais encore de la forme des courbes qui représentent leurs lois de variation. Les réactions d'induit sont toutes différentes dans les deux machines et les effets Joule également.

A priori il est évident que l'effet Joule d'une commutatrice, à débit égal de courant redressé, a, pour être moindre que celui d'une dynamo génératrice mue par un couple mécanique appliqué à son arbre, cette raison capitale que les courants, inégaux dans les diverses sections de son enroulement, sont toujours moindres que la moitié du courant qui passe par les balais. Si la commutatrice pouvait fonctionner en simple commutateur tournant, ne servant en un mot qu'à redresser exactement les courants qu'elle reçoit par les lignes polyphasées, elle prélèverait alors le minimum de puissance sur la puissance des courants qui la traverseraient. Mais elle fonctionne en réalité en partie en moteur générateur ; si en effet le couple résistant des secteurs noirs et blancs voisins des balais n'est pas nul, il faut que le couple moteur des secteurs blancs et noirs voisins des pôles le comprenne en même temps qu'il comprend le couple c_t des frottements divers $\left(\dfrac{\text{FHP}}{2\pi\, N_\tau}\right)$. L'enroulement est mû alors par les courants que portent celles des lignes dont les bagues alimentent à tout moment les sections qui passent au voisinage des pôles, et les autres sections jouent le rôle de génératrices en même temps qu'elles servent de simple canal aux courants que portent alors les lignes qui leur correspondent. C'est là le mode de fonctionnement des commutatrices alimentées par des courants polyphasés en nombre relativement faible, car, si ces machines jouaient seulement le rôle de commutateurs-redresseurs, elles ne sauraient fournir qu'un courant fortement pulsatoire, tandis que le courant que débitent les commutatrices triphasés et biphasés ne subit en réalité que d'assez faibles oscillations : il importe dans ce cas que le moment d'inertie de l'induit soit assez considérable pour atténuer, autant que possible, les variations périodiques de la vitesse produites nécessairement par les variations périodiques du couple moteur des courants alternatifs; on peut d'ailleurs employer sur le circuit extérieur des bobines de selfinduction dont l'inertie magnétique réduit les variations du courant continu.

297. Commutatrices alimentées par des courants alternatifs en nombre relativement faible. — Les courants employés pour le transport d'énergie à grande distance comportent au plus trois phases; il est alors facile d'alimenter la commutatrice soit en trois points soit en six points équidistants, lorsque du moins on fait subir aux courants de ligne une première transformation en les recevant tout d'abord dans les primaires d'un transformateur triphasé ordinaire. Les trois secondaires du transformateur peuvent être en effet montés en triangle ou en étoile, comme l'indique la figure 777, et l'induit de la commutatrice prend alors ses cou-

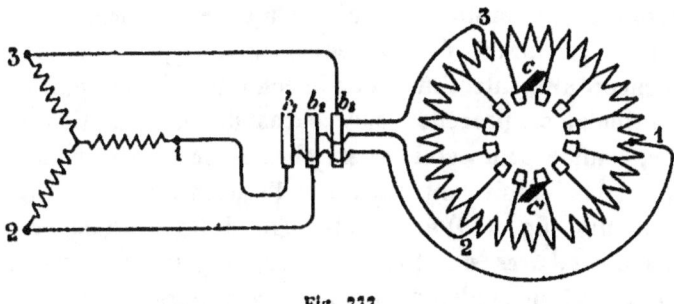

Fig. 777.

rants d'alimentation aux extrémités des fils secondaires par l'intermédiaire de frotteurs et de bagues reliées à trois points équidistants de son enroulement.

Si l'on veut régulariser le couple moteur et accentuer le rôle de simple redresseur de la commutatrice, on peut laisser les trois secondaires du transformateur statique sans liaison — ou, ce qui revient au même, leur donner un point commun central — et en joindre les six extrémités, dans l'ordre qu'indique la figure 778, à six

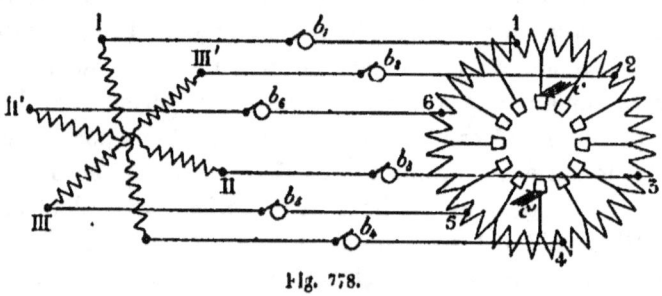

Fig. 778.

points équidistants de l'induit. Il est à peine besoin de faire remarquer que les forces électromotrices agissant dans les deux moitiés d'un même enroulement secondaire du transformateur, toujours identiques entre elles, fournissent par le fait même aux extrémités I et I' de cet enroulement par exemple, des potentiels opposés ou décalés de $\frac{T}{2}$ l'un par rapport à l'autre. Les potentiels I, III', II, I', III, II' forment ainsi un système hexaphasé qu'on doit faire agir aux points équidistants 1, 2, 3, 4, 5, 6 de l'enroulement de ceinture que constitue l'induit de la commutatrice.

Avec deux courants différant entre eux d'un quart de période, on peut encore alimenter l'induit de la commutatrice en quatre points équidistants; on procède pour ce cas de l'alimentation quadriphase, comme pour celui des six phases : les quatre points équidistants de l'induit sont reliés par l'intermédiaire de bagues et de frotteurs (fig. 779) aux quatre extrémités des deux enroulements secondaires du transformateur abaisseur, enroulements qu'on laisse indépendants ou dont on rejoint les milieux.

Enfin avec un courant alternatif simple, on alimente la commutatrice en deux points diamétralement opposés, comme l'indique la figure 780.

Dans ces divers cas, les touches du collecteur sont aussi nombreuses que dans une dynamo à courant continu, et les balais recueillent aux extrémités d'un diamètre des forces électromotrices

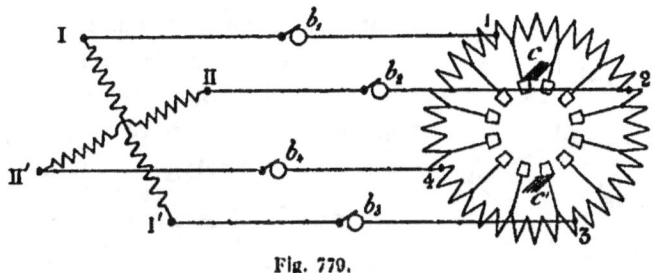

Fig. 779.

assez constantes, à la condition que les inducteurs fournissent, à la vitesse du synchronisme, des forces électromotrices convenablement proportionnées aux forces polyphasées.

Indépendamment de ce que nous avons dit au paragraphe précé-

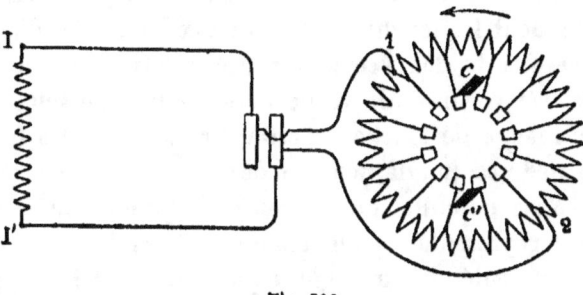

Fig. 780.

dent, on peut se rendre compte sommairement de la possibilité du fonctionnement de la machine, en se représentant d'abord l'induit mené à la vitesse constante synchrone des courants alternatifs, en imaginant ensuite que les deux séries de forces en jeu, les différences de potentiel V entre points d'alimentation et les forces e engendrées par la rotation dans le champ des inducteurs dans les diverses sections de l'induit, puissent être représentées par les projections de vecteurs tournants sur des axes convenables, et en admettant enfin que la machine ne débite aucun courant. Prenons en considération le cas de l'une quelconque des machines précédentes, la commutatrice triphasée par exemple : supposons le potentiel maximum entre lignes polyphasées réglé sur la force électromotrice fournie par les inducteurs dans le rapport de $\sqrt{3}$ à 2, et le calage déterminé de telle façon que le potentiel au point 1 par exemple atteigne son maximum au moment où ce point passe au balai. Les forces électromotrices ε engendrées par la rotation dans les sections successives de l'enroulement seront à tout moment représentées par les projections des côtés ε d'un polygone régulier convexe, tournant à la vitesse angulaire $\frac{2\pi}{T}$, dont nous désignerons le rayon par V. La force électromotrice produite aux balais, maintenus fixes dans le plan de symétrie interpolaire que nous supposerons par exemple vertical, correspondra à tout moment à la projection, sur le vertical, du diamètre joignant les points du polygone dont les touches passeront aux balais. Ce diamètre qui est la résultante des vecteurs représentatifs des forces ε reste toujours très voisin de la verticale et change de sommets quand le balai change de touches, c'est-à-dire à toutes les fractions de période définies par le nombre des touches (§ 192, tome I). La différence de potentiel entre points d'alimentation se trouve au contraire représentée pour chaque intervalle 1.2 ou 2.3 ou 3.1 par un côté du triangle équilatéral 1.2.3. du polygone, mobile avec lui : les forces électromotrices ε agissant dans chacun de ces intervalles font donc exactement et à tout moment équilibre à ces différences de potentiel, puisque chaque côté du triangle est la résultante des côtés du polygone qui sont les vecteurs représentatifs des forces ε. L'application des différences de potentiel triphasées aux points 1.2.3 de l'anneau amené au synchronisme ne détermine donc le passage d'aucun courant dans l'enroulement, et la différence de potentiel aux balais se maintient constante, aux très légères variations de longueur de la projection du diamètre du polygone le plus voisin de la verticale. Il suffit alors de joindre les balais par un conducteur extérieur de résistance ρ pour obtenir dans ce conducteur un courant qui restera constant aux variations près, de période $\frac{T}{3}$, que produira l'effet

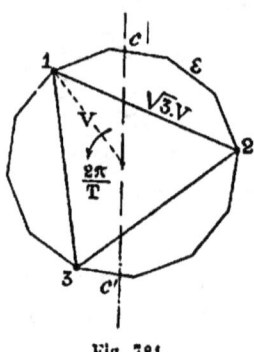

Fig. 781.

Joule : la chute de volts produite par le passage du courant varie périodiquement en effet avec les longueurs de conducteur comprises instantanément entre les sommets 1 et 2 par exemple et le point qui passe au balai *c*. Cette chute varie d'importance d'ailleurs avec la résistance du circuit extérieur ρ ; elle doit rester toujours inférieure à une faible fraction de la valeur moyenne de la différence de potentiel aux balais, laquelle se trouve alors assez voisine de 2V.

L'étude faite au paragraphe précédent montre nettement qu'un tel fonctionnement n'est possible que théoriquement, abstraction faite des résistances passives et sans stabilité ; il est en outre matériellement impossible de réaliser la condition de variation sinusoïdale des deux systèmes de force. Cela ne présente d'ailleurs aucun intérêt, puisque, pour produire le couple moteur nécessaire au mouvement, il faut donner aux courbes ε et *v* des formes différentes, ainsi que nous l'avons établi précédemment.

Le cas du fonctionnement théorique d'une commutatrice alimentée par un courant alternatif simple s'étudierait de même. A un instant quelconque, les forces en jeu, supposées sinusoïdales, et de valeurs maxima égales à 2V, cette fois, seraient représentées respectivement par les projections des côtés d'un polygone convexe (ε) et par celles du diamètre joignant les points d'alimentation 1 et 2 (fig. 782). Si le maximum du potentiel alternatif se produit au moment du passage des points d'alimentation aux balais *cc'*, c'est sur le même axe vertical qu'il faut projeter les deux séries de vecteurs. Supposons ce cas. A la projection du diamètre 1. 2 s'ajoutent les projections des côtés du polygone compris respectivement et instantanément entre les points 1 et 2 et les balais *cc'* et la différence de potentiel recueillie aux balais est constante, avec un nombre de touches assez grand, presque égale d'ailleurs à 2V. Si l'on joint extérieurement les balais par un circuit de résistance ρ, relativement considérable, les courants qui s'établissent dans les diverses parties de l'enroulement schématiquement représenté par une circonférence, se disposent comme l'indique la figure 783,

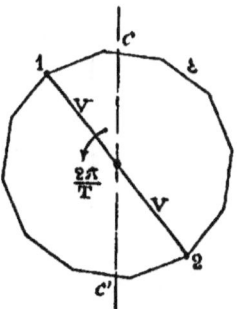

Fig. 782.

si nous supposons le point 1 encore assez voisin du balai c positif par exemple.

Il est facile de définir la loi de variation de ces insensités. Dans ce but, servons-nous du mode de représentation habituel de la loi d'Ohm (§ 34, tome I). Sur un axe horizontal (fig. 784), portons une longueur proportionnelle à la résistance ohmique d'une moitié de l'enroulement de la commutatrice, et, dans le sens de la verticale, une longueur $b_2\, b_1$ proportionnelle à la valeur de la différence de potentiel instantanée entre bagues d'alimentation.

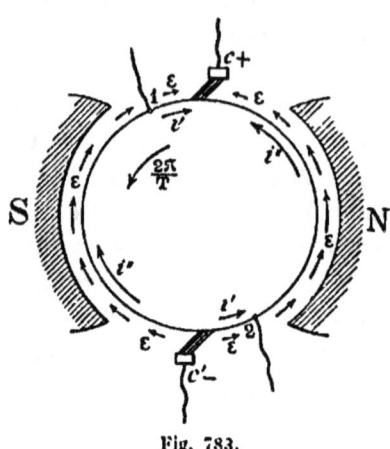

Fig. 783.

Supposons tracée la courbe ε qui aurait pour ordonnées les valeurs locales de la force électromo-

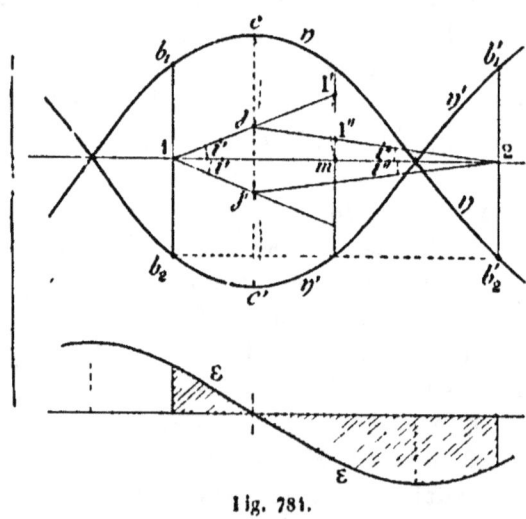

Fig. 784.

trice engendrée par unité de longueur du fil dans l'enroulement de la commutatrice par la rotation dans le champ des inducteurs. L'aire de cette courbe entre deux ordonnées nous représentera les forces électromotrices appliquées, du fait des inducteurs, entre les deux points correspondants de l'enroulement, et sa courbe intégrale η_i sera disposée comme l'indique la figure. Partant de b_1, elle aboutira sur l'horizontale de b_2 au point b_2', puisque, par hypothèse, la somme des forces ε entre les deux points 1. 2 fait à tout moment équilibre au potentiel des bagues. D'autre part le potentiel de c', tant que la commutatrice ne débite pas, se trouve sur notre diagramme à la hauteur du sommet c' de la courbe η_i' symétrique de la courbe η_i. Or, si l'on joint les balais c et c' par un conducteur extérieur de résistance ρ, il s'établit aussitôt (nous ne tenons pas compte de la selfinduction) dans les deux branches 1.c et 2.c (fig. 783) des courants d'intensité i' et i'', dirigés dans le sens des forces ε, c'est-à-dire de 1 vers c et de 2 vers c, opposés nécessairement et tels que les voltages des effets Joule soient égaux sur les deux branches. Les voltages d'effet Joule sont donc représentés par les ordonnées de deux droites telles que 1.j et 2.j, dont les coefficients angulaires définissent les intensités i' et i''. Les mêmes intensités s'établissent momentanément dans l'autre moitié 1. c'. 2 de l'induit, et les voltages d'effet Joule y correspondent aux deux droites 1.j' et 2j'. La différence de potentiel qui subsiste aux balais, au lieu de correspondre à l'ordonnée $c'c$ comprise entre les deux sommets des courbes $\eta_i \eta_i'$ symétriques, devient donc égale à la somme $c'j' + jc$. Or, entre cette somme, la valeur de l'intensité totale extérieure $i' + i''$ et la valeur de ρ, on a la relation

$$c'j' + jc = \rho (i' + i'').$$

Mais la somme $i' + i''$ est représentée par la somme des deux coefficients angulaires des droites 1j et 2j, c'est-à-dire, à un facteur d'échelles près, par la somme des deux segments m l' et ml'' que les droites 1j et 2j limitent, avec l'axe, sur l'ordonnée m équidistante de 1 et de 2. La condition de détermination des points $j'j$ sur l'ordonnée $c'c$, quand l'induit tourne c'est-à-dire quand on déplace vers la gauche l'ensemble des trois ordonnées 1, m et 2, est donc que la somme ml' + ml'' reste proportionnelle à cj.

On peut suivre ainsi sur le graphique les variations de cj, c'est-à-dire en somme, celles de la différence de potentiel aux balais.

La période de l'oscillation est $\frac{T}{2}$, le maximum se produit quand les points 1 et 2 passent aux balais, c'est-à-dire quand $b_2 b_1$ est en $c'c$, le minimum à $\frac{T}{4}$ de là, et enfin l'amplitude est d'autant plus grande que la résistance ρ est plus faible.

Mais si, pour la commodité de l'exposition, nous avons ainsi simplifié le diagramme, nous devons remarquer qu'il nous est impossible ainsi de faire produire au courant alternatif l'effort moteur dont nous avons besoin pour conduire la cage de la commutatrice au synchronisme. Il est donc absolument nécessaire de détacher l'une de l'autre la courbe du potentiel alternatif et celle des forces électromotrices induites par le mouvement. Le diagramme se complique alors, mais nous croyons que son emploi peut servir de base assez avantageusement à l'étude pratique des commutatrices.

Supposons donc tracée, en deux parties symétriques, la courbe vv' dont les ordonnées $b_2 b_1$ représenteraient les valeurs exactes de la différence de potentiel agissant aux points 1 et 2 de l'enroulement de la commutatrice. Cette courbe est décalée d'une certaine quantité par rapport à la courbe $\eta\eta'$ dont les ordonnées $d_2 d_1$ représentent les sommes des forces ε comprises entre les points 1 et 2 à tout moment. Nous considérerons ces deux courbes v et η comme fixes, et, à la rotation des points 1 et 2, correspondra la translation horizontale des deux verticales 1 et 2 de la figure précédente. Les ordonnées $d_2 d_1$ de la courbe double $\eta\eta'$ représentent toujours les aires de la courbe des ε, qui représente les forces électromotrices induites par unité de longueur du fil de l'enroulement, aux divers points de la périphérie de l'induit. Les abscisses représentent toujours, aux facteurs convenables près, soit les arcs de circonférence de l'induit, soit les longueurs de fil, soit les résistances ohmiques correspondantes.

A un instant quelconque, lorsque l'induit occupe la position de la figure 783 par exemple, les ordonnées 1, 2 occupent la position qu'indique la figure 785 : la différence de potentiel est $b_2 b_1$, et la somme des forces ε entre 1 et 2 est $d_2 d_1$. Ce que nous savons de l'étude générale faite au paragraphe précédent, suffit à nous indiquer que le maximum de potentiel doit se produire quand le point 1 a dépassé c, car autrement la condition de stabilité du régime ne serait pas satisfaite. Dans cette position, l'intensité du courant qui passe effectivement de la ligne 1 à la ligne 2 se trouve réglée par la valeur de la différence entre $b_2\, d_2$ et $d_1\, d_1$. Si donc nous portons sur l'ordonnée 2 de part et d'autre de l'axe horizontal une longueur 2.a égale à $b_2\, d_2 + d_1\, b_1$, nous obtenons, en joignant 1.a, la droite d'effet Joule correspondant à ce courant. La différence de

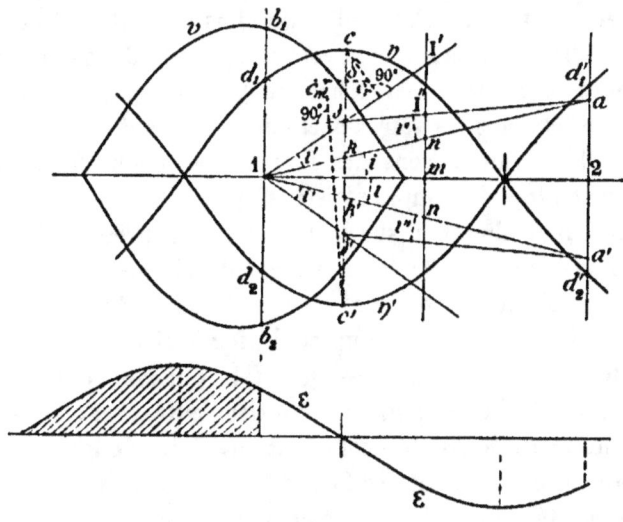

Fig. 785.

potentiel produite aux balais serait alors représentée, si la commutatrice ne débitait pas, par la somme $b_2\, d_2 + c'k + kc + d_1\, b_1$. Mais si l'on joint les balais par un circuit extérieur de résistance ρ, les deux courants i et i'', qui se superposent à l'intensité i dans chaque branche, doivent satisfaire à la condition de fournir entre 1 et c, d'une part, et entre 2 et c, d'autre part, une même perte de volts, et les effets Joule de ces deux courants sont représentés pour la branche 1.c.2 par les deux droites 1.j et aj et pour la branche 1.c'.2 par les droites symétriques 1.j' et $a'j'$. La différence de potentiel aux balais tombe alors à la valeur $b_2\, d_2 + c'j' + jc + d_1\, b_1$, et la condition de détermination du point j est

$$b_2\, d_2 + c'j + jc + d_1\, b_1 = \rho\, (i' + i'')$$

c'est-à-dire que la somme n I″ $+ n$ I′ doit demeurer proportionnelle à $jc + d_1 b_1$.

On peut donc construire de la sorte les valeurs des intensités pour chaque position de l'induit : l'intensité dans les branches 1. c et 2. c' est représentée par le coefficient angulaire de 1. j, et l'intensité dans les deux autres branches par celui de ja.

La figure montre que, dans la position considérée, les intensités totales dans les branches 1.c' et 2.c peuvent être dirigées de 1 vers c' et de c vers 2, c'est-à-dire qu'elles remontent à contre des forces électromotrices ε, que la rotation produit dans ces branches, et qu'elles fournissent par conséquent un couple moteur. Quant aux intensités dans les autres portions, elles vont de 1 à c et de c' à 2, marchant dans le sens des forces électromotrices induites et fournissent alors un couple résistant.

Il nous faut chercher sur la figure une représentation de ces couples instantanés. Or la puissance développée par les efforts électromagnétiques dans le mouvement d'une génératrice portant une intensité i dans un champ où la force électromotrice qui s'y engendre est $\Sigma \varepsilon$, a pour expression $\Sigma \varepsilon \, i$. La puissance développée sur les sections de l'enroulement comprises entre 1 et c, qui portent l'intensité mesurée par le coefficient angulaire de la droite 1.j, et où s'engendrent au total des forces électromotrices dont la somme est représentée par la différence de hauteur $c\, \varepsilon$ entre le point c et le point d_1, est donc égale au produit de $c\varepsilon$ par ce coefficient angulaire, c'est-à-dire à εc_r si l'on a mené cc_r perpendiculaire à 1.j. De même la puissance développée sur les génératrices comprises instantanément entre 1 et c' correspond à la longueur εc_m qui représente le produit de $c'\varepsilon$ ou de la somme des forces ε y agissant par le coefficient angulaire de ja (on mène $c'c_m$ perpendiculaire à ja). La vitesse de rotation étant constante, les segments εc_m et εc_r représentent donc respectivement, au facteur $2\pi N_T$ près, les couples moteur et résistant d'une moitié c' 1. c de l'anneau, et leur différence mesure le couple instantané effectivement appliqué à la lanterne porte-cuivre de la commutatrice.

On peut construire, pour les diverses positions de l'anneau, les valeurs de ces couples, et tracer les courbes qui les représentent : l'ordonnée moyenne de ces courbes, ou encore celle de leur somme algébrique, mesure le couple moyen appliqué à l'anneau; il faut que ce couple égale celui des frottements divers.

Il y a donc pour une commutatrice donnée, dans laquelle la *forme* de la courbe ε est déterminée, et pour une valeur et une loi de variation donnée du potentiel d'alimentation, un système de valeurs de l'excitation (grandeur absolue des ordonnées de η) et du décalage (angle d'écart entre le maximum de v et le maximum de η) qui correspond à chaque valeur de la résistance extérieure ρ. En faisant varier l'excitation, pour une valeur donnée de ρ, on fait varier le décalage : la condition de stabilité exige qu'on maintienne l'excitation à une valeur assez faible pour que le décalage qui fournit le couple c_t soit convenable : s'il est trop fort le rendement est moins bon, s'il est trop faible, la moindre réduction apportée à la résistance ρ risque de faire décrocher la commutatrice.

CINQUIÈME PARTIE

PILES ET ACCUMULATEURS.

CHAPITRE PREMIER

Piles.

298. Force électromotrice. — C'est un fait qu'il peut se produire au contact de substances hétérogènes une différence de potentiel : on dit alors qu'il existe une force électromotrice de contact en désignant simplement ainsi la cause du phénomène (§ 33, tome I). Il n'en est pas moins vrai que cette différence de potentiel est la manifestation de la mise en jeu d'une part d'énergie, si faible soit-elle, énergie nécessaire à la formation du champ électrique, et que le système des éléments en présence a pu la fournir — qu'il l'ait possédée à l'avance ou qu'il l'ait reçue au moment même : dans une pile hydroélectrique par exemple, c'est un commencement de réaction chimique qui fournit cette énergie; dans une machine à frottement, c'est le travail mécanique dépensé sur l'appareil.

Si la différence de potentiel est la seule réaction qui se puisse opposer à la force électromotrice, la production d'énergie électrique s'arrête à cette manifestation. Si, au contraire, on rejoint les armatures de la machine ou les pôles de la pile par un conducteur de résistance convenable, il se produit un courant dont la puissance est prélevée sur l'énergie chimique ou sur le travail moteur.

La force électromotrice de contact est d'ailleurs fonction de la température, en même temps que de la nature des métaux en présence. Dans un circuit fermé, à température égale, les forces électromotrices produites aux diverses soudures se font nécessairement équilibre, et il ne passe aucun courant. Si, au contraire, dans un couple thermo-électrique cuivre-zinc par exemple, on établit entre les soudures A et B (fig. 786) des différences de température, on rompt l'équilibre des deux forces électromotrices opposées localisées à ces contacts, et l'énergie du courant qui s'établit représente la différence entre l'énergie calorique cédée à la soudure chauffée et l'énergie soustraite à la soudure refroidie.

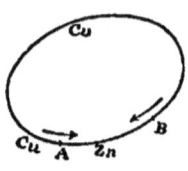

Fig. 786.

Ces appareils ne transforment toutefois en énergie électrique qu'une faible part de la chaleur mise en jeu ; leur rendement est mauvais. Il en est de même des machines à frottement, où la chaleur produite par le frottement représente une grande part du travail mécanique dépensé à les mouvoir. Dans les piles, au contraire, l'énergie libérée dans la réaction chimique peut être à peu près intégralement transformée en énergie électrique.

Si cette proposition était rigoureusement vraie, en représentant par e la force électromotrice totale de la pile (somme algébrique de toutes les forces électromotrices localisées aux divers contacts), on devrait trouver, dans le produit $e\,i\,dt$ de cette force électromotrice par la quantité d'électricité que transporte le courant dans l'instant dt, l'équivalent exact de l'énergie chimique. On pourrait alors estimer directement la force électromotrice d'un élément déterminé, à la condition toutefois de connaître les réactions chimiques qui s'y produisent. Il suffirait de calculer, à l'aide des équivalents électrochimiques et des chaleurs de combinaison, la chaleur c dégagée par coulomb, pendant la réaction, et l'on déduirait la force électromotrice e de la relation

soit
$$4,17\,c\,i\,dt = e\,i\,dt$$
$$e = 4,17\,c$$

4,17 étant l'équivalent mécanique de la chaleur en joules. Les résultats de ce calcul ne concordent pas exactement, avec les relevés d'expériences ; une des causes principales de la divergence est souvent l'inexactitude des réactions chimiques supposées.

Remarque. — Il est à peine besoin de rappeler ici que la source elle-même où se produit la force électromotrice totale e est tra-

PILES. 177

versée par le courant i et qu'elle offre une résistance r. La différence de potentiel v qui s'établit aux bornes de la pile, lorsqu'elle débite sur un circuit extérieur de résistance ρ, est liée à la force électromotrice totale e par la relation

$$\frac{v}{e} = \frac{\rho i}{(r + \rho)\, i} = \frac{\rho}{r + \rho}$$

elle n'est égale à e que lorsque ρ devient infini, c'est-à-dire lorsque le circuit est ouvert. Cette chute correspond à la portion d'énergie transformée en chaleur dans la pile.

299. Force électromotrice de polarisation. — Nous venons de voir ce qu'est la force électromotrice d'une pile; mais si, par suite des réactions qui s'y produisent, la nature des substances en contact vient à changer, la force électromotrice varie aussitôt. Considérons par exemple un élément cuivre et zinc et eau acidulée (fig. 787) : le zinc s'électrise positivement, les molécules H^2SO^4 se polarisent, SO^4 négatif s'oriente vers le zinc et se combine avec lui pour donner du sulfate de zinc, et l'hydrogène des molécules voisines du zinc se dégage sur l'électrode cuivre. La nature des contacts est changée, et l'on observe que très

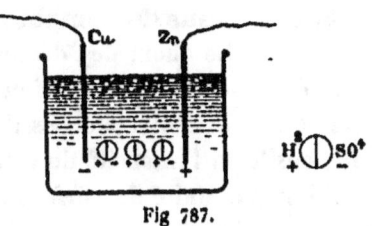

Fig 787.

rapidement la force électromotrice de l'élément diminue; il est apparu une *force contre électromotrice* due à la présence notamment de l'hydrogène sur l'électrode cuivre. Si en effet on balaye la surface du cuivre pour enlever les bulles d'hydrogène, la force électromotrice reprend sa valeur primitive.

Faisons mieux, pour nous rendre compte de l'existence de cette force contre électromotrice : remplaçons les électrodes Cu et Zn par deux électrodes de platine inactives A et B (fig. 788), et faisons passer dans ce voltamètre un courant f_1 allant de B à A dans le liquide, sens de la force électromotrice de notre élément primitif; puis disposons deux éprouvettes pour recueillir l'oxygène et l'hydrogène. Quand nous ferons cesser l'action de la force électromotrice extérieure, c'est-à-dire quand nous interromprons le courant de charge, nous aurons constitué une pile (pile de Grove) dont la force électromotrice sera de sens opposé f_1 au sens du courant précédent; si en effet nous rejoignons les pôles A et B par un circuit extérieur, il se produit un courant allant extérieurement de B à A.

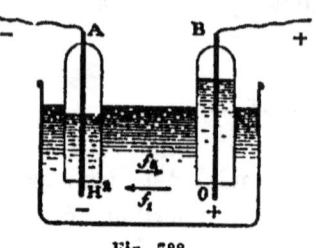

Fig. 788.

Cette force électromotrice, agissant contre le courant qui a déterminé les réactions dont elle est née, est souvent désignée sous le nom de *force électromotrice de polarisation*. Il faudra la combattre et en éviter même la production, si l'on cherche à réaliser une source d'énergie électrique; c'est le cas des piles ordinaires ou piles primaires. On l'utilisera au contraire, si l'on veut emmagasiner sous forme d'énergie chimique l'énergie d'un courant électrique et retrouver ultérieurement cette énergie sous la forme électrique; on aura formé ainsi un accumulateur ou pile secondaire.

300. Moyens de combattre la polarisation; exemples de piles. — Le choix des dépolarisants a une importance capitale, car de leur rapidité d'action dépend la puissance même de la pile : c'est à la vivacité possible des réactions qu'est liée en effet la densité de l'intensité du courant, ou intensité que la pile peut débiter par unité de surface de ses électrodes, sans que la force électromotrice diminue sensiblement. Mais la nature des dépolarisants influe encore sur un autre facteur, la résistance intérieure, qui entre en jeu pour régler la puissance utile de la pile. Cette résistance est en effet fonction à la fois des résistibilités diverses et des dispositions géométriques de l'élément, qui varient avec la nature même des dépolarisants, liquides ou solides, séparés de l'électrolyte ou mélangés avec lui.

Nous n'avons pas ici à faire une étude complète des piles; nous rappellerons seulement les dispositions de quelques-unes d'entre elles, qui ont des qualités différentes et un emploi déterminé : l'élément Meidinger qui fournit un courant constant mais faible, l'élément Leclanché susceptible de donner un courant intense mais pendant peu de temps, enfin l'élément Renard, léger et puissant mais coûteux.

I. Élément Meidinger. — L'élément Meidinger, qui est une variante de l'élément Daniell, peut s'employer avantageusement, lorsqu'on a besoin de produire un courant assez faible qui se maintienne constant pendant un temps assez long. C'est une pile de laboratoire industriel. Un vase cylindrique (fig. 789) reçoit sur un renflement annulaire une lame de zinc enroulée en cylindre et contient de l'eau que la formation ultérieure de sulfate de zinc rend conductrice. Un gobelet en verre, placé au fond du premier vase, contient l'électrode cuivre, formée d'une lame de ce métal enroulée en cylindre : il reçoit l'extrémité d'une bouteille qui contient de l'eau et des cristaux de sulfate de cuivre. Le goulot de cette bouteille n'est ouvert que par un petit tube de verre passé dans un bouchon de liège.

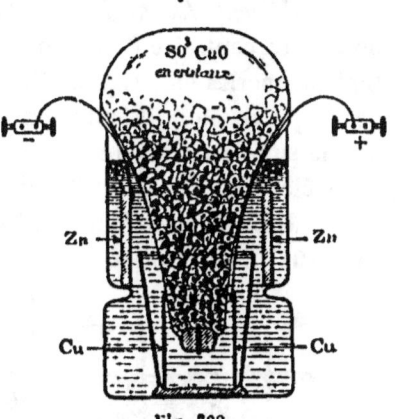

Fig. 789.

Le sulfate de cuivre en solution saturée remplit donc le gobelet, le liquide moins concentré monte au contraire dans la bouteille par le tube de verre et dissout des cristaux. A la longue le sulfate de cuivre déborderait du gobelet, si l'élément restait monté sans fonctionner : on règle la grosseur du canal laissé libre dans le petit tube, de manière que l'écoulement de solution saturée corresponde à la consommation moyenne de sulfate de cuivre.

La réaction principale est la suivante : le cuivre du sulfate de cuivre se dépose au pôle cuivre, l'acide sulfurique libéré s'empare du zinc et donne du sulfate de zinc (fig. 790).

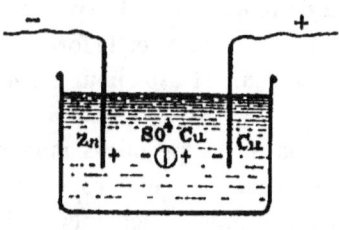

Fig. 790.

C'est du zinc amalgamé que l'on emploie de préférence au zinc pur, qui se dissout moins facilement, et au zinc du commerce, dont les impuretés permettent l'attaque par l'acide sulfurique même en circuit ouvert. Avec du zinc amalgamé, l'usure est régulière en circuit fermé et assez faible en circuit ouvert.

La résistance de l'élément ainsi disposé est assez considérable pour qu'il n'y ait pas abaissement sensible de sa force électromotrice, lorsqu'on le ferme sur faible résistance extérieure. La force électromotrice est voisine de 1ᵛ,08.

II. Élément Leclanché. — Dans certaines applications, on a besoin au contraire d'un courant intense pendant un court instant (sonneries électriques, inflammation des amorces, explosion des torpilles, etc.). Il faut alors chercher un dépolarisant plus actif que le sulfate de cuivre : on peut employer l'élément Leclanché.

Les électrodes sont constituées par du zinc amalgamé, d'une part, et par du charbon entouré de bioxyde de manganèse, de l'autre, (fig. 791). L'électrolyte est du chlorhydrate d'ammoniaque. Il se forme du chlorure double de zinc et d'ammonium, et le bioxyde de manganèse fournit à l'hydrogène l'oxygène nécessaire à la formation de l'eau.

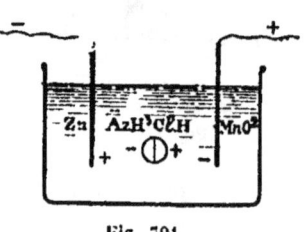

Fig. 791.

Le bioxyde de manganèse est un dépolarisant actif, mais il n'est efficace que dans les premiers moments, en raison même de son état solide. Il agit rapidement sur les premières molécules d'hydrogène libéré; mais il lui faut ultérieurement un certain temps pour se laisser pénétrer, et il apparaît assez vite une force contre électromotrice qui fait tomber la force électromotrice de l'élément. Cette chute est d'autant plus rapide que le débit de l'élément est plus considérable; la pile ne peut donc donner un courant intense que pendant peu de temps, mais l'oxydation de l'hydrogène s'achève pendant le repos de la pile, et la force électromotrice se retrouve à sa valeur normale (1ᵛ,40) pour un nouveau débit.

Pour obtenir une forte intensité dans les premiers moments avec cette force électromotrice, il faut que les électrodes soient peu écartées l'une de l'autre. Dans les premiers éléments Leclanché, le bioxyde était placé dans un vase poreux entourant le charbon; un peu plus tard il fut comprimé en plaques qui venaient se placer contre la plaque de charbon ; enfin, dans la pile Leclanché-Barbier, le pôle est fait d'une briquette d'aggloméré bioxyde et charbon. Dans les derniers éléments (fig. 792) cette électrode a la forme d'un cylindre évidé, et entoure complètement le crayon de zinc dont l'usure est alors parfaitement régulière. L'extrémité de celui-ci porte une bague en caoutchouc qui l'empêche de venir au contact du charbon.

Afin d'éviter les projections du liquide hors du vase dans les mouvements que la pile peut recevoir, on mélange parfois à l'électrolyte une solution d'agar, espèce d'algue marine, qui donne avec l'eau une gelée semi-solide : cette précaution est indispensable pour les piles de torpilleurs. Les bords du vase sont paraffinés, afin d'arrêter les sels grimpants. Les bacs, en verre ou en ébonite, sont en général enfermés dans une caisse en bois.

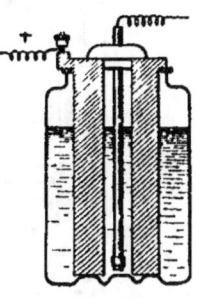

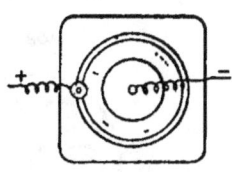

Fig. 792.

III. *Éléments au bichromate de potasse.* — Dans certaines applications, on a besoin de sources pouvant produire pendant longtemps un courant intense. On peut recourir alors à l'emploi de piles au bichromate de potasse avec électrodes en zinc et charbon. L'électrolyte est un mélange de 100 gr. de bichromate pour 50 gr. d'acide sulfurique par litre d'eau. Le zinc s'oxyde et donne du sulfate de zinc. Le bichromate, en partie réduit par l'hydrogène, donne de l'oxyde de chrome et de la potasse, qui s'unissent à l'acide sulfurique pour former de l'alun de chrome.

La force électromotrice de l'élément est d'environ 2 volts; la réaction est assez vive pour qu'on puisse laisser la pile fournir un grand débit, sans qu'il en résulte d'abaissement sensible de la force électromotrice : les électrodes sont assez rapprochées et la résistance intérieure est faible. L'inconvénient de cette pile est que l'attaque du zinc, même amalgamé, se produit en circuit ouvert; il devient donc nécessaire de prévoir des dispositions qui permettent de séparer le zinc du liquide, lorsque les piles ne doivent pas débiter.

M. le colonel Renard a utilisé des piles analogues, pour alimenter le moteur de son ballon dirigeable : l'acide chlorhydrique remplaçait seulement l'acide sulfurique. Les paires d'électrodes zinc et charbon étaient placées à la partie supérieure de tubes de verre plongeant dans l'électrolyte par leur partie inférieure (fig. 793) [1]. Pour la marche, on faisait monter le liquide dans les tubes en envoyant à l'extérieur de ces derniers, dans la boîte étanche qui les renfermait, de l'air comprimé à l'aide d'une poire en caoutchouc. Ces piles, près de trois fois plus puissantes à poids égal que les accumulateurs, donnaient le cheval de 736 watts à 48 k.

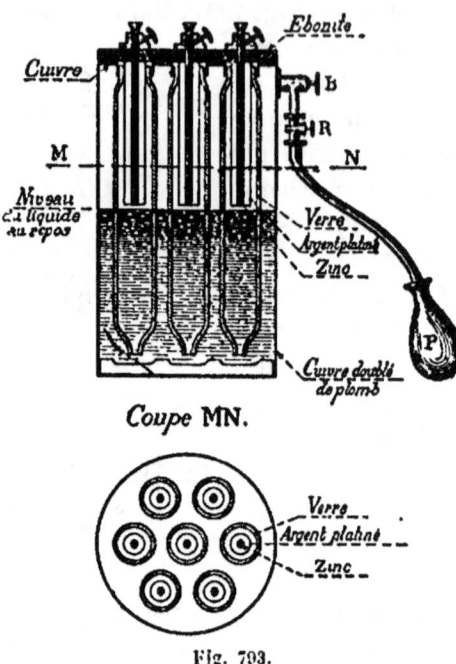

Fig. 793.

Pour son bateau sous-marin essayé à Cherbourg en 1889, M. Goubet avait adopté des éléments zinc et charbon au bisulfate de mercure.

Ces diverses piles consomment malheureusement des électrolytes d'un prix élevé. Elles dégagent des gaz délétères. Les manipulations qu'exige d'ailleurs le remplacement des liquides épuisés et des zincs usés deviennent compliquées, dès qu'il s'agit de batteries importantes. Ce sont là les raisons principales qui leur ont fait préférer les accumulateurs, bien que plus lourds, pour la navigation sous-marine et pour la traction électrique par approvisionnement d'énergie.

304. Rendement et puissance des piles. — Lorsqu'une pile de force électromotrice e et de résistance r débite sur une ré-

[1] Voir le *Cours d'Électricité Pratique, professé à l'École supérieure de maistrance de Brest*, par M. l'ingénieur de la marine Callou.

sistance extérieure ρ, dans laquelle n'agit aucune force électromotrice, la différence de potentiel v qui s'établit à ses bornes satisfait à la relation

$$i = \frac{v}{\rho} = \frac{e}{r + \rho}$$

La puissance *totale* mise en jeu a pour expression

$$W = ei = \frac{e^2}{r + \rho}$$

Cette puissance n'est autre que l'énergie fournie par seconde par les réactions chimiques. D'autre part, la puissance recueillie aux bornes de la pile, ou puissance *utile*, est

$$w = vi = \frac{e^2 \rho}{(r + \rho)^2}$$

Le rendement de la source a donc pour expression

$$k = \frac{w}{W} = \frac{v}{e} = \frac{\rho}{r + \rho}$$

et la puissance perdue par effet Joule dans l'intérieur de la source est

$$p = ri^2 = \frac{e^2 r}{(r + \rho)^2}$$

Le rendement sera d'autant plus voisin de l'unité que la résistance du circuit extérieur sera plus considérable; partant de zéro lorsque ρ est nulle (pile fermée sur elle-même en court circuit), il atteindrait l'unité lorsque la résistance extérieure deviendrait infinie, mais à la limite l'élément ne débiterait plus, et la puissance recueillie aux bornes deviendrait infiniment petite. Cette puissance utile est d'ailleurs nulle lorsque la résistance est nulle. Il convient donc d'adopter une résistance moyenne convenable.

Il est intéressant de connaître le maximum de la puissance utile. Ce maximum correspond à la valeur de ρ qui annule $\frac{dw}{d\rho}$. Lorsqu'on suppose constantes la force électromotrice et la résistance r, on a la condition

$$(r + \rho)^2 - 2\rho (r + \rho) = 0$$

qui donne

$$\rho = r$$

et le maximum de w devient

$$w_{max} = \frac{e^2 r}{(2r)^2} = \frac{1}{4}\frac{e^2}{r}$$

Or l'expression $\dfrac{e^2}{r}$ représente le maximum de la puissance totale

$$W_{max} = \frac{e^2}{r}$$

que la pile est susceptible de mettre en jeu, c'est-à-dire la puissance qu'elle développerait en court circuit sur elle-même ($\rho = 0$).

La plus grande puissance qu'une pile puisse fournir à ses bornes est donc égale au quart de la puissance totale qu'elle mettrait en jeu fermée sur elle-même; ce maximum est atteint lorsque la résistance extérieure est égale à la résistance intérieure, et le rendement est alors égal à $\dfrac{1}{2}$. On a en effet :

$$k = \frac{r}{r+r} = \frac{1}{2}$$

Un tel rendement paraîtra en général trop faible, et l'on aura intérêt, pour obtenir une puissance donnée, à multiplier les éléments, au risque d'augmenter la dépense de première installation. On voudra, en un mot, faire travailler moins vite les sources pour en obtenir un meilleur rendement. Si par exemple on se fixait un rendement de 80 %

$$k = \frac{\rho}{r+\rho} = 0{,}80$$

il faudrait prendre

$$\rho = 4r$$

La puissance totale que la pile met en jeu n'est alors que le cinquième de la puissance totale en court circuit

$$W = \frac{e^2}{r+\rho} = \frac{1}{5}\frac{e^2}{r} = \frac{W_{max}}{5}$$

et la puissance utile qu'elle fournit n'est que les 2/3 environ de la puissance utile maxima dont elle serait susceptible

$$w = \frac{e^2 \rho}{(r+\rho)^2} = \frac{4}{25}\frac{e^2}{r} = \frac{16}{25} w_{max}$$

Les variations de la puissance totale W, de la puissance utile w

et du rendement k peuvent être représentées par les courbes de la figure 791, dont les abscisses sont les résistances ρ du circuit ex-

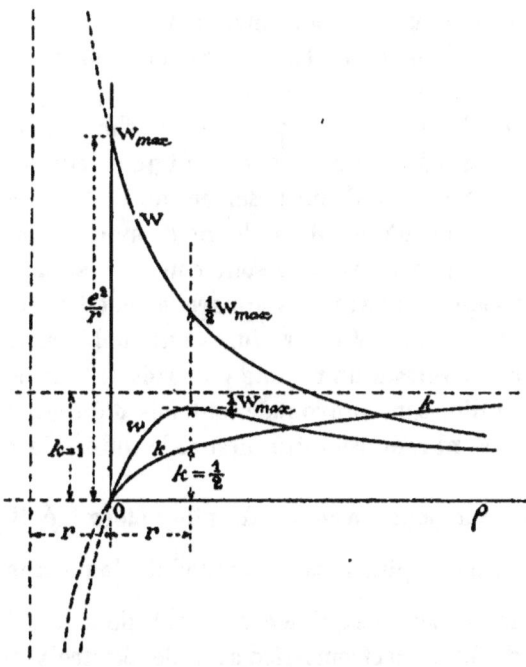

Fig. 791.

térieur. Les courbes de la puissance totale

$$W = \frac{e^2}{r + \rho}$$

et du rendement

$$k = \frac{\rho}{r + \rho}$$

sont deux hyperboles équilatères, quand la force électromotrice e et la résistance intérieure r de la pile sont *invariables*, ce qui n'est pas en réalité. Quant à la courbe de la puissance utile

$$w = \frac{e^2 \rho}{(r + \rho)^2}$$

elle a son sommet en $\rho = r$ et $w = \frac{1}{4} \frac{e^2}{r}$.

302. Considérations relatives à l'emploi des piles en

batteries puissantes. — Nous voyons donc que, pour obtenir une bonne utilisation des matières consommables des piles, il faut limiter le débit à une valeur relativement faible. On est conduit ainsi à employer, pour une puissance donnée, une quantité relativement grande d'éléments de grandes dimensions, c'est-à-dire à augmenter la dépense de première installation, le poids et l'encombrement de la source. Au point de vue simplement économique, il faut donc établir un balancement judicieux entre le coût journalier de l'énergie et l'amortissement de la dépense première.

Mais il est des cas où la valeur du poids mort de la batterie a une importance primordiale : ce sont ceux où les piles doivent se transporter elles-mêmes avec les appareils qu'elles ont pour but de mouvoir, embarcations ou voitures automobiles. Il faut alors faire travailler les piles à un régime plus voisin de leur maximum de puissance utile, sans provoquer toutefois d'élévation exagérée de température, ni réduire outre mesure la durée du fonctionnement.

Il va de soi que pour un genre de pile déterminé, il faut chercher à augmenter le plus possible le module de puissance $\frac{e^2}{r}$. Une fois choisies les substances qui la composent, de manière à obtenir la plus grande force électromotrice avec des électrolytes de faible résistibilité et de grande activité (vivacité des réactions chimiques, dépolarisation), on donnera aux électrodes un grand développement en surface et on réduira leurs distances ; on doit toutefois laisser entre les électrodes un jeu suffisant dès le début pour éviter toute chance de court circuit.

Il faut d'ailleurs donner aux électrodes solubles une épaisseur suffisante pour assurer à la pile un fonctionnement d'assez longue durée. A ce point de vue de l'*endurance* de la batterie, réapparaît la question du bon rendement. La distance que peut franchir l'embarcation, le sous-marin, ou le véhicule, dépend en effet non seulement de la quantité des matières consommables dont il est approvisionné, mais de l'utilisation qu'il fait de cet approvisionnement ; sa distance franchissable ou son endurance dépendent, en un mot, pour un approvisionnement donné, de la vitesse qu'il soutient. Pour une embarcation ou pour un sous-marin, on distinguera donc une allure normale, économique, à bon rendement des diverses parties de l'appareil et en particulier des piles, et une allure à toute vitesse, compatible avec un fonctionnement satisfaisant, d'assez faible durée d'ailleurs. En passant du premier régime au second, on verra diminuer le poids des piles par cheval et augmenter leur poids par chevalheure.

La caractéristique de la valeur d'une pile s'obtiendrait donc en divisant son module de puissance $\dfrac{e^2}{r}$ par son poids, et en multipliant ce quotient par un coefficient réducteur indiquant la fraction de la puissance totale $\dfrac{e^2}{r}$ que la bonne conservation de l'élément permet d'utiliser, sans polarisation notamment, sans échauffement ni foisonnement exagéré.

Nous remarquerons qu'au seul point de vue de la bonne utilisation des piles, il est indifférent de les associer en tension ou en quantité. Le groupement doit se déterminer d'après les conditions de marche de la réceptrice. Si en effet la batterie se compose d'un nombre total $q\,t$ d'éléments, de force électromotrice e_1 et de résistance intérieure r_1, répartis en q groupes parallèles de t éléments en tension, la force électromotrice totale e de la batterie est $t\,e_1$, et sa résistance intérieure, abstraction faite des résistances des connexions, a pour expression $\dfrac{t\,r_1}{q}$. Le module de puissance de la batterie devient donc

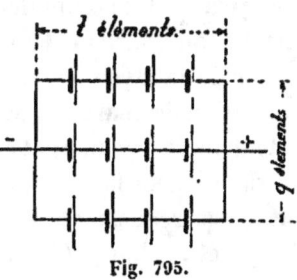

Fig. 795.

$$\dfrac{e^2}{r} = \dfrac{t^2\,e_1^2}{t\,r_1 : q} = qt\,\dfrac{e_1^2}{r_1}$$

Il ne dépend que du nombre des éléments composant la batterie. Mais il faut dans chaque cas assurer un débit convenable pour chaque élément.

Il est intéressant de se rendre compte ici de la valeur de l'un au moins des éléments de dépense, qui entrent en jeu dans l'emploi des piles comme source d'énergie. C'est en général du zinc que l'on brûle dans les piles, comme du charbon ou du pétrole dans une chaudière. C'est en effet ce métal qui, de tous les métaux usuels, donne lieu aux forces électromotrices les plus élevées.

Or, l'équivalent électrochimique du zinc en grammes par ampère-heure est d'environ 1, 5. Si la force électromotrice de l'élément (bichromate) est de 2 volts, la pile consomme 1 gr. 5 de zinc pour développer 2 wattheures. Admettons que, pour ne pas trop exagérer l'encombrement des piles, on consente à adopter un rendement de 2/3, les 2 wattheures développés fourniront 4/3 de wattheure utiles. La batterie brûlera donc, par heure et par cheval utile de 736 watts, un poids de zinc

$$z = \frac{3}{4} \cdot 1^{gr},5 \cdot 736 = 0^k,828$$

Au prix de 600 fr. les 1000 k. d'électrodes, c'est une dépense d'environ 0,50 par cheval et par heure.

A ce prix il faudrait ajouter celui des électrolytes, qui peut être fort élevé, sans compter l'amortissement du prix des bacs et accessoires divers.

Le prix du chevalheure est ainsi beaucoup plus élevé avec les piles qu'avec les accumulateurs, dont la charge revient en somme à brûler du charbon dans la chaudière qui alimente le moteur à vapeur de la dynamo de charge. En comptant à 0 k. 900 la consommation de charbon par heure et par cheval utile sur l'arbre du moteur de la dynamo, et à 0,90 le rendement de cette dernière en puissance électrique à ses bornes, en estimant d'autre part à 0,66 soit 2/3 le rendement en énergie des accumulateurs entre la décharge et la charge (§ 305), on voit que le chevalheure électrique revient aux bornes de la dynamo à 1 k de charbon et aux bornes de l'accumulateur (énergie utile) à 1 k 500. Au prix de 30 fr. la tonne pour le charbon, on trouve un prix de combustible seize fois plus avantageux.

Il est vrai que les piles peuvent être moins lourdes que les accumulateurs à puissance égale, et cet avantage aurait suffi à leur faire donner la préférence, pour la navigation sous-marine au moins, si la complication du remplacement des électrodes usées et des électrolytes épuisés n'était pas un inconvénient rédhibitoire.

CHAPITRE II

Accumulateurs

303. Principe des accumulateurs. — Un accumulateur est une pile susceptible d'être régénérée par le courant électrique, après épuisement de l'énergie que ses éléments constitutifs peuvent fournir. L'exemple le plus simple d'un accumulateur est la pile de Grove (fig. 788) dont les éléments hydrogène et oxygène, après avoir donné sous forme de courant l'énergie qu'ils sont susceptibles d'abandonner en formant de l'eau, peuvent être régénérés par le passage d'un courant étranger qui leur restitue l'énergie nécessaire à leur séparation. L'accumulateur emmagasine alors pendant sa charge une quantité d'énergie

$$T = \int ei\, dt$$

i représentant l'intensité du courant de charge et e la force contre électromotrice que développe l'élément fonctionnant comme un voltamètre; il se dégage des quantités d'hydrogène à l'électrode négative et d'oxygène à l'électrode positive, qui sont proportionnelles à la quantité d'électricité transportée par le courant de charge,

$$Q = \int i\, dt$$

La capacité de l'accumulateur, mesurée par la quantité de ces gaz qu'il peut retenir, est limitée par le volume des éprouvettes renversées, ou mieux par celui des deux qui est relativement le plus faible, en tenant compte de ce fait que l'hydrogène occupe un volume double de l'oxygène. Quand les éprouvettes sont pleines, il est inutile de continuer la charge, les gaz se dégageraient dans l'atmosphère, et l'énergie dépensée serait perdue.

Quand on déchargera l'accumulateur, c'est-à-dire lorsqu'on réunira ses pôles par un conducteur où la force électromotrice de l'élément pourra établir un courant (qui sera de sens inverse au courant de charge), il restituera l'énergie

$$T' = \int e' i' dt$$

i' étant l'intensité nouvelle et e' la force électromotrice de l'élément, qui peut n'être pas absolument égale à la force électromotrice e produite pendant la charge. La quantité d'électricité restituée sera

$$Q' = \int i' dt$$

Théoriquement, la quantité Q' peut être égale à la quantité Q, et le rendement en quantité de l'accumulateur

$$k_q = \frac{Q'}{Q}$$

serait égal à l'unité. De même le rapport des quantités d'énergie totales T' et T' Mais ce n'est pas ce dernier rapport qu'on devra considérer comme mesurant le rendement en énergie de l'accumulateur, car le courant, traversant l'accumulateur de résistance r, y produit par effet Joule une quantité de chaleur égale à $\int ri^2 dt$, pendant la charge, et à $\int ri'^2 dt$ pendant la décharge.

Si nous désignons par v et v' les différences de potentiel aux bornes de l'accumulateur pendant la charge et pendant la décharge, nous aurons

$$v = e + ri \qquad \text{et} \qquad v' = e' - ri'$$

On ne peut donc emmagasiner pendant la charge la quantité d'énergie T qu'en dépensant aux bornes de l'accumulateur la quantité d'énergie

$$T + \int ri^2 dt = \int vi \, dt$$

et, pendant la décharge, on ne recueillera aux bornes de l'accumulateur que la quantité d'énergie

$$T - \int ri^2 dt = \int v i' \, dt$$

Le rendement en énergie a pour expression

$$k_e = \frac{\int' v'i\, dt}{\int' vi\, dt}$$

Tandis que le rendement en quantité peut théoriquement atteindre l'unité, le rendement en énergie est nécessairement plus petit, et il s'écarte d'autant plus de l'unité que la charge et la décharge sont plus rapides, c'est-à-dire que les intensités i et i' sont en moyenne plus considérables. Dans la réalité il vient s'ajouter d'autres causes de pertes qui diminuent les rendements k_q et k_e, comme nous le verrons plus loin.

La pile de Grove ne saurait fournir un accumulateur utilisable dans l'industrie. Pourtant MM. Cailletet et Colardeau ont donné à cet accumulateur une forme qui permettrait de l'adapter aux besoins de la pratique. Ils ont remplacé par des éponges de mousse de platine (fig. 796), les fils de platine et les récipients de verre, où s'accumulent séparément les gaz hydrogène et oxygène.

Ces électrodes absorbent ainsi sous un faible volume de grandes quantités d'oxygène et d'hydrogène. Mais ces accumulateurs offrent une très grande résistance intérieure et leur rendement, de ce fait, est inférieur.

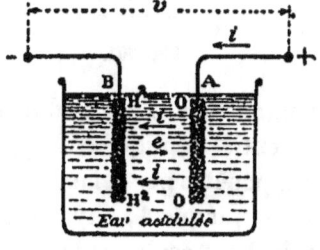

Fig. 796.

304. Accumulateurs au plomb. — Les premiers accumulateurs industriels datent de la découverte de Gaston Planté (1874). En produisant l'électrolyse de l'eau acidulée d'acide sulfurique à l'aide d'électrodes en plomb, Gaston Planté remarqua que le voltamètre devenait une pile, de force électromotrice voisine de 2 volts : l'oxygène se combinait à l'anode pendant la charge donnant un peroxyde de plomb, qui, avec la seconde électrode de plomb, formait le couple susceptible ultérieurement de produire un courant. Une nouvelle charge subie par l'élément régénérait, après épuisement de la pile, des électrodes PbO^2 et Pb. On peut dire que le plomb, susceptible d'absorber l'oxygène produit par l'électrolyse, joue un rôle équivalent à celui de l'éprouvette qui recouvre la tête de l'anode dans la pile de Grove, ou à celui de la mousse de platine dans les accumulateurs de MM. Cailletet et Colardeau.

Les réactions qui se produisent pendant la charge et la décharge sont complexes; on explique le phénomène par la réaction principale suivante. Soient A et B (fig. 797) les deux lames de plomb

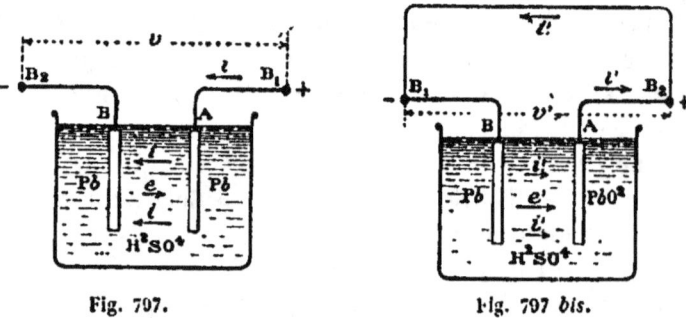

Fig. 797.   Fig. 797 bis.

baignées par l'eau acidulée d'acide sulfurique, et v la différence de potentiel appliquée à l'appareil pour établir le courant de charge i, qui pénètre par la lame A. L'eau est décomposée, l'oxygène se porte sur la plaque A, l'hydrogène se dégage sur la plaque B et se perd dans l'atmosphère; la plage A s'oxyde, en se recouvrant de bioxyde de plomb PbO^2, puis l'oxygène se perd dans l'atmosphère à partir du moment où la couche d'oxyde, suffisamment épaisse, protège le plomb subsistant à l'intérieur de la lame. Il est inutile alors de prolonger la charge, car l'énergie fournie par le courant se perdrait en totalité avec l'oxygène et l'hydrogène dégagés dans l'atmosphère.

Supprimons la différence de potentiel v que nous maintenions aux bornes, et joignons les bornes $B_1 B_2$ par un conducteur (fig. 797 bis) : la force électromotrice e' de la pile établit le courant i', et l'hydrogène de l'eau se porte sur la lame A devenue la cathode et réduit le bioxyde en oxyde PbO qui, avec l'acide sulfurique, donne du sulfate de plomb

$$PbO^2 + H^2 + SO^3 = PbSO^4 + H^2O$$

tandis que l'oxygène dégagé sur la plaque B forme de l'oxyde de plomb PbO qui donne encore du sulfate de plomb avec l'acide

$$Pb + O + SO^3 = PbSO^4$$

Le courant cesse avec la force électromotrice e, quand les deux plaques sont arrivées au même état (plomb recouvert de sulfate de plomb).

Faisons alors une nouvelle charge ; l'eau est encore décomposée, l'oxygène se porte à la plaque A, transforme le sulfate de plomb en bioxyde et acide sulfurique, d'après la formule.

$$PbSO^4 + O + H^2O = PbO^2 + H^2SO^4$$

l'hydrogène se porte à la plaque B et réduit le sulfate de plomb :

$$PbSO^4 + H^2 = Pb + H^2SO^4$$

Il ne se dégage donc ni oxygène ni hydrogène, tant qu'il reste du sulfate de plomb à décomposer sur les électrodes. L'hydrogène apparaît sous forme de bulles sur la plaque B, lorsque tout le sulfate est réduit; sur la plaque A il n'existe plus alors que du bioxyde, en quantité égale à celle que la première charge y avait déposée. Mais si l'on continue la charge, tandis qu'il se dégage de l'hydrogène sur la plaque B, il ne s'échappe pas d'oxygène de la plaque A, et *l'oxydation du plomb continue plus profonde*. C'est que les pores formés dans cette plaque, à la suite de la réduction du bioxyde opérée pendant la décharge, permettent une action plus profonde de l'oxygène sur le plomb. On peut donc dans cette seconde charge emmagasiner plus d'oxygène dans la plaque A; la capacité de l'accumulateur a augmenté, tout comme il arriverait dans la pile de Grove, si les éprouvettes se dilataient pour la seconde charge. On arrête alors la seconde charge, quand les bulles d'oxygène commencent à apparaître.

Une série de décharges et de charges successives permet d'augmenter de plus en plus la capacité. Après un certain nombre d'opérations, on ne gagne presque plus rien sur la capacité : on a achevé la *formation* de l'accumulateur.

Pour hâter cette formation, Gaston Planté recourut à l'emploi de bains d'acide azotique qui, rendant poreuse la surface des plaques de plomb, permettent une attaque plus profonde dès les premières charges.

Faure eut alors l'idée de recouvrir les feuilles de plomb d'une pâte de minium, et, pour la maintenir, il employait de simples sacs de feutres fixés à la plaque par quelques rivets. Dans ces conditions il suffit d'un très petit nombre de charges pour obtenir du peroxyde de plomb sur les plaques positives, et du plomb réduit sur les négatives.

Les principes essentiels de la fabrication des plaques d'accumulateurs étaient trouvés; les inventions se multiplièrent alors avec une grande rapidité, portant sur mille détails.

Pour faciliter la tenue des pâtes sur les plaques, on forma un bloc compact de plaques minces positives et négatives, séparées par des lames de feutre siliceux. Le feutre augmente la résistance de l'élément, et la liaison des diverses parties rend toute visite impraticable.

Pour éviter l'emploi du feutre, il fallait donner aux plaques une ossature assez solide et loger la matière active dans des rainures ou des alvéoles ménagées dans l'ossature. La fig. 798 donne la coupe de la plaque Julien; l'épaisseur de l'âme centrale atteint $2^m/_m$ sur les grosses plaques de $8^m/_m$. Dans la figure 798 bis, les rebords aplatis des nervures s'obtiennent au laminoir.

Fig. 708.   Fig. 798 bis.   Fig. 798 ter.

L'ossature en plomb arrive à s'attaquer et à se transformer en matière active, qui foisonne en absorbant l'oxygène; la plaque positive notamment gonfle et se voile aux débits élevés, que l'on doit atteindre pour augmenter la puissance au kilog de l'accumulateur.

On cherche alors à réaliser des dispositions telles que la dilatation considérable (un dixième environ), que prend le plomb doux en se transformant en peroxyde, soit libre de se produire dans tous les sens et n'entraîne point la dislocation de la plaque. Dans l'accumulateur Willard, par exemple, la plaque de plomb est creusée, de stries, dont une sur cinq offre une plus grande profondeur et ménage le jeu nécessaire à la dilatation transversale des lamelles intermédiaires. Avec une ossature du genre de celle de la figure 798 *ter*, on laisse des vides tels que $\alpha\beta$, $\alpha'\beta'$ (fig. 799), entre les ensembles de cannelures qui forment bandes transversales : le plomb doux de l'ossature peut alors se dilater dans le sens de la hauteur de h à h', et les vides $\alpha\beta$, $\alpha'\beta'$ arrivent à se boucher. Mais la di-

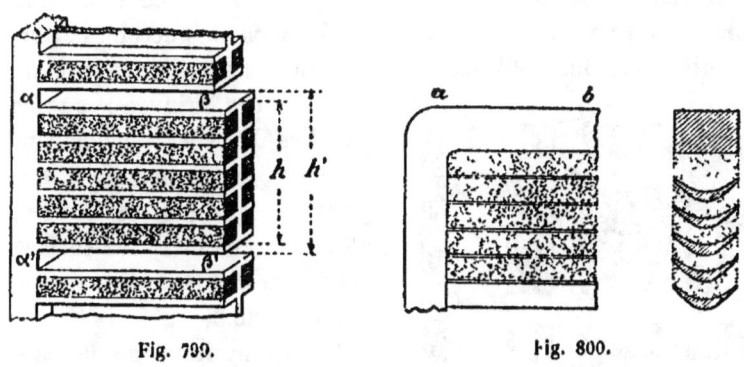

Fig. 799.   Fig. 800.

latation n'est ainsi rendue possible que dans le sens perpendiculaire aux vides $\alpha\beta$, et les bandes pleines, en s'allongeant, prennent de l'arc en avant ou en arrière de leur plan primitif. Pour éviter cet inconvénient, la Société du Travail Électrique des métaux construit des plaques positives dont les augets, encastrés à une extrémité, sont libres à l'autre (fig. 800).

Mais au lieu d'employer une ossature en plomb doux qui perd à la longue sa solidité, on peut soustraire à l'action chimique le support de la matière active en le faisant en plomb antimonié ou en celluloïd.

Ce dernier procédé est celui de Tommasi : les pâtes d'oxydes, portées par un léger grillage sont enfermées dans des sacs en celluloïd perforés d'un grand nombre de petits trous (fig. 801). L'inconvénient de l'enveloppe extérieure est de masquer une assez forte portion de la surface du gâteau de matière active, sans empêcher cependant celle-ci de sortir en partie par les trous pendant

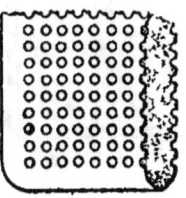

Fig. 801.

le foisonnement et de produire au fond des bacs un dépôt encore assez abondant.

Cet inconvénient n'existe pas avec l'ossature en plomb antimonié; mais celle-ci constitue un poids mort assez considérable, fâcheux dans certaines applications. Il importe d'ailleurs de donner à l'armature des dispositions telles que les pastilles de matière qu'elle supporte, et qui n'échappent point au foisonnement, puissent se dilater librement lors de l'absorption d'oxygène. Divers constructeurs emploient un double grillage fait de deux parties accolées et rivées entre elles (fig. 800); les bords des traverses, taillés en biseaux forment des rainures, où les pastilles d'oxydes s'enchâssent avec un jeu convenable. Ces pastilles sont parfois trouées, afin d'augmenter la surface active en contact direct avec l'électrolyte.

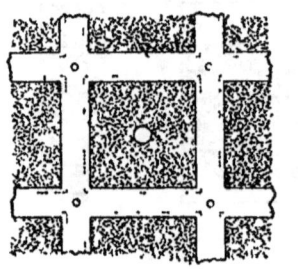

Fig. 802.

La composition de la pâte d'oxydes, qui constitue la matière active, varie au gré des inventeurs. En général la pâte destinée aux plaques positives, qui finalement doivent absorber tout l'oxygène en jeu, se compose principalement de minium et d'oxyde puce; la pâte des plaques négatives, qui doivent au contraire abandonner leur oxygène, est faite de litharge.

La Société pour le Travail Électrique des métaux (brevet Laurent Cély) emploie, pour ses plaques négatives, des pastilles de plomb spongieux obtenu par réduction du chlorure de plomb. Le chlorure de plomb, mélangé d'une faible proportion de chlorure de zinc, est coulé en plaquettes divisées en quatre parties par des rainures, percées d'un trou au centre et échancrées aux angles et au milieu des côtés (fig. 803). Les plaquettes sont placées côte à côte dans un moule, où l'on coule du plomb antimonié. On obtient ainsi une plaque enfermant les pastilles dans un double quadrillage entretoisé. On plonge ces plaques

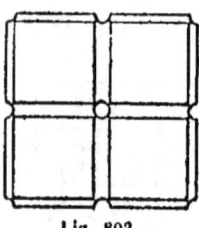

Fig. 803.

dans l'eau en présence de plaques de zinc; le zinc se dissout en absorbant le chlore, et les plaquettes se réduisent à l'état de plomb spongieux qu'on lave à grande eau.

La Compagnie Française pour la Pulvérisation des Métaux loge dans les rainures de ses plaques un mélange de poudre de plomb et d'une substance inerte poreuse.

Fig. 804.

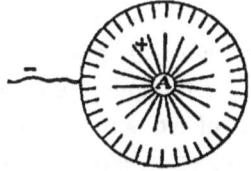
Fig. 805.

D'autres inventeurs reprenant le procédé Planté ont recours, pour hâter la formation, à la segmentation préalable du plomb en lames minces. Les uns emploient des lames pendantes à la façon des fanons de baleine (fig. 804). D'autres les disposent en feuillets rayonnants, comme les pages d'un livre (fig. 805.) Dans cette dernière combi-

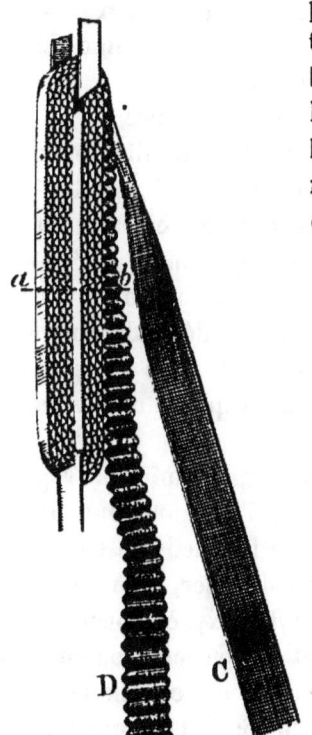
Fig. 806.

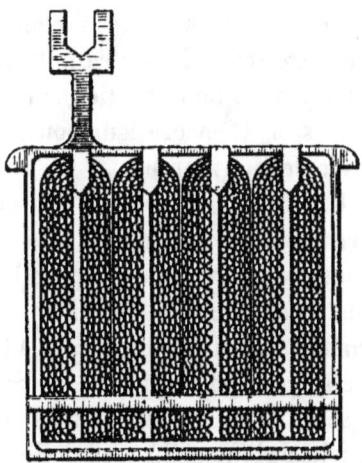
Fig. 807.

naison (accumulateur Perrusson), le pôle positif, placé à l'intérieur du pôle négatif enroulé en cylindre, offre une surface totale de plomb égale à quatre fois la surface du pôle négatif qui l'entoure. Les lames sont soudées côte à côte par un bord; on coule au centre un noyau de plomb antimonieux A.

Dans l'accumulateur Blot, la plaque est faite de demi-navettes de rubans de plomb doux suspendues côte à côte à la partie supérieure d'un cadre en plomb antimonié (fig. 806 et 807). La figure 806 indique le mode d'enroulement des rubans de plomb dont l'un D est gaufré et strié et l'autre C gaufré simplement. Les rubans sont soudés entre eux en S, puis la navette est coupée par le milieu de sa longueur en *ab*, et les demi-navettes ainsi obtenues, juxtaposées dans le cadre de la plaque, peuvent se dilater librement lors de l'absorption d'oxygène.

305. Fonctionnement des accumulateurs au plomb. — La force électromotrice d'un élément au plomb est voisine de 2 volts. Pour charger une batterie de n éléments montés en tension, il suffit donc d'appliquer à ses bornes une différence de potentiel supérieure à $2n$ volts; de la valeur de cette différence dépend l'intensité du courant de charge. Lors de la décharge l'intensité du courant se règlera sur la résistance du circuit extérieur et d'après les forces contre-électromotrices qui pourront s'y développer. Les valeurs de l'intensité du courant de charge ou de décharge sont loin d'être indifférentes, car d'elles dépendent non seulement le bon fonctionnement et la conservation des accumulateurs, mais encore leur bon rendement, leur capacité utile et la durée de leur marche.

Il ne faut en aucun cas provoquer de réactions chimiques trop vives; malgré les efforts des constructeurs, l'accumulateur au plomb reste encore un appareil délicat; la matière active est pour ainsi dire vivante, elle respire, si l'on peut ainsi parler, et ses mouvements, liés à l'absorption et à la restitution de l'oxygène pendant la charge et pendant la décharge, ne doivent en rien compromettre sa solidité. Il convient donc de limiter à une valeur convenable la densité de l'intensité, c'est-à-dire l'intensité du courant par unité de surface des plaques, à laquelle est proportionnelle la vivacité des échanges d'oxygène. Cette densité se rapporte à l'unité de surface active, la surface active s'entendant de la surface positive ou de la surface négative correspondante, et nullement à la somme des deux;

mais on la rapporte aussi au kilogramme de plaques, ou même au kilogramme de l'élément complet, bacs et liquide compris. Cette dernière manière a l'avantage d'introduire immédiatement l'élément poids, si important dans certaines applications des accumulateurs. La limite de la densité du courant compatible avec la bonne conservation de la plaque varie avec les types dans d'assez fortes proportions, mais plus on l'élève pour un même type, plus on risque de diminuer le nombre des décharges que peut donner l'accumulateur avant d'avoir besoin de réparations.

A la charge, il vaut mieux, si les considérations de temps n'ont pas trop d'importance, adopter un régime lent qui donne aux réactions chimiques le temps de s'accomplir sans provoquer un dégagement trop abondant de bulles d'hydrogène et d'oxygène. Cette décomposition de l'eau se produit toujours, même sur des accumulateurs formés, en proportion faible d'ailleurs pour les régimes modérés; elle correspond naturellement à une perte d'énergie et abaisse la valeur du rendement. Elle s'accentue d'ailleurs davantage à mesure que la charge s'avance. Pendant les premières heures de la charge, la densité d'intensité peut donc atteindre sans inconvénient une valeur plus considérable qu'à la fin.

Il importe de surveiller à l'ampèremètre les variations de la valeur de cette intensité, mais c'est au voltmètre que l'on suit le plus avantageusement les fluctuations du régime. Dès le commencement de la charge, la différence de potentiel aux bornes d'un élément atteint, à faible densité d'intensité, $2^v,1$; si l'on maintient l'intensité constante, la différence de potentiel s'élève progressivement à $2^v,2$ et conserve assez longtemps cette valeur; c'est la période normale de la charge. Au bout de quinze à dix-huit heures

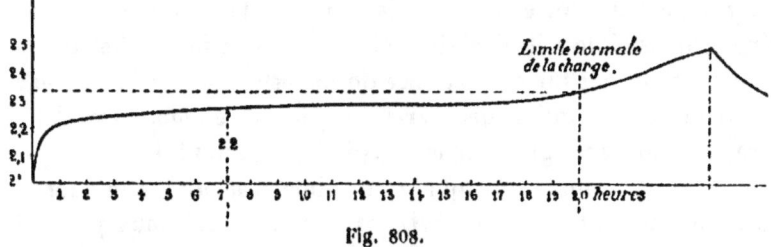

Fig. 808.

on voit augmenter le dégagement gazeux, et en même temps il

faut élever progressivement la valeur de la différence de potentiel aux bornes jusqu'à $2^v,4$, $2^v,5$ et même $2^v,6$, pour maintenir l'intensité constante. Le bouillonnement gazeux est alors considérable; la charge est terminée : l'énergie qu'on dépense se perd en totalité.

La force contre-électromotrice de l'accumulateur s'élève donc au fur et à mesure de l'augmentation de sa charge; on attribue en général cette surélévation de la force électromotrice qui accompagne l'augmentation du dégagement d'oxygène à la formation d'eau oxygénée ou d'acide persulfurique au pôle positif. Quoi qu'il en soit, la force électromotrice de l'élément retombe rapidement à sa valeur normale d'environ 2 volts aussitôt après l'interruption du courant de charge.

Si l'on exécute la charge dans ces conditions, à intensité constante d'environ $0^v,5$ par kilogr. de plaques, on arrête pratiquement la charge au moment où la différence de potentiel atteint 2^v35. La charge dure alors une vingtaine d'heures. Mais on peut gagner en rapidité de charge en forçant le courant pendant la première période : on charge par exemple quelquefois sous potentiel constant de $2^v,35$. Lorsque la réduction de la durée de la charge offre un intérêt sérieux, on adopte un régime de charge en deux différences de potentiel à $2^v,35$ et plus tard à $2^v,5$ par exemple. Le rendement et la longévité de l'accumulateur s'en ressentent; on ne doit guère, autant que possible, descendre au-dessous d'une durée de sept ou huit heures pour la charge.

Lorsqu'on est obligé de charger des batteries en parallèle, il faut veiller avec soin à la valeur de l'intensité du courant dans les diverses branches de la batterie totale, afin d'accumuler autant d'énergie dans les divers éléments.

Il convient en outre, pendant la charge, de mesurer au pèse-acide la densité de l'électrolyte. Cette densité varie en effet d'une façon continue au fur et à mesure de la restitution de l'acide par le sulfate; l'observation des variations de cet élément est donc susceptible de renseigner sur le degré d'avancement de la charge.

La densité normale du liquide, maxima à la fin de la charge (peroxyde aux plaques positives et plomb réduit aux plaques négatives), reçoit des valeurs différentes suivant les types; elle est voisine de 30° Beaumé.

A la décharge, la limitation de la densité d'intensité n'a pas moins d'importance. Si l'augmentation du poids de la batterie n'a d'autre inconvénient que d'accroître son prix, il est de sage économie d'employer des plaques robustes et d'en calculer l'étendue de manière à les faire débiter couramment à un régime voisin de 1 ampère par kilog. de plaques. La décharge dure alors une dizaine d'heures (plaques à ossature); c'est dire que la capacité utile de ces accumulateurs est voisine de 10 ampèreheures par kilog. de plaques. Si la légèreté de l'accumulateur prend une importance capitale comme il arrive pour la traction, on aura recours à un type allégé, et l'on admettra des densités d'intensité de 3, de 4 et même de 5 ampères par kilogramme de plaques, au moins pour certaines allures exceptionnelles. La décharge est alors beaucoup plus rapide; on peut arriver même à l'effectuer en une heure. Mais les plaques positives ne supporteront plus alors qu'un nombre relativement faible de charges et de décharges.

L'augmentation de fatigue des accumulateurs n'est pas le seul inconvénient de l'accroissement de la densité d'intensité : il faut compter avec la diminution du rendement. Si le rendement en quantité, qui en service courant peut atteindre 85 % aux faibles allures, reste supérieur à 75 %, le rendement en énergie peut tomber à 70 % et même à 60 % et 50 % aux forts débits; et la *capacité utile*, d'où dépend la distance que le véhicule peut franchir, s'en trouve réduite en proportion.

Il devient alors nécessaire dans certaines applications des accumulateurs, dans le cas notamment de leur emploi à la navigation sous-marine, de prévoir, avec l'allure à outrance qui ne saurait durer, une allure normale relativement douce, qui corresponde à un bon rendement; la capacité utile de la batterie, ou énergie qu'elle est susceptible de fournir *à ses bornes*, doit en effet rester assez considérable pour assurer à l'embarcation un rayon d'action suffisant. La courbe de la figure 809 donne la mesure de l'influence des faibles densités d'intensité sur la capacité utile en *ampèreheures*. La courbe de la capacité utile en *wattheures* descendrait encore plus rapidement, par suite de l'accroissement de la perte par effet Joule avec la densité d'intensité : de 18 à 20 wattheures au régime de 1 ampère par kilog., elle descendrait à moins de moitié au régime extrême de 5 ampères par kilog. (plaques à ossature). Avec des plaques légères, qui ont une capacité et de 15 et 18 ampère-heures au kilog. pour un régime de 1ᵃ,5 ou 1ᵃ,8 par kilog., on obtient moitié à peine à la décharge faite en une heure.

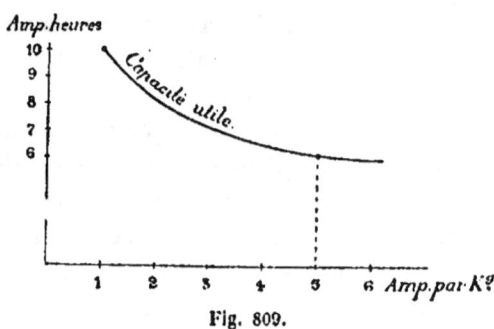

Fig. 809.

Mais ces chiffres supposent encore que la décharge de l'accumulateur soit exécutée peu de temps après la fin de la charge. Or, il y a le plus grand intérêt, dans le cas où des interruptions de fonctionnement de la batterie sont nécessaires, à ce que l'accumulateur conserve pendant longtemps sa charge. Il résulte d'expériences très complètes faites à Toulon en 1891, sur divers types d'accumulateurs, que la déperdition de charge par unité de temps, assez grande dans les premiers jours, arrive à se régler, suivant les types, à 2 %, 3 % ou 4 % par jour de 24 heures, en sorte qu'une batterie, déchargée le quinzième jour après la charge, ne donnerait guère en ampèreheures que la moitié de ce qu'elle donne quand la décharge est exécutée quelques heures après la charge.

Il importe enfin d'éviter autant que possible de faire débiter plusieurs batteries en parallèle. Cette combinaison est cependant nécessaire dans certaines applications, notamment pour obtenir des variations du couple moteur des dynamos que l'on alimente avec la batterie (§ 247, tome I). Il est alors extrêmement difficile d'égaliser les débits des diverses fractions en parallèle; les éléments se déchargent très inégalement et peuvent même arriver à se décharger les uns dans les autres.

306. Dispositions accessoires des accumulateurs; précautions diverses. — La plupart des accumulateurs offrent certaines dispositions communes qu'il convient ici de signaler. Les plaques sont en général placées verticalement, à côté les unes des autres, dans le bac qui contient l'électrolyte. Elles sont séparées les unes des autres à l'aide de cales isolantes, telles que bagues b (fig. 810 *bis*) en caoutchouc ou baguettes en ébonite cc (fig. 810).

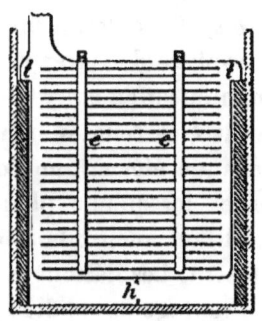

Fig. 810.

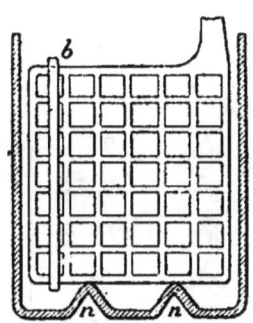

Fig. 810 *bis*.

Elles reposent sur des nervures $n.n$ ménagées au fond des bacs ou mieux par des talons tt sur des cales latérales. Ces dispositions ont pour but d'empêcher que les fragments de matière active, qui peuvent se détacher des plaques et tomber entre elles, n'établissent un court circuit entre leurs bords inférieurs ; si cet accident se produisait, les plaques seraient en effet rapidement détériorées par l'augmentation considérable des densités d'intensité que le court circuit laisserait se produire. Il est prudent de réserver ainsi sous les plaques un espace vide de 5 à 6 centimètres de hauteur sur les grands éléments destinés à soutenir un régime actif. Il convient également de maintenir entre les plaques un écart assez grand, écart que l'on a d'ailleurs intérêt à réduire le plus possible pour diminuer l'encombrement en même temps que la résistance intérieure, quelque faible que soit la résistance de l'électrolyte par rapport à celle de la matière poreuse de la plaque.

Les bacs sont tantôt en verre, tantôt en ébonite, enfermés ou non dans des caisses en bois. Ces dernières ont l'inconvénient d'être attaquées par les émanations acides de l'électrolyte. Les bacs en ébonite sont moins fragiles, mais leur étanchéité laisse parfois à désirer : la pression électrique tend à faire pénétrer dans les fissures le liquide électrisé, et l'on doit s'assurer, par un essai à l'eau, que les bacs supportent sans fuir une pression d'un kilog. par centimètre carré. On emploie aussi la tôle ébonitée.

Les connexions sont réalisées tantôt à l'aide de tringles filetées et d'écrous en laiton ou en bronze fig. 811, tantôt à l'aide de lames de plomb soudées au plomb (fig. 811 *bis*). Cette dernière disposition a l'avantage d'assurer une parfaite communication entre les lames qui doivent être réunies, mais elle fait de chaque élément un tout indivisible, et lorsqu'une plaque est avariée, il faut mettre hors circuit tout l'élément. Les liaisons à écrous offrent l'avantage de rendre les plaques indépendantes les unes des autres : elles permettent d'en enlever quelques-unes en marche pour les visiter et les supprimer s'il y a lieu ; mais il faut fréquemment s'assurer que le serrage est bon partout. S'il n'y a contact qu'en un point entre deux surfaces qui devraient porter exactement l'une sur l'autre, il peut se produire à cet endroit, au moment de la mise en marche ou d'une simple augmentation du débit, une étincelle qui suffit à déterminer l'explosion du mélange détonant formé par l'oxygène et l'hydrogène, dont le dégagement se produit en petite quantité d'une façon à peu près continue. Il faut donc que les connexions soient toujours en parfait état, pour que le portage des diverses parties entre elles soit bon partout. Or, si ces connexions sont en bronze, elles sont attaquées par l'acide sulfurique toujours entraîné par les bulles gazeuses ; si les écrous sont en plomb, ils se matent, se déforment et cessent vite d'assurer un bon serrage.

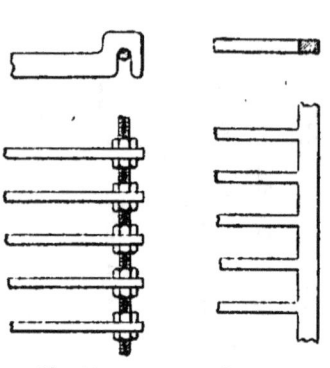

Fig. 811. Fig. 811 *bis*.

Pour éviter d'ailleurs les projections d'acide et diminuer en même temps l'évaporation du liquide, on recouvre parfois le liquide d'une légère couche de valvoline. L'inflammation du mélange détonant d'hydrogène et d'oxygène devient alors beaucoup plus grave, car elle peut déterminer l'inflammation de la valvoline, dont la combustion a causé dans certains cas de véritables incendies. Cet accident s'est produit notamment, lorsque, en vue de rendre les accumulateurs plus maniables et d'empêcher les projections de liquide en cas de mouvements brusques comme ceux du roulis d'un navire, on a muni les accumulateurs de couvercles emprisonnant les connexions. Lors donc que les bacs doivent être fermés, il est nécessaire de reporter au dehors du couvercle les connexions à écrous (fig. 812) ou bien d'adopter des connexions au plomb sans partie mobile (fig. 813).

Il faut de toutes façons ménager, dans le couvercle du bac, une ouverture assez large non seulement pour assurer le dégagement des gaz, mais encore pour exécuter le remplissage. Il importe en effet que la densité du liquide ait bien au pèse-acide la valeur déterminée par le constructeur; on devra donc observer celle-ci de temps à autre, et la ramener à sa valeur normale en ajoutant de l'eau acidulée pour réparer les pertes causées par l'évaporation et par le dégagement des bulles de gaz qui entraînent de

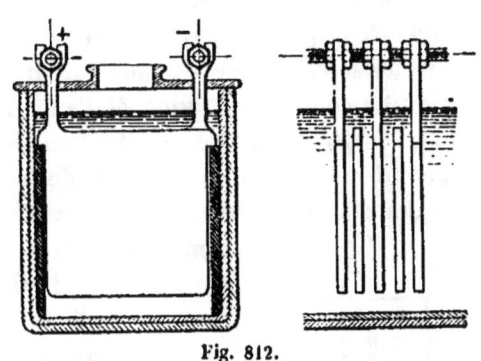

Fig. 812.

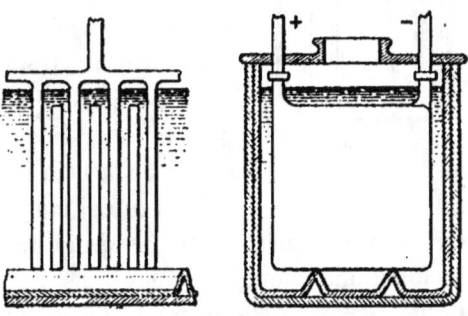

Fig. 813.

l'acide avec elles. L'abaissement du niveau du liquide au-dessous des cans supérieurs des plaques aurait l'inconvénient non seulement de diminuer la surface active des plaques, mais encore de les laisser sécher à la partie haute, ce qui les détériorerait rapidement. On doit veiller aussi à ce que la densité du liquide soit bien la même dans toute la profondeur; l'acide sulfurique a tendance à tomber au fond, et s'il en est ainsi, le débit augmente à la région inférieure. De l'inégalité de fatigue entre les diverses parties des plaques résulte pour elles une diminution de durée; la corrosion même du grillage de plomb est à craindre. Pour prévenir cet accident, on doit agiter le liquide soit directement soit par insufflation d'air.

C'est un fait reconnu que dans un accumulateur les plaques positives fatiguent beaucoup plus que les négatives : dans une batterie conduite avec ménagement et régularité, les plaques brunes (positives, peroxydées) peuvent supporter au plus deux à trois cents décharges, tandis que les grises (négatives, plomb réduit) peuvent se conserver en bon état presque indéfiniment. Ce fait conduit à constituer chaque élément d'un nombre impair de plaques, les plaques négatives étant en nombre supérieur d'une unité au nombre des plaques positives, de façon que l'élément se termine aux deux bouts par une plaque négative (fig. 814). Les plaques extrêmes ne travaillent en effet que par leur face interne, et fatiguent beaucoup plus du fait même de la dissymétrie des efforts intérieurs; c'est donc aux plaques que leur rôle fatigue le moins, qu'appartient ce poste. Il va de soi qu'on ne garnit pas de matière active la face externe des plaques extrêmes.

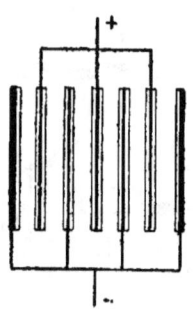

Fig. 814.

La durée des plaques d'une batterie d'accumulateurs est liée, avons-nous dit déjà, au soin qu'on en a et à la douceur des régimes qu'on lui fait subir, mais elle dépend aussi de la régularité des alternatives de charge et de décharge. Les interruptions de fonctionnement, obligées dans certaines applications, sont préjudiciables à la conservation de la matière active. Il ne faut pas surtout que les plaques demeurent trop longtemps à faible charge sans fonctionner : les plaques négatives se sulfateraient et perdraient de leur capacité. Pour conserver des accumulateurs, qui doivent rester longtemps sans fonctionner, le meilleur procédé à employer est de les charger au maximum, de les démonter et de plonger les plaques grises de plomb spongieux dans l'eau pure; les plaques brunes peroxydées peuvent rester impunément à l'air. Pour détruire la sulfatation dans le cas où elle s'est produite, on donne aux plaques un *bain d'hydrogène* par charges lentes dans un liquide peu chargé d'acide; la densité du liquide augmente au fur et à mesure de la régénération de l'acide.

307. Accumulateurs Commelin-Desmazures. — Outre leur poids considérable, les accumulateurs au plomb ont le grave inconvénient d'exiger l'emploi de l'acide sulfurique qui, entraîné par les dégagements gazeux, vicie l'atmosphère et attaque le fer et l'acier. Aussi a-t-on cherché depuis longtemps d'autres accumulateurs : la pile de Lalande et Chaperon a fourni l'accumulateur Commelin-Desmazures, essayé à diverses reprises dans la marine.

Les électrodes positives sont des lames formées de cuivre pulvérulent fortement comprimé entre deux toiles métalliques. Les électrodes négatives ont une ossature en fil de fer étamé, qui sert de support au zinc que la charge y dépose. L'électrolyte est du zincate de potasse. L'ensemble est enfermé dans des bacs en fer blanc ; on met ces derniers en communication électrique avec les électrodes négatives, afin de continuer la dissolution du zinc qui, pendant la décharge, peut se détacher de ces électrodes et tomber au fond du bac. On recouvre le liquide d'une couche de valvoline pour empêcher la potasse d'absorber l'acide carbonique de l'air.

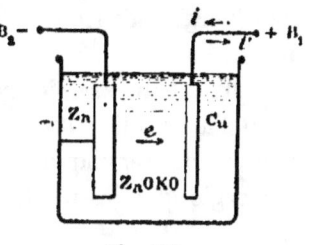

Fig. 815.

Le fonctionnement de l'accumulateur est le suivant : pendant la charge, lorsqu'on vient appliquer aux bornes B_1 et B_2 (fig. 815) une différence de potentiel v, le zincate se décompose ; le cuivre poreux absorbe l'oxygène et le zinc se dépose sur la carcasse de fil de fer de l'électrode négative. La charge est terminée quand tout le zinc est déposé : si l'on poussait au delà, l'hydrogène de l'eau se dégagerait. La pile ainsi régénérée est prête à donner un courant i, par la recombinaison du zinc, de l'oxygène et de la potasse.

La force électromotrice de l'accumulateur e est comprise entre $0^v,7$ et $0^v,85$. La résistance intérieure de l'élément varie notablement : elle augmente pendant la charge, et diminue pendant la décharge au fur et à mesure de la formation du zincate de potasse. Il peut arriver, vers la fin de la décharge, que le zincate de potasse cristallise au fond des bacs.

Ces accumulateurs, essayés à Toulon à diverses reprises, n'ont pas donné de résultats satisfaisants. Leur rendement reste inférieur à 0,50. Ils conservent mal leur charge. Les chutes de zinc et d'oxyde de cuivre, assez fréquentes, risquent d'établir des courts circuits dans l'intérieur de l'élément. Pour remédier à cet inconvénient, on a essayé d'envelopper les plaques d'oxyde de cuivre de sacs en toile parcheminée ou en amiante; mais on augmente ainsi la résistance intérieure de l'élément. Bref, on en vient en général à préférer à ces accumulateurs que leur innocuité rendait si séduisants, les accumulateurs au plomb.

308. Usages divers des accumulateurs; installation. — Les accumulateurs, par leurs qualités fondamentales, peuvent être utilisés de diverses manières : malheureusement leur délicatesse et leur poids restreignent le cercle de leurs applications. Ils peuvent effectivement restituer l'énergie qu'ils emmagasinent 1° à une époque quelconque, 2° dans un lieu quelconque, 3° sous un potentiel quelconque; ils peuvent donc servir à ajourner l'emploi de l'énergie électrique, à la transporter, ou à en transformer les facteurs.

I. Dans leur premier rôle, ils peuvent compléter avantageusement l'installation d'une usine productrice d'électricité : ils permettent de régulariser le débit des dynamos, absorbant l'excès d'énergie qu'elles produisent aux heures de moindre consommation pour la restituer à celles de production insuffisante. On les utilise ainsi à alimenter l'éclairage de certains ateliers qui travaillent en dehors des heures de marche des dynamos de charge. Ils s'installent alors sans difficulté et peuvent se trouver, par la régularité même de leurs alternances de charge et de décharge, dans d'excellentes conditions de conservation. On les place dans un local bien aéré, ventilé au besoin artificiellement pour entraîner les mélanges gazeux et les émanations acides. On peut les disposer en plusieurs étages, à la condition toutefois de laisser au-dessus de chaque plan d'éléments assez d'espace pour les surveiller et exécuter les manipulations qu'exige leur entretien : remplissage, agitation du liquide, relevé des densités, etc. Il faut apporter un grand soin à les isoler pour éviter toute déperdition d'énergie : on fait

Fig. 816.

reposer les bacs sur des supports en caoutchouc ou mieux en verre. On emploie même des supports en verre faits de deux parties entre lesquelles on interpose de l'huile, pour éviter toute communication avec le sol par traînée d'humidité.

A bord des navires de guerre, on cherche autant que possible à réaliser ces diverses conditions dans l'installation des accumulateurs. On n'y arrive que partiellement. On ne les emploie d'ailleurs plus qu'à la production des signaux de nuit par lampes à incandescence rouges et blanches, et encore cela n'est-il que sur les bâtiments qui n'ont pas, comme la plupart, une chaudière allumée en permanence, toujours prête par conséquent à alimenter le moteur d'une dynamo. Une batterie de signaux comprend 50 éléments de 25 kilog. dont 2 de rechange. La capacité utile de chaque élément est de 120 ampèreheures au débit de 12 ampères, soit $0^a,5$ par kilog. du poids total, ce qui est une très faible densité d'intensité. On peut faire des signaux dix jours encore après la charge.

II. Au point de vue du transport de l'énergie, l'accumulateur est l'analogue d'une chaudière avec ses soutes, son charbon et son eau, avec cette différence que l'accumulateur enferme tous les éléments nécessaires au dégagement de l'énergie électrique et qu'il ne change pas de poids en fonctionnant, tandis que la chaudière trouve partout l'oxygène dont elle a besoin pour dégager en chaleur l'énergie du charbon, et que l'ensemble s'allège au fur et à mesure de la consommation du charbon. La constance du poids de l'appareil peut présenter dans certains cas l'avantage de conserver un équilibre déterminé, dans la navigation sous-marine par exemple, mais la faiblesse relative de la puissance et de l'énergie surtout, que les accumulateurs au plomb sont susceptibles de fournir par unité de poids, leur constitue une infériorité marquée par rapport à d'autres engins moteurs. Si en effet on veut pouvoir compter sur une durée de fonctionnement continue d'une dizaine d'heures, ce qui est peu pour une embarcation, il faut décharger la batterie à raison d'un ampère environ par kilog. de plaques, en supposant des accumulateurs assez robustes pour qu'on n'ait pas à les réparer trop fréquemment. La force électromotrice moyenne d'un élément étant au plus de 2^v, le poids du watt ressort à $0^k,500$ au moins en plaques et à $0^k,700$ tout compris, car le rapport du poids total d'un accumulateur (plaques, liquide, bac, etc. compris) au poids de ses plaques est en moyenne de 1,40. Le cheval de 736 watts arrive alors à peser plus de 500 kilogrammes, et le poids du chevalheure est de 50 kilog. 35. Or, les chaudières de torpilleur pèsent à peine 35 kilog. par cheval, y compris leur eau et un approvisionnement de charbon pour dix heures, ce qui mettrait à $3^k,5$ le chevalheure. Au régime de 2 ampères par kilog. de plaques, la capacité utile tombe à 8 ampèreheures (fig 809) et la décharge est finie en 4 heures; la différence de potentiel aux bornes est moindre que 2 volts : en la comptant à 2 volts même, on arrive à 4 watts par kilogramme de plaques, c'est-à-dire à plus de 250 kilogrammes d'accumulateurs complets par cheval et à 62^k, 5 par chevalheure. Dans ces conditions, c'est-à-dire avec un approvisionnement de 4 heures, la chaudière ne pèserait que 7^k au chevalheure.

L'accumulateur ne peut donc pas rivaliser avec la chaudière (le moteur électrique n'ayant pas d'ailleurs un poids exagéré — 35 à 40^k par cheval). On peut diminuer le poids du cheval ; mais c'est la capacité qu'il faudrait augmenter considérablement. Avec des régimes de 4 et 5 ampères par kilog. de plaque, l'accumulateur peut fournir le cheval à moins de 125 kilog., mais il n'a d'énergie que pour soutenir cette allure pendant deux ou trois heures au plus : de telles combinaisons ne sont admissibles qu'avec un service régulier de voitures, par exemple, qui peuvent, à intervalles déterminés, remplacer en quelques instants leurs batteries déchargées par des batteries toutes prêtes.

Dans ce cas, la batterie de la voiture sera disposée dans une caisse fermée qu'on installera, par exemple, sous la voiture entre les roues, sur glissières, afin que la manœuvre du changement de caisse se fasse rapidement. La surveillance est momentanément supprimée, mais la visite est faite à chaque charge, caisse ouverte; la ventilation est alors bonne, et les gaz produits pendant la décharge bien dégagés.

Sur un sous-marin au contraire, on ne peut songer à débarquer et à réembarquer des batteries. Il faut alors arrimer les accumulateurs à demeure, en observant toutes les précautions indiquées aux paragraphes précédents en vue de faciliter la surveillance et les manœuvres diverses. Les dégagements de gaz avec émanations acides ne se produisant en abondance qu'à la charge, la ventilation doit être énergique pendant cette opération, afin de ne laisser subsister dans l'atmosphère du bateau, destiné à être clos, aucun principe malsain.

III. Comme transformateurs enfin, les accumulateurs peuvent être chargés en série, et déchargés en sous-batteries. On leur préfère en général des transformateurs dynamos.

309. Batteries d'accumulateurs; exemples de coupleurs. — Ainsi que nous l'avons déjà dit, il faut éviter autant que possible de faire fonctionner des accumulateurs en plusieurs batteries parallèles; il ne devrait donc être question que de montage en tension, de manière à obtenir une décharge égale de tous les éléments à tous les instants.

Mais dans le cas de la traction ou de la navigation électrique, un moyen avantageux, au point de vue du moteur, pour obtenir les variations d'allure dont on a besoin, consiste précisément à faire varier la différence de potentiel aux bornes de la source qui alimente le moteur (§ 247 Tome I). En augmentant en effet la différence de potentiel aux bornes du moteur on augmente en général l'intensité du courant de régime, le couple moteur et la vitesse. On est alors conduit à réaliser diverses combinaisons qui fournissent pour les divers régimes principaux des forces électromotrices convenables. On emploie dans ce but des *coupleurs* dont la manœuvre doit permettre d'exécuter rapidement les changements de connexions nécessaires.

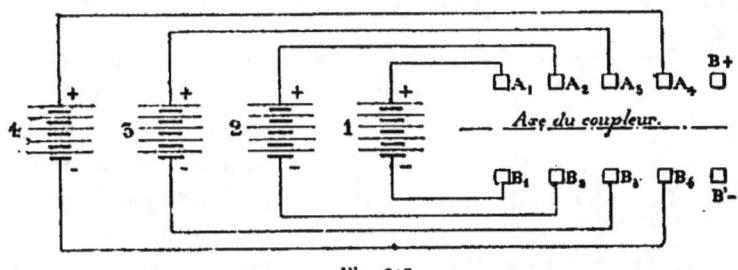

Fig. 817.

On peut donner à ces appareils diverses dispositions schématiquement équivalentes. Supposons qu'il s'agisse de coupler différemment quatre sous-batteries $A_1 B_1 A_2 B_2 A_3 B_3 A_4 B_4$. (fig. 817) :

le coupleur comprendra par exemple un cylindre qui portera des touches isolées rangées par bandes suivant ses génératrices, comme le représentent les figures 818 et 819, et des deux côtés du cylindre, placés dans un même plan diamétral, seront disposés des plots en communication permanente chacun avec un pôle des sous-batteries. Les touches du coupleur seront réparties sur autant de paires de génératrices diamétralement opposées qu'il y aura de combinaisons à réaliser, trois par exemple. Des connexions intérieures convenables, établies à demeure entre les touches d'une même paire de génératrices, réaliseront les liaisons voulues entre les pôles $A_1 A_2\ldots B_1 B_2\ldots$ Dans la position α (première partie de la fig. 818), les quatre sous-batteries sont en quantité, donnant ainsi à la batterie totale aux bornes extérieures une force électromotrice de 100 volts par exemple et une résistance égale à $\frac{1}{4} R$, si chaque sous-batterie fournit 100 volts et offre une résistance de R ohms. Dans la position β les sous-batteries sont connectées en deux groupes parallèles de deux sous-batteries en tension, et la source prend une force électromotrice de 200 volts et une résistance intérieure

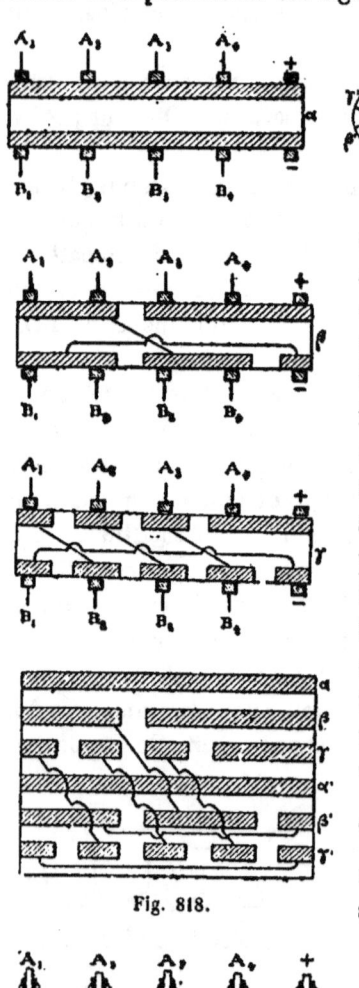

Fig. 818.

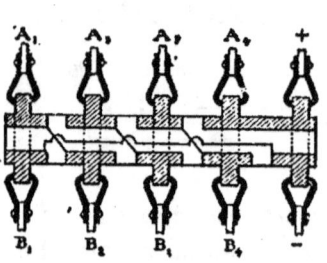

Fig. 819.

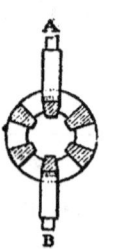

de R ohms. Dans la portion γ, le coupleur met enfin les quatre sous-batteries en tension; la force électromotrice passe à 400 volts et la résistance atteint 4 R ohms.

La dernière des figures 818, qui représente le développement de la surface du coupleur, permet de se rendre aisément compte des liaisons intérieures à réaliser entre touches.

La figure 819 indique une disposition avantageuse : les touches du cylindre sont munies de talons et les plots armés de lames-ressorts en cuivre rouge; les talons des diverses touches avec leurs isolants forment des nervures annulaires qui viennent s'engager entre les pinces des plots. Le contact est ainsi bien assuré et les ruptures se font par glissement relatif des surfaces en contact (§ 241, tome I).

310. Tableaux de chargement des accumulateurs. — En terminant l'étude des accumulateurs nous dirons un mot des appareils nécessaires à leur chargement.

Dans le cas où la batterie une fois chargée débite dans un circuit absolument indépendant du circuit des dynamos de charge, les connexions se font aussi simplement que possible par câbles réunissant les bornes du tableau de chargement aux bornes de la batterie. Sur le tableau sont disposés les interrupteurs ordinaires pour envoyer le courant dans les accumulateurs ou pour l'interrompre, les ampèremètres et les voltmètres pour suivre les variations du régime de chargement, puis des rhéostats qui permettent de faire varier la résistance des circuits et, par conséquent, de régler l'intensité du courant de charge dans chaque batterie. Enfin on ajoute d'ordinaire sur le tableau des *disjonctions automatiques*, dont la fonction est de couper le circuit d'une batterie lorsque, pour une raison ou une autre, l'intensité du courant de charge s'écarte trop dans un sens ou dans l'autre de sa valeur normale. Ces appareils comprennent en général un électro aimant capable, en attirant son armature ou en l'abandonnant, de déclancher un doigt et de laisser ainsi basculer un commutateur sous l'action d'un contrepoids ou d'un ressort. Il importe notamment de rendre impossible tout renversement du courant en cas de ralentissement fortuit de la dynamo de charge : la force électromotrice de cette dynamo diminuant en effet en raison même de son ralentissement supposé, la force contre-électromotrice de l'accumulateur pourrait l'emporter et déterminer l'inversion du courant. L'accumulateur se déchargerait alors dans la dynamo [1].

La figure 820 représente le schéma d'un interrupteur automatique, lâchant son armature aussitôt que le courant devient trop faible pour résister au ressort r, et laissant le ressort R manœuvrer le commutateur pour couper le courant i.

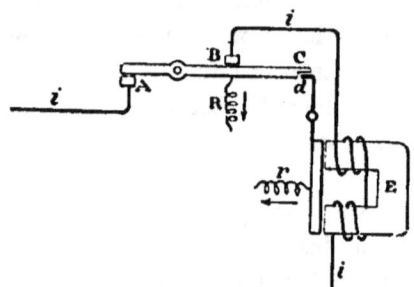

Fig. 820.

Pour mettre en train la charge, il faut venir enclancher à la main le doigt d sous la queue du commutateur C; le courant peut alors passer entre A et B, et l'action magnétique de l'électroaimant E maintient le doigt en prise tant que le courant i est assez fort.

Il arrive souvent que les accumulateurs ne servent qu'à remplacer pendant certaines heures les dynamos génératrices. Ils doivent dans ce cas fournir le courant de décharge dans le circuit d'utilisation même des dynamos, et de plus donner la différence de potentiel qu'elles produisent elles-mêmes, quand elles alimentent à leur tour ce circuit : le nombre des éléments en série dans la batterie est alors tel que la force électromotrice atteigne la valeur de celle de la dynamo. Celle-ci ne serait donc pas capable de les charger tous en tension. Si l'on veut néanmoins utiliser la dynamo même à les charger, on les divise en deux batteries B_1 B_2 que l'on place en quan-

---

(1) On remarquera à ce sujet qu'il vaut mieux employer à la charge des accumulateurs des dynamos excitées en dérivation, car l'inversion du courant ne présenterait aucun inconvénient au moins du côté de la dynamo, tandis qu'avec une dynamo en série l'inversion du courant produirait l'inversion des pôles.

tité, et, pour absorber la différence de potentiel en excédent, on ajoute en série sur chaque batterie un rhéostat qui sert à régler l'intensité du courant de charge ($r_1\ r_2$, fig. 821). C'est la combinaison adoptée à bord des navires pour le chargement des batteries de signaux. Pour la charge, les connexions doivent être établies en CCC par le jeu des commutateurs; pour la décharge, elles seraient établies en DDDD. On voit en outre qu'une communication établie en F mettrait les signaux à la dynamo. On remarquera les dispositions des commutateurs de l'ampèremètre, grâce auxquelles

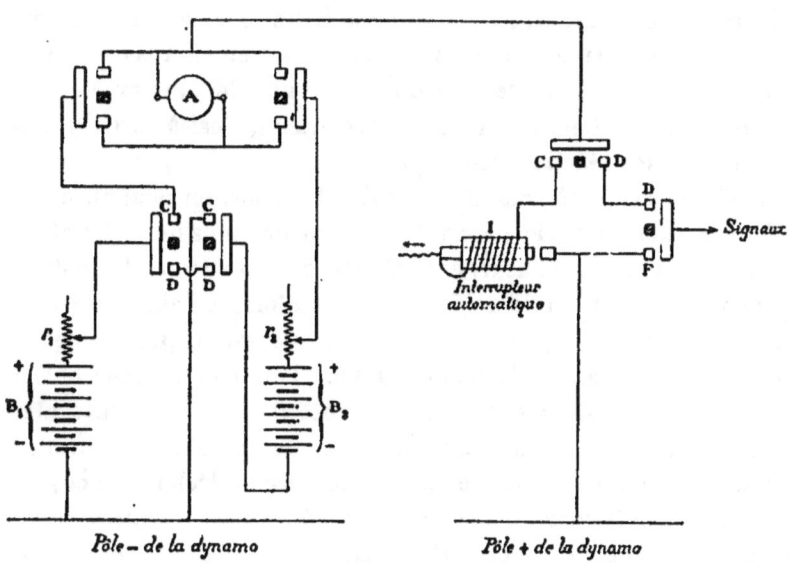

Fig. 821.

on peut lire l'intensité totale ou bien l'intensité de chaque branche, suivant le plot que l'on met en communication avec la traverse.

Il va de soi que l'emploi de rhéostats, assez importants pour abaisser d'environ moitié la différence de potentiel aux bornes des demi-batteries, n'est admissible que dans le cas où le service assuré par les accumulateurs ne compte que pour une faible part dans la puissance totale de l'installation. Dans le cas contraire, il vaut mieux surélever la force électromotrice de la dynamo de charge pour la rendre capable de charger tous les éléments en tension.

341. Essais des accumulateurs. — Outre la détermination de son poids, les essais d'une batterie d'accumulateurs comprennent la mesure de sa capacité et de son rendement, en même temps que la vérification de son bon fonctionnement aux divers débits qu'elle doit fournir. On installe les accumulateurs dans des conditions d'isolement et d'aération convenables, on s'assure que les connexions entre éléments sont bien établies, on donne au liquide la densité qu'il doit avoir, plus ou moins voisine de 30° avec le niveau normal, et l'on procède à une série de charges et de décharges successives aux densités d'intensité voulues, en limitant la différence de potentiel aux bornes de la batterie à un voltage déterminé en raison de la valeur du courant : c'est en effet la force électromotrice des accumulateurs qui renseigne le plus exactement sur le degré de charge ou de décharge atteint, c'est-à-dire sur l'avancement des réactions chimiques.

Pour faire varier à volonté l'intensité du débit, on peut absorber l'énergie de la batterie pendant la décharge dans un rhéostat liquide, dont on règle l'écart entre électrodes à la demande de l'ampèremètre du circuit de débit. On relève alors, à l'aide d'un voltmètre de précision, la différence de potentiel aux bornes à intervalles de temps réguliers, ou bien l'on met en marche les appareils enregistreurs dont on dispose. On construit de toutes façons la courbe du voltage en fonction du temps, et l'on détermine aussi pour chaque régime le temps que dure la décharge : ces relevés donnent immédiatement la capacité en ampèreheures ou encore l'endurance en heures de la batterie au régime correspondant. En multipliant à chaque instant les volts aux bornes par les ampères du courant, on a la puissance utile en watts.

On obtient de la sorte des courbes telles que celles des figures 822, 822 *bis* et 822 *ter*, que nous empruntons au rapport d'essais d'une batterie d'accumulateurs livrée à Toulon en 1896 par la Société du Travail électrique des métaux.

Ces courbes indiquent, en outre, l'importance de la chute de voltage que produit le débit, c'est-à-dire l'effet Joule dans la batterie : on a eu le soin, en effet, de mesurer le voltage en circuit ouvert un instant avant la fermeture du circuit et immédiatement après sa réouverture à la fin de la décharge.

En procédant de même à divers débits, on construit sans peine la courbe représentative de la variation de la capacité utile avec la grandeur du courant de décharge (fig. 809), et en comparant l'énergie restituée, ou encore les ampèreheures débités pendant la

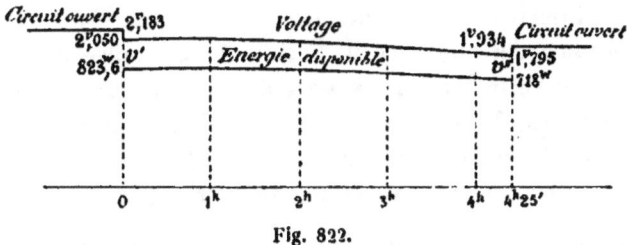

Fig. 822.

décharge, à l'énergie ou aux ampèreheures fournis lors de la charge, on obtient, pour chaque régime, l'expression du rendement

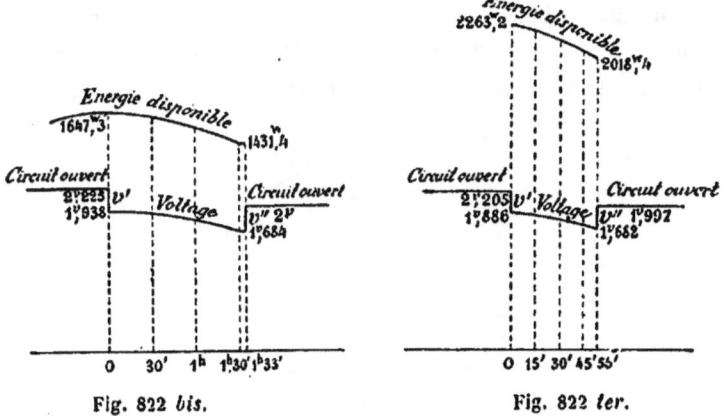

Fig. 822 *bis.* Fig. 822 *ter.*

en énergie ou du rendement en quantité de la batterie. Mais, pour obtenir une valeur exacte du rendement, il importe de faire pour chaque régime une série de charges et de décharges consécutives entre mêmes limites de voltage, car, avec une seule expérience, on n'est pas certain que l'énergie, que les accumulateurs fournissent à la décharge, ne provienne pas en partie d'une charge antérieure à celle qui précède immédiatement la décharge.

On doit visiter avec soin les plaques après la dernière décharge, pour s'assurer qu'elles ne portent aucune trace de fatigue et qu'il ne s'est, en particulier, détaché aucune portion importante de matière active, toute suppression de matière active diminuant effectivement la capacité.

Pour compléter les essais, on peut se proposer de déterminer la résistance intérieure des éléments de la batterie. Cette résistance n'est pas plus constante que ne l'est la force électro-motrice : elle varie, comme cette dernière, avec le degré d'avancement des réactions chimiques. On peut en obtenir une valeur approchée, pour un régime donné, en divisant par l'intensité du courant de décharge la moyenne des chutes de voltage au commencement et à la fin d'une expérience (moyenne $\dfrac{v' + v''}{2}$ sur chacune des figures 822, 822 *bis* et 822 *ter*).

Divers auteurs ont employé [1], pour apprécier la résistance intérieure ρ d'un accumulateur pendant son fonctionnement, diverses méthodes basées sur un principe indiqué par Kohlrausch, qui consiste à constituer avec l'accumulateur et diverses résistances étalonnées sans réactance r, a et b un pont (fig. 823) aux sommets

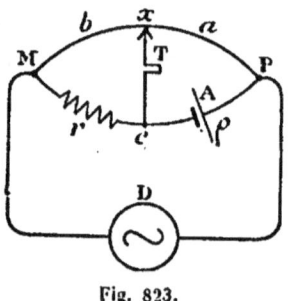

Fig. 823.

M et P duquel on fait agir une force électromotrice périodique, et à chercher le point x du rhéocorde, auquel il faut raccorder l'extrémité du fil d'un téléphone, déjà fixé en c, pour que le téléphone ne révèle le passage d'aucune onde variable : le téléphone reste en effet insensible aux courants produits par l'accumulateur, dont la force électromotrice est constante, et l'extinction de ses résonnan-

---

[1] Voir à ce sujet le *Traité des mesures électriques* de M. Éric Gérard.

ces indique l'équilibre entre les impédances ρ', r, a et b des quatre branches (§ 158, tome I). C'est donc en réalité non la résistance ohmique de l'accumulateur, mais bien son impédance (résultante géométrique de sa résistance et de sa capacitance, § 89, tome I) que l'on mesure ainsi. Ainsi que l'a remarqué M. Boccali, les seules variations de la force électromotrice d'une dynamo à courant continu (fig. 347, tome I) suffisent à faire résonner le téléphone, lorsque l'équilibre des impédances n'est pas réalisé; la source alternative D peut donc être remplacée par la dynamo de charge de l'accumulateur A. On peut ainsi faire la mesure de la résistance ρ pendant la charge de l'accumulateur, et, pour faire la même mesure pendant la décharge, il suffit de produire des variations périodiques de la résistance du circuit de décharge à l'aide d'un rhéostat quelconque.

SIXIÈME PARTIE

LAMPES ET PROJECTEURS

CHAPITRE PREMIER.

Photométrie; considérations générales.

312. Champ lumineux. — On peut juger de l'efficacité d'une source de lumière à l'éclat qu'elle communique à un petit écran blanc mat lorsqu'on le place en divers points de son champ d'action dans l'orientation où, pour chaque point, cet éclat est le plus vif. L'éclat communiqué est l'effet de l'action de la source, mais il varie avec la nature de l'écran et, indépendamment de ces variations, on doit concevoir pour chaque point un élément propre à la source, fonction seulement des coordonnées du point, qui serait l'intensité du champ de la source en ce point ; cette intensité a une direction, elle est normale à l'écran dans son orientation d'éclat maximum. C'est à la valeur de cette intensité d'action que l'on doit réserver le nom *d'éclairement*.

L'expérience enseigne que, dans le champ d'une source lumineuse punctiforme, ou, ce qui revient au même, dans le champ d'une source quelconque à partir de distances assez considérables par rapport à ses dimensions, l'intensité de champ est dirigée suivant les rayons issus du centre moyen de la source et que l'éclairement varie aux divers points d'un même rayon en raison inverse du carré des distances. On le constate justement par ce fait que quatre sources identiques, assez rapprochées pour pouvoir être considérées, à partir d'une certaine distance, comme une source unique, donnent, sur un écran placé à une distance $2r$, exactement le même éclat qu'une seule d'entre elles sur un écran identique placé à la distance r. On a donc la condition

$$e = \frac{1}{r^2}$$

en désignant par I une constante pour la direction considérée, constante à laquelle on donne le nom d'*intensité lumineuse* de la source *pour cette direction*.

On peut donc admettre que, dans un tube conique ayant son sommet au centre de la source, la puissance de l'ondulation est la même, ou encore qu'il existe dans toute la longueur du tube ou pinceau lumineux un *flux* de lumière qui, abstraction faite de l'absorption du milieu, se conserve et donne sur les sections droites du cône, dont la surface croît en raison directe du carré des distances, une *densité de flux* inversement proportionnelle au carré de la distance. C'est cette densité de flux qui définit l'éclairement ; c'est elle qui déterminerait, pour un écran donné, orienté normalement, la vivacité de l'éclat.

En désignant alors par $\Delta\Phi$ le flux de lumière contenu dans le cône élémentaire (fig. 824), par ΔS la section du cône à la distance r et par $\Delta\omega$ l'angle solide du cône ou angle sous lequel du centre S on voit l'élément ΔS, on aurait pour définir le flux les équations

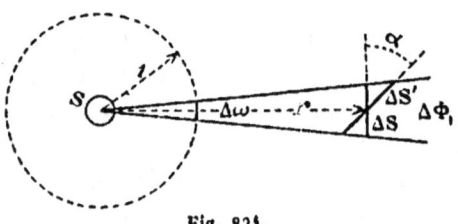

Fig. 824.

$$e = \frac{\Delta\Phi}{\Delta S} = \frac{\Delta\Phi}{\Delta\omega\, r^2} = \frac{I}{r^2}$$

d'où l'on tire

$$I = \frac{\Delta\Phi}{\Delta\omega}$$

c'est-à-dire que l'intensité lumineuse de la source dans une direction déterminée est le flux par unité d'angle solide que la source émet dans la direction considérée ; cette intensité se mesure par l'éclairement que la source fournit dans cette direction à l'unité de distance. Une même source offre en général des intensités lumineuses très différentes dans les diverses directions.

Sur un écran oblique par rapport au rayon, tel que $\Delta S'$, le flux par unité de surface est

$$e_\alpha = \frac{\Delta\Phi}{\Delta S'} = \frac{\Delta\Phi}{\Delta S}\cos\alpha = e\cos\alpha.$$

L'éclairement dans une direction qui fait un angle α avec le rayon lumineux est donc égal à l'éclairement dans la direction du rayon multiplié par le cosinus de l'angle α; c'est la composante de l'intensité du champ de lumière prise dans cette direction.

L'éclat qu'emprunte un écran de nature déterminée, lorsqu'il est soumis à un éclairement e, est proportionnel à l'éclairement, mais il n'est pas l'éclairement. *L'éclat* d'une paroi lumineuse se définit par le rapport de l'intensité lumineuse I, que cette paroi émet suivant sa normale, à la valeur de sa propre surface.

L'éclat intrinsèque d'une source

$$\varepsilon = \frac{I}{S}$$

se définit de même.

313. Étalons d'intensité lumineuse. — Une source de lumière ne vaut, au point de vue pratique, que par l'éclairement qu'elle fournit aux diverses distances et dans les diverses directions. Mais la valeur des éclairements se déduit immédiatement de la connaissance des intensités lumineuses, et c'est à la détermination de ces dernières que viseront à peu près tous les essais photométriques industriels. Les mesures consistent d'ailleurs en de simples comparaisons entre ces intensités et celle d'une lampe déterminée, qu'on a adoptée pour étalon.

La définition de l'étalon d'intensité lumineuse a subi de nombreuses modifications, et ce n'est que dans ces dernières années que l'accord paraît s'être établi pour adopter l'étalon Violle : l'unité d'intensité lumineuse est alors l'intensité verticale émise par un centimètre carré de platine à la température de solidification. C'est cet étalon dont le gouvernement français a décrété l'adoption comme unité officielle. (*J. O.* du 2 mai 1896).

Cet étalon est malheureusement d'un emploi incommode ; aussi se sert-on couramment d'étalons secondaires, dont on exprime la valeur en fonction de l'étalon Violle. Indépendamment des bougies de diverses provenances, dont les intensités lumineuses horizontales varient de 0,058 à 0,064 violle, on se sert souvent d'un bec

Carcel qui brûle à l'heure 42 grammes d'huile de colza épurée [1], et donne horizontalement une intensité lumineuse de 0,481 Violle.

Dans l'étalonnage des lampes à incandescence, on emploie d'ordinaire, comme lampe étalon, une lampe à incandescence spéciale dont on règle avec soin le voltage et dont on observe d'ailleurs l'intensité de courant, afin de se renseigner sur les variations qu'elle pourrait subir.

L'emploi du gaz d'éclairage ne paraît pas devoir offrir de garanties suffisantes d'invariabilité. Il en est de même des lampes à arc.

314. Unités pratiques de lumière. — Dans ces dernières années, M. Blondel a proposé d'adopter, pour les diverses grandeurs que l'on retrouve constamment en photométrie, un système d'unités pratiques qui, sans avoir reçu encore de sanction officielle, est déjà d'un usage fréquent.

Dans ce système, l'unité d'intensité lumineuse, le *pyr*, est le 1/20° de l'étalon Violle; c'est le sous-multiple simple de l'étalon officiel qui se rapproche le plus de la valeur moyenne de la bougie.

Le flux de lumière étant relié à l'intensité lumineuse par la relation $I = \dfrac{\Delta\Phi}{\Delta\omega}$, l'unité de flux, le *lumen*, doit être le flux que rayonne dans l'unité d'angle solide une source punctiforme uniforme d'un pyr.

L'éclairement et l'intensité lumineuse sont reliés par la relation $e = \dfrac{I}{r^2}$; on doit donc prendre, comme unité d'éclairement, l'éclairement que fournit une intensité d'un pyr à l'unité de distance. Or,

---

[1] Les dimensions de ce bec sont les suivantes :

Diamètre extérieur du bec.............	23m/m,5
Diamètre du courant d'air intérieur.....	17
.... extérieur.....	45,5
Hauteur totale de la cheminée de verre...	290
Distance du coude à la base du verre.....	61
Diamètre extérieur au niveau du coude...	47
.... au haut de la cheminée.	34
Épaisseur moyenne du verre............	2

Pour régler la lampe on l'installe à l'extrémité d'un fléau de balance qui bascule lorsque la lampe a brûlé par exemple 7 grammes d'huile ; on modifie le tirage ou la hauteur de la mèche jusqu'à ce que cette combustion corresponde exactement à 10 minutes.

dans les mesures photométriques courantes, c'est le mètre qu'on emploie d'ordinaire pour exprimer les distances. En conservant cette unité l'unité d'éclairement devient l'éclairement d'un pyr à un mètre; c'est le *lux*. L'éclairement étant défini d'ailleurs par la densité de flux $e = \dfrac{\Delta \Phi}{\Delta S}$, on voit que le lux correspond encore à une densité de flux d'un lumen par mètre carré.

L'éclat d'une paroi lumineuse de surface S se définissant par le rapport de l'intensité lumineuse que la paroi rayonne dans la direction de sa normale à la valeur de sa propre surface, soit $\varepsilon = \dfrac{I}{S}$, on choisit pour unité l'éclat d'une source qui rayonne un pyr par centimètre carré, en reprenant ici l'unité habituelle de surface.

La durée d'action d'un éclairement déterminé est à considérer dans certains cas, en photographie notamment; les effets chimiques de la lumière sont en effet dans une certaine mesure proportionnels, par unité de surface, à la valeur de l'intensité de champ lumineux ainsi qu'à la durée d'application de cette intensité; ce sont en un mot les luxsecondes qui agissent; cette unité de *lumination* est le *phot*. La lumination est une densité d'énergie; c'est de l'énergie lumineuse dépensée par unité de surface, comme l'éclairement est une densité de puissance.

L'intensité de quantité de lumière est le *lumenheure;* c'est là l'unité d'énergie lumineuse.

315. Dispositions de quelques photomètres. — L'œil n'est pas apte à mesurer directement la vivacité des impressions lumineuses qu'il reçoit, mais il apprécie de faibles différences d'éclat entre deux écrans éclairés, lorsqu'il les voit en même temps à côté l'un de l'autre. Pour comparer les intensités lumineuses de deux sources, on éclaire donc le plus souvent par les deux sources deux parties voisines et identiques d'un même objet, et l'on règle les distances de chaque source à la partie qu'elle éclaire de façon que les impressions produites sur l'œil soient égales : les éclairements sont alors les mêmes, et les intensités des deux rayons sont entre elles dans le rapport inverse des carrés des distances.

Nous n'avons pas ici à rappeler le principe des diverses combinaisons imaginées pour comparer les éclairements de deux sources [1]. On connaît le photomètre de Foucault, où l'objet éclairé est une glace dépolie ; celui de Villarceau, où les deux sources éclairent chacune une face d'un dièdre de carton blanc ; celui de Lambert et de Rumford, où l'on compare la teinte des deux ombres qu'un cylindre, éclairé par les deux sources, projette sur une glace translucide ; celui de Bunsen (fig. 825), où l'on observe à la fois, à l'aide des deux miroirs mm', les deux faces éclairées d'une carte tachée de paraffine, la tache translucide ne disparaissant que lorsque les éclairements sont les mêmes ; celui de Joly, où l'on regarde par la tranche deux lames de paraffine accolées et éclairées chacune par une source.

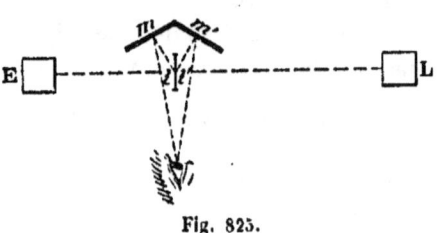

Fig. 825.

Nous indiquerons seulement quelques-unes des dispositions adoptées le plus souvent pour l'étalonnage des lampes à incandescence, pour l'étude des valeurs de l'intensité lumineuse des lampes à arc dans les diverses directions, et pour la comparaison de lumières d'intensités très différentes.

I. *Photomètre de Foucault pour l'étalonnage des lampes à incandescence.* — Ainsi que nous le verrons, les lampes à incandescence sont construites pour donner une intensité lumineuse déterminée sous un voltage également déterminé. Pour vérifier qu'elles remplissent bien les conditions prévues, on les porte au photomètre. Celui-ci peut être par exemple un photomètre de Foucault. La lampe étalon E, de 10 pyrs par exemple (environ un carcel), se place (fig. 826), à un mètre de la plaque de verre dépolie p, sur laquelle elle donne par conséquent un éclairement de 10 lux. La lampe à essayer L se place de l'autre côté du diaphragme fixe D, sur un support M mobile le long d'une règle graduée R. La position du support M est déterminée d'après l'intensité lumineuse que doit donner la lampe, à $1^m,23$ par exemple à peu près, si la lampe doit fournir

---

[1] On consultera avec fruit à ce sujet le traité des mesures électriques de M. Éric Gérard.

15 pyrs. Puis on envoie le courant dans la lampe L par l'intermédiaire d'un rhéostat ρ, qu'on fait varier jusqu'à ce que les deux plages pp' paraissent également éclairées. On lit alors le voltage v aux bornes de la lampe sur le voltmètre V; ce voltage, qui correspond à l'intensité lumineuse voulue, ne doit pas s'écarter de plus de quelques centièmes de la valeur prévue.

L'écran D, ainsi que les parois intérieures des chambres qu'il sépare, sont noircies au noir de fumée : on évite de cette façon

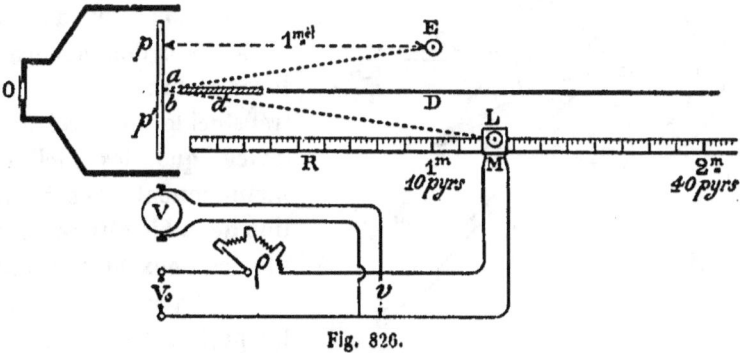

Fig. 826.

toute réflexion des rayons autres que ceux qu'on étudie et qui tombent directement sur la glace dépolie pp'. On ajoute à l'écran D un appendice mobile d dont on règle la position au moment de l'observation, de façon à faire disparaître entre les deux plages pp' toute raie sombre ou brillante : la raie obscure se produit naturellement si l'écran d est trop près de la plaque pp', la raie brillante, si elle en est trop éloignée ; l'une et l'autre gênent également pour la perception des petites différences d'éclat entre les deux plages.

II. *Photomètre de Rousseau pour l'étude des intensités d'une lampe dans les diverses directions d'un plan vertical.* — On étudie sans difficulté, avec l'appareil précédent, l'intensité lumineuse d'une lampe à incandescence dans les diverses directions; la lampe peut en effet se placer sur le support M, disposé ad hoc, dans une orientation et avec une inclinaison quelconques. Mais pour faire la même étude sur une lampe à arc dont les régulateurs exigent le maintien dans la position verticale, il faut recourir à d'autres dispositions. On peut toujours recueillir sur un miroir un rayon oblique et le renvoyer horizontalement sur la glace dépolie d'un photomètre fixe, où on le compare à l'étalon en tenant compte de l'absorption du miroir; mais ce sont là procédés qui exigent la manœuvre de la lampe.

Le photomètre de Rousseau offre des dispositions qui dispensent de déplacer la lampe (fig. 827). Il se compose essentiellement d'un

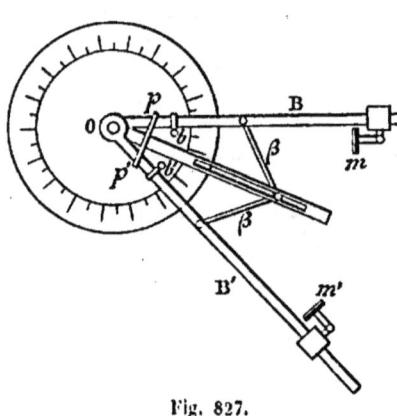

Fig. 827.

cercle gradué et de deux bras qui portent chacun un miroir m ou m', et un doigt b ou b'. Ces deux doigts marquent leur ombre sur un écran translucide pp' porté par un levier, que les bielles $\beta\beta$ maintiennent dans la direction de la bissectrice de l'angle des deux bras. On place le cercle vertical à côté de la lampe, le centre à hauteur du foyer lumineux; on oriente le bras B horizontalement, et le bras B' dans la direction du rayon dont on veut mesurer l'intensité. Le miroir m reflète le rayon horizontal; on le place à une distance fixe. Le miroir m' reflète le rayon oblique, et on le déplace le long de la graduation du bras B' jusqu'à ce que l'ombre du doigt b' prenne une teinte égale à celle du doigt b. Le rapport de l'intensité lumineuse du rayon oblique à celle du rayon horizontal est donné par le carré du rapport des chemins parcourus par les deux rayons entre le centre de la lampe, les miroirs et l'écran, soit approximativement deux fois la distance om ou om'.

316. Méthode d'Ayrton et Perry. — Quand on a à comparer aux étalons ordinaires des foyers d'intensité lumineuse très considérable, on peut réduire l'intensité à étudier dans un rapport déterminé en employant une lentille de diffraction, ainsi que l'ont fait MM. Ayrton et Perry. La source S, la lentille et l'étalon E sont disposés comme l'indique la figure 828 devant un photomètre de Rumford, fait d'une tige b et d'un écran pp'. On fait varier la dis-

PHOTOMÉTRIE; CONSIDÉRATIONS GÉNÉRALES. 229

tance r de l'étalon à la plaque jusqu'à donner la même teinte aux deux ombres que projette la tige b.

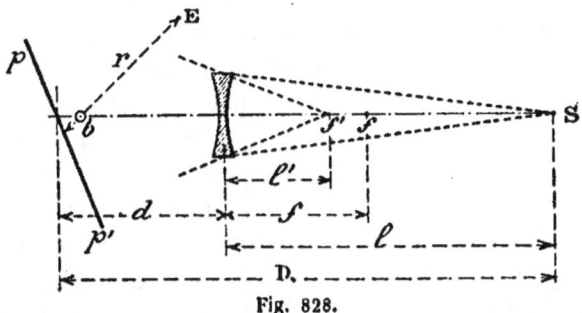

Fig. 828.

La distance apparente de la source à l'écran est celle du foyer f conjugué de S pour la lentille. D'autre part, l'intensité apparente I' de la source est à l'intensité réelle dans le rapport des carrés de l' et de l

$$\frac{I'}{I} = \frac{\Delta\Phi}{\Delta\omega'} : \frac{\Delta\Phi}{\Delta\omega} = \frac{l'^2}{l^2}$$

au coefficient d'absorption de la lentille près. On a donc au moment de l'égalité d'éclairement :

$$\frac{E}{r^2} = \frac{I'}{(d+l')^2} = \frac{1}{(d+l')^2} \frac{l'^2}{l^2}$$

et l'on en tire

$$I = \frac{E}{r^2} \left(f + \frac{d(D-d)}{f} \right)^2$$

en tenant compte de la relation

$$\frac{1}{l'} - \frac{1}{l} = \frac{1}{f}$$

qui relie les distances l' et l à la distance focale principale f de la lentille.

On mesure le coefficient d'absorption de la lentille en comparant un rayon direct avec un rayon modifié par la lentille.

347. Méthode de MM. Blondel et Rey pour la mesure des éclats et intensités lumineuses des projecteurs. — MM. A. Blondel et J. Rey ont employé [1], pour déterminer l'in-

(1) Comptes rendus des séances de l'Académie des sciences (31 janvier 1898).

tensité lumineuse d'un projecteur électrique, une méthode fort simple qui repose sur la mesure de l'éclat propre au miroir du projecteur aux divers points de sa surface. A faible distance de la lampe qui est placée au foyer du miroir, et en avant de celle-ci, on dispose, normalement à l'axe du projecteur, un écran G percé de trous de 5 $^m/_m$ de diamètre en paroi mince (fig. 829) : ces trous peuvent être bouchés à l'aide de faussets ou débouchés à volonté. Chacun d'eux, lorsqu'il est débouché, donne sur un autre écran D, parallèle au premier, une image du cratère positif des charbons : la distance des deux écrans doit être grande par rapport au diamètre des trous.

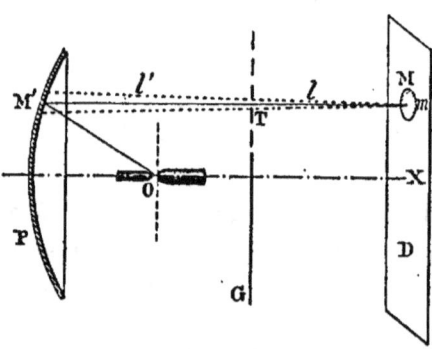

Fig. 829.

L'image varie de forme avec la position du trou débouché, en raison de l'occultation plus ou moins considérable de la surface du cratère positif par le charbon négatif. La figure 830 montre l'aspect des taches produites par deux séries de trous débouchés sur deux diamètres l'un vertical et l'autre horizontal.

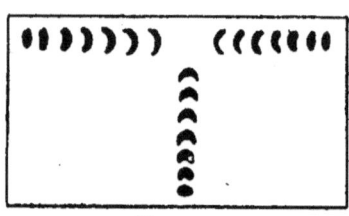

Fig. 830.

Il suffit de mesurer l'éclairement e de chacune de ces taches, en remplaçant l'écran D par l'écran même d'un photomètre pour obtenir l'intensité lumineuse horizontale ΔI de chacune des sources secondaires que constituent en réalité les trous T. On a en effet

$$\Delta I = e l^2$$

en désignant par l la distance des deux écrans. L'éclat ε du trou, qu'on peut prendre pour mesure de l'éclat propre du miroir sur la plage M' qui lui correspond, se déduit de la valeur de l'intensité ΔI par la formule

PHOTOMÉTRIE; CONSIDÉRATIONS GÉNÉRALES. 231

$$\varepsilon = \frac{\Delta \mathrm{I}}{s} = c\,\frac{l^2}{s}$$

où s désigne la surface du trou.

On étudie ainsi l'éclat en divers points d'une zone circulaire du miroir, et, en multipliant la moyenne de ces éclats par la surface de la zone, on obtient une intensité lumineuse I_z qui caractérise son influence. On fait de même pour les diverses zones, en débouchant des trous de plus en plus éloignés du centre par exemple, et l'on peut se rendre compte de la sorte des effets lumineux des divers points du miroir en même temps que du degré de perfection de son exécution.

En ajoutant entre elles les intensités lumineuses des diverses zones, on constitue une somme, de la grandeur de laquelle dépend directement l'intensité lumineuse aux points de l'axe assez éloignés du projecteur pour que les dimensions de ce dernier puissent être considérées comme infiniment petites. Grâce en effet à leur divergence, si petite soit-elle, les faisceaux lumineux issus des divers éléments de la surface du miroir arrivent à rencontrer l'axe et à ajouter par suite leurs actions entre elles pour régler la valeur de l'intensité. Il va de soi d'ailleurs que l'on obtient ainsi un chiffre très supérieur à la réalité, puisqu'on ne tient compte, pour réduire la somme, ni de la diminution de l'intensité dans les directions qui ne sont pas rigoureusement parallèles à l'axe, ni de l'absorption de l'atmosphère, considérable aux grandes distances.

318. Courbes d'intensité; intensité moyenne sphérique; lumenmètre Blondel. — Une fois qu'on a déterminé par un procédé quelconque la valeur de l'intensité lumineuse d'une source dans les diverses directions, on peut porter les résultats en courbe : en prenant sur les divers rayons d'un même plan vertical des longueurs proportionnelles aux intensités, on obtient des courbes telles que celle de la figure 831 qui correspond au cas d'une lampe à arc. Le photomètre de Rousseau orienté dans un certain azimut donne directement des courbes de ce genre. Dans le cas où les charbons sont placés exactement dans le prolongement l'un de l'autre, les courbes sont identiques pour tous les azimuts, et la surface lieu des extrémités des vecteurs représentatifs des intensités est la surface de révolution engendrée par cette méridienne.

Il est facile de déduire de ces résultats la valeur du flux total de lumière que la lampe rayonne. Le flux que l'intensité $I_{\varphi\alpha}$ donne sur l'élément $abcd$ de la sphère de rayon 1 a pour valeur (fig. 832) :

$$\Delta\Phi = I_{\varphi\alpha} \Delta\omega = I_{\varphi\alpha} \cdot \cos\alpha \, d\varphi \, d\alpha.$$

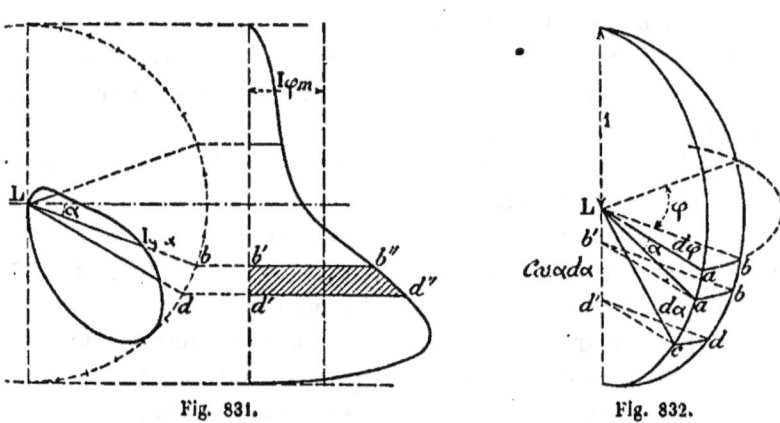

Fig. 831. Fig. 832.

Il est représenté, au facteur $d\varphi$ près, par la surface du rectangle $b'\,d'\,b''\,d''$ (fig. 831) qui a pour base la projection $b'd'$ ou $d\alpha \cdot \cos\alpha$ de l'arc $b\,d$ sur la verticale et pour hauteur l'ordonnée $b'b''$ égale à $I_{\varphi\alpha}$. On porte donc en ordonnées les valeurs des intensités aux points dont les abscisses correspondent aux projections des extrémités des rayons limités à la sphère de rayon 1, et l'on obtient une courbe dont l'aire représente, au facteur $d\varphi$ près, le flux rayonné par la source dans le fuseau d'angle $d\varphi$: l'ordonnée $I_{\varphi m}$ de cette courbe représente l'intensité lumineuse moyenne pour l'azimut φ, et le flux contenu dans un fuseau élémentaire correspondant a pour valeur

$$(\Delta\Phi)_\varphi = 2\,I_{\varphi m}\,d\varphi$$

Si l'on fait un tracé analogue pour les divers azimuts, et qu'on porte sur les vecteurs horizontaux (fig. 833) des longueurs proportionnelles aux intensités moyennes $I_{\varphi m}$, on aura la représentation des valeurs relatives de la source dans les diverses directions, et, en prenant la moyenne I_m de ces intensités moyennes verticales, on obtiendra l'intensité moyenne sphérique. Le flux total rayonné par la source a pour valeur

$$\Phi = 4\pi I_m$$

M. Blondel a remarqué qu'on pouvait obtenir directement la valeur de l'intensité moyenne I_{zm} pour un azimut déterminé, en mesurant le flux total rayonné dans un fuseau d'ouverture assez faible orienté dans cet azimut. Dans ce but, il entoure la source d'une sphère noircie intérieurement (fig. 834), dans laquelle est

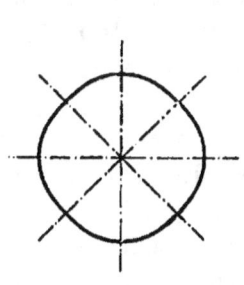
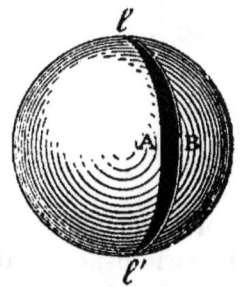

Fig. 833.   Fig. 834.

ménagée une ouverture $lA\,l'B$ d'environ 10° par exemple ; le flux que cette ouverture laisse sortir est réfléchi sur un écran diffuseur à l'aide d'un miroir concave. Il suffit de mesurer au photomètre l'éclat de la tache lumineuse ainsi formée sur l'écran pour obtenir la valeur du flux $(\Delta \Phi)_{10}$, car, les dimensions de l'appareil restant constantes et, avec elles, celles de la tache, l'éclat de cette dernière est proportionnel au flux qu'elle reçoit. On étalonne l'appareil en photométrant la tache que fournit une lampe d'intensité moyenne connue pour un azimut déterminé, et on gradue le photomètre en lumens.

319. Éclairement en un point du champ de plusieurs sources ; luxmètres. — Les appareils que nous avons décrits jusqu'ici s'emploient surtout à l'étude des sources lumineuses isolées. Une fois connues les courbes d'intensité des diverses lampes que l'on veut employer à l'éclairage d'un local donné, rien n'est plus facile que de déterminer les éléments d'un projet d'éclairage. L'éclairement aux divers points du champ produit par un ensemble de sources lumineuses se calcule du moins sans difficulté pour une direction quelconque $m\,A$. En désignant en effet par

α_1 α_2 α_3 les angles que fait la direction m A avec les rayons issus des diverses sources L_1 L_2 L_3 et passant par le point m que l'on considère, et en appelant e_α la composante de l'éclairement suivant la direction m A, on a

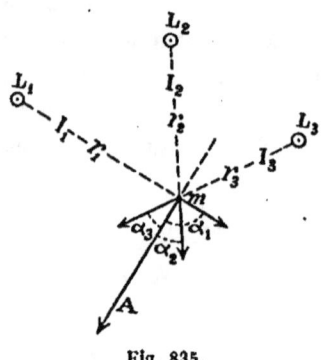

Fig. 835.

$$e_\alpha = \frac{I_1}{r_1^2} \cos \alpha_1 + \frac{I_2}{r_2^2} \cos \alpha_2 + \ldots$$

I_1 I_2 I_3 désignant respectivement les intensités des lampes L_1 L_2 L_3 pour les directions particulières $L_1 m$, $L_2 m$, $L_3 m$ etc.

On remarquera que si l'on avait affaire à des lampes rayonnant uniformément dans toutes les directions, I_1 I_2 I_3... seraient des constantes et la définition de l'éclairement maximum ou intensité du champ lumineux serait identiquement la même que celle de l'intensité d'un champ de force engendré par des masses électriques ou magnétiques. Les surfaces de niveau de ce champ seraient définies par l'équation :

$$\Sigma \frac{1}{r} = \text{const.}$$

et les lignes d'intensité ou de force seraient les trajectoires orthogonales de ces surfaces; ces lignes seraient en quelque sorte les rayons lumineux de l'ensemble des sources : chacune de ces lignes serait la trajectoire d'un élément d'écran que l'on déplacerait en le maintenant toujours normal à la direction de l'éclairement maximum.

L'éclairement qu'une lampe, placée à une hauteur h au-dessus du sol, fournit en un point m sur une circonférence de rayon r est donné par la formule

$$e = \frac{I_\alpha \sin \alpha}{R^2} = \frac{I_\alpha \sin^3 \alpha}{h^2}.$$

On peut tracer les circonférences d'égal éclairement et déterminer sans difficulté la valeur de l'éclairement que fourniront aux divers points tant de lampes disposées de telles et telles façons.

Une fois l'installation d'éclairage réalisée, il est intéressant de vérifier dans un essai si l'ensemble des lampes fournit aux divers points de la salle l'éclairement voulu, c'est-à-dire de mesurer simplement la valeur de l'éclairement en lux en un point quelconque et dans une direction quelconque. On a construit dans ce but divers appareils. Le plus simple d'entre tous est assurément celui de MM. Houston et Kennely, qui consiste en une chambre noire ouverte à la lumière par une seule fenêtre munie d'une glace dépolie qu'un opercule mobile recouvre plus ou moins; dans le fond de la chambre est disposée une feuille imprimée de quelques caractères que les rayons issus de la glace éclairent obliquement et qu'on vise avec une lunette placée en O. On manœuvre l'opercule à l'aide d'une vis à graduation jusqu'à ce que l'on cesse de pouvoir distinguer les lettres imprimées. La position de l'opercule, qui détermine l'éclairement limite sur la feuille observée, n'est fonction que de l'éclairement normal à la glace dépolie et se trouve par suite susceptible de le mesurer. On gradue l'appareil en lux par un étalonnage préalable; l'étalonnage n'est valable que pour l'observateur qui l'a exécuté.

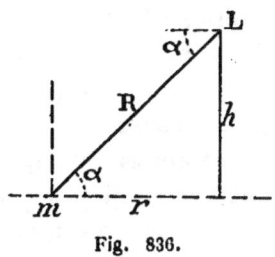

Fig. 836.

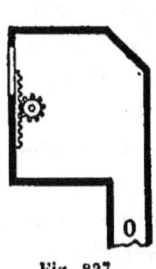

Fig. 837.

320. Production des radiations lumineuses par le courant électrique. — Le courant électrique continu ou alternatif, établi dans un conducteur, peut y produire des radiations lumineuses à condition que la température atteigne un degré assez élevé. Le rendement de la source de lumière qu'on obtient de la sorte se mesure par le rapport de la puissance propre à ces radiations visibles à la puissance totale qu'absorbe la lampe pour les produire; ce rendement est toujours faible, vu l'importance relative des radiations simplement calorifiques ou autres qui accompagnent les radiations lumineuses. Il varie d'ailleurs avec la température, c'est-à-dire en fait avec l'intensité du courant qu'on fait passer dans le conducteur, et il paraît y avoir pour chaque substance une température de rendement lumineux maximum. Ce serait tout bénéfice que de pouvoir atteindre cette température, mais le plus souvent elle est incompatible avec les conditions de solidité qu'il faut réaliser : les métaux fondent avant d'avoir atteint la température du blanc à laquelle fond le platine lui-même.

De tous les corps qui offrent une conductibilité et un pouvoir émissif convenables, c'est le charbon qui supporte le mieux les températures avantageuses de rayonnement lumineux, et c'est lui que l'on emploie à peu près uniquement à la production de la lumière par le courant électrique, soit par simple incandescence soit par l'arc voltaïque. Dans le premier cas, on reconnaît qu'il y a intérêt au simple point de vue de l'accroissement d'intensité lumineuse, à augmenter le plus possible la densité d'intensité dans le filament de charbon, mais on est limité dans cette voie par la considération de la durée de la lampe qui, trop poussée, se brise rapidement ; pratiquement on ne dépasse guère 1600 degrés. Par l'arc au contraire on arrive aux températures de volatilisation du charbon à 4 ou 5.000 degrés, et la proportion des radiations lumineuses devient beaucoup plus grande : on estime alors à $1/_{10}$ le rendement en énergie lumineuse. Ce n'est point d'ailleurs l'arc lui-même qui émet le plus de lumière, ce sont les extrémités incandescentes des crayons et surtout, dans le cas du courant continu, le pôle positif, qui se taille en forme de cratère.

Pour étudier les variations du rendement lumineux avec le degré de la température, M. Lucas a fait des expériences sur des cylindres de charbon de 8 $^m/_m$ de diamètre et de 2 $^c/_m$ de hauteur, creux et percés de trous, qu'il portait par le courant à divers degrés de température et qu'il étudiait au photomètre. Il a obtenu de la sorte des courbes telles que celles de la figure 838, dont les ordonnées représentent les intensités lumineuses et les abscisses les valeurs correspondantes données à l'intensité du courant. La température estimée à 1500° pour le point de 15 carcels à 60 ampères, atteignait 5000° d'après les déductions tirées de l'observation des variations de résistance du charbon, pour le point de 413 carcels à 200 ampères. M. Lucas estime que le maximum de rendement en énergie lumineuse se produirait aux environs du point de 160 ampères pour 4000° avec une dépense de moins de 2 watts par carcel. C'est du moins pour ce point que le rapport de l'ordonnée de la courbe précédente à la valeur du produit ρ I² de la résistance variable ρ du cylindre de charbon par le carré de l'intensité efficace I atteint sa plus grande valeur [1].

D'après ces expériences l'arc voltaïque, qui porte les extrémités des charbons à une température voisine de 4000° degrés, réali-

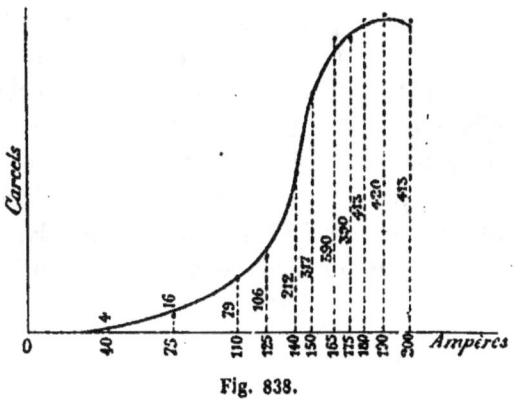

Fig. 838.

serait les conditions de température les plus avantageuses. Les relevés de courbes d'intensité lumineuse faits sur des lampes à arc montrent d'ailleurs qu'on doit tabler en moyenne sur une consommation de 6 à 7 watts par carcel d'intensité moyenne sphérique; ces chiffres sont de l'ordre de grandeur de celui que donnent les expériences de M. Lucas (2 watts par carcel d'intensité horizontale). Avec les lampes à incandescence au contraire qui fonctionnent à des températures voisines de 1500°, c'est à 30 ou 40 watts que revient le carcel moyen. Ces chiffres font ressortir la supériorité économique bien connue de l'éclairage par arc sur l'éclairage par incandescence. Nous remarquerons à ce propos que c'est à l'intensité moyenne sphérique qu'il convient de rapporter la dépense en puissance, ou, ce qui serait plus rationnel, au flux total de lumière rayonné par la lampe, qui ne diffère d'ailleurs de l'intensité moyenne sphérique que par le facteur 4π. On estime

---

[1] *Traité d'électricité* de M. Lucas. Dans ces expériences, l'auteur admettait que la résistance ρ, qui diminue quand la température augmente, variait suivant la formule

$$\rho = \rho_0 \frac{0{,}0007\,\Theta + 1}{0{,}0056\,\Theta + 1}$$

ce qui le conduisait, avec les résultats de mesure directe de la résistance entre bornes des cylindres de charbon pour chaque valeur de l'intensité I, à admettre la formule simple
$$\Theta = 25\,I.$$

enfin à 600 watts au moins par carcel moyen la consommation d'énergie par seconde que représente la combustion de la stéarine des bougies ordinaires et à 500° la température de leur flamme : on n'oubliera pas, à ce propos, que, dans le cas de l'éclairage électrique par incandescence, les 40 watts fournis par le courant aux bornes de la lampe par chaque carcel correspondent à une cinquantaine de watts dépensés sur les pistons de la machine à vapeur qui conduit la génératrice, et que le rendement en énergie de l'ensemble chaudière-machine n'est qu'une fraction de l'ordre du dixième eu égard à l'énergie contenue dans le charbon qu'on brûle par watt utile dans le foyer de la chaudière.

CHAPITRE II.

Lampes à incandescence.

321. Dispositions de principe des lampes à incandescence et conditions fondamentales de leur bon fonctionnement. — Les lampes à incandescence qu'on emploie couramment sont constituées par un filament de charbon enfermé dans une ampoule de cristal, où l'on fait un vide aussi parfait que possible. Le courant est amené au filament par l'intermédiaire de doubles contacts établis entre le culot qui porte l'ampoule et la douille où s'adaptent les fils d'alimentation; toutefois les extrémités du fil de charbon ne sont pas fixées directement aux contacts du culot, elles leur sont reliées par des supports métalliques (fig. 839) de résistibilité assez faible pour ne pas rougir. Ces supports pp sont le plus souvent de simples fils de platine, qui se soudent facilement au verre et qui ont sensiblement même coefficient de dilatation que lui : ces deux dernières conditions sont importantes, car il s'agit de faire entre les supports du charbon et la masselotte m un joint qui reste étanche malgré l'élévation de la température que produit le passage du courant.

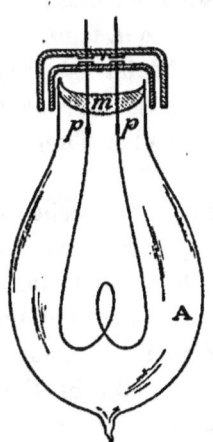

Fig. 839.

En faisant le vide dans l'ampoule, on n'a pas seulement pour but de retrancher l'oxygène qui détruirait le filament incandescent, mais bien de supprimer toute atmosphère dont la présence facilite le transport de la chaleur du filament à l'extérieur. La lampe est en effet un transformateur d'énergie électrique en énergie lumineuse et calorifique, dont le rendement en lumière est d'autant plus faible que les pertes de chaleur sont plus considérables, et il suffit que la pression des gaz dans l'ampoule atteigne 2 à 3 $^m/_m$ de mercure, pour que la température de l'ampoule s'élève d'une centaine de degrés au dessus de la température ambiante, et que la dépense en watts par bougie se trouve quadruplée de ce qu'elle est à la pression de quelques dixièmes de millimètre.

Les gaz qui subsistent à l'intérieur de l'ampoule ont un autre genre d'action, dont le résultat vient s'ajouter aux effets précédents pour diminuer encore le rendement lumineux : ils paraissent faciliter le transport des molécules de charbon du filament sur la paroi de l'ampoule, car celle-ci s'obscurcit en même temps que la résistance du filament augmente, et cela d'autant plus vite que le vide est moins parfait.

On voit donc toute l'importance qui s'attache au maintien du vide le plus parfait dans l'ampoule ; mais dans ces conditions mêmes la volatilisation du charbon s'opère lentement sous l'action du courant intense qui l'ébranle et l'échauffe, et l'usure qui en résulte pour le filament est d'autant plus rapide que la température atteint un plus haut degré. Pour assurer alors à la lampe une durée convenable, il faut limiter la température à un degré moindre que ne l'indiquerait la seule considération du rendement lumineux. C'est entre 1600 et 1700 degrés environ que la température varie d'une lampe à l'autre : au dessous l'éclat est trop sombre, au dessus la durée par trop faible, et l'on se rapproche de l'une ou de l'autre limite selon que l'on attache plus d'importance à l'éclat ou à la durée.

Ce sont d'ailleurs des considérations d'économie qui achèveront le plus souvent de déterminer le degré de fatigue qu'on admettra pour la lampe. Pour le caractériser, à défaut de la température qu'on ne mesure guère, on adoptera un élément qui lui correspond assez exactement et qui n'est autre que la consommation de watts par unité d'intensité lumineuse. Cette fonction dépend en effet principalement du rendement lumineux qui est directement lié à la température, et elle a le double avantage de se déduire immédiatement des mesures électriques et photométriques de la lampe et d'introduire un élément d'appréciation direct du prix de revient de l'éclairage. On trouvera par exemple que ces consommations varient pour des lampes neuves entre 2^w5 et 3^w5.

par bougie et que les durées correspondantes sont de 250 à 1000 heures. On construit la courbe des durées, ou vies moyennes des lampes, en fonction de ces consommations, et l'on obtient des courbes qui ne s'écartent guère de celle qu'indique la figure 840.
Cette courbe montre nettement que, en cherchant à allonger la vie des lampes, on élève considérablement la consommation de watts par unité d'intensité lumineuse. Il y a un balancement judicieux à établir entre ces deux éléments pour obtenir dans chaque cas le

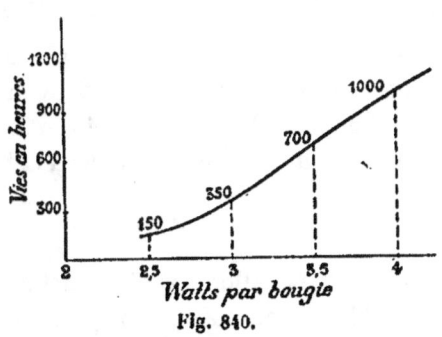
Fig. 840.

prix de revient le plus avantageux : ce balancement dépend essentiellement du rapport entre le coût de l'unité d'énergie électrique, soit du kilowatt-heure, et le prix unitaire des lampes. Une baisse de prix des lampes conduit immédiatement à admettre une surélévation du degré de fatigue pour augmenter le rendement : on gagne d'ailleurs en même temps en éclat. Il est à peine besoin de remarquer qu'il faut introduire dans ces calculs, non pas la consommation de watts par bougie que le constructeur indique pour ses lampes neuves, mais bien la consommation moyenne pour la durée de la lampe; car, tant par suite des rentrées d'air que par le fait de l'usure du filament, le rendement lumineux diminue, quand l'âge de la lampe augmente.

322. Voltage et proportions du filament. — Il est enfin un élément dont la valeur peut varier entre des limites encore assez écartées et qui a cependant une influence considérable sur l'économie finale de l'éclairage : c'est le voltage de la lampe. En l'élevant, on peut, à puissance égale, réaliser une économie sensible sur le poids de cuivre de la canalisation ou sur les pertes en lignes par effet Joule.

Mais, en ce qui concerne la lampe, on ne peut, pour une intensité lumineuse donnée, le faire croître au delà d'une certaine limite sans réduire outre mesure la rigidité du filament, car avec le voltage s'accroît, pour un nombre de bougies donné, le rapport de la longueur l au diamètre d du filament. D'une part en effet l'intensité lumineuse I à obtenir de la lampe dans des conditions déterminées de température et d'éclat ε définit la surface projetée ld du filament par la formule

$$I = \varepsilon \Sigma = \varepsilon\, ld \qquad (1)$$

D'autre part, en admettant qu'à la température considérée la dépense de watts par bougie η demeure indépendante des proportions du filament de charbon et en désignant par ρ la résistibilité moyenne du filament toujours à la température considérée ([1]), on a

$$w = \eta\, I = \frac{v^2}{r} = \frac{v^2}{\rho l}\frac{\pi d^2}{4}. \qquad (2)$$

Les deux équations (1) et (2) définissent la longueur l et le diamètre d à donner au filament pour obtenir une lampe qui fournisse I bougies sous v volts et le rapport de ces deux dimensions répond à la relation

$$\left(\frac{l}{d}\right)^3 = \frac{\pi^2}{16\,\varepsilon\,\eta^2}\frac{v^4}{\rho^2 I}.$$

La charge statique du filament sous son propre poids, charge qui demeure proportionnelle au rapport $\dfrac{l}{d}$, varie donc comme la puissance $4/3$ du voltage et il y a, pour une intensité lumineuse I donnée, un voltage maximum qu'on ne peut dépasser, à moins de trouver un moyen d'augmenter en même temps la résistibilité ρ du charbon dont on fait le filament.

On pourra choisir un voltage d'autant plus élevé que l'on admettra pour l'intensité lumineuse de la lampe une valeur plus consi-

---

([1]) D'après les expériences de M. Le Chatelier la résistance des lampes à incandescence varie avec la température d'après la loi qu'indique la courbe de la figure 841, où les ordonnées représentent les résistances successives rapportées à la résistance à 15° prise pour unité (*Journal de Physique*, tome I, 1892). M. P. Janet a trouvé d'autre part pour le rapport $\dfrac{Rt}{Ro}$ les valeurs 0,54, 0,53, et 0,52 aux températures de 1610, 1620 et 1630°. (Comptes rendus de l'Académie des sciences, 7 mars 1898.)

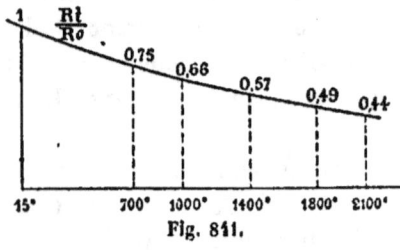

Fig. 841.

dérable : on ne dépasse pas en pratique 150 volts pour des lampes d'intensité inférieure à 16 bougies, et, si l'on a besoin de diviser davantage la lumière, il faut consentir à baisser le voltage. On est arrivé dans ces derniers temps à fabriquer des lampes de 24 bougies à 220 volts, mais ce n'est qu'en employant du charbon de haute résistibilité, en supprimant notamment l'opération du nourrissage (§ 323) qui dépose sur l'âme du filament une gaîne de résistibilité relativement très faible, et enfin en soutenant à l'aide de fils spéciaux la région moyenne du filament. Mais ce sont là complications inadmissibles dans la pratique courante, et l'on s'en tient en général à des voltages par bougie qui conduisent à l'emploi de filaments moins grêles. Il faut ajouter d'ailleurs que, le plus souvent, les lampes à incandescence sont employées en même temps que d'autres récepteurs, moteurs ou lampes à arc, et qu'on détermine alors le voltage en vue de satisfaire à la fois ces divers récepteurs. C'est ainsi que souvent on choisit 110 volts, parce que ce voltage convient à l'alimentation de deux lampes à arc placées en série et qu'on admet 80 volts dans les distributions de bord des navires de guerre, parce que ce chiffre convient aux fortes lampes à arc des projecteurs électriques. Les lampes à incandescence se font sans difficulté sur ce voltage sans qu'on soit obligé d'élever à plus de 10 ou 12 bougies leur intensité lumineuse.

Pour l'éclairage des wagons de chemin de fer, on fait de petites lampes de 6 bougies à 55 volts.

Il est enfin à peine besoin de mentionner que les proportions varient du tout au tout, si l'on admet des variations notables de l'éclat. On peut atteindre des valeurs de l notablement plus grandes en réduisant la température : l'éclat s diminue au dénominateur de la formule (3), mais en même temps la consommation de watts par bougie η et la résistibilité ρ augmentent. Il n'y a d'ailleurs aucun intérêt à recourir à de tels moyens pour élever le voltage et réduire les pertes en ligne ou le poids de cuivre de la canalisation, car l'économie ainsi réalisée est plus que compensée par l'augmentation de puissance des génératrices.

323. Fabrication des lampes à incandescence. — Les premiers procédés employés pour obtenir le filament des lampes à incandescence consistaient à carboniser en vase clos diverses fibres végétales, telles que fils de bambou ou tresses de coton (lampe Édison, lampe Swan). Le filament que l'on obtient ainsi n'offre pas une régularité parfaite. Pour en régulariser la surface et en faire varier d'ailleurs à volonté la section, on eut recours à l'addition d'un dépôt de carbone. Dans les lampes Maxim, le dépôt se fait sur âme obtenue par carbonisation d'un filament de bristol ; dans les lampes Cruto, l'âme du filament qu'on nourrit de charbon est un fil de platine.

Aujourd'hui on fabrique le plus souvent le filament à l'aide d'une pâte qu'on fait avec diverses substances riches en carbone, charbon de cornue et sirop de sucre par exemple, et qu'on fait couler sous pression par un orifice de dimensions convenables. On obtient ainsi un fil long, assez régulier, flexible, qu'on enroule sur des moules de forme variable selon la forme que l'on veut donner au filament. On fixe les spires dans leur ensemble par une liure faite à la partie inférieure du moule, on coupe les spires dans l'intervalle de la liure et l'on porte les paquets de filaments ainsi obtenus à l'étuve, où ils sèchent et recuisent à 2000° dans une masse de poussière de charbon.

On peut même donner au filament une forme telle que celle qu'indique la figure 842 *bis* qui convient pour les lampes alimentées par courants triphasés.

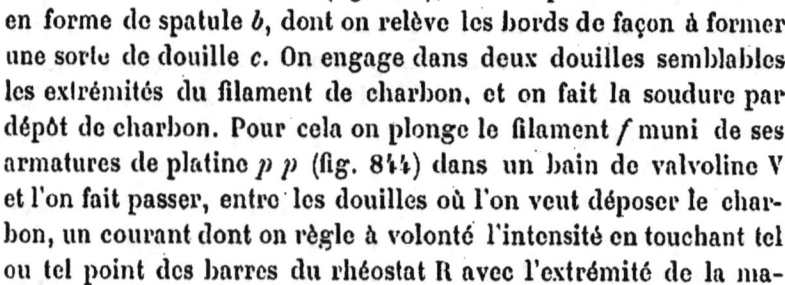

Fig. 842.   Fig. 842 *bis*.

Les extrémités des filaments ainsi préparés sont munies d'armatures de platine qui doivent constituer leurs supports dans la masselotte du culot de l'ampoule. On coupe des bouts de fil de platine de longueur convenable *a* (fig. 843), on en aplatit une extrémité en forme de spatule *b*, dont on relève les bords de façon à former une sorte de douille *c*. On engage dans deux douilles semblables les extrémités du filament de charbon, et on fait la soudure par dépôt de charbon. Pour cela on plonge le filament *f* muni de ses armatures de platine *p p* (fig. 844) dans un bain de valvoline V et l'on fait passer, entre les douilles où l'on veut déposer le charbon, un courant dont on règle à volonté l'intensité en touchant tel ou tel point des barres du rhéostat R avec l'extrémité de la ma-

LAMPES A INCANDESCENCE.   245

nette M. Les parties les plus résistantes rougissent davantage et reçoivent le dépôt de charbon le plus abondant.

Le nourrissage se fait par dépôt de charbon dans une atmo-

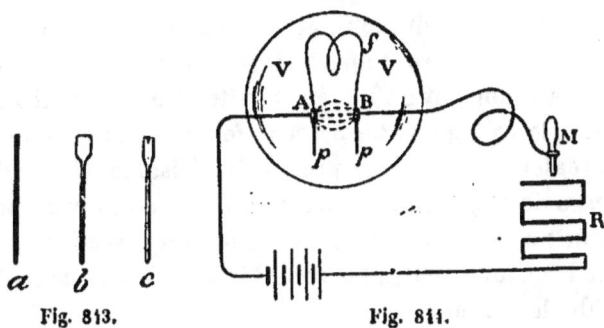

Fig. 843.   Fig. 844.

sphère d'un carbure quelconque jusqu'au degré voulu pour donner au filament la section et la résistance désirées. On installe le filament sous une cloche reposant sur une platine P (fig. 845) où

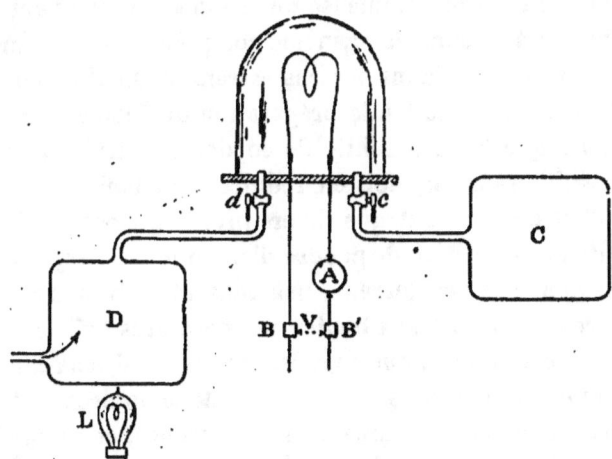

Fig. 845.

aboutissent les extrémités, 1° d'un tuyautage en communication avec un réservoir de vide C; 2° d'un tuyautage en relation avec une caisse de gazoline D qu'on chauffe à l'aide de la lampe L. Les extrémités de ces tuyaux sont munies de robinets d et c. On fait d'abord le vide dans la cloche en ouvrant un instant le robinet c, et on l'emplit ensuite de carbure en ouvrant le robinet d. On fait alors passer un courant dans le filament, dont les armatures de platine sont reliées aux bornes BB'. On entretient d'ailleurs entre ces bornes une différence de potentiel constante, et l'ampèremètre A indique des valeurs du courant de plus en plus grandes au fur et à mesure que le fil se nourrit et que l'éclat s'avive. On arrête l'opération au moment où l'intensité atteint exactement la valeur prévue pour le voltage V. Ce procédé fournit le moyen non seulement de régler à une valeur précise la résistance à chaud du fil, mais encore de régulariser la grosseur du fil aux divers points de sa longueur : c'est en effet dans les régions où la section est la plus faible que l'échauffement, plus considérable, provoque le dépôt le plus rapide de carbone.

La gaine de charbon que l'on dépose ainsi offre une conductibilité de 6 à 8 fois plus grande que celle de l'âme primitive; le grain en est beaucoup plus fin et serré. Il importe donc de lui donner d'autant moins d'épaisseur relative qu'on cherche à atteindre pour une intensité lumineuse déterminée de plus hauts voltages. On arrive à la supprimer même complètement, comme nous l'avons vu plus haut, dans les cas extrêmes. On cherche alors à donner à la pâte, qui sert à la préparation du filament, une composition telle que la résistibilité de ce dernier devienne la plus grande possible sans toutefois en réduire le pouvoir émissif ni la solidité. C'est dans ce but que divers inventeurs ont expérimenté les effets de l'introduction de poudre d'amiante ou d'oxydes divers, principalement d'oxydes terreux. Mais ceux-ci arrivent à se réduire en présence du carbone aux hautes températures qu'il est nécessaire d'atteindre. Enfin nous signalerons les nombreux essais faits en vue d'employer des métaux tels que le titane, le zircone, à la confection des filaments des lampes à incandescence, et en particulier les lampes Auer, dont le filament est fait, tantôt en osmium, tantôt en oxyde de thorium, et qui donneraient la bougie à 2 watts et à même 1,5.

Une fois le filament terminé, il reste à en faire le montage dans l'ampoule. On soude d'abord au chalumeau les supports de platine dans la masselotte en cristal m de la figure 839 et l'on soude ensuite la masselotte à l'ampoule A. Le choix du platine pour la confection des supports du filament est justifié par l'égalité presque rigoureuse des coefficients de dilatation de ce métal et du verre, ainsi que nous l'avons déjà remarqué; mais cette condition ne suffit pas à assurer l'étanchéité parfaite du joint entre platine et verre, car, au moment de l'allumage, le platine s'échauffe le premier et glisse nécessairement dans son fourreau de verre. C'est ainsi que l'on s'explique les rentrées d'air, assez faibles d'ailleurs, qui se produisent à la longue et réduisent le vide dans l'ampoule.

Pour faire le vide dans l'ampoule une fois que le filament s'y trouve monté, on a ménagé à son sommet une tubulure t. C'est à l'aide de pompes à mercure qu'on parachève généralement le vide, car, ainsi que nous l'avons vu, il faut réduire la pression intérieure à moins d'un dixième de millimètre de mercure. Pendant l'opération, on fait passer un courant dans la lampe pour l'échauffer et dégager complètement les gaz que le filament a pu absorber; mais on ne fait croître l'intensité de ce courant que lentement pour ne pas briser le filament. On arrête l'action de la pompe à mercure lorsqu'on voit apparaître une auréole bleuâtre qui indique que la pression est tombée à moins d'un dixième de millimètre. On ferme alors l'ampoule au chalumeau, et il ne reste qu'à monter la lampe dans son culot.

Fig. 846.

324. Dispositions des culots et douilles. — Les dispositions des culots et des douilles qui les supportent varient selon l'usage des lampes. Tantôt le culot se visse dans la douille, tantôt il s'y relie par emmanchement à baïonnette. Il importe en tout cas d'assurer un bon contact entre les bornes du culot, où aboutissent les supports du filament, et celles de la douille reliées aux fils d'alimentation; il faut aussi éviter toute communication ou court circuit entre ces bornes.

On utilise parfois l'adhérence magnétique. La douille de la lampe porte un petit électro-aimant que le courant excite et qui suffit à maintenir la lampe contre une paroi de fer. Cette disposition peut être avantageuse dans les travaux de bord par exemple.

Lorsque la lampe est, par les circonstances mêmes de son emploi, sujette à recevoir des secousses ou de simples vibrations, il importe d'interposer entre la douille et le culot un ressort amortisseur. Dans le cas de vibrations périodiques, comme il arrive au voisinage d'une machine ou à bord d'un navire à vapeur, il faut réduire encore les valeurs du rapport $\dfrac{l}{d}$ et surtout éviter le synchronisme entre la période d'oscillation naturelle du filament et celle de la vibration. A bord des navires de guerre où les lampes ont à supporter le choc du tir des canons et les vibrations produites par les machines motrices, on a obtenu d'excellents résultats de la douille Pieper (fig. 817). La douille est faite d'un fort fil enroulé en hélice, et le culot, modelé en forme de vis, vient s'engager dans cet écrou élastique. On visse le culot dans l'écrou sans difficulté, car alors le frottement tend à ouvrir les spires de l'hélice, et la tenue est excellente ; si en effet le dévirage tend à se produire, le frottement ferme les spires si bien que, pour dégager la lampe de son support, il faut appuyer avec le doigt sur l'extrémité g de l'hélice pour en dilater légèrement les spires.

Fig. 817.

325. Essais des lampes à incandescence. — Les essais des lampes à incandescence comportent le plus souvent un simple étalonnage. Il importe cependant de les compléter par des essais de durée, au cours desquels on suit les décroissances de l'intensité lumineuse en même temps que l'augmentation de la consommation des watts par bougie.

L'étalonnage des lampes se fait au photomètre, comme nous l'avons indiqué au § 315. Il importe que la lampe fournisse l'intensité prévue exactement pour le voltage qu'elle aura à supporter en service. La tolérance sur l'écart de voltage est en général à peine de quelques centièmes de la valeur du voltage normal ; souvent on impose comme limite supérieure 1 % en plus et comme limite inférieure 4 % en moins, c'est-à-dire que telle lampe de 80 volts par exemple doit donner son intensité lumineuse prévue pour un voltage compris entre 77 et 81 volts; ce sont du moins les conditions admises aux marchés que passe la Marine. Ce sont là limites encore très larges, car la vie d'une lampe, qui sous 80 volts dure par exemple 1000 heures, varie avec le voltage auquel on la soumet d'après la loi qu'indique la courbe de la figure 848. Ce qu'il importerait de vérifier aussi, c'est l'égalité d'éclat, car outre qu'il est d'un effet désagréable à la vue que des lampes voisines aient des teintes différentes, l'éclat est caractéristique, à même procédé de préparation du filament, de la durée de la lampe. Les écarts de voltage aux essais peuvent être dus à diverses causes; les plus mauvaises lampes sont celles qui, à la limite supérieure du voltage, donnent leur intensité normale avec l'éclat le moins brillant, car elles donneront en service à la fois intensité et éclat insuffisants; ou encore celles qui, à la limite inférieure, brilleront d'un bel éclat : celles-là dureront peu en service. Les premières sont des lampes dont le voltage devrait être nettement supérieur au voltage normal et les secondes, des lampes faites pour un voltage nettement inférieur.

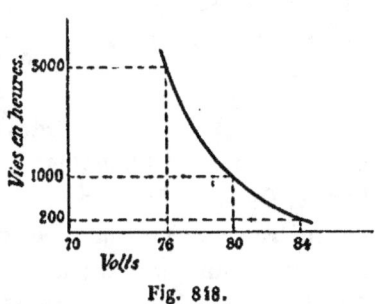

Fig. 848.

Une fois l'étalonnage effectué, il importe d'inscrire sur l'ampoule ou sur le culot les constantes de la lampe, c'est-à-dire son voltage et son intensité lumineuse. Quant à la détermination de l'intensité lumineuse dans les diverses directions, on doit la faire sur quelques lampes de chaque type. On obtient de la sorte des courbes d'intensités horizontales pour les divers azimuts, ou encore des courbes d'intensités diversement inclinées dans un plan vertical telles que celle qu'indique la figure 849. L'intensité horizontale moyenne varie selon les types entre 1,00 et 1,1 de l'intensité horizontale minima qui se produit en général dans le plan moyen du filament. Quant au rapport de l'intensité moyenne sphérique à l'intensité horizontale moyenne, il reste en général compris entre 0,80 et 0,95.

326. Diverses lampes employées dans la marine. — La marine emploie à bord de ses navires des lampes à 80 volts : ce sont des considérations relatives au fonctionnement des projecteurs qui ont conduit à adopter ce chiffre pour le voltage de la distribution. Dans les arsenaux et notamment sur les canalisations à trois fils, ce sont des lampes de 110 volts que l'on emploie.

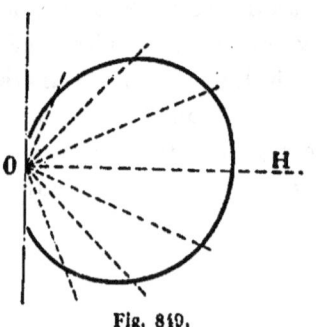

Fig. 849.

Pour l'éclairage des compartiments des navires l'intensité des lampes est couramment de 10 bougies; les lampes sont montées sur douilles Pieper. On calcule approximativement l'éclairage à une bougie par mètre carré en plan, ce qui correspond à une demi-bougie par mètre cube, la hauteur d'entrepont étant d'environ 2 mètres. On obtient ainsi un éclairage fort peu brillant en raison surtout de la couleur sombre des parois, mais suffisant pour de nombreuses régions. Dans les chambres de machines il faut compter en moyenne sur une bougie par mètre cube, et, dans certaines régions telles que le poste de manœuvre, atteindre 2 et 3 bougies. Ce sont là d'ailleurs chiffres essentiellement variables, et l'on devra, dans chaque cas, s'inspirer des dispositions adoptées sur des navires semblables. Les circulaires des 16 juin 1806, 31 mai 1897 etc., insérées au *Bulletin officiel de la marine*, contiennent de nombreuses instructions sur l'établissement des tableaux de bases pour l'éclairage des navires et énumèrent quantité de types de fanaux dont le modèle est déposé au magasin central du quai de Billy.

Les fanaux varient de formes selon qu'ils doivent s'appliquer à demeure contre une cloison (lampe muraille), ou se déplacer le long d'un barrot (lampe wagon). Pour les soutes à charbon, dans les chambres des machines et dans les chaufferies, dans les compartiments de machines auxiliaires, on emploie souvent des lampes grillagées mobiles, reliées à un câble souple à deux conducteurs : ce dernier s'enroule sur un touret et permet de porter la lampe à la main ou de l'accrocher au point où l'on veut de la lumière. La figure 850 donne à titre d'exemple le plan d'éclairage d'une chambre de machine; on y voit les lampes mobiles destinées à l'éclairage du parquet supérieur, cylindres, boîtes à tiroirs, etc., Les supports et les lustres en usage dans les chambres, carrés,

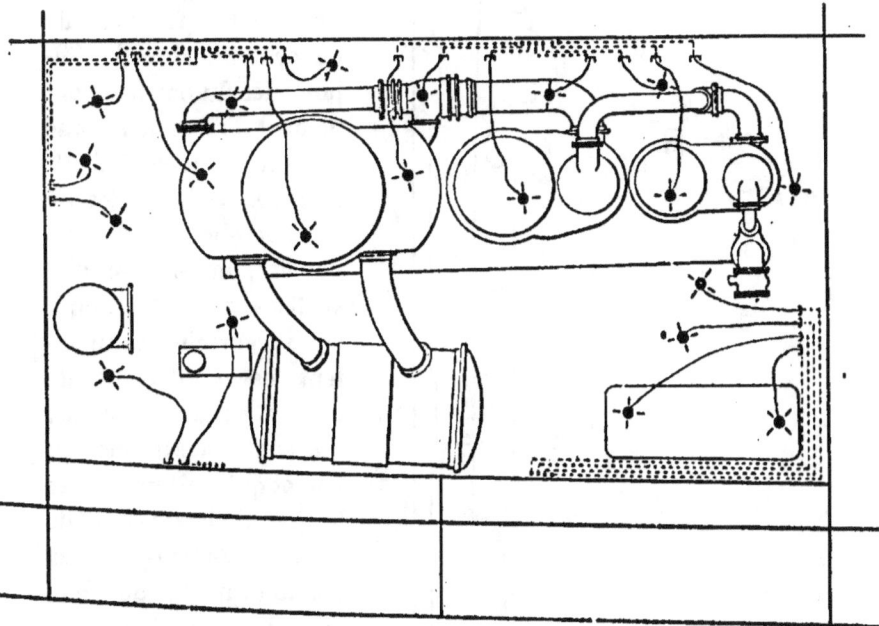

Fig. 850.

salons, etc., sont analogues à ceux que l'industrie construit pour les habitations particulières.

Pour l'éclairage extérieur du bâtiment, feux de navigation, feux de mouillage, feux de position, feux de signaux, etc, ce sont des lampes de 20, 30 et 50 bougies que l'on emploie. On en réunit souvent plusieurs dans un même fanal, jusqu'à sept de 50 bougies par exemple dans un même réflecteur pour travaux de nuit. Les feux de signaux comportent des lampes de 30 et de 50 bougies généralement placées dans des fanaux de verre blanc ou rouge; on les installe suivant des données que nous n'avons pas à étudier ici. La figure 851 montre d'ailleurs l'ensemble des dispositions générales adoptées pour les feux divers de l'éclairage extérieur. On

LAMPES ET PROJECTEURS.

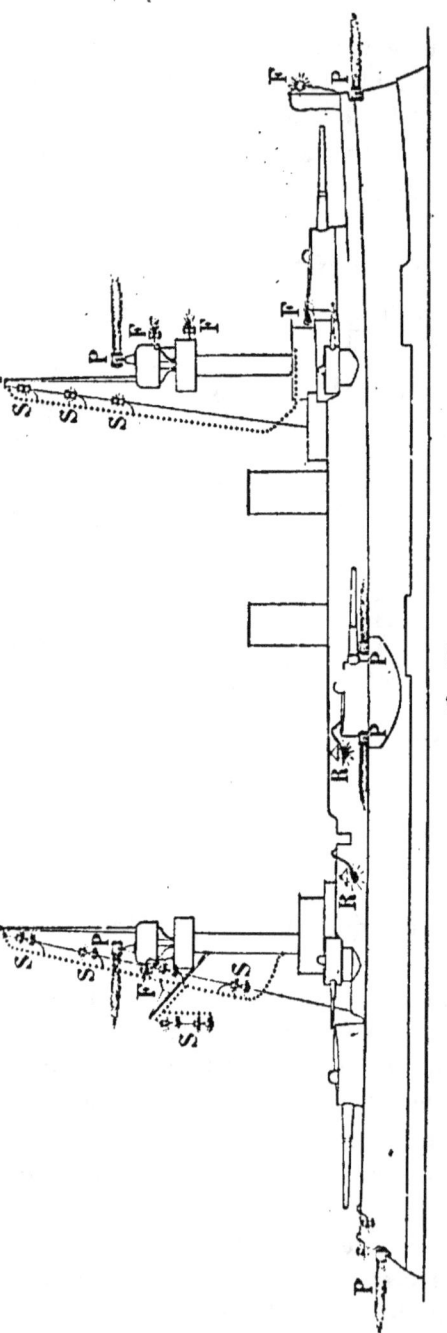

Fig. 851.

y voit en outre les projecteurs dont nous parlerons plus loin. Les feux de navigation comprennent une lampe de 30 bougies (feu rouge de babord) et une de 50 (feu vert de tribord). En raison de l'importance du bon fonctionnement de ces feux, que des écrans doivent d'ailleurs rendre invisibles de la passerelle de commandement, on les munit d'avertisseurs d'extinction : ces avertisseurs comportent essentiellement de petites lampes témoins, qui sont placées bien en vue et qui s'allument par le jeu d'électro-aimants convenablement disposés aussitôt que l'un des feux de route vient à s'éteindre.

Pour assurer à ces feux de l'éclairage extérieur leur intensité normale malgré les grandes distances qui les séparent des dynamos génératrices, on règle leur voltage normal à 5 volts en dessous du voltage de la distribution, à 75 par exemple, si ces derniers donnent aux bornes des tableaux 80 volts.

CHAPITRE III.

Lampes à arc.

327. Fonctionnement de l'arc. — Si l'on fait passer un courant entre deux crayons de charbon amenés préalablement au contact et qu'on les écarte, on produit l'arc voltaïque à la condition de donner à la différence de potentiel en même temps qu'à leur écartement des valeurs convenables, variables d'ailleurs avec leurs diamètres. L'arc ne se maintient en effet fixe qu'entre des limites très étroites de l'écart pour un voltage donné. Si l'écart est trop faible, l'arc produit un sifflement particulier qu'on peut attribuer à la trop grande densité de courant, et il projette des éclairs d'intensité variable : c'est l'arc sifflant ; si l'écart est au contraire trop considérable, il apparaît des flammes qui font donner à l'arc l'épithète de flambant.

Il importe donc de conserver, pour une lampe donnée, des valeurs déterminées au voltage et à l'écart des charbons, et, à moins qu'on n'ait recours à des dispositions telles que l'usure des charbons ne modifie en rien leur position relative, on doit employer des régulateurs sensibles et énergiques, judicieusement combinés d'ailleurs d'après les données mêmes des génératrices d'alimentation ; car le fonctionnement de la lampe dépend autant des caractéristiques électriques de la canalisation que de celles de son propre régulateur.

Dans la pratique, selon l'intensité lumineuse qu'on veut obtenir, on donne au diamètre des charbons des valeurs comprises entre 4 et 35 $^m/_m$, et l'on fait varier les distances entre 2 et 11 $^m/_m$ et les voltages entre 40 et 55 volts. Les intensités de courant varient le plus souvent de 8 à 12 ampères ; on ne fait guère de lampes dont l'intensité de courant descende à moins de 4 ampères. Pour les lampes des projecteurs que la marine emploie, les intensités de courant varient de 15 ampères (projecteurs de 30 c/m de diamètre) à 180 ampères (projecteurs de 1m,50). La différence de potentiel aux bornes des charbons mesure la force contre électromotrice totale de l'arc : tout en augmentant, pour une même lampe, avec l'intensité du courant qui passe, elle ne reste pas proportionnelle à cette intensité.

L'arc se produit également bien avec les courants continus et avec les courants alternatifs. Avec ces derniers, la lampe donne une série d'éclats qui fournissent une lumière suffisamment fixe, dès que la fréquence atteint 40 et 50 périodes par seconde. L'extinction de l'arc se produit d'ailleurs à chaque renversement du courant : M. Joubert a vérifié ce fait à l'aide de miroirs tournants. D'après M. Blondel [1], l'arc se rallume après chaque changement de sens de l'intensité I (fig. 852), dès que la différence de potentiel U entre les extrémités des charbons atteint une valeur suffisante pour produire l'arrachement disruptif du carbone. Aussitôt le courant rétabli, cette différence tombe à une valeur relativement faible et se maintient assez constante pendant la majeure partie de la durée de chaque demi-période, comme si, par suite de la vaporisation du carbone, l'arc n'offrait plus alors que de la résistance ohmique. Ces phénomènes sont d'ailleurs surtout sensibles avec des charbons parfaitement homogènes ; c'est avec des charbons de ce genre que M. Blondel a obtenu la courbe de la figure 852. Avec des charbons à mèche au contraire (fig. 853), les vapeurs salines, que produisent

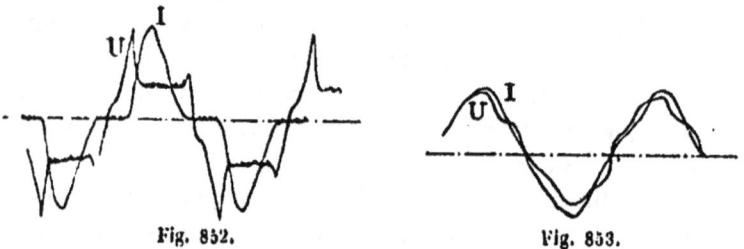

Fig. 852. Fig. 853.

les silicates ou substances analogues mélangées à la poudre de charbon, paraissent entretenir une conductibilité artificielle qui tend à ramener les courbes de l'oscillographe à la forme sinusoï-

[1] Note présentée à l'Académie des sciences le 12 décembre 1898.

dale ou simplement arrondie : l'arc semble offrir alors une résistance assez constante.

328. Propriétés de l'arc à courant continu et de l'arc à courant alternatif. — Les charbons alimentés par le courant alternatif ne présentent entre eux aucune différence : ils s'usent également et se taillent symétriquement. On peut alors les placer à côté l'un de l'autre à la condition d'interposer entre eux un mastic ou *colombin* de composition convenable pour s'user en même temps qu'eux : on obtient de la sorte des *bougies* (fig. 854). Les plus employées dans ce genre sont les bougies Jablochkoff. A leur extrémité a les crayons sont reliés entre eux par un filament de pâte de charbon qui brûle dès que le courant passe : c'est ainsi que l'arc s'amorce.

Lorsqu'on dispose les charbons dans le prolongement l'un de l'autre, on emploie des régulateurs pour les maintenir à distance fixe. Leurs extrémités se taillent en pointes arrondies lorsqu'ils sont bien centrés (fig. 855).

Avec le courant continu au contraire, il se forme un cratère au pôle positif et une pointe au pôle négatif (fig. 856); de plus, l'usure des deux crayons est inégale : c'est le crayon positif qui s'use le plus vite. En moyenne son usure est à celle du crayon négatif dans le rapport de 2 à 1,3; mais ce rapport dépend des proportions relatives des deux crayons. On admet généralement, pour s'expliquer cette différence, qu'il y a transport de particules de charbon du pôle positif au pôle négatif. Les formes que prennent les extrémités dépendent d'ailleurs de la disposition et de la constitution des charbons; dans les lampes obliques de certains projecteurs par exemple, la taille naturelle des crayons fournit un cratère oblique qui envoie sur le miroir disposé pour les réfléchir le maximum des rayons utilisés.

Fig. 854.

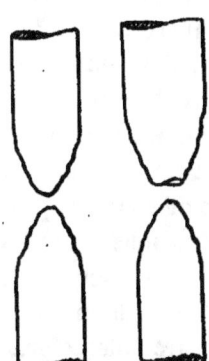

Fig. 855.   Fig. 856.

C'est le cratère positif qui, lorsqu'on emploie le courant continu, donne, de beaucoup, le plus de lumière et, lorsqu'on place les charbons dans le prolongement l'un de l'autre, c'est à 45° environ de l'axe que les intensités lumineuses atteignent les plus grandes valeurs (fig. 858) : on peut obtenir ainsi des intensités maxima qui

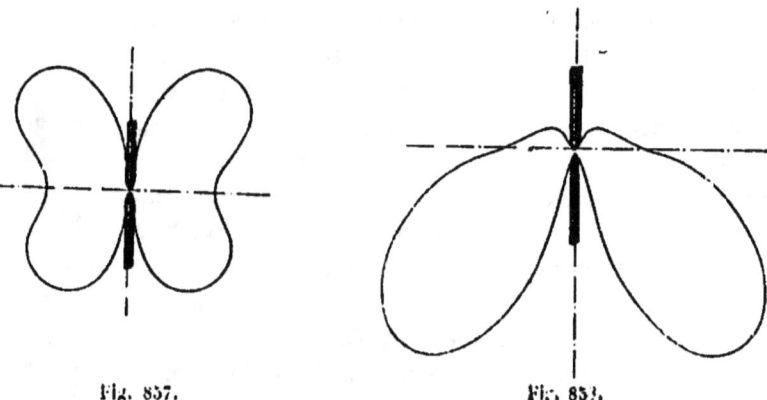

Fig. 857. Fig. 858.

atteignent jusqu'à 8 fois l'intensité horizontale. L'arc alternatif au contraire donne lieu aux courbes d'intensités qu'indique par exemple la figure 857. Placé à une assez grande hauteur du sol, le crayon positif au-dessus du négatif, l'arc à courant continu projette sa lumière dans les meilleures conditions possibles ; on l'emploie aussi pour l'éclairage des salles de dessin par réflexion sur les voûtes et plafonds peints en blanc : on tourne alors le cratère positif vers le haut et l'on obtient un éclairage par lumière diffuse très satisfaisant. Pour obtenir les mêmes résultats avec des lampes alimentées par le courant alternatif, il faut se servir de réflecteurs.

Pour guider l'arc et le bien centrer, on emploie parfois des charbons à mèche : le corps du crayon est évidé suivant son axe et, dans le canal ainsi formé, on comprime une pâte de charbon plus conductrice. On a essayé aussi de cuivrer les charbons pour les rendre meilleurs conducteurs : cela est utile surtout lorsque, en vue d'augmenter la durée des charbons, on leur donne une grande longueur, mais le cuivre communique à l'arc une coloration verte qui fait renoncer le plus souvent à cet avantage.

La lumière de l'arc, extrêmement vive, convient surtout pour l'éclairage des grands espaces, quais, places publiques, halls, magasins, etc. Dans ces derniers cas, pour adoucir ses rayons et les diffuser, on emploie des globes opalins : ceux-ci ont l'inconvénient d'absorber une importante fraction du flux total de lumière. On obtient cependant ainsi un éclairage moins dispendieux encore qu'avec les lampes à incandescence.

329. Régulateurs. — Tout régulateur de lampe à arc doit remplir deux rôles : produire l'allumage dès qu'on introduit la lampe en circuit et régler l'écart des charbons à la valeur la plus avantageuse, quel que soit leur degré d'usure. Pour produire l'allumage, il faut que les efforts en jeu dans l'appareil amènent tout d'abord les charbons au contact l'un de l'autre, puis, qu'ils les séparent dès que le courant y passe.

Ce résultat s'obtient en opposant à l'action d'un poids ou d'un ressort celle d'un électro-aimant relié aux charbons : le plus fort des deux avant passage du courant par les charbons les amène au contact et cède sa prédominance à l'autre, dès que le courant a passé, et les charbons, obéissant à l'action de ce dernier, s'écartent. Il faut seulement que les liaisons de l'appareil soient réglées de façon que l'équilibre entre les deux efforts opposés corresponde à l'écart voulu entre charbons.

Pour que d'autre part ce point d'équilibre se retrouve toujours le même, quelle que soit la longueur absolue des charbons, il convient que les transmissions comprennent une glissière, crémaillère ou toute autre pièce analogue, qui laisse prendre aux charbons les déplacements que leur degré d'usure exige à tout moment.

Enfin la fixité de la lumière que fournit la lampe est directement liée à la petitesse relative des variations de voltage et d'écarts que le régulateur tolère. On remarquera à ce sujet qu'à un système de valeurs de la différence de potentiel v et de l'écart ε correspond une valeur déterminée de l'intensité i : la stabilité du fonctionnement de la lampe dépend donc de la précision avec laquelle se trouvent déterminées les valeurs de v et de i par les deux relations qu'imposent à la fois 1° la condition d'équilibre entre efforts du régulateur et 2° la caractéristique électrique de la distribution aux bornes de la lampe. En particulier, cette caractéristique dépend du mode d'entraînement et du genre d'excitation de la dynamo, ainsi que de la valeur des résistances interposées entre ses bornes et celles de la lampe.

Tout ceci va se préciser d'ailleurs par l'étude des dispositions diverses que l'on peut réaliser.

330. Lampes alimentées sous potentiel constant; régulateurs d'intensité. — Supposons d'abord qu'on entretienne aux bornes de la lampe une différence de potentiel rigoureusement constante, précisément égale au potentiel susceptible de fournir l'arc le plus avantageux. L'intensité du courant qui passera par les charbons ne dépendra que de l'écart qui leur sera donné, et, inversement, à une intensité déterminée correspondront un écart et, par suite, un régime déterminés. On pourra donc prendre cette intensité comme agent régulateur des charbons et enrouler en série avec ceux-ci l'électro-aimant opposé au ressort ou au poids. C'est au contact que l'intensité atteindra alors sa valeur maxima et que, en même temps, l'électro fournira son maximum d'effort : c'est donc lui que l'on devra employer à écarter les charbons, tandis que le ressort, ou le poids du porte-charbon supérieur P par exemple (fig. 859), les maintiendra au contact avant passage du cou-

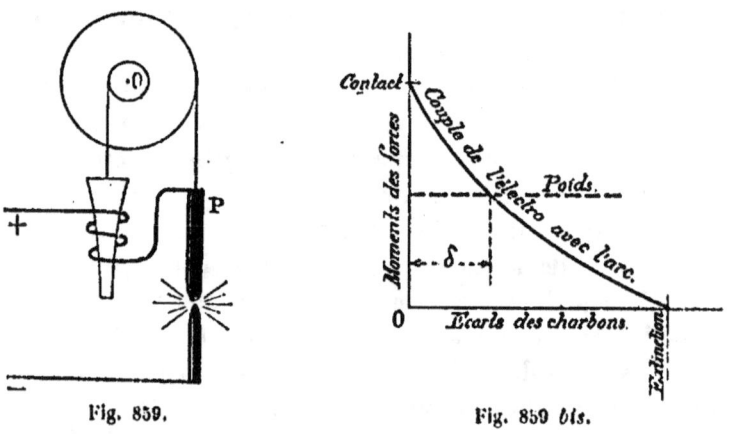

Fig. 859.   Fig. 859 bis.

rant. Aussitôt que celui-ci aura passé, l'électro fournissant une action prédominante déterminera la séparation des charbons et l'arc sifflera; mais au fur et à mesure que les charbons s'écarteront, la force de l'électro diminuera et, entre son moment par rapport à l'axe O et le couple des poids, il y aura équilibre stable avec un écart déterminé δ des charbons (fig. 859 bis). L'arc fournira alors sa lumière normale, si l'appareil est réglé de façon que cette position corresponde au régime le plus avantageux. Mais les charbons commencent aussitôt à s'user : leur écart augmente légèrement, l'intensité diminue, le poids moteur l'emporte et détermine un rapprochement qui compense en partie l'augmentation d'écart. En un mot la caractéristique mécanique de l'électro-aimant se trouve modifiée par la variation de longueur des charbons et l'écart d'équilibre δ varie tant soit peu, à moins qu'on ne puisse donner au noyau et au solénoïde de l'électro-aimant des formes telles que l'effort correspondant à une même intensité demeure invariable, quelle que soit la position du noyau dans le solénoïde. Mais cette condition ne peut être approximativement réalisée que dans d'étroites limites, même en donnant une grande valeur au rapport des déplacements du charbon et du noyau, et la lumière fournie par la lampe se modifierait trop sensiblement, si l'on ne ménageait, dans l'ensemble des transmissions entre noyau et charbon, un glissement pour compenser exactement d'une façon continue ou par petits à-coups, les réductions progressives de longueur des charbons. Les dispositions inventées pour obtenir ce résultat varient à l'infini ; nous en rencontrerons quelques exemples sur les régulateurs que nous décrirons plus loin.

La caractéristique de l'électro-aimant cesse alors de varier sensiblement, ou du moins, elle se retrouve toujours la même à chaque glissement élémentaire, et la stabilité de la lumière ne dépend plus, sous condition d'une bonne sensibilité qui suppose les frottements aussi réduits que possible, que de la valeur de l'angle sous lequel se coupent les caractéristiques de l'électro-aimant et du poids ou du ressort. On remarquera à ce sujet qu'il peut y avoir avantage à employer pour rappeler les charbons, au lieu du poids de l'un des porte-charbons, un ressort qui fournisse une caractéristique ascendante. Mais ce sont les conditions d'emploi de la lampe qui le plus souvent détermineront le choix sur ce point.

331. Action des résistances interposées entre les bornes à potentiel constant et les bornes de la lampe ; emploi de régulateurs de résistance et de régulateurs de potentiel. — Les conditions d'alimentation que nous venons de supposer réalisées ne le sont pour bien dire jamais : entre les bornes de la canalisation où le potentiel est maintenu constant et les bornes de la lampe, il existe toujours une résistance, celle de la ligne, dont la valeur, pour diverses raisons, peut être relativement grande. Les lampes sont en effet branchées sur deux barres B B, B'B' reliées aux pôles de la génératrice, comme l'indique la figure 860; elles sont réparties à diverses distances de ces barres,

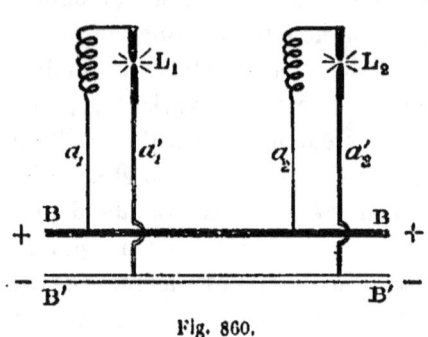

Fig. 860.

et, sans parler ici des avantages qu'il y a, tant au point de vue de la sécurité des dynamos qu'à celui de l'indépendance relative des lampes, à donner aux conducteurs de chaque lampe une résistance assez considérable, on remarquera qu'il importe déjà de calculer les sections de ces conducteurs de façon à égaliser, d'une lampe à l'autre, les pertes de voltage que le passage du courant y détermine, et cela sans entraîner une dépense de cuivre exagérée. Bref, il existe des résistances qui absorbent par effet Joule une fraction du potentiel et celle-ci varie avec l'intensité que prend momentanément la lampe et par suite avec l'écart des charbons. Représentons par la longueur Ob la résistance de la lampe, à l'écart normal des charbons, par bv le voltage normal à fournir aux bornes de la lampe et par Bb la résistance des conducteurs. Le potentiel qu'il faudra entretenir aux bornes de la canalisation

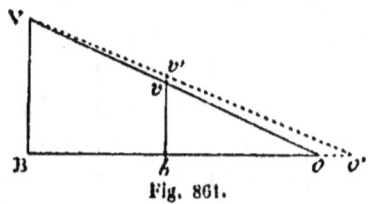

Fig. 861.

sera BV. On le maintiendra constant à cette valeur : mais les variations d'écart des charbons à l'usure détermineront des variations de résistance OO', et le voltage aux bornes de la lampe variera lui-même de vv'.

Il y a tout avantage alors, au point de vue de la stabilité de l'arc, à remplacer dans le régulateur précédent le poids ou le ressort par un électro-aimant placé en dérivation aux bornes de la lampe, car l'effort, que fournira cet électro sur un noyau disposé comme l'indique la figure 862, croîtra avec l'écart des charbons, et la caractéristique horizontale de la figure 859 *bis* sera remplacée par une caractéristique ascendante.

Les noyaux des deux électros forment dans ce cas, avec le porte-charbon supérieur, un système exactement équilibré et les deux solénoïdes agissent à contre l'un de l'autre sur leurs noyaux respectifs. On obtient de la sorte un régulateur différentiel, ou compound à longue dérivation, qui règle en définitive la résistance du circuit des charbons à une valeur déterminée, puisqu'il impose la condition d'égalité entre les efforts de deux solénoïdes parcourus par des intensités i et $\dfrac{v}{d}$.

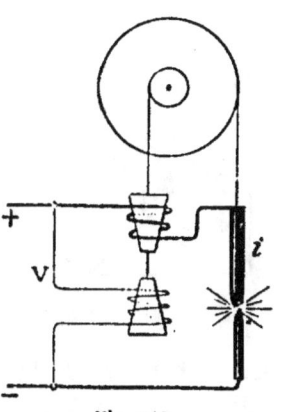

Fig. 862.

A vrai dire la présence du circuit dérivé modifie tant soit peu la caractéristique d'écartement du solénoïde en série avec les charbons; mais, si la résistance de l'électro en dérivation est, comme elle doit l'être, très grande par rapport à celle des charbons, on peut considérer que cette modification est insensible. La première des figures 863 représente

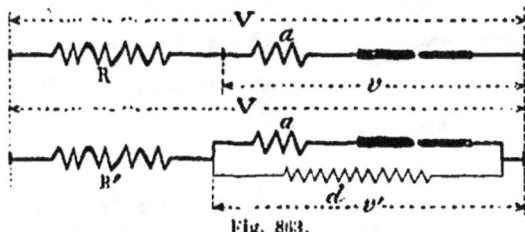

Fig. 863.

le schéma d'une lampe réglée par un simple électro a, monté en série avec les charbons, et par un poids ou un ressort, et la seconde des mêmes figures donne le schéma d'une lampe équilibrée à régulateur différentiel : a est la résistance du solénoïde en série et d celle du solénoïde en dérivation qui joue le rôle du poids dans la première lampe. Les deux lampes sont identiques en ce qui concerne les charbons et le solénoïde a; elles doivent recevoir le même potentiel v, par conséquent la résistance R' est un peu plus petite que la résistance R, puisque l'intensité $i_e\ i_d$ qui y passe doit déterminer la même chute de potentiel V-v que l'intensité i_e seule dans la résistance R. Les deux lampes fonctionnent avec le même écart entre charbons δ; la seule différence, tout à l'avantage de la lampe compound, est dans la grandeur de l'angle sous lequel se coupent les deux caractéristiques (fig. 864). La pente de la caractéristique ascendante est d'autant plus accusée que la résistance en ligne R' (soit B *b* sur la fig. 861) est plus grande par rapport à la résistance des circuits proprement dits de la lampe (soit *bo*).

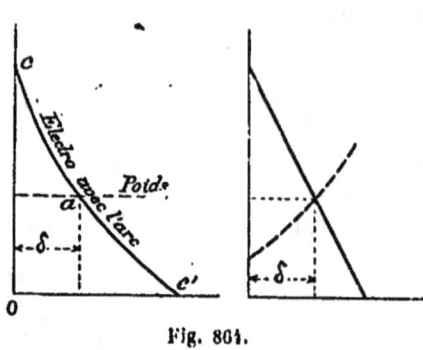

Fig. 864.

Il est un cas fréquent d'ailleurs où l'emploi de la lampe différentielle s'impose, c'est celui où l'on veut placer entre les barres à potentiel constant de la canalisation des chapelets de lampes à arc montées en tension (fig. 865). De simples régulateurs d'inten-

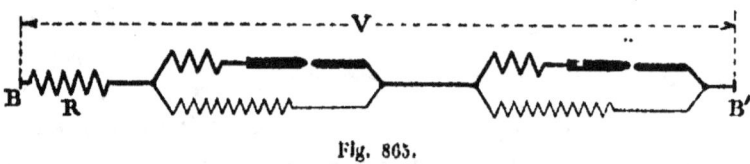

Fig. 865.

sité seraient en effet incapables d'assurer la fixité des arcs, par la raison que la détermination de l'intensité n'entraîne celle de l'écart qu'à la condition que le voltage aux bornes mêmes de la lampe soit imposé par la canalisation : or la seule chose que le mode d'alimentation en question détermine, c'est la *somme* des différences de potentiel aux bornes des lampes et non les valeurs de chacune d'elles. Les régulateurs d'intensité pourraient donc admettre des écarts différents entre leurs charbons respectifs avec une même valeur de l'intensité et des voltages différents : il y a indétermination. Au contraire, avec des régulateurs compound, qui déterminent la valeur des résistances effectives, les lampes du chapelet se règlent nécessairement, puisque, du fait du montage, les intensités étant les mêmes, les écarts prennent nécessairement les mêmes valeurs.

Les régulateurs différentiels sont très employés sur les lampes d'intensité moyenne qui conviennent à l'éclairage des ateliers, chantiers, places publiques, etc. Mais dès que l'intensité du courant atteint les valeurs énormes (45, 65, 100 et 180 ampères) qu'il faut admettre sur les lampes des projecteurs, la grosseur du fil principal devient un obstacle sérieux à la réalisation d'un appareil de réglage qui conserve toute la sensibilité et toute la précision voulues. On en vient alors à abandonner le solénoïde en série, ou du moins à le mettre à part du régulateur si l'on veut le conserver pour écarter les charbons à l'allumage, et l'on n'utilise que le solénoïde en dérivation à régler l'écart des charbons : au solénoïde en dérivation qui doit tendre à rapprocher les charbons (fig. 866) s'oppose alors l'action d'un poids ou d'un ressort qui tend

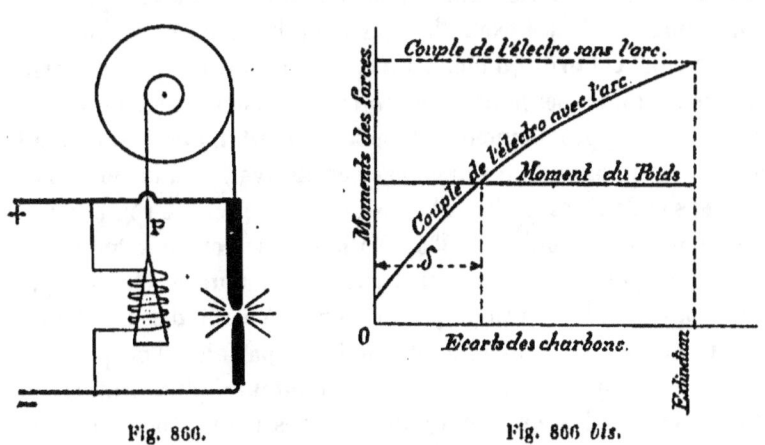

Fig. 866.   Fig. 866 bis.

à les écarter, et c'est la *différence de potentiel* aux bornes des charbons qui devient l'unique agent régulateur de leur écart. Il faut, par suite, que, du fait de l'alimentation, cette différence de potentiel varie assez rapidement avec l'écart, soit qu'on alimente les lampes cette fois sous intensité constante, comme nous le verrons au paragraphe suivant, soit que, dans le cas d'une distribution à potentiel constant, on donne à la résistance de la ligne propre de la lampe une valeur considérable.

Dans ces conditions, l'effort de l'électro atteint son maximum alors que les charbons sont écartés, et il tombe presque à néant lorsqu'ils sont au contact : le poids du noyau du solénoïde l'emporte sur celui du porte-charbon supérieur. Les caractéristiques d'écart que fournit le poids et de rapprochement que donne l'électro sont disposées comme l'indique la figure 866 *bis* : l'équilibre stable s'établit pour une valeur de z de la distance des charbons telle que le couple de l'électro, variable avec v, devienne égal à celui du poids. Il faut régler les dimensions de l'appareil de façon que cet écart z corresponde, avec la valeur du potentiel v qui le détermine, au régime le plus avantageux de l'arc. Enfin les transmissions mécaniques entre le noyau du solénoïde et le porte-charbon comprendront, comme dans le cas des régulateurs précédents, un dispositif qui permette à ce dernier de glisser des quantités voulues pour compenser exactement l'effet de l'usure des charbons.

Nous verrons ultérieurement, et notamment au chapitre des projecteurs, quelques exemples des combinaisons que l'on peut réaliser dans cet ordre d'idées. Un excellent moyen, que la marine emploie sur toutes ses lampes de projecteurs, consiste à commander l'électro de rapprochement, ou bien un petit moteur qui joue le même rôle, à l'aide d'un relais placé en dérivation aux bornes des charbons et dont les petites dimensions permettent le réglage avec toute la précision voulue (§ 335). Malheureusement une telle solution exige que la résistance en ligne sur chaque circuit de projecteur atteigne une valeur presque égale à celle des charbons à l'écart normal, et, pour obtenir une fixité parfaite, l'on peut être conduit à donner à ces résistances des valeurs plus grandes que ne l'exigeraient les considérations relatives à l'indépendance des projecteurs et à la sécurité des dynamos. On perd ainsi en effet Joule dans la ligne jusqu'au tiers et moitié de la puissance des génératrices; mais il ne faut pas perdre de vue que le fonctionnement des projecteurs à bord d'un navire est de courte durée et que la part d'énergie perdue en fin d'année dans les résistances des lignes est insignifiante.

332. Alimentation sous intensité constante; régulateurs de résistance ou de potentiel. — Passons enfin au cas d'une distribution en série où l'intensité de ligne est maintenue constante par les génératrices. Il est bien clair que, dans ce cas, des régulateurs d'intensité sont incapables d'assurer le fonctionnement des lampes, puisque, en admettant d'ailleurs identité de valeur entre l'intensité imposée par l'alimentation et l'intensité susceptible de fournir, avec un bon écart, un arc parfaitement fixe, la lampe fonctionnerait avec n'importe quel écart et n'importe quel potentiel entre charbons ; les deux relations entre v et i imposées par l'alimentation et par le régulateur se réduiraient en effet à la même condition $i =$ const. Le régulateur en dérivation, au contraire, en imposant à la différence de potentiel v aux bornes des charbons une valeur déterminée, peut donner d'excellents résultats.

L'intensité fournie par la génératrice au chapelet de lampes doit être calculée d'après la somme $i_d + i_c$ des intensités que doivent absorber respectivement le solénoïde et les charbons. Il est visible qu'on peut alors fournir l'effort d'écartement des charbons à l'aide d'un solénoïde monté en tension sur l'ensemble des deux branches précédentes. On réalisera alors un régulateur compound en courte dérivation, tel que le définit la fig. 807. Une telle combinaison est à peu près équivalente à celle que définissait la fig. 802 ; elle impose une valeur déterminée à la résistance et peut s'employer dans le montage en chapelet sous potentiel constant. Le montage des lampes, dans le cas d'une distribution en série, répond au schéma de la figure 808. Il va de soi que la résistance d des électro-aimants en dérivation doit être très grande par rapport à la résistance effective des charbons et de l'arc ; autrement le réglage des lampes absorberait une trop forte partie de la puissance totale. Mais, en

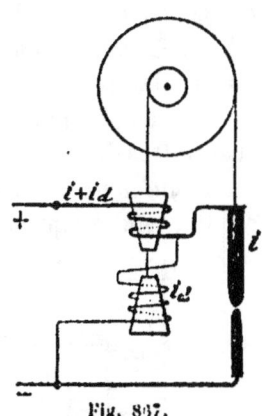

Fig. 807.

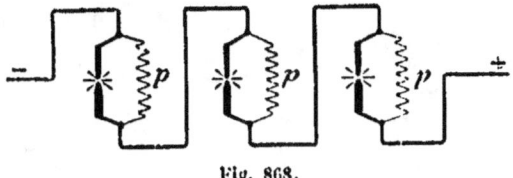

Fig. 808.

cas d'extinction de quelques lampes, ces résistances se trouveraient seules à servir de passage au courant et absorberaient alors une part énorme de la puissance; il en serait de même au cas où un des charbons viendrait à se briser. Il devient alors nécessaire d'ajouter à chaque lampe un conducteur en dérivation, de faible résistance qui puisse s'introduire en circuit automatiquement sitôt que le courant cesse de passer par les charbons. Ce résultat s'obtient par exemple par le dispositif qu'indique la figure 869 : un interrupteur attiré par un petit électro enroulé de quelques spires en série avec les charbons met hors circuit le conducteur auxiliaire, tant que le courant passe par les charbons, et s'abat, sous l'action d'un ressort, sur son plot de fermeture, dès que l'arc est éteint.

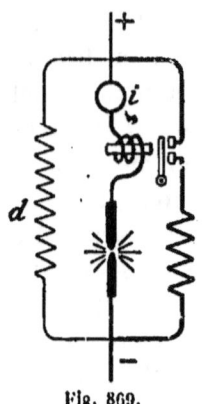

Fig. 869.

333. Exemples de régulateurs. — Les modèles de régulateurs de lampes à arc varient à l'infini. Nous n'en décrirons ici à titre d'exemple que trois; nous en rencontrerons d'ailleurs quelques autres dans l'étude des projecteurs.

I. *Régulateur-dynamo Bréguet.* — Dans cette lampe en série, l'effort qui tend à rapprocher les charbons est le poids du porte-char-

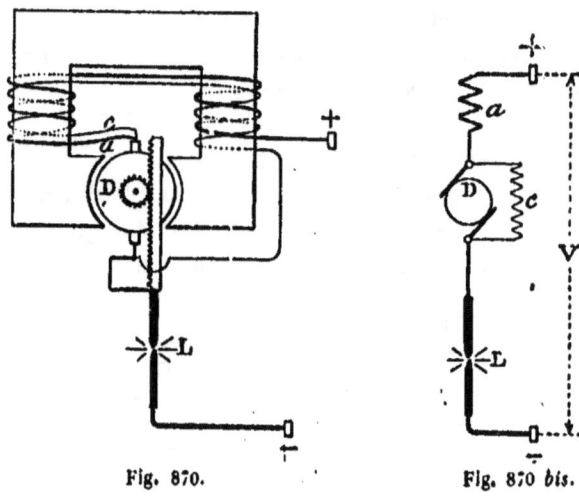

Fig. 870.   Fig. 870 bis.

bon supérieur et l'effort qui tend à les écarter est celui que fournit, par l'intermédiaire d'un pignon et d'une crémaillère, la dynamo D dont l'inducteur et l'induit sont en série avec les charbons. Le poids amène les charbons au contact avant mise en circuit de la lampe, et sitôt que le courant passe, la dynamo le sépare, l'arc jaillit, le couple moteur de la dynamo diminue, au fur et à mesure que les charbons s'écartent, et l'équilibre entre le poids et l'effort tangentiel, transmis par la dynamo, doit correspondre à l'écart le plus avantageux des charbons. Le régulateur ainsi disposé serait à peine amorti, et les oscillations des charbons subsisteraient fort longtemps : on obtient l'amortissement complet en fermant en court circuit l'induit du moteur sur lui-même (§ 242) et l'on enroule ce circuit dérivé sur les inducteurs de la dynamo. Les lampes de ce type sont d'une grande simplicité ; comme tout autre régulateur en série, elles ne peuvent être employées en chapelets sous potentiel constant.

II. *Lampe Brianne*. — Dans la lampe Brianne, le porte-charbon est encore muni d'une crémaillère qui engrène avec un pignon solidaire d'une roue M. Si on laisse libre cet équipage, les charbons viennent au contact sous l'action de la pesanteur, et il suffit d'agir à la périphérie de la roue M, par l'intermédiaire d'un secteur denté P, dans le sens convenable pour relever le charbon supérieur et produire l'allumage. L'appareil de réglage consiste simplement en un solénoïde d, en dérivation aux bornes de la lampe, dont l'attraction sur le noyau A solidaire du secteur P agit à contre du poids de l'ensemble A P. C'est donc ici un simple régulateur en dérivation, où le poids antagoniste maintient écartés les charbons avant la mise en circuit de la lampe, car, en admettant même que l'on ait soulevé l'armature A pour dégager la roue M et laisser les charbons venir en contact, le levier A P, en retombant sous son propre poids dans la position qu'indique le tracé pointillé,

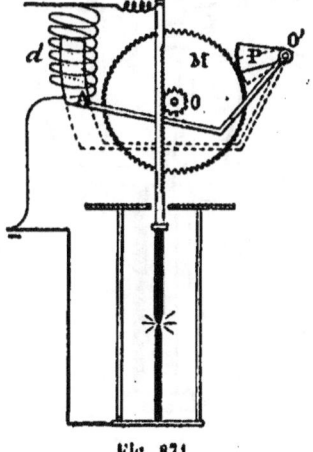

Fig. 871.

a remis le vecteur en prise et relevé le porte-charbon supérieur (le moment de l'effort tangentiel transmis à M est par rapport à l'axe O bien supérieur au moment du poids du porte-charbon à crémaillère). Sitôt que l'on introduit la lampe en circuit, le moment de l'attraction de d par rapport à l'axe O' l'emporte sur le moment du poids de A P et le levier relevé à bloc dégage la roue M et le porte-charbon supérieur descend jusqu'à buter sur le charbon inférieur. Aussitôt le solénoïde laisse retomber le noyau A et le vecteur en prise fait jaillir l'arc qui se règle à la longueur correspondant à l'équilibre entre les moments par rapport à O' de l'attraction du solénoïde et du poids de A P. La roue M a une masse assez considérable pour ne prendre que de faibles accélérations, lorsque le secteur P désengrène à l'usure des charbons, et ne tourner que d'une dent avant que le secteur la ressaisisse. Ce régulateur fonctionne bien avec l'alimentation à intensité constante ou avec une résistance additionnelle sous potentiel constant.

III. *Lampe Pilsen*. — Dans cette lampe à régulateur différentiel, les porte-charbon sont suspendus aux deux extrémités d'une même corde qui passe sur une poulie P et se font équilibre. Les deux solénoïdes, l'un S en série avec les charbons, l'autre d en dérivation, agissent sur deux noyaux tronconiques A et B ; le solénoïde d, donnant son effort maximum lorsque l'arc n'est pas établi, opère le rapprochement des charbons jusqu'au contact ; ceux-ci s'écartent aussitôt que le courant les traverse, car le solénoïde S agit alors sur le noyau A et l'emporte sur B. L'équilibre s'établit pour une certaine valeur du rapport $\frac{v}{i}$ qui doit correspondre au régime le plus avanta-

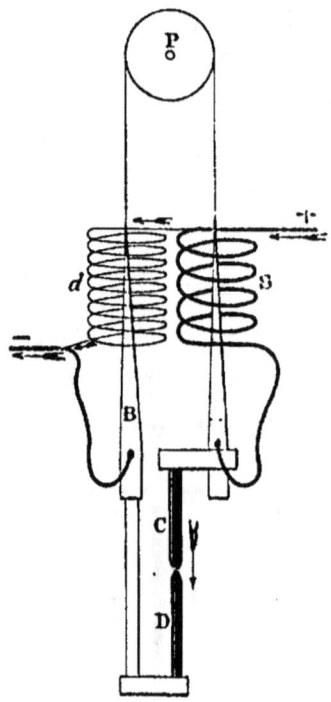

Fig. 872.

geux de l'arc. On remarquera qu'ici, comme dans toute lampe différentielle, les variations d'efforts des deux solénoïdes agissent en concordance pour rapprocher les charbons lorsqu'ils se sont usés, c'est-à-dire que l'effort du solénoïde S qui les écarterait diminue, par suite de l'augmentation de longueur de l'arc, et que l'effort du solénoïde d, qui tend à les rapprocher, augmente au fur et à mesure que la longueur d'arc augmente; ce fait se traduit par l'obliquité inverse des deux caractéristiques sur l'axe des écarts (fig. 864).

CHAPITRE IV

Projecteurs

334. Dispositions principales des projecteurs. — Par l'intensité de la lumière qu'elles fournissent sous un faible volume, les lampes à arc ont leur emploi tout à fait rationnel au foyer des appareils de concentration lumineuse tels que les phares et les projecteurs. Mais, si faibles que soient les dimensions de l'arc, il ne doit pas être considéré comme un point lumineux, et les formes des surfaces réfringentes et réfléchissantes doivent être appropriées au genre même de l'arc et à la disposition de ses radiations lumineuses. L'arc à courant alternatif, avec ses courbes d'intensité à peu près symétriques par rapport au plan normal aux charbons, répond directement aux conditions d'éclairage que l'on attend d'un feu fixe, visible de tous le points du large (fig. 873).

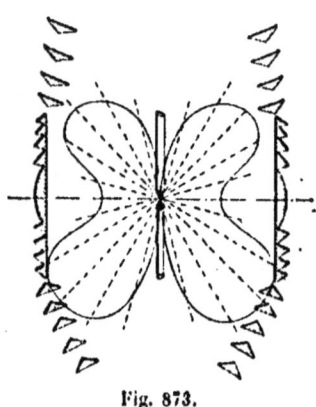

Fig. 873.

L'arc à courant continu, dont un des charbons offre un cratère qui projette obliquement ses rayons d'intensité maxima, convient au contraire parfaitement aux projecteurs.

Il y a d'ailleurs deux manières de disposer cet arc vis-à-vis du miroir : la plus simple, et celle à laquelle on revient maintenant dans la plupart des cas, consiste à placer les charbons sur l'axe du miroir (fig. 874), en lui donnant une ouverture suffisante pour recueillir les rayons les plus intenses. Pour diminuer d'ailleurs autant que possible l'ouverture du cône d'ombre que forme le charbon négatif, on donne à ce dernier un moindre diamètre qu'au charbon positif, mais c'est toujours la région centrale du miroir qui reçoit le moins de lumière. Pour éviter cet inconvénient, on peut obliquer les char-

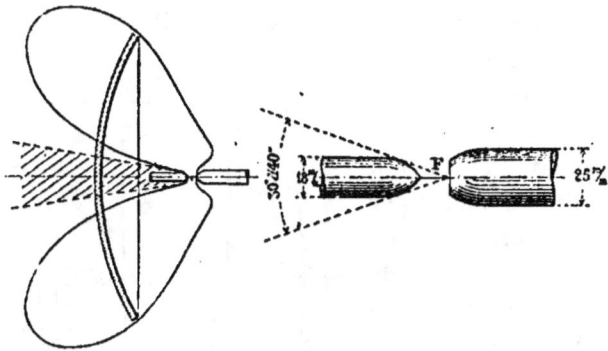

Fig. 874.

bons et les disposer comme l'indique la figure 875 : en laissant entre leurs axes parallèles, un écart transversal convenable, on ob-

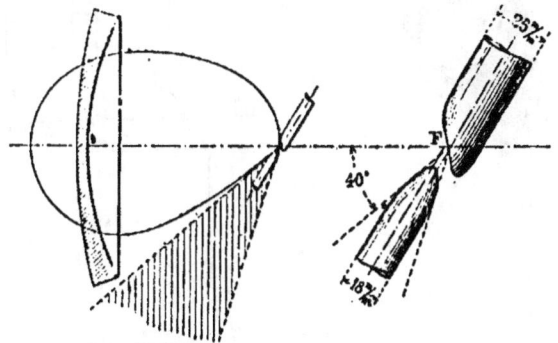

Fig. 875.

tient un cratère oblique qui peut se trouver normal à l'axe du miroir et projeter ainsi dans la direction de celui-ci son intensité maxima.

C'est la solution qui a été adoptée par le colonel Mangin pour ses projecteurs à miroir réfringent que la Marine a seuls employés jusqu'à ces dernières années. On peut être ainsi conduit à donner aux miroirs des ouvertures moindres ou, à diamètre égal, de plus longues distances focales, et obtenir d'ailleurs un meilleur rendement en intensité lumineuse, à la condition de maintenir effectivement les rayons d'intensité maxima dans l'axe du miroir. Dans ce but on monte le porte-charbon supérieur sur pivot horizontal, afin de régler au mieux possible la taille des charbons et l'orientation du cratère (fig. 876). Mais on conçoit qu'il y ait là un inconvénient pratique qui rende la manœuvre de la lampe oblique plus délicate que celle de la lampe horizontale, et que, à moins de la faire surveiller par un homme très exercé, on n'en obtienne en moyenne que de moins bons résultats. Aussi n'a-t-on conservé l'usage de cette

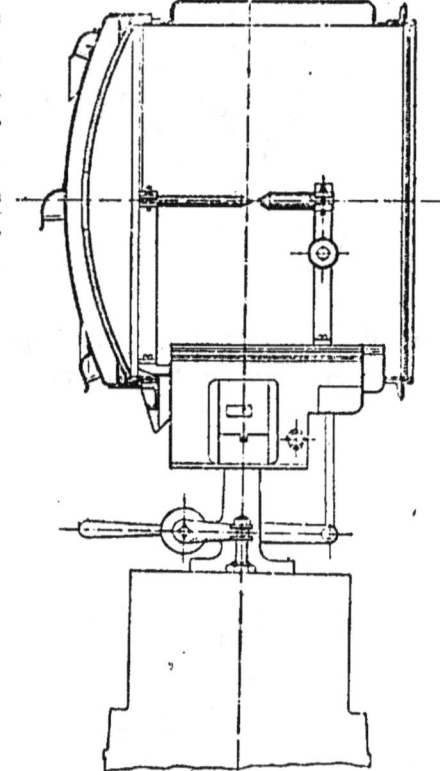

Fig. 876.   Fig. 877.

lampe que sur les grands projecteurs des postes de défense fixe, qu'on peut surveiller avec attention et de près : pour les projecteurs de bord, qui sont munis le plus souvent d'appareils de commande à distance, on préfère la lampe horizontale où le réglage des charbons, qu'il suffit de centrer l'un sur l'autre, peut être confié au premier venu.

De toutes façons, la lampe, oblique ou horizontale, et son miroir, qu'on fait maintenant de divers types (parabolique ou réfringent sphérique) sont installés dans une enveloppe cylindrique qui forme le corps du projecteur. Cette enveloppe est double et percée de trous convenablement disposés pour assurer une circulation d'air assez active : l'élévation de la température, que le miroir supporte mal, est en effet l'obstacle principal à l'accroissement de la puissance lumineuse d'un projecteur de dimensions données. Le miroir est protégé par un fond qui ne le touche pas, et à l'autre extrémité, le projecteur est fermé par un vantail à charnière fait de bandes de cristal jointives, plus faciles à remplacer en cas de bris qu'une glace d'un seul morceau. Le corps du projecteur repose, par l'intermédiaire de tourillons, sur un support tournant, et le faisceau lumineux peut être orienté et pointé à volonté (fig. 877).

335. Lampes des projecteurs. — Quel que soit son système toute lampe de projecteur doit maintenir les extrémités des charbons dans une position invariable par rapport au miroir. Ce résultat s'obtient en montant les porte-charbons sur deux vis à filets inverses de pas respectivement proportionnels à l'usure des charbons.

Ce mécanisme doit pouvoir se manœuvrer de deux manières : non seulement il est conduit par un régulateur automatique en dérivation aux bornes de la lampe avec ressort antagoniste, mais, en cas d'avarie, il se manœuvre à la main; ces lampes à double commande portent le nom de lampes mixtes. Elles sont alimentées sous potentiel constant à 80 volts par l'intermédiaire de résistances qui, en produisant au régime normal une chute d'une trentaine de volts, assurent la stabilité parfaite de l'arc; ces résistances sont d'ailleurs nécessaires, dans le cas de lampes aussi puissantes que celles des projecteurs, pour éviter l'accroissement excessif du débit en cas de contact des charbons.

336. Lampes obliques. — La maison Sautter, qui a conservé longtemps le monopole de la construction des projecteurs, a, jusqu'à ces dernières années, construit uniquement des lampes inclinées. Dans ces lampes, les axes des charbons, distants l'un de l'autre de quelques millimètres, font un angle de 70° environ avec l'axe du miroir (fig. 878). Les deux vis, à filets opposés, A et B, qui manœuvrent les écrous porte-charbon, a et b, sont placées dans le prolongement l'une de l'autre à côté d'une tige cylindrique gg

qui sert de guide aux écrous. Un mécanisme spécial, qui n'est pas figuré sur le schéma 878, permet de régler à la main la position de l'arc chaque fois que l'on a remplacé les charbons; pour achever ce réglage d'ailleurs, le porte-charbon supérieur est muni d'une vis et d'une roue striée S à l'aide desquelles on peut lui donner de légers déplacements. On décroise ainsi les axes des charbons de 3 à 7 $^m/_m$ suivant leur grosseur.

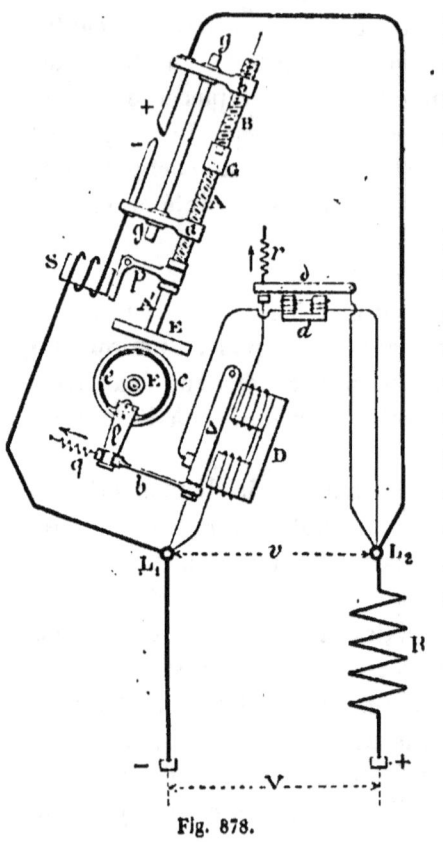

Fig. 878.

Une fois ce réglage préalable exécuté, il suffit de faire tourner les vis dans le sens convenable pour rapprocher ou écarter les charbons. Un volant, calé sur le fût A', permet de faire cette manœuvre à la main, et c'est ce même fût que le moteur de réglage automatique doit conduire. Le volant existait seul sur les lampes à main construites pour les premiers projecteurs Mangin; il se superpose au mécanisme automatique sur les lampes mixtes.

Pendant longtemps, le mécanisme de réglage automatique de la maison Sautter, s'est composé d'un encliquetage mené par un système de relais en dérivation D et d : ces relais agissent pour rapprocher les charbons, tant que la différence de potentiel reste supérieure à la limite voulue, imposée par un ressort r. A cette fin, l'encliquetage E se compose d'un barillet c et d'un ressort e que le levier l applique sur la paroi cylindrique du barillet, lorsqu'il est appelé par l'armature A du relais moteur D, et qu'il décolle au contraire de cette paroi lorsqu'il est rappelé par le ressort q. Par une suite d'oscillations de l'armature Δ, on obtient donc la rotation des vis A et B dans le sens qui produit le rapprochement des charbons. Le relais D pourrait recevoir, sans autre interrupteur que celui de sa propre armature, l'action de la différence de potentiel v qui s'établit aux bornes L_1 L_1 de la lampe. Mais la grandeur des dimensions, que l'effort à faire exige qu'on lui donne, nuit à sa sensibilité, et c'est à l'aide d'un second relais de petites dimensions d qu'on règle la marche. La figure montre que, tant que la différence de potentiel v dépasse la limite qui correspond à l'équilibre du ressort r et de l'électro d sur son armature δ, le circuit de D se ferme et que D, attirant son armature Δ, fait avancer les charbons, mais que, aussitôt, le mouvement de Δ coupant le circuit de d, celui-ci lâche son armature δ, coupe le courant de D et laisse le levier l libre d'obéir à l'action du ressort q, et ainsi de suite jusqu'à réduction de v à la valeur limite. Quelle que soit donc la position initiale des charbons, ils seront ramenés au contact par le jeu des relais aussitôt qu'on mettra la lampe en circuit.

Mais il faut écarter les charbons pour faire jaillir l'arc. Il suffirait pour cela de dévirer de quelques tours le fût des deux vis. C'est ce que l'on fera dans le modèle de lampe que nous décrivons tout à l'heure ; mais la solution adoptée ici consiste à séparer les deux vis A et B l'une de l'autre et à ne les relier que par un manchon carré G qui, tout en les maintenant solidaires à la rotation, les laisse glisser longitudinalement et s'écarter l'une de l'autre. C'est alors à un électro monté en série avec les charbons S qu'on assignera la fonction de rappeler en arrière la vis A et l'écrou a, sitôt que le courant des charbons l'excitera : c'est par l'intermédiaire de l'armature et du levier p qu'il agira dans ce sens.

Cette lampe pourrait en principe fonctionner en différentielle, mais les frottements des diverses parties mobiles ne lui laisseraient qu'une sensibilité tout à fait insuffisante. Aussi l'électro S, très puissant, maintient-il à bloc la vis A écartée de la vis B d'une quantité notablement plus faible que la longueur d'arc normal, et ce n'est que lorsque les charbons en s'usant se sont écartés à une distance supérieure à la normale, que l'électro d détermine le jeu du relais moteur D.

C'est là ce qui explique le sifflement qui subsiste pendant quelques instants après l'allumage d'un projecteur de ce type. Le régulateur est donc, malgré ses deux électros en dérivation et en série, un simple régulateur en dérivation qui impose la valeur de v d'après la tension du ressort r, l'intensité du courant se trouvant d'autre part imposée par la valeur de V et par celle de la résistance R, c'est-à-dire par les données de l'alimentation. Il suffit donc de diminuer R et d'augmenter au besoin la tension du ressort r pour faire absorber à la lampe plus de watts et lui faire donner plus de lumens.

Ce système fonctionne bien, mais on lui préfère à juste titre les nouveaux régulateurs Bréguet ou Sautter, qui mettent en jeu les efforts antagonistes d'une petite dynamo et d'un ressort. Supposons que pour rapprocher les charbons nous fassions agir sur le fût A', directement ou mieux par l'intermédiaire d'engrenages réducteurs convenables, un petit moteur, excité en série, placé en dérivation aux bornes L_1 L_1 de la lampe, et que, à l'action de cette dynamo, nous opposions celle d'un couple de frottement F appliqué à la jante d'un anneau E (fig. 879). La dynamo, sous l'action de la différence appliquée à ses bornes, fera tourner les vis A et B jusqu'à amener les charbons au contact. Là, ils y demeureraient, bien que le couple moteur de la dynamo D tombe subitement à presque rien, parce que le frottement lui-même s'annule avec la vitesse ; mais si l'on rend élastiques les bras

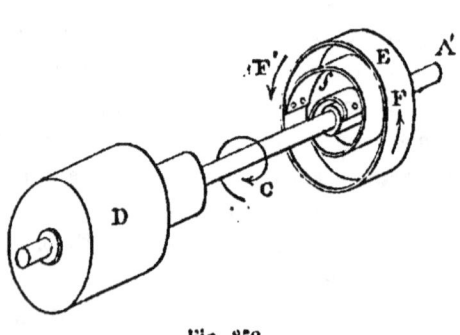

Fig. 879.

f qui relient l'anneau E à l'arbre A', le couple F, que transmettent exactement les ressorts f, subsistera à l'arrêt et l'arbre se trouvera rappelé en arrière, et les charbons se sépareront. Ce dispositif dispense donc de faire un joint glissant entre les deux vis A et B qui, en conséquence, ne forment qu'une pièce.

Quant à la valeur de la différence de potentiel v que ce système

impose aux bornes de la lampe, elle est réglée, comme dans les régulateurs précédents, par un interrupteur à ressort de faible masse que pourra commander l'électro-inducteur de la dynamo (fig. 880) : on remarquera en effet que les inducteurs de la dynamo D, excités par le fil en dérivation aux bornes $L_1 L_2$, prennent une aimantation directement fonction de v et rien n'est plus simple que de leur faire manœuvrer l'armature interruptrice s que le ressort antagoniste r tend au contraire à maintenir appliqué sur son contact.

Tant que la différence de potentiel v est supérieure à la valeur voulue, l'induit du moteur doit recevoir du courant et actionner l'arbre A' : l'armature a, attirée par les inducteurs qui l'emportent alors sur le ressort r, doit donc mettre l'induit aux bornes $L_1 L_2$; mais, sitôt que v descend au dessous de sa valeur normale, le moteur doit stopper, et il suffit pour cela que l'armature a cédant à l'action de r, mette l'induit en court circuit (§ 242).

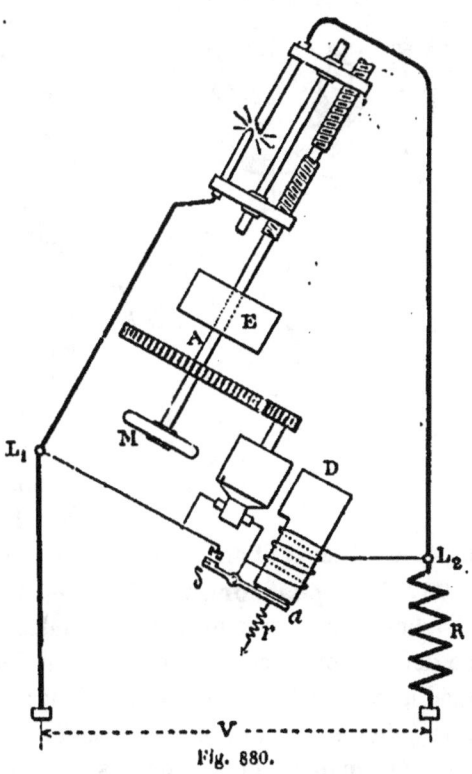

Fig. 880.

Pour soustraire les ressorts aux efforts exagérés que pourrait leur transmettre le moteur au départ, on relie l'arbre A' à l'anneau E par un train épicycloïdal, tel que ceux des appareils de mise en train de certaines machines à vapeur, qui, à extrémité de course, fait porter l'arbre directement sur l'anneau et joue le rôle d'un toc d'entraînement. La figure 881 représente ce train qui se compose 1° du pignon p_1, claveté sur l'arbre A', qui mène la roue

p_2 clavetée sur un doigt porté par l'anneau E et 2° de la roue à une dent p_3 qui est clavetée sur le même doigt et engrène avec

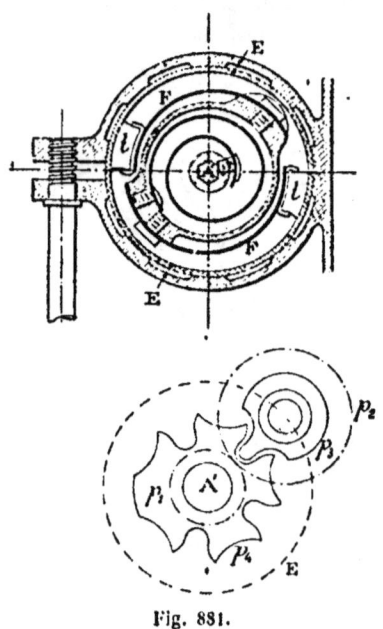

Fig. 881.

la croix de malte p_4 folle sur A'. Lorsque la dent unique de la roue p_3 vient buter sur le plein qui remplace un creux sur l'un des cinq rayons de p_4, l'anneau E se trouve entraîné directement par l'arbre A' et les ressorts ont atteint leur maximum de bande ; c'est alors que les frotteurs u se trouvent entraînés dans le mouvement de A', et ce sont les mêmes frotteurs qui forment point d'appui pour le rappel de l'arbre lorsque le couple du moteur tombe à zéro au contact des charbons.

Lorsqu'on veut manœuvrer la lampe à la main, il suffit d'agir sur le volant M ; on desserre alors le collier G et on coupe le circuit du moteur D (fig. 880).

337. Lampes horizontales. — Le mouvement des porte-charbons dans les lampes horizontales est obtenu tantôt à l'aide de deux vis parallèles à pas opposés qu'on fait tourner par l'intermédiaire d'un même train d'engrenages, tantôt par deux crémaillères que meuvent en sens opposés des pignons de diamètres convenables. Les premières lampes horizontales ont été construites en Allemagne pour les projecteurs à miroir parabolique de Schückert, puis en France par la maison Bréguet, pour des projecteurs à miroir parabolique ; enfin la maison Sautter a modifié le tracé de ses miroirs Mangin pour y adapter des lampes horizontales dont la manœuvre courante est plus simple.

I. *Lampe Schückert.* — Les diamètres des charbons sont proportionnés de façon à égaliser les usures, et les porte-charbon sont montés sur des chariots mobiles sur rails et munis de crémaillères. Il suffit d'agir sur la roue E pour faire varier l'écart des charbons dans un sens ou dans l'autre (fig. 882). L'appareil de commande de cette roue est un régulateur différentiel, composé de deux électros l'un S en série avec les charbons, l'autre d en dérivation aux bornes de la lampe, qui agissent chacun sur leur armature à une extrémité d'un fléau f solidaire de l'essieu O de la roue E; cet essieu horizontal est porté sur des coussinets appartenant à la boîte de la lampe. Si les charbons sont trop rapprochés, c'est l'électro en série S qui l'emporte, et la roue, supposée solidaire de l'essieu, tourne de l'angle dont bascule le fléau sur la gauche et les charbons s'écartent (les axes marqués O_1 O_2 O_3 sur la figure 882 sont

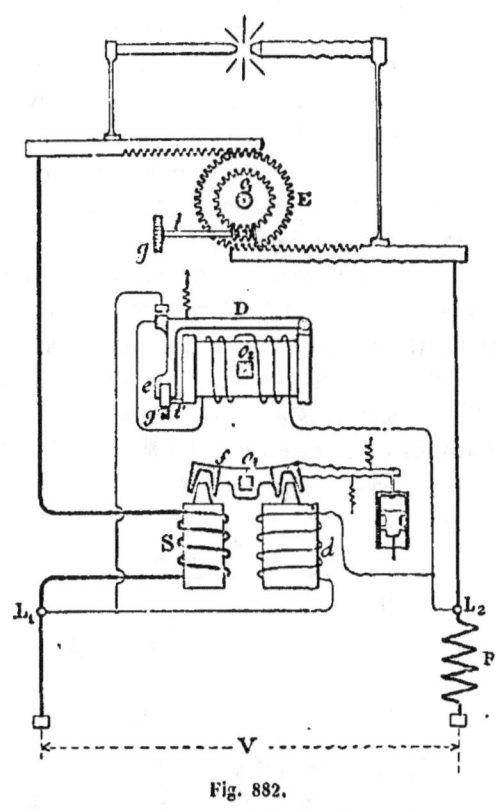

Fig. 882.

des coupes du même essieu faites par trois plans de front différents, les coupes carrés supposent une liaison directe, la coupe ronde O_1 indique que le pignon E et la roue striée, qui en est solidaire, peuvent tourner par rapport à l'essieu); au contraire, si les charbons sont écartés, c'est l'électro en dérivation d qui fait basculer le fléau de son côté et les charbons se rapprochent. Si l'écart normal des charbons se trouve compris entre les limites qui correspondent aux butées du fléau, les deux électros maintiennent en équilibre stable l'essieu et les charbons; mais les mouvements limités aux butées du fléau n'ont qu'une faible amplitude, et il faut ménager le moyen de faire filer les crémaillères à la demande des charbons; il suffit pour cela de faire tourner le pignon E sur son essieu. On obtient ce résultat en agissant sur une roue striée solidaire du pignon E par l'intermédiaire d'une vis tangente tt' (qui paraît dans deux vues de la figure) portée par des paliers solidaires de l'essieu. En agissant sur cette vis à la main, on manœuvrerait directement les charbons; pour en obtenir la manœuvre automatique, il suffit de la faire conduire par un électro relais D, qui, par l'intermédiaire de l'encliquetage sommairement représenté en e, agisse sur la roue à rochets g : tant que la différence de potentiel v aux bornes L_1 L_2 de la lampe suffit à l'actionner, c'est-à-dire jusqu'à ce que les charbons viennent au contact, le relais D fait tourner la vis t. A ce moment, les électros D et d perdent leur force, et S écarte les charbons. Cette lampe qui fonctionne bien, donne cependant de moins bons résultats que les lampes Bréguet et Sautter.

II. *Lampe Bréguet.* — Dans les lampes Bréguet, dont les charbons sont menés par l'intermédiaire des crémaillères A B et des pignons a b (fig. 883), le moteur de rapprochement des char-

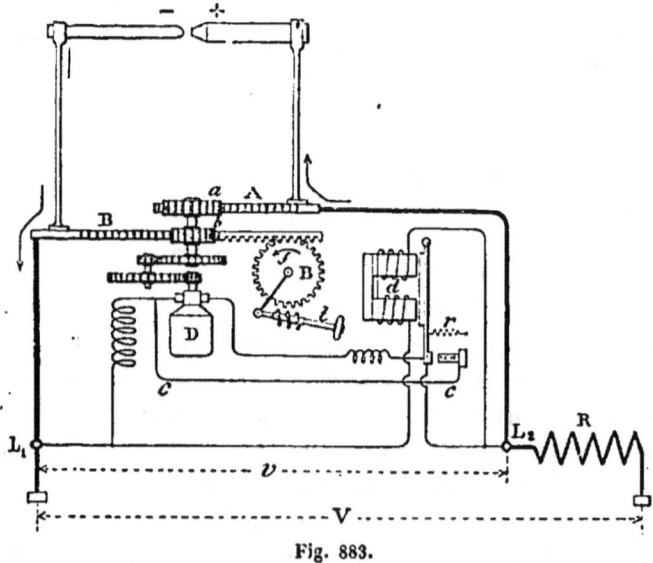

Fig. 883.

bons est une petite dynamo D, excitée en série et placée en dérivation aux bornes L_1 L_2. L'effort antagoniste est fourni par un long ressort spiral qui, enfermé dans le barillet B, agit dans le sens qu'indique la flèche f; le barillet, armé de dents qui engrènent avec une crémaillère portée par la même tige que la crémaillère B, tend donc à écarter les charbons. Le moteur D et le ressort f (convenablement réglé) s'équilibreraient sans autre appareil pour la valeur de v voulue. Mais pour augmenter la sensibilité du régulateur, on ajoute sur le circuit du moteur un électro d de mise en court circuit (par le fil c c) du moteur : le moteur se trouve donc stoppé rigoureusement lorsque la différence v descend à la valeur qui correspond à l'équilibre entre l'électro d et le ressort r. Il va de soi que la tension de ce dernier doit être convenablement réglée.

La figure montre enfin une vis tangente t qu'on peut enclancher avec la roue du barillet pour manœuvrer à la main.

III. *Lampe Sautter*. — La maison Sautter construit enfin des lampes horizontales analogues aux lampes Bréguet; le principe du régulateur est identiquement celui que nous avons décrit pour la lampe inclinée à moteur et ressort de rappel, lampe qui est postérieure d'ailleurs à la lampe Bréguet. On remarquera les analogies de principe des deux régulateurs : la seule différence existe dans la nature du couple antagoniste de la dynamo que la lampe Bréguet emprunte à un ressort à point d'attache fixe et que la lampe Sautter demande à un ressort à point d'attache mobile sur frottement si l'on peut parler ainsi.

338. Miroirs. — Ce que l'on cherche à obtenir d'un projecteur, c'est un faisceau de rayons intenses aussi peu divergent et aussi homogène que possible, tant pour conserver un bon éclairement à grande distance que pour produire sur un fond sombre un cercle uniformément clair et aussi nettement découpé que possible : la demi-clarté d'objets voisins de ceux qu'on vise nuit en effet

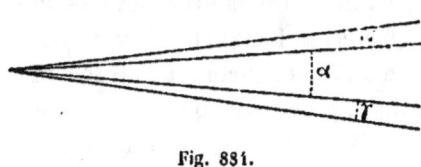

Fig. 884.

à la netteté de la vision de ces derniers, au même titre d'ailleurs que les poussières de l'atmosphère éclairées par la gaine $\gamma\gamma$ qui entoure le faisceau lumineux central α et que les rayons visuels ont à traverser (fig. 884). Un projecteur qui fournira un cercle d'éclairage entouré d'une faible zone de pénombre sera en un mot supérieur, à intensité axiale égale, à celui qui fournirait une tache estompée sur une plus grande étendue.

La forme qu'il paraît à priori le plus avantageux de donner à la surface réfléchissante est alors celle d'un paraboloïde de révolution : avec une source de lumière réduite à un point qu'on placerait au foyer d'un réflecteur rigoureusement parabolique, on obtiendrait un faisceau de rayons parallèles, dont l'homogénéité (égalité de l'intensité du champ lumineux) dépendrait de la loi de répartition des intensités lumineuses des divers rayons émis par la source (courbes d'intensité). De plus, sur l'axe, l'éclairement serait le même à toutes les distances, abstraction faite de l'absorption de l'atmosphère, et égal à ce qu'il est au sommet du miroir; $e = \dfrac{d\Phi}{ds}$, il serait fonction de l'intensité lumineuse horizontale de la source punctiforme dans cette direction ainsi que de la distance focale du miroir (fig. 885); le diamètre ne réglerait que la section droite du faisceau cylindrique réfléchi.

Mais il n'en est nullement ainsi, pour la raison d'abord que, devant les distances du foyer aux divers points du miroir, les dimensions de l'arc $a\,b$ ne sont nullement négligeables et qu'un élément de surface au point M donne lieu à un pinceau divergent $a'b'$, et cela avec un réflecteur rigoureusement parabolique. En second lieu, en admettant qu'on

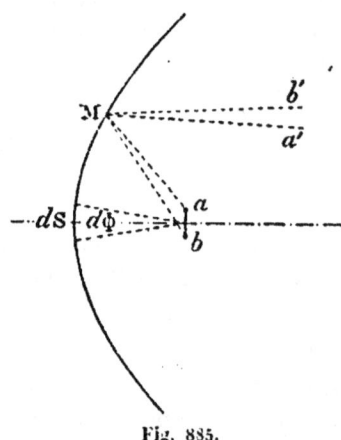

Fig. 885.

obtienne une taille parabolique parfaite par des procédés tels que ceux qu'emploient les maisons Schückert et Bréguet [1], on ne peut songer à laisser l'argenture exposée à l'air et surtout à l'air marin; c'est donc la surface postérieure de la glace parabolique que l'on argente, et, l'épaisseur du verre entrant en jeu, c'est à un miroir

---

(1) Certaines machines à tailler les miroirs paraboliques sont fondées sur ce principe qu'en laissant mobile autour de son sommet O et dans son plan un angle droit AOM une

PROJECTEURS.   283

réfringent que l'on a affaire ; une source réduite à un point géométrique aussi avantageusement placé que possible donnerait donc elle-même lieu à un faisceau de rayons légèrement divergents.

En réalité, un projecteur quel qu'il soit, en dehors de la conception théorique précédente, est une source de lumière divergente, si peu le soit-elle ; et, ainsi que l'a fait si justement remarquer M. l'ingénieur des ponts et chaussées Blondel, on doit le considérer comme une source punctiforme pour les grandes distances où on l'emploie (centaines de mètres, alors que le diamètre du miroir est voisin d'un mètre). Les intensités lumineuses de cette source dans les diverses directions d'un même plan axial peuvent être représentées par une courbe telle que la courbe I (fig. 888), et la loi de variation de l'éclairement suivant le carré de la distance $\left(e = \dfrac{I}{R^2}\right)$ lui est applicable comme aux autres sources punctiformes.

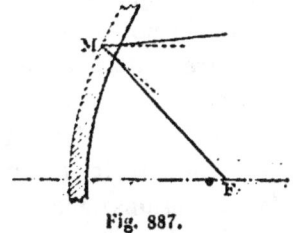

Fig. 887.

Ce qu'il faut chercher à obtenir du projecteur c'est alors une courbe d'intensité qui se ferme le plus possible en s'allongeant jusqu'à se confondre avec l'axe ou à son défaut une courbe qui se rapproche

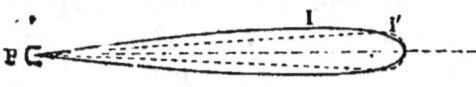

Fig. 888.

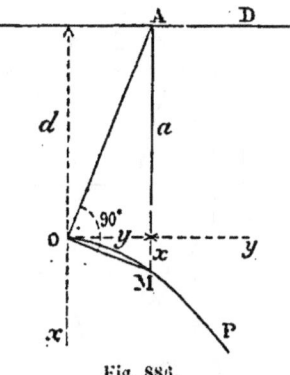

Fig. 886.

molette M guidée par le côté OM maintenue sur la verticale AM du point où le second côté OA rencontre une horizontale fixe D, décrit une parabole OP. On a en effet entre les côtés x, y et a la relation

$$y^2 = a\,x$$

Il suffit pour obtenir le paraboloïde de révolution de faire tourner le miroir autour de l'axe vertical Ox.

On emploie aussi avantageusement, pour obtenir la trajectoire parabolique de la molette M, un simple guide convenablement tracé.

autant que possible de la courbe pointillée l' qui comprendrait à la limite un arc de cercle et deux rayons voisins. Avec un tel projecteur les cercles d'éclairage seraient uniformément clairs chacun dans son étendue, avec une clarté décroissant en raison inverse de leurs surfaces ou des carrés de leurs distances à la source.

Que doit-on faire pour cela? Diminuer d'abord la divergence de réflexion directe, ce qui conduit : 1° à réduire autant que possible les dimensions de la source et à employer le cratère positif de l'arc continu qui offre le plus vif éclat; 2° à augmenter la distance focale, moyen qui implique l'augmentation du diamètre si l'on conserve une source dont les rayons d'intensité maxima ont une ouverture déterminée (lampe horizontale) ou la diminution d'ouverture du cône des rayons lumineux les plus intenses (lampe oblique). Mais on doit corriger aussi, ou atténuer au moins, l'effet de divergence dû à la réfraction du verre qui protège l'argenture. Dans ce but, on réduit au minimum compatible avec la solidité, l'épaisseur du verre; on arrive ainsi à donner 8 $^m/_m$ à des miroirs de 60 $^c/_m$ de diamètre qui sont alors très fragiles. On pourrait se proposer d'ailleurs de rechercher, en dehors des surfaces du second ordre des formes telles que les rayons réfléchis et réfractés sortissent du miroir dans une direction aussi voisine que possible de la parallèle à l'axe; on ne le fait pas, vu les difficultés de taille.

Mais on peut, dans cet ordre d'idées, recourir à l'emploi de surfaces sphériques convenablement calculées et par la réfraction à la sphère antérieure corriger les aberrations de la réflexion sur la sphère postérieure. C'est là le principe de l'invention du colonel Mangin. La figure 889 montre en trait plein le trajet d'un rayon réfracté, réfléchi et réfracté, et l'on conçoit que l'on puisse obtenir de la sorte avec une ouverture assez faible un faisceau de rayons sensiblement parallèles à l'axe du miroir.

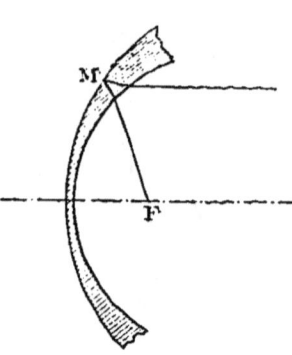

Fig. 889.

Les miroirs construits sur ce principe donnent des résultats équivalents, sinon supérieurs, à ceux que fournissent les miroirs paraboliques; de plus, leur forme même leur assure une solidité plus grande. Ils résistent sans contredit beaucoup mieux aux vibrations produites par le tir de l'artillerie que les miroirs minces; par contre ils pèsent plus, et leur emploi oblige à compter sur un vingtième en plus sur le poids total du projecteur. L'importante réfraction qui se produit dans le voisinage des bords, où l'épaisseur atteint 40 et 100 $^m/_m$ suivant les types, produit à la circonférence du cercle d'éclairage des colorations très vives à très faible distance, mais ces anneaux irisés disparaissent complètement, tant par absorption atmosphérique que par recomposition des diverses radiations divergentes, dès les distances de 400 mètres.

La fabrication de ces miroirs atteint un degré de perfection remarquable. L'éclat aux divers points de leur surface est pour

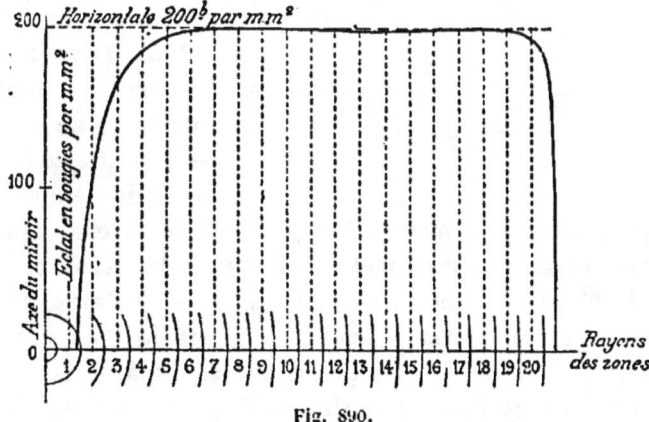

Fig. 890.

bien dire uniforme, ainsi qu'en témoigne la courbe de la fig. 890. Les ordonnées de cette courbe représentent les intensités lumineuses des diverses zones dont les rayons sont portés en abscisses; elles ont été relevées par le procédé de MM. Blondel et Rey sur un projecteur Mangin de 60 $^c/_m$ (§ 317).

Les intensités lumineuses axiales que fournissent ces appareils sont difficiles à apprécier; les chiffres que l'on trouve dépendent essentiellement des procédés que l'on emploie pour les relever, sans compter que le résultat des expériences directes que l'on peut faire est considérablement influencé par l'état de l'atmosphère. Les éclairements théoriques que l'on obtient avec des miroirs de types convenablement proportionnés varient avec les diamètres selon la loi que définit la courbe de la figure 891. Les ordonnées de cette courbe représentent les éclairements théoriques en lux à 1.000 mètres sur la section droite du faisceau lumineux. Comme on le voit, l'éclairement croît rapidement avec le diamètre du projecteur.

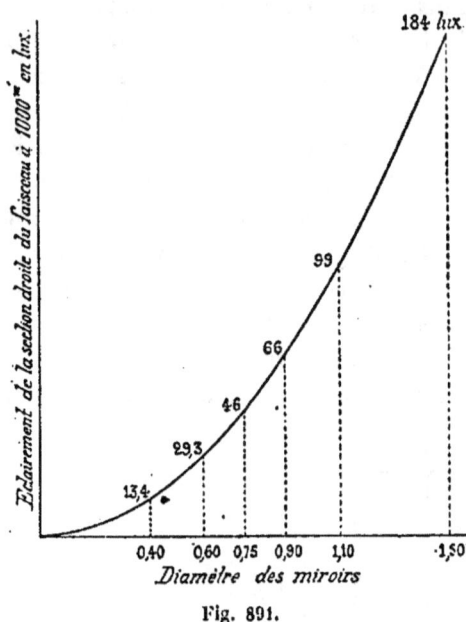

Fig. 891.

339. Divers types de projecteurs; dispositions accessoires. — Les projecteurs que la marine emploie (miroirs paraboliques ou miroirs Mangin) sont de diverses grandeurs qui se définissent par le diamètre de leurs miroirs : celui-ci varie de 30 °/m à 1m50. Les projecteurs de 30 °/m et de 40 °/m sont réservés aux embarcations et aux avisos; ceux de 90 °/m et de 1m50 s'emploient uniquement à terre dans les postes de défense fixe. Le type des grands navires est celui de 60 °/m que l'on fait fonctionner *ad libitum* à 45, 65 ou 75 ampères.

On installe ces projecteurs soit en feux *élevés,* à des hauteurs de 10 à 20 mètres, pour éclairer un but quelconque et servir au tir de l'artillerie, soit en *feux rasants,* à 5 et 6 mètres au-dessus de la flottaison, pour déceler les torpilleurs dans les attaques de nuit. Dans ce dernier cas, on les munit de glaces divergentes destinées à épanouir au besoin horizontalement le faisceau lumineux.

Le socle du projecteur est tantôt fixé à la plateforme sur laquelle il repose, tantôt muni de galets qui permettent de le déplacer. Les projecteurs de sabords sont montés sur rails fixés au pont ou sous barrots; les appareils destinés à les déplacer, pour les porter au dehors du bâtiment ou pour les faire rentrer, comportent une manœuvre à la main et une manœuvre électrique.

Enfin, qu'il soit fixe ou mobile, le projecteur reçoit le plus souvent une commande électrique pour le pointer à distance dans la direction que l'on désire. C'est un fait bien connu que la vision des objets éclairés par un faisceau lumineux dans la nuit est d'autant plus nette que l'observateur s'éloigne davantage du faisceau brillant. Les rayons réfléchis par les objets fixés ont en effet, pour gagner l'œil de l'observateur, à traverser une épaisseur d'atmosphère éclairée d'autant plus considérable que l'observateur est lui-même plus rapproché du projecteur. Il y a donc tout avantage à séparer le poste d'observation de celui qu'occupe le projecteur et, pour éviter les transmissions d'ordres, à munir le projecteur d'appareils de commande à distance. On évite d'ailleurs ainsi de laisser des servants au voisinage du projecteur, qui manifestement ne peut être protégé.

Ces appareils de commande doivent permettre d'obtenir deux mouvements : un pointage en hauteur ou oscillation sur des tourillons horizontaux, qu'il convient en général de limiter à un certain nombre de degrés en produisant l'arrêt automatique aux extrémités de course, et un pointage en direction ou rotation du projecteur autour de l'axe vertical. Ces deux mouvements doivent rester entièrement indépendants l'un de l'autre; on les obtient en général à l'aide de deux moteurs électriques (fig. 892) dont l'un fait tourner la vis tangente à la roue striée H par exemple et l'aure la vis tangente à la roue striée D. Le premier fait monter ou descendre le fourreau écrou h qui meut le projecteur autour de ses tourillons par l'intermédiaire de biellettes et de leviers coudés représentés en ll et b; la seconde entraîne la plaque mobile P sur ses galets g, par l'intermédiaire des pignons et roues d_1 et d_2. Les galets g sont portés par une couronne circulaire e, couronne qui est guidée par d'autres galets à axes verticaux. L'écrou h porte un doigt K qui, aux extrémités de sa course verticale, manœuvre l'un ou l'autre des leviers de mise en court circuit du moteur : les ressorts r maintiennent normalement ces leviers en contact avec les plots a et b, mais, dès que l'un d'eux est appliqué sur l'un des plots cc, l'arrêt se produit aussitôt. Les vis tangentes aux roues striées H et D sont commandées par les deux induits de pointage en hauteur H et de pointage en direction D par l'intermédiaire des pignons et roues qui sont représentés schématiquement sur la figure par leurs cercles primitifs. On obtient de la sorte un très grand rapport d'engrenages qui permet de faire tourner les dynamos à grande vitesse et assure une précision suffisante à la commande du projecteur : un tour entier de chaque induit correspond en effet à une faible variation de la direction du faisceau lumineux, et de plus, la transmission s'oppose à tout mouvement du projecteur sous l'action des forces d'inertie au roulis.

Nous verrons au chapitre I de la Huitième Partie quels sont les procédés employés pour faire varier l'allure des moteurs des deux pointages, ainsi que pour les mettre en marche et les stopper à volonté.

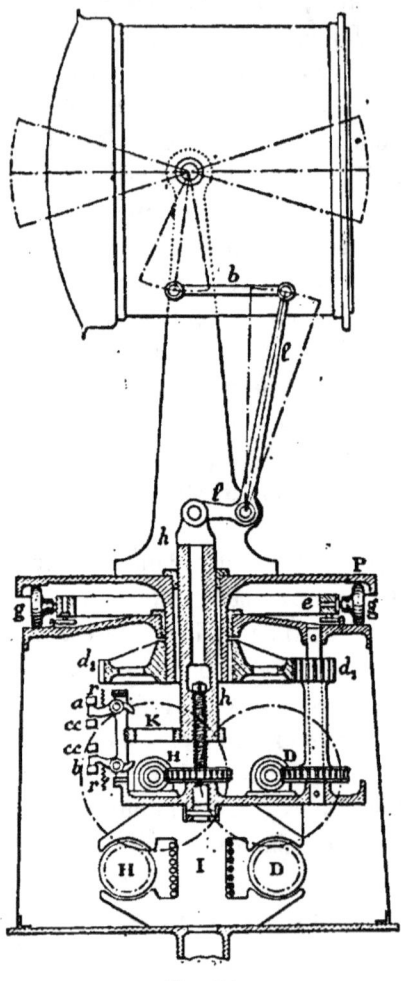

Fig. 892.

SEPTIÈME PARTIE

SYSTÈMES DE DISTRIBUTION; CANALISATIONS.

CHAPITRE PREMIER.

Systèmes de distribution.

340. Remarques générales. — Nous avons à étudier maintenant les moyens de distribuer l'énergie électrique aux divers récepteurs dont nous connaissons la construction et le fonctionnement. Chacun d'eux, lampe ou moteur, doit en général fournir un régime normal qui correspond directement à l'absorption d'un courant d'intensité déterminée. Tout mode de distribution de l'énergie électrique doit donc être susceptible d'assurer d'abord la *constance* de l'intensité du courant qu'il fournit à chaque récepteur. Mais il faut aussi que l'on puisse faire varier selon le besoin la valeur de cette intensité constante, et cela, autant que possible, sans entraîner de variation sensible dans le fonctionnement des récepteurs voisins; il faut au moins dans tous les cas que l'arrêt d'un des récepteurs, c'est-à-dire la suppression du courant qu'il recevait en marche, ne détermine ni accroissement ni diminution du courant dans les autres lampes ou moteurs. La seconde condition à laquelle doit satisfaire en général un système de distribution est de ménager l'*indépendance* des divers récepteurs qu'il alimente.

A un autre point de vue, la canalisation, qui est le véhicule de l'énergie entre la station génératrice et les récepteurs qui l'utilisent, en consomme nécessairement une partie par effet Joule. De là une perte, qu'on désigne sous le nom de perte en ligne, qui a pour expression rI^2 (r désignant la résistance de la ligne et I l'intensité efficace du courant continu ou alternatif) et qui prend d'autant plus d'importance que la distance du récepteur à la source est plus considérable. Il convient de limiter la valeur de cette perte à une fraction convenable α de la puissance totale mise en jeu W, afin de ménager un bon rendement. On est conduit ainsi, pour diminuer la résistance de la ligne A B A₁ B₁ (fig. 893), à donner aux conducteurs une assez forte section S, en les faisant d'un métal de bonne conductibilité γ.

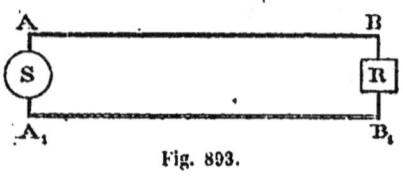

Fig. 893.

Alors intervient la considération du prix de revient de la première installation, dont l'amortissement s'ajoute à la dépense journalière résultant de la perte α W, et il faut établir un partage qui rende la somme assez voisine de son minimum. Mais nous remarquerons que, toutes choses égales d'ailleurs, il y a un avantage considérable à porter le potentiel à la plus grande valeur compatible avec les conditions de sécurité et de bonne isolation que l'on doit s'imposer. On a en effet, en se donnant une certaine valeur de α,

(1) $r\,I^2 = \alpha\,W$ et $W = EI \cos \varphi$ (2)

E et I désignant les forces électromotrice et intensité efficaces ou constantes et φ la différence de phase, dont le cosinus doit être remplacé par 1 s'il s'agit de courants continus. En désignant par l la longueur totale de la ligne AB + A₁ B₁, en remplaçant dans l'équation (1) r par sa valeur $\dfrac{l}{\gamma S}$ et I² par sa valeur tirée de (2), on trouve

$$S = \frac{l W}{\gamma \alpha \cos^2 \varphi} \frac{1}{E^2}.$$

La section de la ligne varie donc à l'inverse du carré de la force électromotrice de la génératrice; plus la distance à laquelle on transporte l'énergie devient grande, plus il convient d'élever le potentiel. On ne dépasse guère 1 kilomètre avec les potentiels de 100 à 120 volts. On atteint 500 volts sur les lignes de tramways de quelques kilomètres. Avec les grandes distances les très hauts potentiels s'imposent. On recourt alors à l'emploi de transformateurs qui permettent d'utiliser sous faible tension l'énergie que la ligne de grande longueur transporte à haut potentiel, et comme la transformation du courant alternatif se fait à l'aide d'appareils d'une extrême simplicité, on préfère alors l'emploi du courant alternatif au courant continu. Si l'éclairage est le seul but de l'installation électrique, on se contente du courant alternatif simple ; on en vient aux courants polyphasés, si la canalisation doit alimenter des moteurs.

L'ensemble de la canalisation comprend trois parties principales : les génératrices, la ligne et les circuits d'utilisation avec les récepteurs divers. Ces récepteurs peuvent être montés en série, en dérivation, ou partie en série et partie en dérivation. On distingue donc trois modes types de groupement : le groupement ou distribution en série, la distribution en dérivation et le système mixte. Chacun a ses avantages et ses raisons d'être : le système de distribution en dérivation s'impose à peu près, dès qu'on veut ménager l'indépendance des divers récepteurs.

341. Distribution en série. — Dans le cas particulier où tous les récepteurs à alimenter, des lampes identiques par exemple, doivent admettre exactement un courant de même intensité, on peut les monter en série et les alimenter effectivement par un courant unique. Le courant de la ligne se trouve alors réduit à son minimum, et, avec lui, la section du conducteur. La génératrice doit fournir dans ce cas une force électromotrice égale à la somme des différences de potentiel aux bornes des diverses lampes augmentée de la perte en volts dans la ligne et dans la source (nous supposons le courant continu). La distribution se fait alors sous la plus forte tension possible avec les ré-

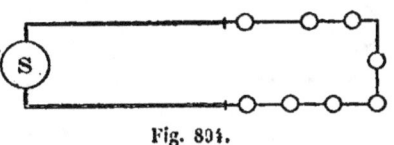

Fig. 804.

cepteurs utilisés, et ce système est évidemment avantageux au point de vue de l'économie de cuivre.

Pour maintenir le courant à sa valeur normale, on peut employer une dynamo à intensité constante dont le voltage varie automatiquement d'après le nombre de lampes en circuit, ou encore une dynamo à potentiel constant, à la condition de ne pas faire varier le nombre des lampes et même d'introduire en circuit une résistance équivalente à la place d'une lampe qui viendrait à se détériorer. Dans l'un comme dans l'autre cas d'ailleurs, les lampes doivent être shuntées, et la mise en circuit de la lampe consiste à couper le shunt; ce shunt, sans résistance si la génératrice est autorégulatrice d'intensité, a précisément la même résistance que la lampe si la distribution se fait sous potentiel constant. Le second système, qu'on n'emploie guère, ne ménagerait la liberté d'éteindre les lampes que sous la condition de perdre dans leurs shunts autant d'énergie qu'en absorberaient les lampes elles-mêmes en fonctionnant.

342. Distribution en dérivation. — Lorsque les récepteurs à alimenter ne sont plus identiques, ou même lorsque, comme des moteurs, ils doivent admettre des courants variables selon le besoin, le groupement en série ne peut plus convenir; on monte alors chaque récepteur sur un conducteur spécial qu'on relie aux bornes de la ligne et qu'on munit des interrupteurs et appareils de manœuvre nécessaires. Pour obtenir dans ces conditions une intensité constante dans la branche qui alimente un récepteur affecté à un certain travail, on maintient invariable le potentiel aux extrémités de cette branche, et l'on fait de même pour toutes. L'alimentation se fait en un mot sous potentiel constant et la canalisation comprend un ensemble de branches dérivées mises en quantité sur la ligne (fig. 895 et 896). Pour faire varier à volonté l'intensité du courant dans chaque récepteur, on fait varier la résistance de la branche qui lui correspond, ou l'on recourt à l'emploi de l'un quelconque des moyens indiqués aux §§ 244 et suivants (t. I).

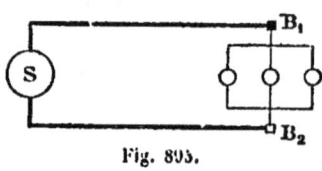

Fig. 895.

L'indépendance complète des divers récepteurs est alors obtenue ; car, sous certaines conditions du moins, on peut faire varier à volonté l'intensité du courant dans telle ou telle branche et couper même le courant dans cette branche pour arrêter le fonctionnement du récepteur qu'elle alimente, sans déterminer de variation importante de la différence de potentiel aux bornes B_1 et B_2.

Mais pour qu'il en soit réellement ainsi, c'est-à-dire pour qu'une forte et rapide variation du débit dans une branche n'entraîne point de variation sensible de la différence de potentiel ni, par suite, du courant dans les branches voisines, il faut que l'enroulement d'excitation compound des dynamos soit convenablement déterminé (§ 210) et que les moteurs des dynamos soient munis de régulateurs de vitesse sensibles et prompts; il faut en effet d'une part, que l'excitation compense les variations de la réaction d'induit liées aux variations de débit, et d'autre part, que le couple moteur de la machine qui conduit la dynamo suive les variations du couple résistant liées aux variations du débit. Avec de bons régulateurs, on peut supprimer subitement le courant dans un récepteur qui absorbe jusqu'au cinquième du débit total, sans produire de perturbation dans le régime des récepteurs voisins. Il importe au même point de vue d'éviter à tout prix la production d'un court circuit direct sur aucune des branches : avec les lampes à incandescence, point de précautions particulières; mais dans le cas au contraire où le récepteur est un arc puissant, tel que ceux des projecteurs dont les charbons au contact peuvent réduire à presque rien la résistance, il faut donner au conducteur entre barres $B_1 B_2$ une résistance R assez considérable (§ 331). De même avec un moteur, on a besoin d'un rhéostat ρ (fig. 896) dont la résistance totale s'ajoute à celle de la branche, au cas où le moteur stoppé ne donne point de force contre électromotrice; en empêchant ainsi toute élévation excessive de l'intensité du courant dans la branche, ces résistances protègent à la fois leurs récepteurs respectifs et les génératrices elles-mêmes.

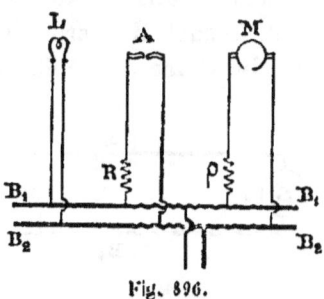

Fig. 896.

Au lieu de recourir à l'emploi d'enroulements compounds sur les inducteurs des dynamos, comme on le fait à bord des navires, on se contente souvent de l'excitation indépendante ou en simple dérivation. L'avantage de ce système simplifie les appareils de mise en quantité des dynamos génératrices sur les barres $B_1 B_2$ de la canalisation (§ 225, t. I et t. II huitième partie), mais il faut alors surveiller au voltmètre la différence de potentiel aux barres communes aux divers récepteurs et manœuvrer, pour la maintenir constante, les rhéostats de champ des génératrices. C'est la solution que l'on adopte le plus souvent dans les distributions importantes à terre, lorsque surtout les récepteurs, par leur nature, leur nombre et leurs dispositions, offrent une assez grande régularité moyenne de fonctionnement, et où d'ailleurs la surveillance à l'usine génératrice est facile : il va de soi que les voltmètres sur lesquels on se guide doivent avoir leurs fils greffés aux bornes mêmes des tableaux de distribution $B_1 B_2$, souvent éloignés de l'usine ; sinon, pour tenir compte de l'effet Joule dans la ligne, il faut observer en même temps les valeurs du courant lui-même et maintenir aux barres du tableau de l'usine une différence de potentiel d'autant plus élevée que le courant prend une intensité plus grande.

Nous avons implicitement supposé jusqu'ici que les diverses branches avaient leurs origines effectivement rassemblées aux mêmes points $B_1 B_2$, ou, du moins, prises à deux mêmes barres suffisamment grosses et courtes pour que le passage du courant n'y puisse produire des chutes de potentiel sensibles. Mais lorsque les récepteurs sont disséminés sur une grande étendue, il peut y avoir avantage à greffer leurs circuits d'alimentation propres en des points espacés les uns des autres sur la canalisation principale (fig. 897) entre lesquels il se produit nécessairement des chutes de potentiel variables avec les débits. Il faut alors de deux choses l'une : ou donner aux conducteurs entre points d'attache des branches successives des sections considérables, ou répartir en groupes convenables les divers récepteurs et les alimenter par des conducteurs spéciaux.

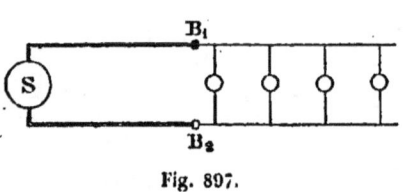

Fig. 897.

La première solution s'impose à peu près lorsque les récepteurs sont répartis en longueur dans une même direction, comme il arrive à peu près à bord d'un navire pour un même entrepont. La seconde est à préférer tout naturellement lorsque les récepteurs se distribuent un peu dans toutes les directions ou se séparent en lignes parallèles, comme les récepteurs cette fois des divers entreponts d'un navire.

On partage alors les récepteurs en groupes analogues par exemple aux groupes A et D de la figure 898, et on les alimente par des conducteurs tels que a et d greffés aux bornes B_+ et B_- de la source ou d'un tableau intermédiaire. Mais rien n'oblige à maintenir séparées les barres de même signe des groupes A et D, et l'on peut effectivement les réunir comme l'indiquent les traits pointillés b_+ et b_-. La canalisation comporte alors deux conducteurs principaux de distribution proprement dite, le conducteur positif (trait noir) et le négatif (trait clair), reliés par des câbles d'alimentation qu'on

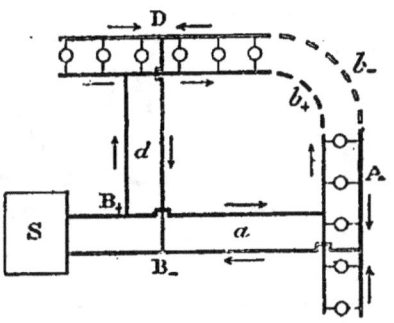

Fig. 898.

appelle *feeders* (nourrisseurs), tels que a et d, aux pôles B_+ et B_- de la source S directement ou aux extrémités d'une ligne de transmission. Entre ces conducteurs de distribution sont greffés les divers récepteurs fixes ou mobiles, des lampes et des moteurs fixes ou

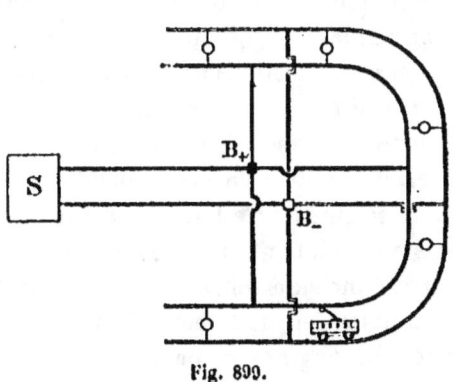

Fig. 899.

des moteurs d'appareils mobiles, tels que ponts roulants ou tramways, qui se déplacent le long de ces conducteurs et leur empruntent leur courant par l'intermédiaire de frotteurs ou de trolleys (fig. 899).

On ajoute souvent sur les feeders des rhéostats que l'on manœuvre suivant le besoin.

343. Montage en boucle. — En nous reportant à la figure 898 nous remarquerons que l'on pourrait simplifier le tracé des câbles : on peut supprimer par exemple le fil positif a et le fil négatif du feeder d. On obtient ainsi le montage en boucle (fig. 900) que l'on emploie quelquefois, notamment lorsque les lampes sont réparties en courbe fermée. Cette disposition offre l'avantage d'égaliser la perte de charge pour chaque lampe, perte qui dépend toujours du débit et varie avec le nombre de lampes allumées.

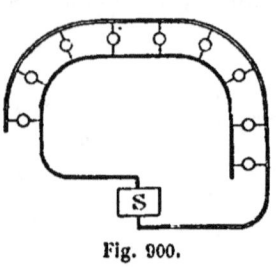

Fig. 900.

On remarquera d'ailleurs que cette combinaison conduit à l'accroissement de la longueur totale des conducteurs lorsque les lampes sont placées en ligne droite (fig. 901); avec la distribution en dérivation directe, les câbles prendraient en effet le développement que définit la figure 902.

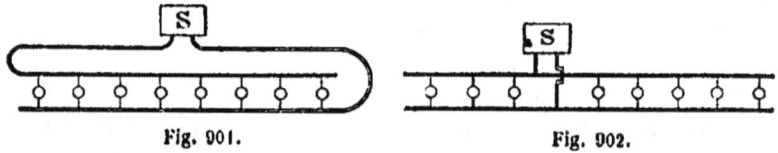

Fig. 901. Fig. 902.

344. Inconvénients des systèmes de distribution en dérivation simple; systèmes mixtes. — L'inconvénient principal des systèmes de distribution en dérivation simple vient précisément de ce fait que, en mettant en quantité les intensités nécessaires à tous les récepteurs, les sections de cuivre croissent en proportion, et que l'on ne peut élever la tension de la distribution qu'en élevant le potentiel normal des récepteurs. Pour les moteurs, il n'y a, il est vrai, de limite à l'accroissement du potentiel que la sécurité et le bon isolement; c'est ainsi que l'on règle souvent à 500 volts la tension d'alimentation des moteurs de tramways. Mais pour les lampes à incandescence, on est vite arrêté dans la voie de l'élévation du potentiel par la considération de la solidité du filament dont la ténuité augmente, pour une intensité lumineuse déterminée, avec le potentiel : pour des lampes d'intensité lumineuse ordinaire, il convient de ne pas dépasser 150 volts, ainsi que nous l'avons vu au § 323. Quant aux lampes à arc, il faut de 40 à 50 volts aux charbons, ce qui conduit à admettre 70 à 80 volts aux bornes extrêmes de la branche qui alimente la lampe (§ 331). On se trouve donc dans la nécessité d'adopter, dans ce dernier cas au moins, un voltage très bas. Une telle solution n'est acceptable qu'avec de faibles distances.

SYSTÈMES DE DISTRIBUTION.

Mais il est un moyen simple de tourner la difficulté, dans certains cas au moins : on peut en effet monter en série plusieurs lampes identiques et relier les chapelets ainsi formés, comme on ferait d'un récepteur unique, aux barres d'une canalisation à potentiel constant : on ne règle plus alors le potentiel de la distribution que d'après des considérations de commodité ou de sécurité. L'inconvénient est de rendre solidaires les unes des autres les lampes du même chapelet, mais il suffit que ces lampes soient celles d'un même local, pour que l'inconvénient cesse d'être grave. On monte fréquemment les lampes à arc par groupes de deux, et, avec la chute moyenne de volts qui assure le bon fonctionnement des régulateurs, on gagne le voltage de 120 volts. La section de cuivre des conducteurs principaux varie ainsi en raison inverse du nombre des récepteurs que l'on met en série, la tension de la distribution croissant d'ailleurs proportionnellement à ce nombre.

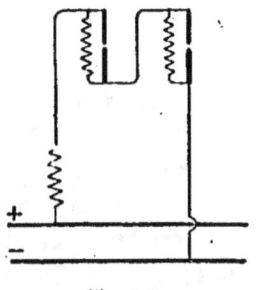

Fig. 903.

Dans la combinaison précédente, les lampes d'une même branche se trouvent en dépendance mutuelle : si l'une se brise l'autre s'éteint, si l'une se trouve mise en court circuit par une raison quelconque, l'autre, recevant une trop forte différence de potentiel, brûle. Mais on peut joindre ensemble par des fils d'équilibre les points de même potentiel sur les diverses branches (fig. 904). On rend ainsi aux diverses lampes une certaine indépendance : si par exemple la lampe a est détruite, la lampe b continue à recevoir du courant par les deux tronçons adjacents du fil d'équilibre. Cet accroissement d'indépendance se paye, comme on le voit, par une augmentation du poids de cuivre.

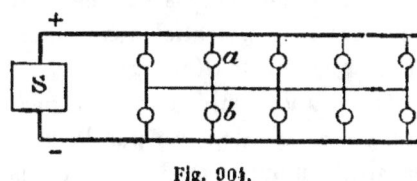

Fig. 904.

On emploie souvent la distribution à trois fils (fig. 905) avec deux dynamos égales accouplées en série. Le fil d'équilibre ou fil zéro est relié au pôle commun des dynamos. Les récepteurs sont répartis en deux groupes égaux A et B. Si tous fonctionnent, le fil d'équilibre ne porte aucun courant ; il en est de même, si le nombre des lampes en marche est le même sur le pont A, et sur le pont B.

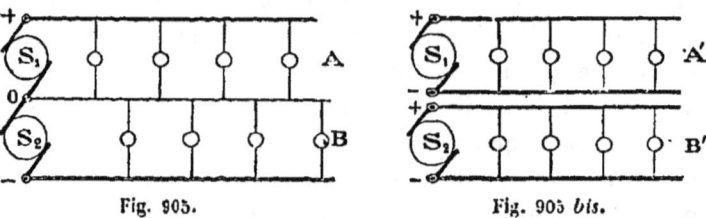

Fig. 905.   Fig. 905 bis.

Ce fil ne sert donc qu'à compenser les inégalités de débit entre les deux ponts. On lui donne en général une section égale à celle de chacun des fils positif et négatif. L'économie de cuivre est ainsi de 25 % sur la quantité qui entrerait dans une double canalisation en dérivation simple avec les mêmes dynamos et les mêmes lampes (fig. 905). En réalité d'ailleurs on double de cette façon le potentiel de la distribution.

345. Distribution par l'intermédiaire d'accumulateurs. — L'emploi des accumulateurs comme auxiliaires des dynamos d'une usine électrique permet, ainsi que nous l'avons vu dans la Vme partie, de régulariser le débit des dynamos malgré les variations d'intensité du courant qu'on demande à l'usine au cours d'une journée. Les accumulateurs s'utilisent dans ces conditions aussi bien avec le système de distribution à trois fils qu'avec le système de distribution en simple dérivation. Nous n'avons pas à revenir sur les précautions à prendre pour régler le potentiel aux bornes de la batterie lors de la charge et pendant la décharge.

Mais les accumulateurs se prêtent à une combinaison qui permet de réaliser l'alimentation en série, avantageuse par l'élévation du potentiel, tout en conservant le montage en dérivation des divers récepteurs et en leur laissant leur indépendance (fig. 906). On divise les récepteurs en plusieurs groupes, dans chaque groupe on les monte en dérivation aux bornes d'une batterie et l'on monte en tension toutes les batteries pour les charger. Chaque poste d'alimentation d'un groupe possède un rhéostat et une paire de batteries égales qui peuvent se servir de rechange. Aux heures de forte consommation, on peut mettre deux batteries en service. Le schéma suppose qu'au poste A les deux batteries débitent et que

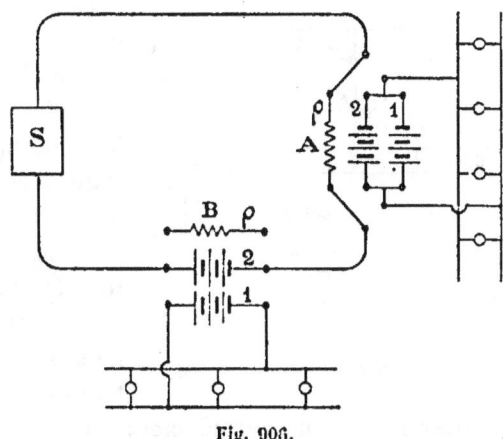

Fig. 906.

le courant d'alimentation de la batterie 2 du poste B passe par le rhéostat ρ du poste A : la résistance de ce rhéostat est alors la plus faible possible; au poste B la seule batterie 1 est en service à la décharge pendant que l'usine S charge la batterie 2.

346. Distribution par transformateurs. — Lorsque la distance qui sépare les récepteurs de l'usine génératrice est très grande, il devient nécessaire d'élever le voltage de la transmission à des valeurs qu'il est impossible d'admettre pour les récepteurs, tant à cause des exigences mêmes de leur fonctionnement que du danger qu'il y aurait à les toucher. On fait usage alors de transformateurs qui donnent aux secondaires des forces électromotrices de 100 à 200 volts, alors que le potentiel de la distribution peut atteindre 1000 et 2000 et même 20.000 et 30.000 volts.

On peut adopter le montage en série (fig. 907) et maintenir constante la

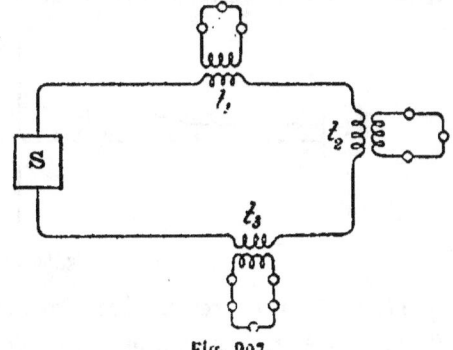

Fig. 907.

valeur de l'intensité ; mais on préfère le plus souvent la disposition en quantité qui laisse aux récepteurs toute leur indépendance (fig. 908). La distribution se fait alors sous potentiel constant.

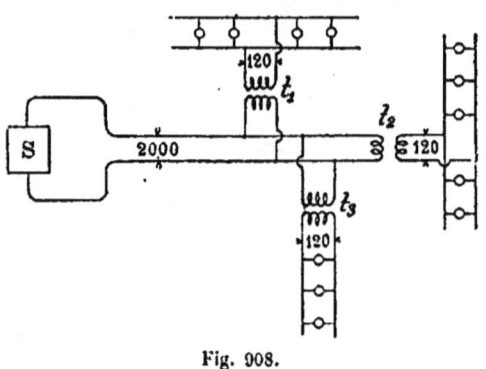

Fig. 908.

Toutes les dispositions indiquées aux paragraphes précédents peuvent s'appliquer au cas de l'emploi des transformateurs, qui sur la ligne primaire ne sont que des récepteurs ordinaires et qui constituent, chacun par son enroulement secondaire, autant de centres de distribution.

Dans le cas où la source d'énergie est écartée de plusieurs kilomètres du centre principal de consommation de cette énergie (utilisation d'un chute d'eau à l'éclairage d'une ville par exemple), on peut faire une double transformation (fig. 909). La ligne de transport d'énergie proprement dite alimente à 20 ou 30.000 volts un groupe de transformateurs placés au poste central T et de ce dernier partent les lignes secondaires qui vont alimenter à 2.000 volts par exemple les transformateurs des postes de second ordre : ce sont ces derniers qui alimentent alors les réseaux de distribution proprement dits. On peut d'ailleurs employer trois fils dans les réseaux de basse tension ; il suffit de relier en série, comme l'indi-

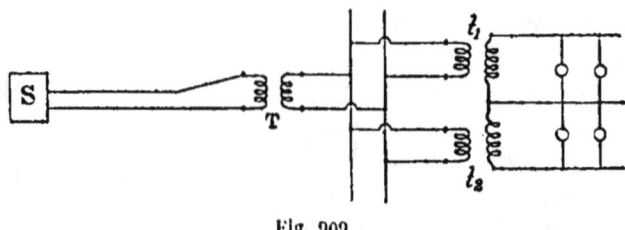

Fig. 909.

que le schéma, les secondaires des deux transformateurs t_1 et t_2 et de joindre au pôle commun le fil d'équilibre.

SYSTÈMES DE DISTRIBUTION. 301

Si l'on veut maintenir bien constante la force électromotrice secondaire et compenser l'effet des variations de résistance du réseau des récepteurs, on peut ajouter sur les feeders des transformateurs régularisateurs dont on fait varier suivant le besoin la force magnéto-motrice primaire. Le schéma montre la disposition de principe de ces régularisateurs, qui est la même que celle des survolteurs que l'on emploie parfois à la charge des accumulateurs (fig. 910). Mais étant donné qu'il y a toujours avantage au point de vue du rendement à faire fonctionner un transformateur à pleine charge, tout aussi bien qu'une dynamo d'ailleurs, on préfère mettre en quantité plusieurs transformateurs sur chaque feeder et sur chaque réseau de récepteurs et proportionner à toute heure, leur nombre, à la demande de puissance des abonnés du réseau.

Pour régler l'éclat des lampes dans un réseau de lumière, on intercale souvent, sur le secondaire du transformateur, un rhéostat

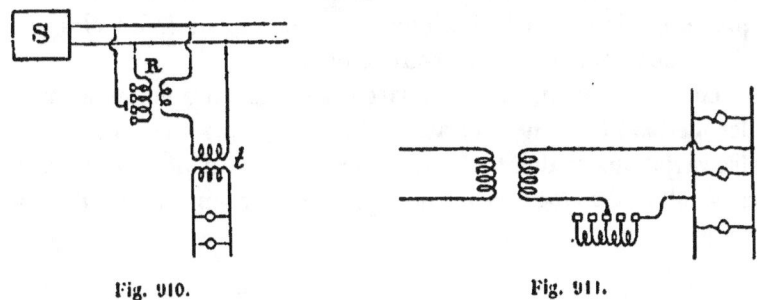

Fig. 910. Fig. 911.

de self-induction (fig. 911) qui joue, plus avantageusement d'ailleurs, le rôle du rhéostat de résistance qu'on emploie parfois avec le courant continu.

Nous avons implicitement supposé dans tout ce qui précède qu'il s'agissait de courant alternatif. Les mêmes transformations peuvent se réaliser pour le courant continu avec des trans-

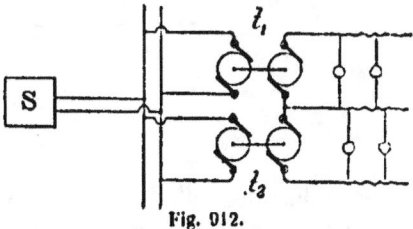

Fig. 912.

formateurs rotatifs. Les schémas sont les mêmes, il suffit de remplacer le signe du transformateur alternatif par celui du transformateur rotatif.

Si l'on emploie par exemple le système de distribution à trois fils sur les réseaux à basse tension, on joindra les induits secondaires des deux transformateurs comme l'indique la figure 912.

347. Distribution par courants polyphasés. — Le but principal de l'emploi de plusieurs courants de phases différentes, dans les cas où la forme alternative doit recevoir la préférence, est la production des champs tournants dans les moteurs; mais, en outre, la décomposition du courant unique en ondulations polyphasées permet dans certains cas de réaliser, ainsi que nous le verrons (§ 348), une économie notable sur le poids de cuivre des canalisations, le courant triphasé est d'ailleurs celui qui convient le mieux à ce double point de vue.

Le montage des enroulements de transformateurs ou de moteurs se fait alors en étoile ou en triangle (fig. 913); les deux dispositions sont équivalentes. Si l'on veut alimenter des lampes, il faut employer des lampes à trois filaments ou bien s'astreindre à les répartir également sur les trois conducteurs.

Le plus souvent, on les sépare des circuits des moteurs, afin de les mettre à l'abri des variations de voltage que peuvent entraîner les variations de débit liées aux changements d'allure des moteurs. Les effets de l'à-coup produit par la mise en marche d'un mo-

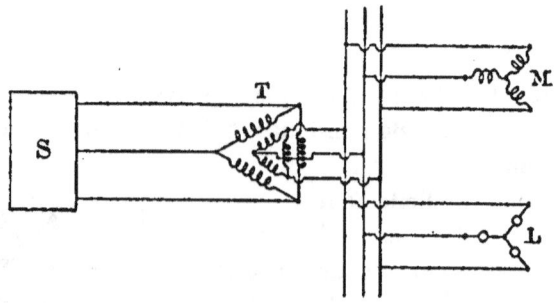

Fig. 913.

teur dépendent d'ailleurs de la puissance de ce dernier par rapport à la puissance en jeu sur le réseau auquel il appartient; il importe que cette puissance soit relativement assez faible.

Pour se dispenser de maintenir l'égalité rigoureuse entre les nombres de lampes allumées sur chaque fil, on emploie quelquefois le montage en étoile avec un quatrième fil (§ 95, t. I), ou bien encore on a recours aux courants diphasés, en compensant les inégalités par la manœuvre de rhéostats sur les deux ponts; on donne alors aux deux phases un fil commun, comme l'indique la figure

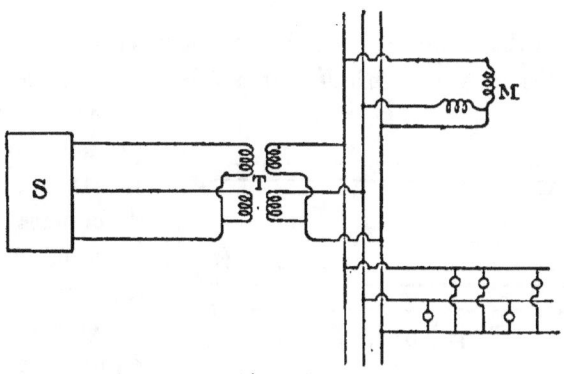

Fig. 914.

914; l'irrégularité qui résulte du principe même de cette disposition n'a pas une très grande importance, ainsi que nous l'avons établi au § 98 du tome I. Mais, ainsi que nous allons le voir, une telle combinaison conduit à des poids de cuivre fort peu avantageux.

348. Poids de cuivre des lignes. — Nous avons dit au paragraphe précédent que la décomposition d'un courant de transmission d'énergie en ondulations polyphasées était susceptible de procurer une économie notable sur le poids de cuivre de la ligne: il importe de préciser les conditions de la comparaison.

Considérons d'abord une ligne à deux fils simples (fig. 915) de trajet déterminé, de section s, dans laquelle un courant alternatif simple d'intensité efficace I met en jeu une puissance $VI \cos \varphi$ sous potentiel efficace V aux bornes AB: la puis-

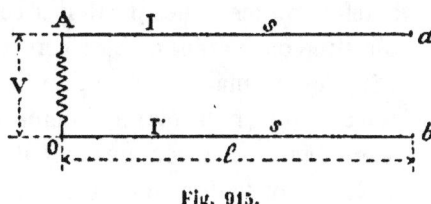

Fig. 915.

sance recueillie en ab, aux bornes des récepteurs, est

$$VI \cos \varphi - 2 \frac{l}{\gamma s} I^2$$

la quantité de puissance qui se perd par effet Joule dans la ligne de longueur totale $2\,l$ ayant pour valeur

$$2 \frac{l}{\gamma\,s} I^2.$$

Si l'on décomposait cette ligne en n lignes partielles identiques entre elles (fig. 915 bis), sans faire varier la section totale s du cuivre, et qu'on appliquât aux bornes O_1 A_1, O_2 A_2... O_n A_n des différences de potentiel efficaces V concordantes, on obtiendrait un système qui, absolument équivalent au premier,

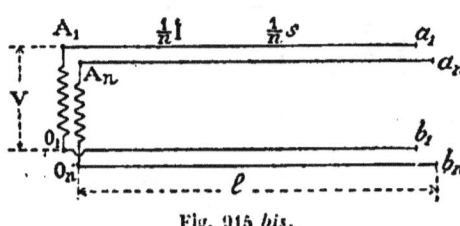

Fig. 915 bis.

serait parcouru dans chacune de ses parties par un courant $\frac{I}{n}$ et dans lequel la perte en ligne totale aurait pour valeur

$$n \frac{2 \cdot l}{\gamma \frac{s}{n}} \left(\frac{I}{n}\right)^2 = 2 \frac{l}{\gamma s} I^2$$

pour une même puissance

$$n V \frac{1}{n} \cos \varphi$$

car la différence de phase φ resterait la même dans chaque ligne, vu que les flux seraient les mêmes que dans le premier cas et, avec eux, les forces contre électromotrices d'induction (dues ici à l'induction mutuelle aussi bien qu'à la selfinduction), dans l'hypothèse toutefois où les lignes partielles seraient assez voisines pour pouvoir être considérées comme coïncidentes.

Supposons maintenant qu'au lieu de conserver en concordance les n courants, nous établissions entre eux une suite de différences de phases égales : leur somme devient, à un instant quelconque, nulle ; nous pouvons supprimer une moitié des fils, à la condition de

SYSTÈMES DE DISTRIBUTION.

monter en étoile les enroulements générateurs et récepteurs, et, du coup, nous réduisons de *moitié* le *poids* de la ligne et la *perte*, c'est-à-dire que nous réalisons, à perte égale, une économie de cuivre de 75 %. Et cette économie est bien réelle, car en détruisant la concordance des flux partiels, nous ne pouvons que diminuer les réactions d'induction et qu'augmenter par suite le facteur de puissance cos φ.

Mais, en joignant en un point commun les extrémités $O_1 O_2 .. O_n$ des enroulements générateurs, et en faisant de même pour les enroulements récepteurs, nous augmentons en réalité le potentiel de la distribution. Représentons les enroulements générateurs, en leur donnant conventionnellement des décalages angulaires qui correspondent aux différences de phases que présentent entre eux les courants qui les parcourent : faisons la figure pour le cas de $n = 1$, $n = 2, n = 3, n = 4$.

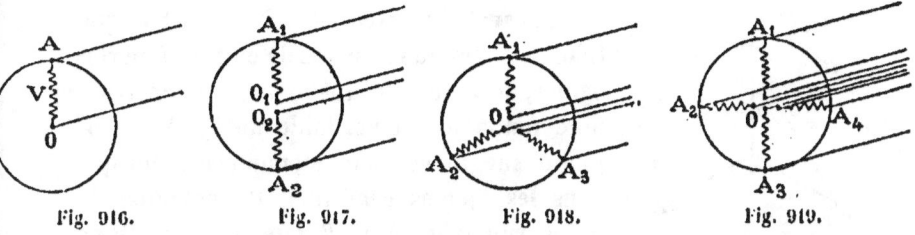

Fig. 916.   Fig. 917.   Fig. 918.   Fig. 919.

Il saute aux yeux que, dans le cas de $n = 2$ (fig. 917) et dans celui de $n = 4$ (fig. 919) notamment, le potentiel est doublé de ce qu'il était dans le premier cas (fig. 916); car c'est maintenant la différence entre les extrémités A_1 et A_2 qui définit le potentiel de la distribution dans la combinaison 917 et la différence entre A_1 et A_3 ou A_2 et A_4 dans la dernière figure : or, les potentiels instantanés correspondent aux projections de vecteurs qu'on peut confondre avec les rayons représentatifs des enroulements OA. Nous ne devons donc pas nous étonner de réaliser dans ces cas un bénéfice de 75 % sur le cuivre, puisque nous avons effectivement doublé le potentiel et que nous savons que le poids de cuivre d'une ligne, à pertes égales, varie en raison inverse du carré du potentiel (§ 340) : c'est la mesure exacte de l'économie réalisée dans le cas de la figure 917, car, une fois supprimés les fils centraux, cette figure se retrouve du type exact de la première. La figure 919 correspond, après suppression des fils centraux, à la ligne biphasée avec point commun au centre des enroulements, combinaison qu'on désigne plus exactement sous le nom de quadriphasée, et il ressort de cette comparaison que la ligne quadriphasée n'offre, au point de vue qui nous occupe, aucun avantage sur la ligne alternative simple.

Mais passons au cas de la ligne triphasée (fig. 918) : en réduisant à moitié le poids de cuivre et la perte, nous n'augmentons ici la différence de potentiel entre bornes $A_1 A_2 A_3$ que dans le rapport du côté du triangle équilatéral $A_1 A_2$ au rayon OA_1 (fig. 920). La différence de potentiel entre les extrémités A_1 et A_2 par exemple, qui est égale à tout moment à la somme du potentiel aux bornes de l'enroulement OA_1 et du potentiel aux bornes de OA_2 pris en signe contraire, a en effet pour vecteur représentatif de sa valeur efficace la diagonale du parallélogramme construit sur OA_1 et OA'_2, diagonale qui vaut $V\sqrt{3}$. Autrement dit, le carré du potentiel effectif ne fait que tripler, alors que le poids de cuivre, à pertes égales, se réduit au quart. Il y a donc avantage fondamental véritable du système triphasé sur le système monophasé, puisque dans les mêmes conditions de potentiel la ligne triphasée pèse 1/4 tandis que la ligne monophasée pèserait 1/3, soit 3 au lieu de 4 :

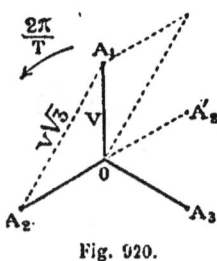

Fig. 920.

en élevant en effet à la même valeur $V\sqrt{3}$ le potentiel de la ligne alternative simple, on réduirait le poids de cuivre de la ligne simple à l'inverse du carré du potentiel c'est-à-dire au tiers. L'économie de cuivre se mesure donc en définitive par le rapport

$$\frac{4-3}{4} \text{ soit } 25 \text{ \%}$$

sans compter le bénéfice qui provient des réductions du décalage φ.

Il est facile de voir que le montage en triangle conduit au même résultat. Soient en effet deux lignes, l'une monophasée, l'autre triphasée alimentée par trois enroulements générateurs montés en triangle (fig. 921 et 921 *bis*). Supposons que la différence de potentiel efficace soit la même entre les bornes A B de la première et entre les bornes A'B', B'C', C'A' de la seconde. Si les deux lignes reçoi-

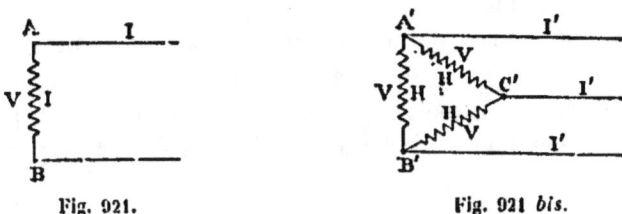

Fig. 921.   Fig. 921 bis.

vent des générateurs même puissance, on aura la condition

$$VI \cos \varphi = 3 \, VII \cos \varphi' \qquad (1)$$

en désignant par I l'intensité dans le conducteur unique de la ligne alternative simple et par II l'intensité dans chacun des enroulements générateurs qui alimentent la ligne triphasée.

D'autre part, si l'on veut que les pertes en ligne proprement dites soient égales, on devra réaliser la condition

$$2 \frac{l}{\gamma s} I^2 = 3 \frac{l}{\gamma s'} I'^2 \qquad (2)$$

Or, avec le montage en triangle, on a, entre les intensités I' et II ainsi que nous le savons (§ 95), la relation

$$I' = \sqrt{3} \, II \qquad (3)$$

L'équation (1) nous donne donc

$$I \cos \varphi = \sqrt{3} \, I' \cos \varphi'$$

et la condition d'égalité des pertes devient

$$2 \frac{l}{\gamma s} I^2 = 3 \frac{l}{\gamma s'} \frac{I^2}{3} \frac{\cos^2 \varphi}{\cos^2 \varphi'}$$

c'est-à-dire

$$s' = \frac{\cos^2 \varphi}{\cos^2 \varphi'} \frac{s}{2}.$$

La section de cuivre de chacun des trois fils de la ligne triphasée doit donc être au plus égale à la moitié de la section de chacun des fils de la ligne monophasée, car le décalage φ' est, entre générateurs de construction analogue, plus petit que le décalage φ, et le poids de cuivre des trois fils de section s' est au poids de cuivre des deux fils de section s dans le rapport de 3 à 4.

L'économie que la décomposition en ondulations triphasées permet de réaliser sur le cuivre de la ligne se chiffre donc par 25 %, quel que soit le mode de montage adopté.

Si, au lieu de trois phases, on en prenait cinq ou plus, et que l'on fît le montage en étoile ou en polygone, on réaliserait bien encore une économie par rapport au poids de la ligne monophasée, mais cette économie serait moindre qu'avec trois phases, parce que

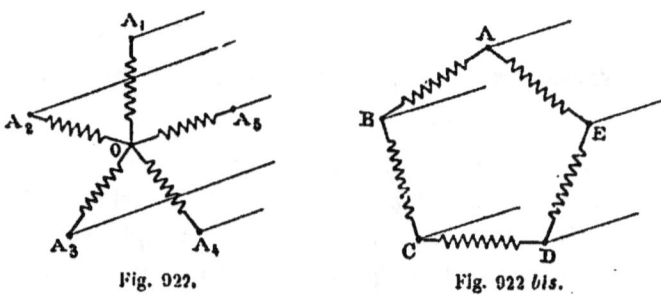

Fig. 922.   Fig. 922 bis.

les différences de potentiel efficaces les plus grandes entre bornes de l'alternateur se règlent sur la diagonale du pentagone étoilé, comme il est facile de s'en rendre compte.

Passons maintenant au cas du courant diphasé avec un fil commun. Dans ce cas, c'est par une extrémité que les deux enroule-

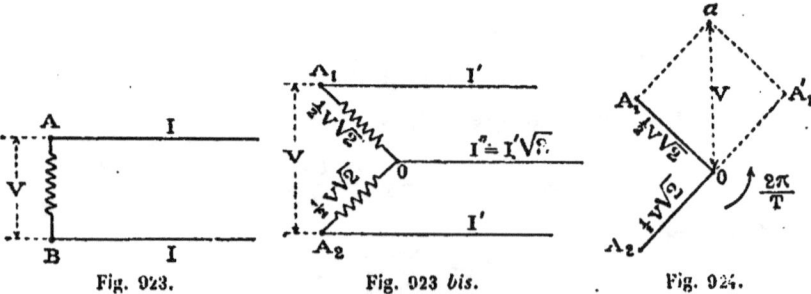

Fig. 923.   Fig. 923 bis.   Fig. 924.

ments générateurs sont réunis, et comme les différences de potentiel entre A_1 et O d'une part et entre A_2 et O d'autre part son décalées de $\frac{T}{4}$, il faut qu'elles se limitent chacune à la valeur efficace $\frac{V}{\sqrt{2}}$ pour que entre A_1 et A_2 le potentiel efficace ne dépasse pas V (la différence de potentiel entre A_1 et A_2 est représentée par le vecteur *oa*, fig. 924).

La puissance fournie à la ligne diphasée par les deux enroulements générateurs a pour valeur

$$2 \frac{V}{\sqrt{2}} I' \cos \varphi$$

et la perte en ligne s'exprime par la formule

$$2 \frac{l}{\gamma s'} I'^2 + \frac{l}{\gamma s''} I''^2 \quad \text{soit} \quad 2 \frac{l}{\gamma} \left(\frac{1}{s'} + \frac{1}{s''} \right) I'^2$$

en remarquant que la résultante I'' des deux vecteurs I' décalés de $\frac{\pi}{2}$ a pour valeur $I' \sqrt{2}$.

En égalant les expressions des puissances respectivement fournies aux lignes diphasées et à la ligne monophasée, on a

$$2 \frac{V}{\sqrt{2}} I' \cos \varphi' = VI \cos \varphi$$

qui donne

$$I' = \frac{I}{\sqrt{2}} \qquad (1)$$

si l'on néglige les différences entre les facteurs de puissance. D'autre part, de la condition d'égalité des pertes en ligne dans les deux systèmes

$$2 \frac{l}{\gamma} \left(\frac{1}{s'} + \frac{1}{s''} \right) I'^2 = 2 \frac{l}{s\gamma} I^2 \qquad (2)$$

on tire, en tenant compte de (1),

$$\frac{1}{s'} + \frac{1}{s''} = 2 \frac{1}{s}.$$

Reste à établir la répartition du cuivre entre les trois fils de la ligne diphasée. On proportionne souvent les sections aux intensités, et l'on adopte entre s' et s'' la relation

$$s'' = \sqrt{2}\ s' = 1{,}41\ s'$$

le poids de cuivre des deux fils de section s', augmenté du poids du fil de section $\sqrt{2}\ s'$, est alors au poids de cuivre des deux fils de section s dans le rapport

$$\frac{2\,s' + \sqrt{2}\,s'}{2s} = \frac{(2\,s' + \sqrt{2}\,s')\,(s' + \sqrt{2}\,s')}{2\,.\,2\,s'\,.\,\sqrt{2}\,s'}$$

rapport qui est voisin de 1,45. En proportionnant les sections d'après l'égalité de température, c'est-à-dire en admettant la relation

$$\frac{I''^2}{\sqrt{s''^3}} = \frac{(\sqrt{2}\,I')^2}{\sqrt{s'^3}} = \frac{I^2}{\sqrt{s'^3}}$$

qui donnerait $s'' = \sqrt[3]{4}\,s' = 1{,}58\,s'$, on trouverait une valeur un peu plus considérable pour le rapport du poids de la ligne diphasée à celui de la ligne monophasée.

On constate ainsi l'inconvénient grave de cette combinaison qui n'est d'ailleurs par elle-même nullement rationnelle.

Il convient de terminer cette comparaison des avantages et inconvénients propres aux divers systèmes de transmission d'énergie, au point de vue de l'économie de cuivre, en faisant ressortir l'avantage qu'offre à ce même point de vue le courant continu. La cause du désavantage du courant alternatif simple réside d'ailleurs uniquement dans le décalage entre intensité et voltage. La condition d'égalité des puissances nous donnera en effet

$$V\,I\,\cos\varphi = V_c\,I_c$$

en désignant par V_c et I_c les potentiel et intensité du courant continu, et si l'on règle le potentiel V_c sur le potentiel efficace V du courant alternatif, on trouve

$$I_c = I\,\cos\varphi$$

La condition d'égalité des pertes en ligne fournit la relation

$$2\,\frac{l}{\gamma s}\,I^2 = 2\,\frac{l}{\gamma_c\,s_c}\,I_c^2 = 2\,\frac{l}{\gamma_c\,s_c}\,I^2\,\cos^2\varphi$$

c'est-à-dire, en admettant que la conductibilité du cuivre pour les deux cas soit la même,

$$s_c = s\,\cos^2\varphi$$

relation qui définit immédiatement le rapport des poids de cuivre.

Le facteur de puissance $\cos\varphi$ varie suivant les cas, il est rare qu'il dépasse 0,9. C'est dire que le courant continu, en permettant par rapport au courant alternatif simple une économie de cuivre, à potentiels égaux et à pertes égales, d'environ 20 à 25 %, se place au même rang que le courant triphasé.

Entre ces deux systèmes, on aura pour choisir, et donner la préférence en général au triphasé pour les très grandes distances, à prendre en considération la simplicité relative des transformateurs alternatifs.

Le tableau suivant résume les résultats que nous venons d'obtenir ; il donne pour les principaux systèmes usités des chiffres proportionnels aux poids de cuivre des lignes de même longueur et de même rendement, à puissances égales et sous potentiels équivalents.

GENRE DU COURANT.	POIDS DE CUIVRE.
Courant alternatif simple.........	1 »
Courant diphasé à trois fils.......	1,15
Courant triphasé.................	0,75
Courant continu..................	0,75

Mais il importe de préciser la grandeur de ces poids de cuivre dont les lignes de transport d'énergie exigent la dépense, en ayant égard à la puissance, au rendement, à la distance et au voltage. Nous ne nous préoccuperons que du cas du courant continu ; le tableau précédent permettra d'apprécier directement les chiffres auxquels conduirait l'emploi d'un autre courant.

Nous désignerons par W la puissance fournie aux bornes initiales de la ligne de transport d'énergie, par w la perte en ligne que l'on admet et par K le rapport en centièmes de cette perte w à la puissance totale W. Nous aurons ainsi

$$W = VI$$

et

$$w = \frac{K}{100} W = 2 \frac{l}{\gamma s} I^2 = 2 \frac{l}{\gamma s} \frac{W^2}{V^2}.$$

Le poids de cuivre sera alors donné par la formule

$$C = 2 \, ls \, \delta = 4 \cdot \frac{\delta}{\gamma} \frac{100}{K} \left(\frac{l}{V}\right)^2 W$$

en désignant par δ la densité du cuivre en kilogrammes par centimètre cube. On en tire pour poids du cuivre par kilowatt

$$c = 1000 \cdot \frac{C}{W} = 1000 \; \frac{\delta}{\gamma} \; \frac{100}{K} \left(\frac{l}{V}\right)^2.$$

En prenant 0,009 pour densité du cuivre et 0,0000016 pour résistibilité $\frac{1}{\gamma}$ du même cuivre en ohmcentimètres, et en exprimant l en mètres, nous obtiendrons

$$c = \frac{4 \cdot 9 \cdot 1,6}{K} \left(\frac{l}{V}\right)^2 = \frac{57,6}{K} \left(\frac{l}{V}\right)^2.$$

En particulier si l'on donne au potentiel autant de volts qu'il y a de mètres à franchir, le poids de cuivre par kilowatt variant en raison inverse du pour-cent de la perte consentie, tombe à 10 k. pour une perte d'environ 5 %. Avec des distances de 40 à 50 kilomètres, on arrive à des tensions de 40 à 50.000 volts, si l'on s'impose des conditions analogues. Si, dans le cas de distances d'un kilomètre environ, on s'astreint à ne pas dépasser 500 volts, il faut admettre des poids de cuivre ou des pertes beaucoup plus considérables : à bord d'un navire où la tension se règle couramment à 80 volts et où les distances moyennes peuvent être estimées à 80 mètres en raison des détours, on arrive à des poids plus élevés, parce qu'on exige des pertes relatives moindres et en partie aussi parce que, par mesure de sécurité, on double les canalisations d'alimentation des principaux récepteurs; on atteint facilement 20^k.

349. Choix d'un système de distribution. — Nous venons d'étudier les dispositions générales et les qualités propres des principaux systèmes de distribution et de transmission d'énergie électrique. Les combinaisons sont nombreuses, mais la diversité de leurs qualités répond à celle des applications, et sans qu'il y ait de règle absolue pour déterminer dans chaque cas le système à employer, on peut dire que les données d'un projet d'exploitation ne laissent en général le choix qu'entre un très petit nombre de systèmes.

Les récepteurs à alimenter — lampes, accumulateurs, moteurs fixes ou mobiles — se répartissent en effet en groupes qui exigent le transport en des centres à peu près déterminés, d'une puissance déterminée sous un potentiel souvent imposé par la nature même des récepteurs ou limité par la sécurité des personnes; en outre, l'emplacement des dynamos génératrices ne peut être le plus souvent choisi qu'en des régions assez étroitement limitées, tantôt au milieu des récepteurs ou dans leur voisinage immédiat, tantôt à grande distance de leur centre principal, au lieu même de la production de la force naturelle qu'on veut utiliser. Voici donc en général approximativement fixés non seulement la puissance et le voltage des récepteurs en même temps que leur répartition, mais encore l'ordre de grandeur de leurs distances aux génératrices, les longueurs moyennes des câbles et avec elles les pertes de puissance, les poids de cuivre et la puissance des génératrices en fonction du voltage. De là résulte immédiatement pour ce voltage un minimum admissible, et, en ce qui concerne le système de la distribution, l'indication de l'utilité des transformateurs ou de la convenance d'une distribution à fils multiples.

La distribution en série sous intensité constante ne s'emploie qu'en un petit nombre de cas bien définis, notamment lorsque l'installation ne comporte que des lampes identiques, qui doivent s'allumer ensemble. Tel fut le cas des premiers essais d'éclairage d'avenues dans des villes qui ne possédaient pas encore d'usine électrique (lampes à arc, bougies ou régulateurs, courant alternatif ou courant continu); tel est le cas de l'éclairage de bassins de radoub dans certains arsenaux.

Dès qu'il faut ménager l'indépendance des divers récepteurs, c'est au système de distribution en dérivation sous potentiel constant qu'on a recours. On élève alors le potentiel à la valeur maxima compatible avec le bon fonctionnement des récepteurs et avec la sécurité des personnes.

S'il s'agit d'alimenter des moteurs, dans une exploitation de tramways par exemple, rien, du côté du moteur, n'empêche d'atteindre la tension de 500 volts qui ne crée pas de danger capital pour le public.

S'il s'agit d'éclairage au contraire, la tension aux bornes des récepteurs est déterminée par leur nature même : on la règle à 80 volts pour alimenter des arcs puissants (§ 335), à 120 pour des paires d'arcs moyens en série (§ 331), à une valeur quelconque, généralement inférieure à 150, pour les lampes à incandescence (§ 322). Si les distances entre récepteurs et centres d'alimentation sont faibles, on adopte le système le plus simple, la canalisation à deux fils, avec ou sans feeders, qui assure l'indépendance la plus complète; c'est le cas des distributions isolées, comme à bord d'un navire ou dans un groupe d'ateliers. Si les réseaux sont plus étendus, si les longueurs dépassent quelques centaines de mètres, il faut admettre les combinaisons mixtes qui apportent toujours quelque complication ou quelque entrave, mais qui permettent d'élever le potentiel tout en laissant une certaine indépendance aux récepteurs. C'est le système à trois fils par exemple qu'on a choisi pour l'éclairage de l'Établissement d'Indret, pour celui de l'arsenal de Rochefort, etc. On adopte cinq fils dans certains réseaux très étendus des grandes villes.

On donne dans tous ces cas la préférence au courant continu, parce qu'il offre l'avantage d'un fonctionnement sûr des moteurs et d'une docilité parfaite, parce qu'il donne aux charbons des lampes à arc la forme d'un cratère si utile dans certains cas, parce qu'il permet de profiter de tous les avantages des accumulateurs.

Si les distances deviennent très considérables, s'il s'agit notamment de l'utilisation d'une source d'énergie naturelle éloignée, il devient nécessaire d'admettre une transformation des éléments du courant, et la simplicité des transformateurs à flux alternatif fait préférer en général le courant alternatif au courant continu. La simplicité d'enroulement des alternateurs leur donne à eux aussi une certaine supériorité pratique sur les générateurs de courant continu dont le collecteur devient d'ailleurs aux tensions élevées un organe délicat, et l'on n'emploie guère le courant continu dans de telles conditions. L'établissement des hautes tensions continues donne lieu parfois, dans les conduites souterraines notamment, à des effets d'électrolyse qui peuvent avoir des conséquences assez graves. Aussi, dans le cas même où la forme continue se trouve seule à convenir aux applications (galvanoplastie, accumulateurs, moteurs mêmes parfois, etc.) cherche-t-on, dans l'emploi des commutatrices, le moyen de conserver au courant de transport d'énergie la forme alternative.

Il reste alors à choisir entre le courant alternatif simple et les courants polyphasés : la simplicité des canalisations décide parfois le choix en faveur du premier, lorsque surtout il n'y a que des lampes à alimenter; l'emploi des seconds se justifie au contraire le plus souvent par l'économie de cuivre des lignes et par les avantages propres aux moteurs à champ tournant. Le courant triphasé paraît alors susceptible de fournir la solution la plus avantageuse.

350. Maintien du voltage à valeur normale. — Dans toutes ces distributions sous voltage constant, qui offrent l'avantage d'assurer l'indépendance aux divers récepteurs, on peut maintenir à valeur normale le voltage aux bornes des divers circuits d'utilisation en employant des rhéostats de champ sur les enroulements en dérivation des génératrices, ou en modifiant le courant fourni par des excitatrices indépendantes; on recourt aussi à l'emploi de résistances ou de bobines à réactance, suivant le cas, qu'on dispose convenablement sur les feeders ou sur les branches de tel ou tel circuit. Lorsque l'on veut se dispenser de surveiller au voltmètre la tension aux bornes des circuits ou aux barres des tableaux de distribution, on munit les dynamos auto-excitatrices d'enroulements compounds : nous connaissons les combinaisons que l'on peut réaliser dans ce but sur les dynamos à courant continu; M. Maurice Leblanc a montré récemment que l'on pouvait appliquer aux alternateurs des procédés analogues.

Dans la savante étude qu'il a publiée dans le Bulletin de la Société internationale des Électriciens (novembre 1898-mars 1899), M. Leblanc donne la description et la théorie de l'excitatrice spéciale qu'il a combinée pour fournir aux inducteurs d'un alternateur un courant propre à compenser les effets de la réaction d'induit aux débits de toute valeur et de tout décalage; il fait remarquer d'ailleurs que l'emploi de son système dispense de donner aux inducteurs le développement que l'on peut être conduit à leur attribuer autrement pour leur assurer une prépondérance considérable sur l'induit et qu'il permet de calculer les proportions des alternateurs au mieux de la stabilité de fonctionnement en parallèles avec d'autres alternateurs.

L'excitatrice spéciale de M. Leblanc est un organe tournant qui, par les courants alternatifs qu'il reçoit de l'induit de l'alternateur, produit un champ fixe dans l'espace et qui, par un enroulement Gramme qu'il meut dans ce champ, engendre un courant continu dont l'intensité, proportionnelle au flux du champ, sert à l'excitation de l'alternateur : il suffit que les courants alternatifs qui produisent ce champ fassent les uns exactement suite aux courants de l'alternateur et que les autres soient dérivés

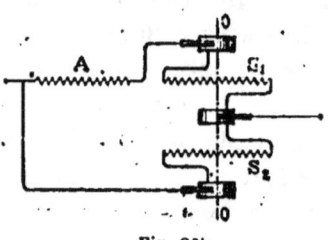

Fig. 925.

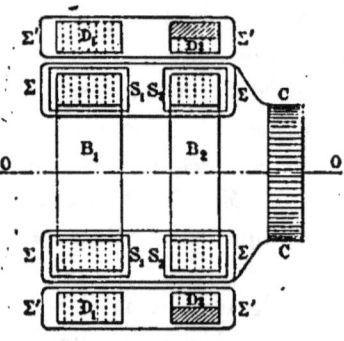

Fig. 925 bis.

aux bornes des circuits qui portent les premiers, pour que le champ fixe et, par suite, le courant d'excitation se trouvent fonctions du débit et du voltage, comme l'est le champ formé par les deux enroulements d'une dynamo compound à courant continu.

Pour préciser, prenons le cas d'un alternateur triphasé à inducteurs mobiles et induit fixe. Considérons un des trois circuits induits A, prolongeons-le par un circuit S_1 et dérivons aux bornes extrê-

SYSTÈMES DE DISTRIBUTION.

mes de AS_1 un circuit S_2 (fig. 925). Enroulons S_1 et S_2 séparément sur deux anneaux B_1 et B_2 montés tous deux sur l'arbre des inducteurs de l'alternateur, en interposant les bagues et frotteurs nécessaires (fig. 925 *bis*). Nous ferons de même pour les deux autres circuits A' et A'' de l'alternateur, et les trois circuits S_1 S_1' S_1'' d'une part et S_2 S_2' S_2'' de l'autre engendreront respectivement dans les anneaux mobiles B_1 et B_2 des champs tournants, qui, à condition que les enroulements soient faits dans le sens convenable, seront fixes dans l'espace et dont les flux seront fonctions l'un du débit, l'autre du voltage. Nous entourerons les anneaux B_1 et B_2 de deux anneaux fixes extérieurs D_1 et D_2 pour offrir aux flux des milieux perméables, et c'est sur l'ensemble des deux anneaux mobiles B_1 et B_2 que nous établirons l'enroulement continu Σ. On obtient ainsi aux balais du collecteur C une force électromotrice qui dépend non seulement des dimensions de l'appareil et du calage relatif des enroulements polyphasés des deux anneaux B_1 et B_2 ainsi que de la vitesse de rotation qui est celle de l'alternateur, tous éléments fixes, mais encore des intensités des courants S_1 et S_2, de la différence de phase entre le courant total et le potentiel, et enfin du calage des balais : il faudrait ajouter, de la réaction d'induit de l'enroulement Gramme c'est-à-dire de son débit, mais on annihile cette réaction en enroulant sur les anneaux fixes D_1 D_2 un circuit que traverse le courant issu du collecteur, avant de se rendre aux inducteurs de l'alternateur. On choisit convenablement le calage relatif des enroulements B_1 et B_2, et le courant débité par l'excitatrice ne dépend, pour une machine donnée, que de l'intensité des deux champs tournants et du calage des balais.

CHAPITRE II.

Canalisations.

351. Qualités diverses des conducteurs. — La canalisation, qui constitue la voie ouverte à la propagation du courant entre la génératrice qui le produit et les récepteurs qui l'utilisent, doit ne laisser perdre qu'une faible part de l'énergie qu'elle reçoit et gêner le moins possible le mouvement de l'onde électrique. Par suite, il faut avant tout lui assurer une bonne conductibilité et la bien isoler, et de plus, s'il s'agit de courants alternatifs, il importe de réduire au minimum sa réactance et de laisser le moins de part aux effets d'hystérésis. Ce n'est qu'à ces conditions que l'on obtiendra un bon rendement de la canalisation ; toutefois il faut acquérir ce résultat à un juste prix et viser en définitive à déterminer les conditions les plus avantageuses, en tenant compte tout à la fois de l'amortissement du prix de première installation et des dépenses courantes de l'exploitation.

Pour isoler les conducteurs, on peut laisser à nu le métal qui les constitue à la condition de les tendre sur des isolateurs en porcelaine convenablement disposés ; mais souvent on les recouvre de gaines isolantes pour les fixer directement contre les murs des bâtiments ou les cloisons des navires.

Dans le premier cas, il y a un intérêt évident à espacer autant que possible les supports de la ligne, quand il faut les établir tout exprès : il importe alors de choisir un métal qui offre une ténacité considérable avec une légèreté suffisante, tout en étant bon conducteur et même dans certains cas sans susceptibilité magnétique [1]. Les qualités mécaniques du métal prennent en un mot

---

[1] Le fil prend entre ses supports SS la forme d'une chaînette, de flèche f pour une tension T_1 en S et pour une portée L. En désignant par p le poids du fil par unité de longueur et en projetant sur la tangente en un point quelconque A les forces appliquées à un élément A B de la longueur ds, on a l'équation

$$dT = pds \sin \alpha = pdy$$

autant d'importance que ses qualités électriques ou magnétiques. Le fer convient tout d'abord à ce genre de lignes, tant que le cou-

d'où, en intégrant entre le sommet inférieur O et le point d'appui S,

$$T_1 - T_0 = pf \quad (1)$$

D'autre part, en prenant par rapport au point O les moments des forces appliquées à

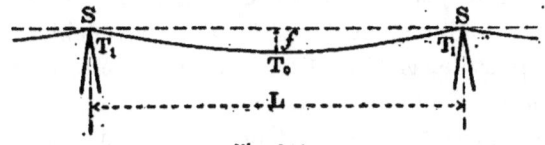

Fig. 926.

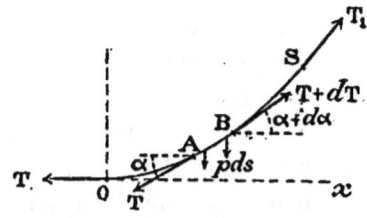

Fig. 926 bis.

la portion OA, on obtient

$$T_0 y = \int_0^A pds\,(a - x).$$

Tant que l'angle reste petit, ce qui est la condition qu'on cherchera à réaliser dans la pratique, on peut écrire approximativement

$$T_0 y = \int_0^x pdx\,(a - x) = p\,\frac{a^2}{2}$$

ce qui revient à remplacer la chaînette par la parabole, et l'on a, pour valeur de la flèche f en fonction de la portée L,

$$f = \frac{p}{T_0}\,\frac{L^2}{8} \quad (2)$$

La tension aux points d'attache, qui sont évidemment les points les plus chargés, s'exprime alors, en fonction de la flèche, par la formule

$$T_1 = T_0 + pf = p\left(\frac{L^2}{8f} + f\right).$$

On cherchera à donner au fil, pour une partie déterminée, une flèche telle que cette tension soit minima; on aura, pour déterminer cette valeur, la condition

$$\frac{dT_1}{df} = 0 \quad \text{soit} \quad -\frac{L^2}{8f^2} + 1 = 0 \quad \text{c'est-à-dire } f = \frac{L}{\sqrt{8}} \quad (3).$$

C'est donc une flèche voisine du tiers de la portée ($f = 0,353\,L$) qui correspond au minimum d'effort au point le plus chargé, et dans ces conditions la tension maxima devient

$$T_1 = p \cdot \frac{2L}{\sqrt{8}}.$$

rant conserve la forme continue et qu'il ne dépasse pas d'ailleurs les intensités en usage dans la télégraphie ; mais sa susceptibilité magnétique le rend impropre à la transmission des courants variables.

C'est alors le cuivre que l'on emploie ; toutefois ce métal n'offre pas une limite élastique assez élevée, et il faut augmenter sa ténacité par l'adjonction de substances convenables. Les bronzes chromés, phosphoreux ou siliceux paraissent être les plus avantageux : leur conductibilité peut tomber, il est vrai, au tiers de celle du cuivre, mais, sous faibles diamètres au moins, ils résistent à des charges trois ou quatre fois plus fortes, et l'on peut atteindre avec eux des portées considérables. Dans d'autres cas, on a recours à l'emploi de fils d'acier pour soutenir le conducteur de cuivre ; on fait aussi des câbles de cuivre à âme d'acier.

Dans l'établissement des canalisations souterraines, il n'y a plus les mêmes raisons pour augmenter la ténacité des câbles, car on peut multiplier à volonté les points d'appui. C'est alors au cuivre rouge, de haute conductibilité, que l'on donne en général la préférence. Mais c'est ce métal qu'on emploie à l'exclusion presque de tout autre, lorsque les câbles doivent être isolés. Il importe en effet au plus haut point dans ce cas de réduire au minimum le périmètre des câbles, car les isolants sont chers et encombrants. Or le cuivre est, de tous les métaux usuels, celui qui, à conductance égale, permet de faire les câbles les moins gros.

On a songé à lui substituer dans certains cas l'aluminium : à conductance égale, le câble d'aluminium serait plus cher et plus encombrant, mais il serait plus léger. Malheureusement l'économie réalisée sur le poids du métal est en partie compensée par l'augmentation du poids de l'isolant qui se règle sur celle du périmètre. L'aluminium pèse en effet entre le tiers et le quart du cui-

---

Si la charge, qu'on ne veut pas dépasser pour le métal qu'on emploie, est R, on aura en définitive pour déterminer la portée la relation :

$$R\Omega = \Omega \delta \cdot \frac{2L}{\sqrt{8}} \quad \text{c'est-à-dire} \quad L = \frac{\sqrt{8}}{2} \frac{R}{\delta} = 2,83 \frac{R}{\delta}$$

en désignant par δ la densité du métal et par Ω la section du fil, et, lors de la pose, on réglera la tension du fil jusqu'à donner à la flèche la valeur $0,353\ L$.

On réduit bien souvent les portées et les flèches à de plus faibles valeurs.

vre, mais il a une résistibilité presque double [1] et, en réduisant par suite à moitié environ le poids du métal, on fait croître le poids des isolants à peu près dans le rapport de 1 à $\sqrt{2}$. L'avantage prend cependant d'autant plus d'importance que le conducteur doit porter une plus forte intensité, en raison même de ce que le périmètre ne croît que comme la racine carrée de la section, et il ne paraîtrait pas irrationnel en définitive d'employer ces câbles, au moins pour la canalisation principale, sur les navires où l'on ne regarde pas à payer la légèreté.

352. Revêtements des câbles. — Les isolants que l'on utilise au revêtement des câbles sont de natures diverses suivant les conditions d'installation de la canalisation et la valeur du potentiel. Tantôt on recouvre le cuivre de simples guipages en coton, tantôt on emploie le caoutchouc et la gutta-percha.

Le caoutchouc est le meilleur des isolants, mais, outre son prix élevé, il a l'inconvénient de s'altérer à l'air; on le rend nerveux et sec en le mélangeant de soufre. On obtient ainsi le caoutchouc vulcanisé, mais le soufre qu'il contient attaque le cuivre. On interpose alors entre le cuivre et le revêtement de caoutchouc vulcanisé une couche de caoutchouc naturel, ou bien on étame le cuivre. C'est uniquement ce genre d'isolant qu'on adopte à bord des navires, où l'atmosphère chaude et humide de certains compartiments altérerait en peu de temps d'autres isolants moins coûteux.

La gutta convient particulièrement aux câbles plongés dans l'eau qui n'a pas d'action sur elle. Pour faire adhérer entre elles les diverses couches de gutta, on les enduit d'une sorte de colle faite de gutta, de résine et de goudron de bois.

On recouvre les premières couches, caoutchouc ou gutta suivant les cas, de rubans caoutchoutés enroulés en plusieurs couches, et l'on revêt le tout de toiles goudronnées et de guipages en chanvre. Puis, s'il y a lieu, on ajoute une gaine métallique faite de bandes ou de fils d'acier. On interpose d'ailleurs entre l'acier et les isolants proprement dits un matelas en chanvre, et l'on recouvre la gaine métallique de diverses enveloppes de toile et de

---

[1] La résistibilité moyenne de l'aluminium en ohms centimètres de $2^{u},9 . 10^{-6}$ alors que celle du cuivre est de $1^{u},6 . 10^{-6}$; les densités des deux métaux sont respectivement de 2,6 et de 8,9.

fils goudronnés. C'est le cas notamment des câbles sous-marins.

Les câbles armés peuvent s'enfouir directement dans le sol ou se poser sur le fond de la mer ; les câbles non armés se placent dans des caniveaux de béton, de ciment ou de bois imprégné de substances diverses destinées à les conserver.

353. Dispositions diverses des câbles. — L'âme du câble se fait d'une seule pièce tant que sa section conserve des dimensions qui ne lui donnent pas trop de raideur. Mais les conducteurs de diamètre un peu fort se font de fils câblés dont on choisit la grosseur suivant la souplesse que l'on veut obtenir soit pour les enrouler commodément sur des tourets de diamètre convenable, soit pour leur faire contourner les angles des parois qui leur servent de support. Le nombre exact des fils se trouve fixé par les conditions mêmes de la fabrication et par l'arrangement des sections élémentaires dans la section totale. C'est ainsi que l'on fait couramment des câbles de 7 fils, 19, 37, 61 fils, etc.

Pour les courants alternatifs, on emploie avantageusement des conducteurs tubulaires, car, ainsi que nous l'avons dit au paragraphe 64 (tome I), l'induction amoindrit la densité du courant dans les filets voisins de l'axe d'un câble plein et l'augmente à la circonférence ; il est par suite rationnel d'évider le conducteur. Pour diminuer d'ailleurs le coefficient de self-induction de la ligne, on place les conducteurs d'aller et de retour aussi près que possible l'un de l'autre, et le mieux, à ce point de vue, serait d'employer des tubes concentriques qu'on séparerait les uns des autres par des isolants d'épaisseur convenable: mais la capacité d'un tel conducteur prend une importance trop grande qui fait renoncer le plus souvent à l'emploi de ce système.

354. Élévation de température des conducteurs ; limite de la densité d'intensité. — La quantité de chaleur qui se dégage dans un conducteur par unité de temps a pour expression

$$w = \frac{l}{\gamma s} I^2$$

I désignant l'intensité constante du courant continu ou l'intensité efficace du courant alternatif ; d'autre part cette chaleur a pour se dégager une surface

$$\sigma = \sqrt{s}\, l.$$

Il s'établit au bout d'un certain temps de fonctionnement régulier une certaine température d'équilibre fonction du rapport de la quantité de chaleur à la surface de refroidissement. C'est à l'expérience qu'il faut demander la loi des variations de cette température pour un conducteur donné, entouré de ses isolants et placé dans des conditions d'aération déterminées. Mais on imposera en général une même température limite de 40° centigrades par exemple, afin d'éviter toute détérioration des isolants. Alors, pour des conducteurs de même nature, placés dans des conditions de refroidissement égales, on aura entre les intensités et les sections la relation

$$\frac{I^2}{\gamma s} : \sqrt{s}\, l = \frac{I^2}{\gamma \sqrt{s^3}} = \text{const.}$$

Cette formule conduit à adopter non pas une densité d'intensité constante pour un même type de conducteurs, mais au contraire une densité moins grande pour les gros conducteurs que pour les petits.

Cette densité d'intensité, pour un même diamètre, est d'ailleurs très variable selon la nature des isolants et les conditions d'aération. Avec des conducteurs de cuivre nus, on peut admettre pour divers diamètres les intensités suivantes :

4 ampères pour un fil de		$1^{m}/_{m}^{2}$
30	—	10
100	—	50
200	—	120
400	—	300
600	—	500

Ces chiffres s'entendent d'intensités moyennes maintenues pendant un temps indéfini.

Les catalogues des fournisseurs définissent les densités limites pour les divers types de câbles isolés.

355. Calcul de la section des conducteurs d'une ligne de parcours déterminé. — Lorsque dans une étude d'installation de canalisation électrique on a déterminé le parcours d'une ligne et arrêté le genre des câbles à employer, lorsque l'on a choisi le potentiel d'alimentation des récepteurs et fixé par suite, en raison de la puissance qu'ils doivent absorber, la valeur de l'intensité du courant que la ligne doit porter, il ne reste plus qu'à calculer la section qu'il convient de donner aux conducteurs : or, il intervient ici, en principe au moins, diverses considérations.

Tout d'abord, en se plaçant au seul point de vue du prix de la canalisation, on est conduit à donner aux câbles le minimum de section compatible avec la conservation d'une température convenable pour le câble. Le tableau précédent ou toute autre règle pratique qui convienne au genre des câbles et aux conditions d'aération du cas particulier, fournit immédiatement la valeur de la section en fonction des intensités les plus fortes que le câble doive porter en régime prolongé.

Mais il peut se faire que la section ainsi déterminée soit trop faible à d'autres points de vue et qu'elle ne soit même pas la plus avantageuse au point de vue de l'économie d'ensemble, qu'il faut en réalité considérer.

Avec la section du câble se trouve en effet déterminée la perte en ligne c'est-à-dire le nombre de watts que les génératrices doivent fournir en plus de la puissance exigée par les récepteurs. Or il y a là double cause de dépense, car le prix des génératrices et de leurs moteurs d'une part augmente, entre certaines limites, en proportion de la puissance, et d'autre part, les frais d'exploitation augmentent en proportion de la consommation de combustible, lorsque du moins l'énergie n'est pas fournie par une source naturelle.

Voyons donc quels seraient les éléments du calcul de la section essentiellement économique. Les frais d'installation de la ligne elle-même comprennent deux éléments : le prix du câble qui, une fois le type arrêté, varie à peu près en raison directe de la section s et les frais de mise en place, établissement des caniveaux, etc. qui, dans les limites du moins où l'on peut faire varier raisonnablement les diamètres, peuvent être considérés comme à peu près indépendants de la grosseur du câble. Le prix de revient de la ligne peut donc être représenté par une formule telle que $(\alpha + \beta s) l$, où β désigne la partie variable avec s du prix courant du câble par unité de longueur et unité de section. D'autre part, le prix des machines (génératrices, moteur à vapeur et chaudière ou tur-

CANALISATIONS.

bine, etc.) se règle sur le maximum de la puissance totale à fournir et s'exprime par une formule telle que $\omega \left(W_{max} + \dfrac{l}{\gamma s} I^2_{max}\right)$ où W_{max} représente la puissance maxima fournie aux récepteurs, I_{max} le maximum d'intensité correspondant et ω le prix des machines par watt. L'intérêt du capital engagé dans l'établissement des appareils d'alimentation proprement dits (machines, génératrices et ligne) entre donc dans le compte des dépenses annuelles pour une part qui répond à la formule :

$$\tau \left(al + \omega W_{max.} + \beta ls + \dfrac{\omega l\, I^2_{max.}}{\gamma s}\right)$$

A cette dépense s'ajoutent directement les frais d'exploitation, consommation de charbon, etc., qui se règlent sur l'énergie mise en jeu. En désignant donc par W_{moy} et I_{moy} les puissance et intensité moyennes au cours d'une année et par t le nombre d'heures de fonctionnement, on a pour représenter ce dernier élément de dépense, la formule

$$c \left(W_{moy.} + \dfrac{l}{\gamma s} I^2_{moy.}\right) t$$

en désignant par c le prix du combustible brûlé par joule aux bornes des génératrices.

La part de la dépense annuelle totale qui demeure fonction de la section s de la ligne s'exprime donc en définitive par la formule

$$D = \tau \beta ls + [\tau \omega\, I^2_{max.} + ct\, I^2_{moy.}] \dfrac{l}{\gamma} \dfrac{1}{s}$$

et la section qui fournira la valeur minima pour cette dépense sera donnée par l'équation

$$\tau \beta - \dfrac{\tau \omega\, I^2_{max.} + ct\, I^2_{moy.}}{\gamma} \dfrac{1}{s^2} = 0$$

c'est-à-dire qu'elle a pour valeur

$$s = \sqrt{\dfrac{\tau \omega\, I^2_{max.} + ct\, I^2_{moy.}}{\gamma \tau \beta}}.$$

Cette formule s'applique à tous les cas, en donnant aux coefficients qui y entrent les valeurs particulières au genre d'exploitation que l'on projette. Dans le cas où l'énergie est empruntée à une source naturelle, le coefficient c s'annule, et il reste pour valeur de la section économique en centimètres carrés

$$s_c = \sqrt{\frac{\omega}{\gamma \beta}} \, \mathrm{I}_{\max.}$$

où ω représente le prix par watt des appareils générateurs, β la partie variable avec la section dans le prix du câble par centimètre carré et par unité de longueur et $\dfrac{1}{\gamma}$ la résistibilité du métal en ohms par centimètre carré et unité de longueur.

Cette formule, ainsi qu'on le remarquera, fournit une valeur de la section des câbles proportionnelle au maximum de l'intensité, quelle que soit la longueur.

A bord des navires où la très grande majorité des appareils ne fonctionnent qu'exceptionnellement, le second terme sous le radical de la formule complète se réduirait à une valeur extrêmement faible en raison de la petitesse du temps t; mais il ne faut pas oublier que à bord le charbon ne coûte pas seulement son prix de revient direct mais qu'il coûte par son encombrement en déplacement du navire.

Dans le cas d'ailleurs où l'on voudrait considérer les poids des appareils générateurs et de la canalisation, il conviendrait d'écrire l'expression du poids des premiers en fonction de leur puissance et le poids de la seconde en fonction de son volume et de sa densité, et l'on obtiendrait la formule

$$\text{Poids} = p \left(\mathrm{W}_{\max.} + \frac{l}{\gamma s} \mathrm{I}^2_{\max.} \right) + \delta \, ls$$

et le minimum correspondrait à la valeur de s donnée par l'équation

$$d\mathrm{P} = -\frac{pl}{\gamma} \mathrm{I}^2_{\max.} \frac{ds}{s^2} + \delta l \, ds = 0$$

c'est-à-dire

$$s_p = \sqrt{\frac{p}{\gamma \delta}} \, \mathrm{I}_{\max.}$$

formule qui donne encore des valeurs de s proportionnelles à l'intensité maxima.

Les coefficients de proportionnalité ne sont pas susceptibles d'une détermination précise, pas plus dans le cas de la formule de poids minimum que dans celle d'économie maxima, mais ce qu'on peut conclure de là, c'est que, entre exploitations analogues, ces coefficients ont des valeurs voisines et qu'il est rationnel de calculer les sections par des formules telles que

$$s_e = A\, I_{max.} \quad \text{ou} \quad s_p = B\, I_{max.}$$

en s'assurant toutefois que les sections déterminées conviennent à l'égard de la température.

Mais se donner la section en raison directe de l'intensité, c'est se donner la perte en ligne par la formule

$$w = \frac{l}{\gamma A} I^2$$

et par suite la chute de volts par la formule

$$v = V - V' = \frac{w}{I} = \frac{l}{\gamma A}$$

C'est-à-dire qu'il est en définitive rationnel d'admettre entre installations de même genre (moteurs, génératrices et câbles analogues) une même chute de tension par unité de longueur des câbles et par suite de se donner a priori, eu égard à la longueur même de la ligne, une perte de volts déterminée. En portant les longueurs

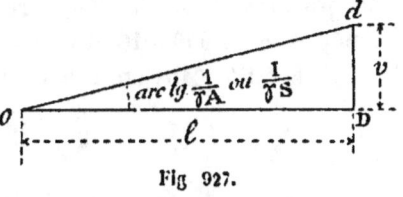

Fig 927.

en abscisses et les pertes de tension en ordonnées, on obtiendrait la figure 927 dans laquelle le coefficient angulaire de la droite $o\,d$ aurait une valeur invariable.

Ceci suppose le cas d'une seule ligne. S'il s'agit de feeders ou de câbles secondaires dans un réseau de distribution en dérivation, on peut répéter le même raisonnement pour chaque branche du réseau ; mais on arrivera à déterminer ainsi des chutes de tension différentes sur les branches de diverses longueurs, et l'on serait conduit à admettre des écarts trop considérables de voltage aux bornes des récepteurs. On s'écartera donc des conditions précédentes, on se donnera les valeurs extrêmes v' et v'' des chutes de tension en fixant à priori leur écart $v'' - v'$, en raison de la régularité de fonctionnement que l'on voudra assurer aux récepteurs, et en réglant la moyenne de ces valeurs limites $\frac{v' + v''}{2}$ sur la valeur que donnerait l'une des formules précédentes, où l représenterait une longueur moyenne de câble choisie convenablement en raison de la situation relative des récepteurs et du centre de distribution. Entre réseaux également étendus, constitués de câbles de prix unitaires assez peu différents et alimentés par des moyens analogues, la chute de potentiel moyenne v se trouverait ainsi la même. C'est le cas notamment à bord de navires de mêmes dimensions et la chute moyenne devrait à ce point de vue, entre navires de grandeurs différentes, varier à peu près en raison même des dimensions du navire : le choix de la perte de volts n'est donc plus qu'une affaire de pratique et de comparaison.

Voyons d'ailleurs à quel ordre de grandeur la formule du poids minimum nous conduirait pour la perte de tension par mètre courant en prenant 180^k par exemple pour poids par cheval des appareils générateurs (chaudières, machines et dynamos) et 10^k par décimètre de cuivre des câbles (isolants compris). Le poids par watt ressort à $180 : 736$, la résistibilité $1/8$ du cuivre en ohm-centimètres est $0,0000016$ et le poids par centimètre cube de cuivre du câble est $0^k,010$; on trouve en effectuant les calculs :

$$s_\mu = \sqrt{\frac{p}{\gamma \rho}} I_{max.} = \sqrt{\frac{180}{736} \cdot \frac{0,0016}{10}} I_{max.} = 0,0066\, I_{max.}$$

ce qui donnerait d'abord une densité de courant de 150 ampères par centimètre carré, chiffre qui n'a rien d'exagéré au point de vue de l'élévation de température, et finalement pour chute de tension par centimètre de longueur

$$v = \frac{l}{\gamma \cdot 0,0066} = \frac{0,0016}{6,6} l = 0,000242\, l$$

soit, en volts par mètre courant,

$$v = 0,0242\, l^{\text{mètre}}$$

ou encore 2 volts, 42 pour 100 mètres c'est-à-dire pour une distance de 50 mètres. Ce sont chiffres à peu près normaux à bord des navires où l'on admet en général 3 % de perte.

CANALISATIONS.

Le calcul des sections à donner aux divers câbles d'un réseau de distribution s'appuie donc sur la détermination faite à priori de la chute de tension; l'intensité étant connue, la section résulte immédiatement de la donnée de la chute. Nous avons implicitement supposé que, dans tout son trajet de la source au récepteur, le conducteur était parcouru par le même courant. Mais il arrive souvent qu'en divers points A, B, C..... de la longueur d'un câble (fig. 928)

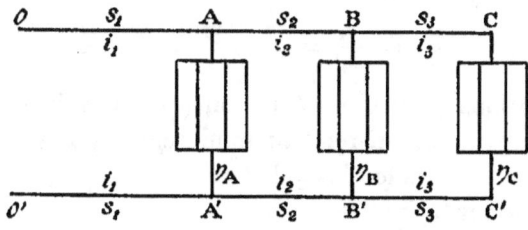

Fig. 928.

se raccordent des branches dérivées et qu'entre ces points le câble se trouve porter des intensités différentes les unes des autres i_1 i_2 i_3... Les intensités η_A, η_B, η_C... qu'il faut fournir en marche aux diverses branches issues de A, de B, de C sont connues d'après le nombre et la nature des récepteurs à alimenter. Les intensités i_1, i_2, i_3.... qui doivent parcourir les divers tronçons $OA + A'o'$, $AB + B'A'$, $BC + C'B'$ du câble s'en déduisent immédiatement. On se donnera toujours la chute de tension totale entre les points oo' d'une part et les points cc' d'autre part. Mais ces données ne suffisent point à déterminer les sections des divers tronçons.

On peut alors chercher à établir, comme le fait la Société des Forges et chantiers de la Méditerranée, entre les sections des tronçons successifs, des relations telles que le poids de cuivre de la ligne $OA + A'O' + AB + B'A' + BC + C'B' + ...$ soit minimum sans se préoccuper du poids des dérivations AA' BB' CC'. Le poids de ce câble a pour valeur

$$P = 2(l_1 s_1 + l_2 s_2 + l_3 s_3 + ...)$$

en désignant par l_1, l_2, l_3... les longueurs totales des tronçons respectivement parcourus par les intensités i_1, i_2, i_3... La condition pour que le poids P soit minimum est que l'on ait

$$l_1 \, ds_1 + l_2 \, ds_2 + l_3 \, ds_3 + ... = 0 \qquad (a)$$

Or la chute totale v étant une donnée du problème, on a

$$\frac{l_1}{\gamma s_1} i_1 + \frac{l_2}{\gamma s_2} i_2 + \frac{l_3}{\gamma s_3} i_3 + \ldots = v \qquad (1)$$

d'où, en différentiant,

$$\frac{l_1 i_1}{s_1^2} ds_1 + \frac{l_2 i_2}{s_2^2} ds_2 + \frac{l_3 i_3}{s_3^2} ds_3 + \ldots = 0. \qquad (b)$$

Les équations (a) et (b) admettent manifestement comme solution

$$\frac{i_1}{s_1^2} = \frac{i_2}{s_2^2} = \frac{i_3}{s_3^2} = \ldots = \frac{1}{C^2} \qquad (2)$$

et ces relations jointes à l'équation (1) déterminent les valeurs des sections $s_1\ s_2\ s_3$ qui rendent minimum le poids des câbles en procurant une chute totale égale à v.

Des équations (2) on tire

$$s_1 = C \sqrt{i_1} \quad s_2 = C \sqrt{i_2} \quad s_3 = C \sqrt{i_3} \qquad (2)'$$

et, en portant ces valeurs dans (1), on a, pour déterminer la constante C, l'équation :

$$\frac{1}{\gamma C} [l_1 \sqrt{i_1} + l_2 \sqrt{i_2} + l_3 \sqrt{i_3} + \ldots] = v \qquad (1)'$$

On peut résoudre géométriquement les équations (1)' et (2)' de

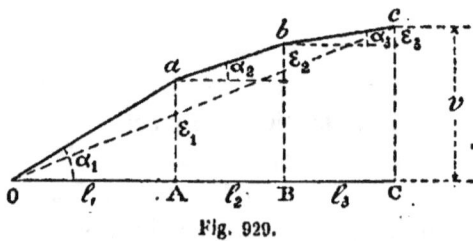

Fig. 929.

la façon la plus simple. En portant les longueurs $l_1\ l_2..$, des tronçons en abscisses, et les pertes de tension en ordonnées, comme nous l'avons fait précédemment (fig. 929), on obtiendra une ligne brisée telle que O $a\ b\ c$ dont les coefficients angulaires auront pour valeurs

$$tg\ \alpha_1 = \frac{\sqrt{i_1}}{\gamma C}, \quad tg\ \alpha_2 = \frac{\sqrt{i_2}}{\gamma C}, \text{ etc.}$$

C'est-à-dire que les côtés de la ligne brisée sont respectivement parallèles aux droites O' a', O' b', O' c'..., qu'on obtiendrait en prenant sur une droite PP' des points $a'\ b'\ c'$ à des hauteurs égales aux racines

CANALISATIONS. 331

des intensités (fig. 930) et en les joignant à un point O' distant de PP' d'une quantité égale à γC. On peut calculer C directement par l'équation (1)' ou mieux construire la figure 930 sur une base O'P quelconque, mener les parallèles Oa, ab, bc aux droites $O'c$, $O'b'$, $O'a'$ et déterminer l'échelle à laquelle il faut mesurer O'P par la condition que Cc représente précisément la chute v qu'on a en vue de produire (fig. 929). Les valeurs de s_1 s_2... correspondantes se calculent à l'aide des équations (2)' ou mieux se construisent sur la figure à l'aide des angles α_1 α_2..., dont les tangentes, représentant les chutes de voltage par unité de longueur $\frac{\varepsilon_1}{l_1}$, $\frac{\varepsilon_2}{l_2}$..., représentent encore les quantités $\frac{i_1}{\gamma s_1}$, $\frac{i_2}{\gamma s_2}$,... Il suffit donc de prendre sur les côtés de la ligne brisée des hauteurs proportionnelles à i_1, i_2, pour lire

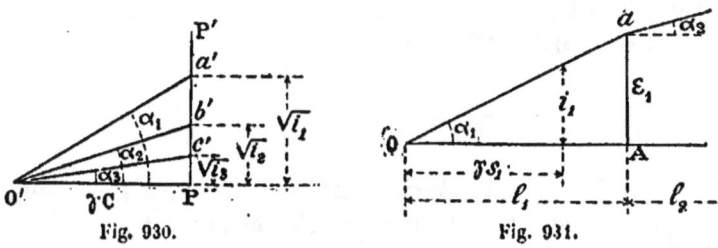

Fig. 930. Fig. 931.

sur les abscisses les valeurs des γs_1, γs_2, et par suite, à l'échelle convenable, les valeurs mêmes des sections s_1, s_2, s_3...

En résumé, le procédé pratique pour calculer la section d'un câble quelconque consiste à se donner à priori, mais judicieusement, la valeur de la chute de tension que le passage du courant maximum doit y produire et à en déduire immédiatement la section par la formule

$$\frac{1}{\gamma s} = \frac{v}{l} = tg\ \alpha$$

si l'intensité est la même sur toute la longueur du câble, ou bien à calculer les sections des tronçons successifs par une suite de formules analogues

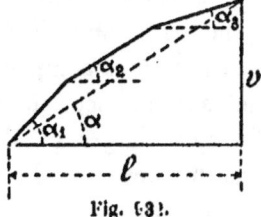

Fig. 932.

$$\frac{i_1}{\gamma s_1} = \frac{\varepsilon_1}{l_1} = tg\ \alpha_1$$

en déterminant les angles α_1, α_2, $\alpha_3\ldots$, par la condition que leurs tangentes soient entre elles dans le rapport des racines des intensités et que la ligne brisée correspondante se raccorde sur la ligne droite du premier cas.

On vérifie que les sections ainsi déterminées peuvent porter sans élévation exagérée de température les intensités prévues, et l'on choisit parmi les dimensions des câbles existant dans le commerce celles qui fournissent les valeurs les plus voisines des valeurs calculées.

Nota. — Nous n'avons pas besoin d'ajouter que la détermination de la chute moyenne v peut se faire dans divers cas de tout autre manière : lorsque par exemple on veut se dispenser de surveiller les variations du voltage avec le débit entre limites très écartées, on fera en sorte que ces variations d'intensité n'entraînent point de variations trop considérables du voltage, et l'on pourra calculer la section du câble par la formule.

$$\frac{l}{s}(I_{max.} - I_{min}) = \Delta v.$$

356. Choix de l'emplacement des dynamos. — Nous n'avons rien dit encore au sujet de l'emplacement à donner aux dynamos au milieu des récepteurs qu'elles doivent alimenter; c'est que les considérations les plus diverses déterminent ce choix dans la plupart des cas et qu'il n'y a pour bien dire aucune règle générale à établir. Lorsqu'on peut hésiter à première vue entre plusieurs solutions, la seule méthode consiste à faire l'étude complète de l'installation et le devis dans les divers cas possibles.

A bord des navires de guerre, la sécurité exige qu'on place les dynamos à l'abri du pont cuirassé, et, le plus souvent, on les répartit en deux compartiments afin qu'on puisse encore assurer au moins les services électriques les plus importants du bord, au cas d'une avarie grave à l'un des deux postes de dynamos : on établit ainsi un poste sur l'avant des chaufferies et l'autre sur l'arrière des machines.

A terre où les considérations d'économie passent le plus souvent en première ligne, il va de soi que le prix des terrains est un des éléments les plus importants du choix de l'emplacement de l'usine

CANALISATIONS.   333

génératrice. Abstraction faite de ce facteur, il convient de placer les dynamos dans une région intermédiaire aux divers groupes principaux de récepteurs. Les frais d'exploitation et l'amortissement des frais de première installation s'expriment alors, pour chaque groupe de récepteurs, par une formule à deux termes de la forme

$$P_1 + Q_1 \, l_1$$

en fonction de la longueur l_1 de la canalisation qui rejoint le groupe à l'usine. On a en effet, par exemple, pour termes variables avec l_1 dans l'expression de la part des dépenses relative au groupe A_1, la somme

$$\tau \, l_1 \, \beta \, s_1 + \tau \omega \, \frac{l_1}{\gamma s_1} I_1^2 + c l_1 \, \frac{l_1}{\gamma s_1} I'_{\text{moy.}} = Q_1 \, l_1$$

en conservant les notations du § 355 et la somme, qu'il s'agit de rendre minima par un choix convenable du point S, est

$$\Sigma \, Q_n \, l_n$$

où les quantités Q_n sont des coefficients calculables si l'on se donne les valeurs des sections S_n des divers feeders en raison des intensités I_n.

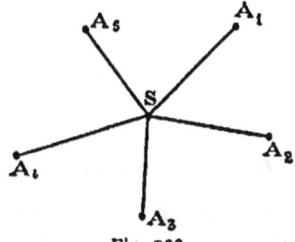

Fig. 933.

Lorsque les points $A_1, A_2 \ldots A_n$ sont en ligne droite, rien n'est plus simple que de déterminer l'emplacement de l'usine le plus avantageux : on peut employer dans ce but la méthode graphique suivante qu'a indiquée M. l'Ingénieur de la marine Marbec (fig. 934). Supposons l'usine placée en un point S quelconque de la ligne $A_1 A_2 \ldots A_n$. Menons par chacun des points $A_1, A_2 \ldots A_n$ deux droites symétriques, de coefficients angulaires égaux en valeur absolue à $Q_1, Q_2 \ldots Q_n$. La somme des termes $Q_1 \, l_1, Q_2 \, l_2 \ldots$ sera donnée par la somme des segments $S\sigma_1, S\sigma_2 \ldots$ limités sur la verticale de S par les droites obliques. Si nous déplaçons S tout le long de la droite, et que nous construisions la courbe ayant pour ordonnées précisément la somme de ces segments, nous obtiendrons une ligne polygonale convexe telle que $a_1 \, a_2 \, a_3 \, a_4$, car, dans chaque intervalle de deux points consécutifs, la somme des ordonnées $\sigma_1, \sigma_2 \ldots$ fournit une droite et, de plus, chaque fois que S change de segment, la somme des tangentes des angles des obliques rencontrées varie du double du coefficient Q correspondant.

L'emplacement théorique de l'usine coïncide donc avec le centre de distribution qui fournit le sommet le plus bas.

En dehors du cas où les centres de distribution $A_1, A_2... A_n$ sont en ligne droite, les coordonnées du point S qui rend minima la fonction

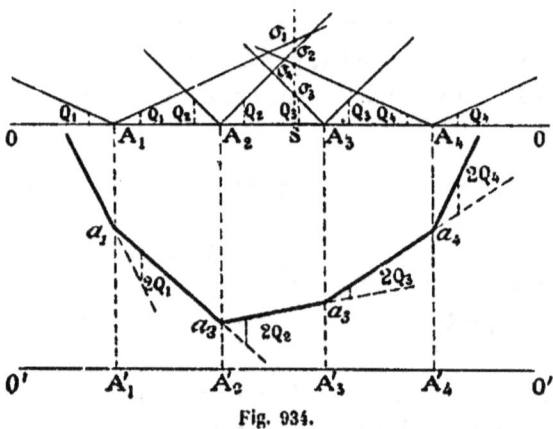

Fig. 934.

$\Sigma\, Q_n\, l_n$ ne peuvent être déterminées directement. Cependant on peut remarquer, encore avec M. Marbec, que la fonction $\Sigma\, Q_n\, l_n$ est le potentiel de forces concourant au point S, passant par les points $A_1, A_2... A_n$ et égales à $Q_1, Q_2... Q_n$, car, dans un déplacement infiniment petit du point S, le travail de ces forces a pour expression $\Sigma\, Q_n\, dl_n$. On peut baser sur cette remarque tel ou tel mode de détermination graphique du point de potentiel minimum, ou telle ou telle disposition expérimentale qui permette d'amener un point sollicité par ces forces à sa position d'équilibre [1].

[1] Sur une planche horizontale, on trace le plan des centres $A_1\, A_2... A_n$ et l'on perce des trous en ces points, on fait passer par ces trous des fils que l'on noue ensemble et l'on suspend à chaque fil un poids proportionnel au coefficient Q de la station A à laquelle il correspond : le nœud commun à tous les fils se place de lui-même au point de potentiel minimum et indique ainsi l'emplacement théorique de l'usine. On doit prendre telles précautions propres à annuler les frottements qui pourraient fausser les indications du système mobile. Ceci suppose d'ailleurs qu'on puisse établir les feeders en ligne droite de la station centrale à chaque poste secondaire : s'il y a des obstacles que les canalisations doivent effectivement contourner, on n'a qu'à les figurer sur la planche d'expérience par de petits rouleaux verticaux sur lesquels le fil représentatif du feeder fera retour.

CHAPITRE III

Appareillage; dispositions diverses

357. Appareils de distribution. — Les appareils nécessaires à la distribution du courant des dynamos se groupent d'ordinaire sur un ou plusieurs tableaux qui portent en même temps les divers indicateurs utiles à la surveillance générale du fonctionnement des réseaux. Les dispositions qu'on donne à ces appareils varient avec le mode de fonctionnement des dynamos : tantôt en effet celles-ci doivent demeurer indépendantes les unes des autres dans l'alimentation des divers circuits, et les appareils de répartition permettre d'affecter à volonté telle ou telle des dynamos de l'usine à tel ou tel des circuits principaux, tantôt au contraire on associe les dynamos entre elles pour les faire débiter ensemble, et les appareils du tableau d'association doivent permettre de mettre en circuit ou de retirer à un moment quelconque du jeu d'ensemble telle ou telle dynamo que l'on veut. On réserve plus spécialement enfin le nom de tableau de distribution aux groupes d'organes destinés à envoyer le courant aux divers récepteurs d'un même groupe, de même qu'on appelle tableau de manœuvre le tableau qui porte les conjoncteurs et rhéostats spéciaux aux moteurs.

L'emplacement du tableau principal de l'usine doit être choisi à distance assez considérable des dynamos pour soustraire à l'influence de leurs inducteurs les indicateurs magnétiques qu'il peut porter. Il importe que ce tableau soit bien dégagé, d'un accès facile et que les divers appareils, qu'il offre à la vue des surveillants, soient clairement disposés et commodes à manœuvrer. Les barres et les plots des commutateurs de toute espèce doivent être isolés avec grand soin et solidement établis. A ces divers points de vue, on emploie avantageusement à la construction du tableau même les bois durs, le marbre et l'ardoise. Les connexions entre plots doivent être réalisées de manière à n'opposer qu'une résistance extrêmement faible au passage du courant; il convient de souder les conducteurs à leurs plots ou de les ajuster exactement sur de larges surfaces. Toutes les connexions doivent être apparentes, faciles à suivre et à vérifier; on préfère souvent pour cette raison les établir sur la face avant du tableau, plutôt que de leur en faire traverser l'épaisseur pour en dégager la façade.

Les surfaces de portage des parties fixes et mobiles doivent être calculées largement, à raison par exemple d'un millimètre carré par ampère du courant maximum. Il faut par tout moyen assurer leur conservation en parfait état, soit qu'on les fasse glisser l'une par rapport à l'autre (§ 241 tome I), soit qu'on opère la rupture sur contacts auxiliaires en charbon. De toutes façons, il importe de rendre impossible le maintien prolongé d'un contact trop faible qui laisserait passer un courant d'intensité dangereuse : aussi munit-on le plus souvent la barre mobile de ressorts de rappel qui l'éloignent vivement de ses plots, lorsqu'on l'a écartée de sa position de plein contact.

Les dispositions des appareils de distribution varient d'ailleurs à l'infini; nous en rencontrerons divers exemples dans l'étude des installations de bord, et nous nous contenterons ici de décrire à grands traits quelques installations particulières.

358. Exemple d'une distribution à trois fils. — L'alimentation de la canalisation à trois fils dont il s'agit est assurée par trois dynamos de 120 volts chacune, dont deux seulement fonctionnent à la fois. Les enroulements inducteurs des dynamos sont montés en dérivation sur les bornes des induits : ils sont munis chacun d'un rhéostat de réglage qu'on manœuvre selon besoin pour maintenir constante, aux extrémités de la canalisation, la différence de potentiel qu'indiquent des voltmètres. Les poulies des dynamos sont d'ailleurs menées à vitesse constante par l'intermédiaire de câbles mus par de puissants moteurs.

Le tableau principal comporte trois barres AOL (fig. 935) qui sont les origines de la canalisation, et, à chaque dynamo telle que D_1, correspond sur le tableau un commutateur bipolaire tel que C_1. Ce dernier, dont les plots sont connectés à demeure, les

APPAREILLAGE; DISPOSITIONS DIVERSES. 337

uns $b_1 b'_1$, aux bornes $B_1 B'_1$ de la dynamo D_1, les autres $\lambda \omega l$ aux barres AOL, permet, par la manœuvre de ses traverses jumelles, de relier à volonté les bornes $B_1 B'_1$ aux barres OL ou AO, ou enfin de mettre la dynamo D_1 hors circuit au repos.

A la partie inférieure du tableau et sous chaque commutateur se trouve le rhéostat de champ R_1 de la dynamo correspondante,

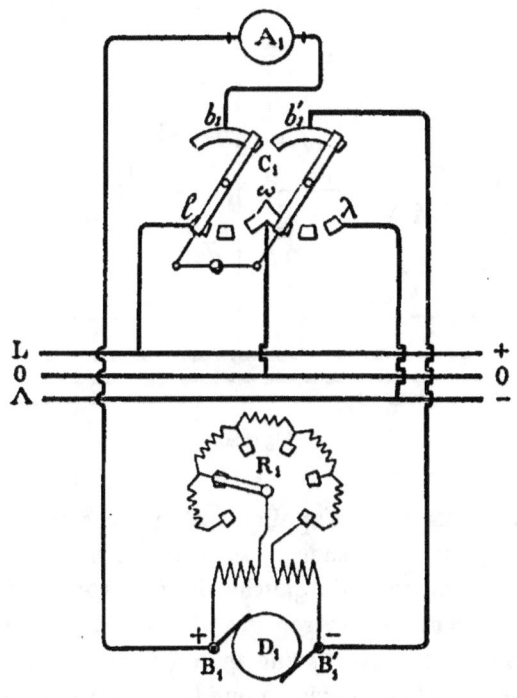

Fig. 935.

et, à la partie supérieure, un ampèremètre A_1, que traverse en permanence le courant issu de la même dynamo.

Le tableau porte en outre des voltmètres qui donnent, lorsqu'on le veut, la différence de potentiel aux barres AOL, et de plus, des appareils avertisseurs qui mettent en branle une sonnerie S ou un grelot G et allument des lampes rouges LR ou vertes LV (fig. 936), dès que la différence de potentiel aux barres du tableau de distribution s'élève sensiblement au-dessus de la valeur normale ou lorsque au contraire elle s'abaisse en dessous. L'avertisseur consiste essentiellement en une bobine à noyau de fer N, en dérivation aux bornes $l\omega$: ces dernières sont reliées aux extrémités de la canalisation principale où l'on veut maintenir la tension constante, et l'attraction de l'électro sur son armature A est proportionnelle à cette différence de potentiel ; l'armature est contre-tenue par un ressort dont on règle la tension à l'aide de l'écrou m, et

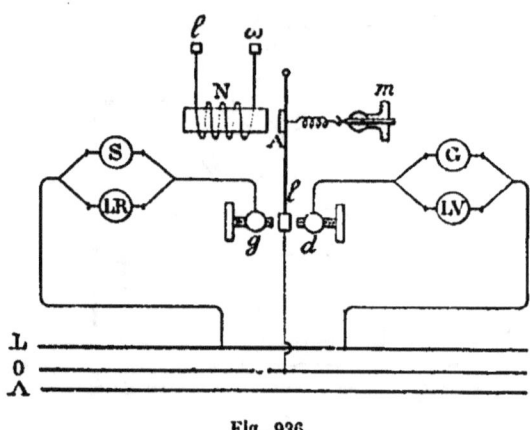

Fig. 936.

elle porte un levier l, qui s'applique selon le cas sur l'un ou l'autre des contacts g ou d. Le courant se trouve donc ainsi passer dans les lampes et sonneries de gauche ou de droite suivant que la tension aux bornes $l\omega$ est trop grande ou trop faible. La figure ne représente qu'un avertisseur monté sur les extrémités $l\omega$ du pont L O ; un semblable existe pour le second pont AO.

On est ainsi averti des variations de la différence de potentiel que causent les changements apportés à la marche des récepteurs, et l'on vient manœuvrer en conséquence le rhéostat de champ R de la dynamo momentanément trop faible ou trop forte.

359. Exemple d'une station de chargement d'accumulateurs et de distribution en dérivation simple. — La station dont il s'agit possède trois dynamos de 150 volts et 1.000 ampères, dont l'excitation est assurée par une quatrième dynamo excitée elle-même en dérivation. Ces dynamos sont mues à vitesse constante par des moteurs spéciaux. Elles ont à alimenter des circuits d'éclairage et de moteurs et à charger selon le besoin d'importantes batteries d'accumulateurs.

Les câbles des trois dynamos aboutissent à un tableau central d'où partent les câbles qui vont 1° au tableau des accumulateurs, 2° au tableau d'éclairage, 3° au tableau des moteurs. La figure 937 représente de ce tableau l'ensemble des appareils et circuits

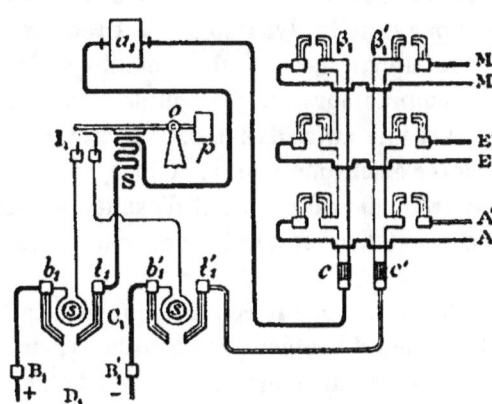

Fig. 937.

propres à l'une des dynamos D_1; le tableau entier comporte donc trois ensembles identiques. Les câbles de la dynamo D_1 aboutissent aux bornes B_1 B_1' qui sont reliées respectivement aux bornes b_1 b'_1 du conjoncteur bi-polaire C_1. Lorsque les plots de ce conjoncteur sont intercalés entre les lames élastiques que représentent les figures 937 et 939, la dynamo D_1 se trouve reliée à ses barres β_1 β_1''

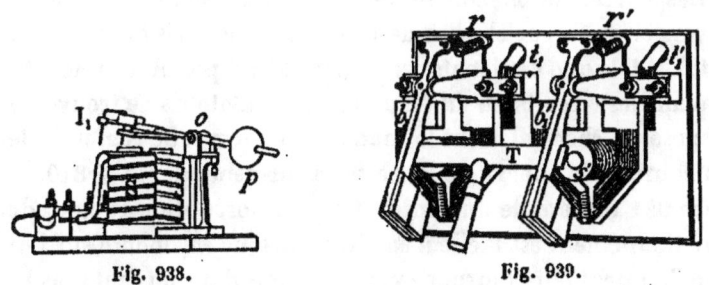

Fig. 938.   Fig. 939.

d'où partent et où aboutissent les câbles AA', EE', MM' des trois tableaux de distribution. Mais les ponts du conjoncteur C_1 ne restent abaissés qu'autant que les électros ss' sont excités, car autrement les ressorts rr' relèveraient aussitôt la traverse T. Or le courant ne passe aux électros ss' qu'autant que l'interrupteur I_1 (fig. 938) est lui-même abaissé, et ce dernier ne s'abaisse qu'autant que l'attraction du solénoïde S l'emporte sur le contrepoids p.

Le rôle de ce disjoncteur automatique est de retirer du tableau la dynamo D_1, sitôt que le courant qu'elle fournit devient trop faible et de protéger par suite la dynamo de tout renversement de courant. Grâce à cet appareil, on peut 1° employer la dynamo à la charge des accumulateurs, 2° l'accoupler en quantité sur un même circuit avec une autre dynamo, sans craindre qu'une baisse fortuite de la force électromotrice de cette dynamo (ralentissement de son moteur, réduction du courant d'excitation, etc.) l'expose à recevoir un courant dangereux des accumulateurs ou de la dynamo voisine.

L'ampèremètre a_1 marque le courant que débite la dynamo D_1 et les coupe-circuits cc' fusibles protègent la dynamo du maintien de tout courant de valeur anormale, auquel l'établissement d'un court circuit quelconque (défaut d'isolation grave de la canalisation par exemple) pourrait donner naissance.

Quant aux dispositions des conjoncteurs bipolaires établis sur les barres $\beta_1 \beta_1'$, la figure 940 les définit suffisamment. Lorsqu'ils sont engagés l'un ou l'autre entre les lames élastiques respectivement reliées aux plots et aux barres $\beta_1 \beta_1'$, le potentiel de la dynamo D_1 se transmet aux barres des tableaux secondaires par l'intermédiaire des conducteurs AA', EE' ou MM'.

Des barres de chacun de ces tableaux secondaires partent les divers circuits, sur chacun desquels sont disposés les appareils habituels, tels que conjoncteur, ampèremètre, plomb fusible, etc. Sur chacun des circuits du tableau des accumulateurs se trouve en plus disposé un rhéostat, dont la manœuvre permet de régler l'intensité du courant de charge de la batterie correspondante (§ 310). La figure 941 représente un conjoncteur à interruption rapide, dont le fonctionnement est facile à saisir. Le disque m, monté sur l'axe oo' que l'on peut faire tourner à volonté, mais dans un seul sens à l'aide du levier à cliquet l, porte un secteur épais mm' qui ferme le circuit lorsqu'il s'engage entre les lames élastiques bl, et une par-

APPAREILLAGE; DISPOSITIONS DIVERSES. 341

tie amincie qui, lorsqu'elle est amenée dans l'intervalle des lames, laisse le vide entre elles. L'arbre oo' porte d'ailleurs une came, de section ovale, sur laquelle presse un piston à bec p, de profil tel que

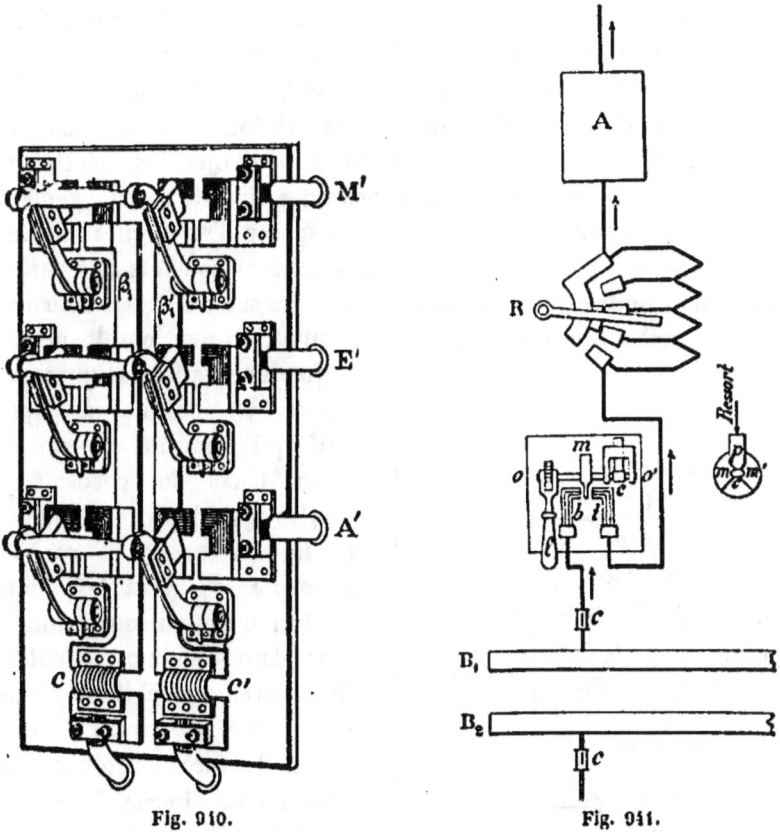

Fig. 910.   Fig. 911.

l'arbre ne peut demeurer en équilibre que lorsque la came est horizontale, c'est-à-dire lorsque le circuit est entièrement coupé ou entièrement fermé. Le ressort est assez fort pour que l'arbre gagne cette position avec rapidité et devance le cliquet, sitôt que le levier l, relevé à la main, a amené la came à la position verticale.

Les tableaux des circuits d'incandescence et de moteurs présentent des dispositions analogues.

Pour faire varier la différence de potentiel que donnent les dynamos, on dispose de rhéostats, que nous n'avons pas représentés sur les figures précédentes, à l'aide desquels on modifie la résistance des enroulements d'excitation indépendante; ces rhéostats sont placés sur le tableau central, au-dessous des appareils relatifs à chaque dynamo.

Avec de telles dispositions, il va de soi que, dans les cas où l'on alimente plusieurs des trois tableaux secondaires avec une même dynamo, il faut pouvoir faire varier à volonté ou maintenir constante la différence de potentiel aux extrémités des circuits que ces tableaux secondaires desservent. C'est là l'objet des rhéostats R indiqués par la figure 941 sur chacun des circuits de chargement des accumulateurs; il faut donc en disposer d'analogues sur les circuits d'incandescence, afin de compenser les effets des variations du nombre des lampes qu'on allume sur les divers réseaux.

Pour éviter toute surveillance à ce sujet, on peut employer des régulateurs automatiques. La figure 942 indique un dispositif qui remplit ces conditions. L'axe du rhéostat R qu'il s'agit de faire déplacer porte deux roues à rochets superposées, dont les dents sont inclinées en sens contraires; deux cliquets articulés, disposés en regard l'un de l'autre et par le travers chacun de sa denture, reçoivent un mouvement alternatif vertical de la tige T, qui est mue sans interruption par une petite dynamo spéciale à laquelle appartient le bouton de manivelle m : il suffit d'enclancher l'un ou l'autre de ces cliquets, en l'appelant par un électro convenablement disposé, pour faire tourner, dans un sens ou dans l'autre, la barre du rhéostat et modifier par suite la résistance en circuit sur la ligne.

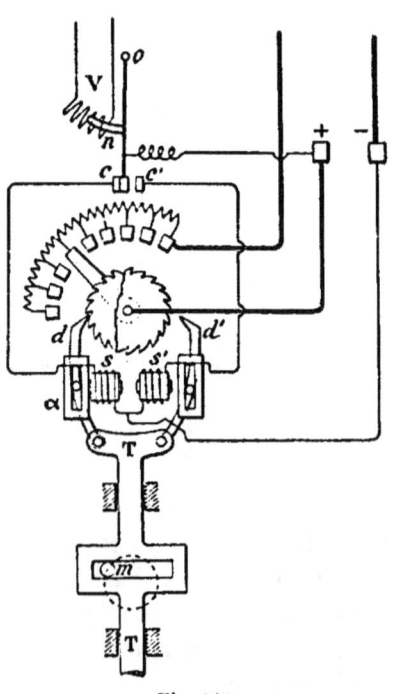

Fig. 942.

C'est le solénoïde-voltmètre V, dont les extrémités sont branchées aux bornes extrêmes du circuit d'éclairage, qui, en attirant plus ou moins son noyau n, sollicité d'ailleurs par la pesanteur, établit le contact c ou c' et excite l'électro s ou s'.

HUITIÈME PARTIE

INSTALLATIONS ÉLECTRIQUES A BORD DES NAVIRES.

CHAPITRE PREMIER.

Considérations générales ; canalisation ; tableaux de distribution.

360. Services assurés par l'électricité à bord d'un navire de guerre. — Introduite à bord des navires de guerre, peu de temps après l'invention des dynamos, pour alimenter les lampes des premiers projecteurs, l'électricité s'est employée rapidement à l'éclairage intérieur et extérieur, aux signaux et à la transmission des ordres. Dans ces divers services, l'usage de l'électricité offre des avantages incontestables, non seulement aux points de vue de la commodité et de la sécurité, mais encore à ceux de la puissance et de la vivacité des effets qu'on ne saurait obtenir avec d'autres moyens. Ce sont là déjà services fort importants, car l'alimentation simultanée de six projecteurs exige la production d'une puissance électrique de plus de 34.000 watts, soit près de 47 chevaux, et, à raison de 4 watts par bougie et d'une demi-bougie par mètre cube, on arrive à un total de 28.000 watts pour 14.000 mètres cubes à éclairer, volume normal sur un cuirassé. Mais depuis une huitaine d'années un nouveau champ s'est ouvert aux applications de l'électricité à bord, et les moteurs électriques servent aujourd'hui à mouvoir des ventilateurs, des monte-charges, des treuils, des cabestans, à commander des servo-moteurs, des projecteurs, à pointer des canons en tourelle.

Dans ces nouveaux emplois, sans parler des sous-marins où elle peut devenir le seul agent moteur, l'électricité rend encore d'importants services; mais, tant que l'on n'aura pas trouvé de source électrique directe légère et économique et que la vapeur restera à bord l'intermédiaire obligé entre l'énergie du charbon et l'énergie électrique, il faudra limiter l'usage des moteurs électriques aux seuls cas où ils offriront un avantage réel sur les moteurs à vapeur, soit qu'ils puissent exécuter ce que les moteurs à vapeur sont incapables de faire, même avec l'asservissement, soit que, par suite de la distance aux chaudières ou de l'affectation des locaux que les conduites d'alimentation doivent traverser, les câbles électriques se trouvent d'un emploi manifestement préférable à celui des tuyaux de vapeur; il ne faut pas oublier en effet que la substitution de l'électricité à la vapeur pour conduire une machine opératrice quelconque entraîne une perte de puissance au moins de 10 % du fait même de la transformation, en même temps qu'elle augmente la dépense de première installation à peu près du prix de la génératrice et le poids de la transmission d'une quantité égale au poids de cette même génératrice.

La plus importante des fonctions de l'électricité dans ce dernier genre est assurément la manœuvre des tourelles d'artillerie, puisque, pour le service d'une seule tourelle de 305 par exemple, il faut compter sur une puissance de 40.000 watts environ, soit près de 55 chevaux (pointage en direction, monte-charge, etc). Ici, d'ailleurs, l'emploi de l'électricité se justifie pleinement, car on apporte une simplification manifeste à réduire, à bord d'un même navire, le nombre des systèmes de distribution d'énergie et à remplacer par des machines semblables à celles qui servent à d'autres usages les appareils hydrauliques, uniques dans leur genre, que les nécessités du pointage avaient conduit d'abord à substituer aux moteurs à vapeur, insuffisamment précis. L'expérience a montré sur ce point que la commande électrique pouvait donner au pointage toute la vivacité et la précision que lui assurait l'emploi de machines mues par un liquide incompressible, et, d'autre part, la simplicité d'établissement et l'innocuité des câbles électriques les rendent encore préférables aux conduites d'eau sous pression qui, au point de vue militaire, avaient déjà l'avantage sur les tuyaux de vapeur. En ce qui concerne les poids, il y a pour bien dire équivalence entre les deux systèmes si l'on compare, comme on le doit, d'une part le poids des presses et des machines de pompage, cylindres à eau et cylindres à vapeur, et, de l'autre, le poids des réceptrices, des dynamos génératrices et de leurs moteurs à vapeur. Enfin, à l'inverse de ce qui se passe pour les machines hydrauliques, où la nécessité de maintenir à de faibles valeurs les vitesses de l'eau oblige à produire la puissance sous des efforts énormes et avec de petits déplacements et à adopter, par suite, des appareils de transmission tels que le palan renversé, les dynamos fournissent leur puissance avec une grande vitesse et un couple moteur relativement faible : les transmissions entre l'arbre moteur et le fût pivot ou la plate-forme tournante amplifient donc l'effort des dynamos et se prêtent directement à l'addition de la manœuvre à bras, toujours indispensable au cas d'une avarie aux machines motrices.

Outre les appareils de manœuvre de l'artillerie, on peut faire mouvoir par l'électricité diverses autres machines auxiliaires. À ce sujet, il convient de classer ces dernières en deux catégories : d'une part, celles qui sont situées dans des locaux non protégés, éloignées des chaudières, et d'autre part, celles qui sont placées à l'abri du pont cuirassé. Pour les appareils de la première catégorie, dont le tuyautage fort étendu deviendrait le siège de condensations importantes et donnerait lieu, presque à coup sûr au combat, à des fuites de vapeur toujours gênantes, l'emploi des moteurs électriques est absolument rationnel; on peut même dire qu'il s'impose pour les appareils qui, comme les projecteurs, sont destinés à fonctionner au combat. C'est dans cette pensée que l'on a, sur quelques bâtiments récents, supprimé tout tuyautage de vapeur dans les locaux situés au-dessus du pont protecteur. Dans le second cas au contraire, l'augmentation de prix et de poids, que l'emploi de l'électricité conduit à admettre, fait souvent donner la préférence au moteur à vapeur. Pour les ventilateurs des machines et des chaufferies par exemple, l'alimentation directe par la vapeur reste tout indiquée, lorsque surtout ceux-ci sont placés dans les chambres mêmes de l'appareil moteur ou des chaudières. Pour les pompes d'épuisement, pour le cabestan, généralement pour tous les appareils protégés dont la durée de fonctionnement est courte, qui absorberaient, en raison des efforts considérables qu'ils ont à produire, des courants de très forte intensité, et auxquels d'ailleurs les moteurs à vapeur assurent un fonctionnement satisfaisant, c'est l'alimentation par la vapeur que l'on conserve. Pour la barre, on lui donne encore la préférence, parce que les servo-moteurs actuels répondent aux exigences de la manœuvre des gouvernails et que le tuyautage en est entièrement protégé : on ne peut s'empêcher de regretter cependant que des essais plus hardis n'aient pas été faits en faveur de l'électricité pour ce service, car on supprimerait ainsi un tuyautage très développé où se produit une condensation abondante et qui contribue pour une large part à l'élévation de la température dans des locaux que l'on se voit obligé d'aérer à grands frais.

361. Système de distribution et voltage à adopter à bord des navires. — La condition générale que doit remplir à tout prix le mode d'alimentation des divers appareils électriques d'un navire de guerre est d'assurer leur indépendance mutuelle, c'est-à-dire de permettre à chacun d'eux d'exécuter les mouvements que son emploi exige, sans influencer le moins du monde le régime d'aucun autre. De telles conditions exigent, comme nous l'avons vu, le choix du système de distribution en dérivation et l'alimentation sous potentiel constant. Le seul inconvénient de ce système est la dépense de cuivre, car le potentiel qui convient aux lampes à incandescence, et surtout aux projecteurs, est assez faible.

On a songé, pour réduire la dépense de cuivre, à recourir à l'emploi d'un système mixte tel que le trois-fils; mais on y a presque toujours renoncé à cause des complications qui en résultent. On a proposé aussi d'utiliser comme conducteur de retour la coque métallique du bâtiment : mais, outre que la conductibilité de la coque, avec tous ses joints rivés, est loin d'être aussi parfaite qu'on pourrait l'imaginer au premier abord, la gravité des conséquences d'une dénudation fortuite d'un conducteur de la canalisation oblige à rejeter une telle simplification. C'est donc le système de distribution en dérivation simple, avec conducteurs d'aller et de retour qu'on emploie presque uniquement sur les navires.

Reste à définir le potentiel de la distribution qu'il y a un intérêt évident, au point de vue de la simplicité et à celui de l'interchangeabilité des sources, à choisir le même pour tous les services du bord : voyons ce qu'il en est pour chaque classe d'appareils, pour les projecteurs, pour les lampes et pour les moteurs.

I. *Projecteurs*. — Les projecteurs sont des appareils qui par eux-mêmes ont leur intensité et leur voltage déterminés : tels qu'ils conviennent au service des bords, ils absorbent de 65 à 75 ampères de courant continu sous une tension de 45 à 48 volts à leurs bornes. Leurs emplacements sont déterminés d'une façon précise d'après leurs fonctions (§ 339) et d'après les emménagements du navire; leurs conducteurs d'alimentation doivent suivre des trajets assez compliqués, et il est manifestement inutile de chercher à les monter à plusieurs ni même à deux sur un même câble; car les projecteurs d'un même chapelet s'influenceraient mutuellement aux moments de leurs allumages et la rupture du circuit en un seul point, au combat, entraînerait l'extinction de tous les projecteurs du chapelet. Il faudrait au moins, dans cette hypothèse, faire repasser au tableau le câble entre deux projecteurs successifs pour permettre de substituer une résistance équivalente à la branche avariée et la mettre hors circuit: c'est dire qu'on ne réaliserait ainsi aucune économie de cuivre sur les conducteurs propres des projecteurs. Pour un même groupe de projecteurs au moins, les câbles d'alimentation seront donc reliés aux barres BB d'un même tableau, comme l'indique la figure 943, et, entre ces barres, on maintiendra constante une certaine différence de potentiel V qu'il s'agit de déterminer.

Tout d'abord, au point de vue de l'économie de puissance, il y aurait intérêt à réduire les résistances de chaque branche et à calculer

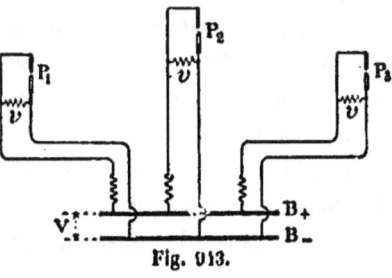

Fig. 943.

largement les sections. La chute de voltage entre les barres du tableau et les barres des lampes V — v devrait alors être une faible fraction de la tension v qu'il faut produire aux bornes des lampes. On réduirait ainsi les pertes en ligne à faible valeur et l'on ferait une économie à la fois sur le poids et le prix des dynamos; cette dernière économie serait la plus importante, vu la courte durée de fonctionnement des projecteurs dans la vie d'un navire. Mais, pour réduire, au contraire, les sections de chacune des branches des projecteurs, il y a quatre raisons principales : 1° économie de cuivre, 2° énergie des actions régulatrices (Δv) de la lampe et stabilité de la lumière (§ 331), 3° sécurité pour la dynamo d'alimentation dont le débit, en cas de mise en contact des charbons d'un projecteur, atteindra une valeur d'autant plus considérable que la résistance propre de la branche du projecteur en question sera plus faible (§ 198), 4° réduction des variations du potentiel entre barres ΔV que la mise en contact des charbons d'un projecteur fera naître. L'importance de ces dernières variations, à résistances égales et nombres égaux de projecteurs en dérivation, dépend d'ailleurs de deux autres facteurs qui sont, d'une part, la forme de la caractéristique électrique de la génératrice qui maintient le potentiel V à peu près constant dans des limites de débit plus ou moins étendues (§ 210) et, d'autre part, la vivacité des régulateurs du moteur de la dynamo qui n'admettent que des variations plus ou moins faibles de la vitesse, et par suite du voltage, avec le couple résistant c'est-à-dire avec le débit.

L'expérience a montré que la solution la plus avantageuse de ce problème assez complexe était de donner à la résistance des conducteurs de chaque projecteur une valeur égale aux trois quarts environ de la résistance de la lampe et de porter en définitive à 80 le voltage V pour alimenter les lampes à 45. Les lampes des projecteurs de 60 °/m absorbent, avons-nous dit, au régime normal, un courant de 65 ampères sous 45 volts; la résistance globale r de la lampe est d'environ 0°,692, et la valeur de la résistance additionnelle R, qui par effet Joule déterminera à 65 ampères une chute de 35 volts, ressort égale à 0°,538 environ.

Pour nous rendre immédiatement compte des propriétés de l'alimentation dans ces conditions, construisons le diagramme habituel en portant les volts en ordonnées et les résistances en abscisses (fig. 944).

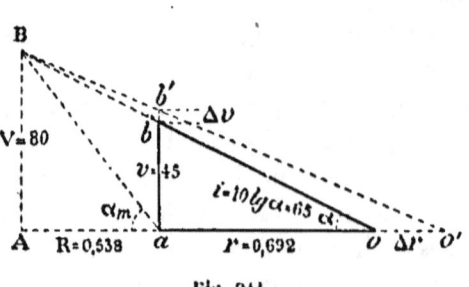

Fig. 944.

Le triangle $a b o$ est imposé par la lampe elle-même, $a b$ représente

45 volts, $a\,o$ correspond à la résistance de 0_m, 692 et la tangente de l'angle α, au facteur d'échelles près (10 sur la figure), mesure l'intensité de 65 ampères. Nous obtiendrons ce régime en alimentant le projecteur sous voltage total $V = AB$, à la condition d'interposer entre les bornes de voltage V et les bornes de la lampe la résistance $R = A\,a$, le point B étant assujetti à la seule condition de se trouver sur le prolongement de la droite $o\,b$. La figure montre quel est l'ordre de grandeur des variations $\Delta v = b\,b'$ de l'élément régulateur v, lorsque la résistance de la lampe varie avec l'usure des charbons d'une quantité oo', et, d'autre part, par la tangente de l'angle α_m, elle définit l'intensité du courant qui s'établit dans la branche propre au projecteur, lorsque les charbons viennent en contact, la résistance r s'annulant alors. Plus le voltage d'alimentation est grand, plus le point B s'éloigne sur $o\,b$, et plus se restreint l'angle limite α_m.

Avec les valeurs adoptées de 80 volts pour V et de 538 milliohms pour R, l'intensité passe de la valeur $V : R + r$ à la valeur $V : R$ soit de 65 à 148 ampères, ce qui détermine un accroissement de débit de 83 ampères pour la dynamo génératrice. Un tel accroissement de débit est momentanément acceptable (condition de sécurité) pour des dynamos de 400 ampères telles que celles que l'on emploie pour alimenter à la fois 6 projecteurs de 65 ampères; en raison d'ailleurs du court intervalle de temps pendant lequel les régulateurs automatiques des lampes laissent, à l'allumage, les charbons en contact, l'allumage de plusieurs projecteurs devient possible à la fois, sans aucun danger pour la dynamo. D'autre part (condition d'indépendance), les éléments de l'enroulement compound de l'excitation peuvent être calculés de telle façon que, entre les limites de 65 et de 556 ampères, limites extrêmes du débit pour le cas d'un seul projecteur en fonction et pour celui de six dont deux à l'allumage ($65^a \times 6 + 83^a \times 2 = 556^a$), le voltage V ne varie pas, à vitesse constante, de plus de 2 à 3 % de sa valeur, et, de plus, le régulateur du moteur de la dynamo, réglable à volonté pour maintenir constante l'allure pour une valeur quelconque du débit entre les limites considérées, peut être établi de façon à réduire à 1 % les variations de vitesse que détermine la mise au contact des charbons d'un projecteur. En ce qui concerne enfin les variations du voltage v (condition de stabilité de la lumière), on peut voir, en différentiant la relation

$$V = \frac{R + r}{r} v$$

qui se lit sur la figure, que la grandeur relative de ces variations $\frac{\Delta v}{v}$ est liée à la grandeur relative des variations de résistance $\frac{\Delta r}{r}$ par la relation [1]

$$\frac{dv}{v} = \frac{V - v}{V} \frac{dr}{r} = \frac{7}{8} \frac{dr}{r}$$

c'est-à-dire que, avec les chiffres adoptés, l'importance des variations de l'élément régulateur v est presque la même que celle des variations de l'élément à maintenir constant r : les variations de l'écart des charbons peuvent ainsi ne pas dépasser le centième, grâce d'ailleurs à l'emploi du petit relais en différence qui commande l'électro ou le moteur de rapprochement des charbons (§ 336).

Ce sont là conditions en définitive satisfaisantes. La tension de 80 volts pour l'alimentation des projecteurs paraît donc nettement définie; elle est aujourd'hui à peu près universellement employée par les diverses marines. C'est en 1890 qu'elle a été réglementée pour la marine française [2].

II. *Lampes à incandescence.* — L'éclairage par incandescence des navires comprend en fait deux parties : l'éclairage des divers

---

[1] On a en effet

$$V dr = R dv + r dv + v dr$$

d'où

$$(V - v) dr = (R + r) dv = V \frac{r}{v} dv$$

[2] Cette tension était auparavant de 70 volts. L'augmentation de 10 volts admise à cette époque a eu pour motif l'augmentation de puissance lumineuse que les perfectionnements apportés à la construction des projecteurs venaient de permettre de réaliser. L'intensité de courant maxima, que les miroirs supportaient sans danger de rupture, était de 50 ampères et le voltage de 43 volts. La résistance en ligne R, pour déterminer une chute de volts de 70 — 43 = 27 à 50 ampères, était comme aujourd'hui d'environ 0ω,54. Pour porter à 65 ampères l'intensité du courant et à 45 le voltage aux bornes sans élever le voltage V, il eût fallu réduire la résistance R à la valeur 0ω,38, valeur qui eût été trop faible pour assurer aux projecteurs l'indépendance et la stabilité de lumière voulue, et c'est pour retrouver la même valeur de 0ω,54 qui convenait, que l'on porta à 80 volts la tension d'alimentation des projecteurs.

compartiments pour lequel il faut des lampes d'intensité lumineuse moyenne et, par suite, de voltage assez peu élevé (§ 322) et l'éclairage extérieur qui exige au contraire l'emploi de lampes d'intensité considérable, dont le voltage atteindrait sans inconvénient de plus fortes valeurs. L'indépendance qu'il faut encore assurer aux lampes n'entraîne cependant pas les mêmes nécessités que dans le cas des projecteurs : les lampes à incandescence sont en effet nombreuses, de puissance unitaire très faible ; elles sont de plus réparties à toutes distances dans tous les compartiments du navire. C'est dire que l'emploi d'un système de distribution à trois fils serait en principe parfaitement rationnel : on grefferait directement sur les fils extrêmes les lampes de forte intensité lumineuse tels que feux de signaux, réflecteurs, feux de route, et l'on répartirait également entre le pont positif et le pont négatif les lampes de voltage moyen de l'éclairage intérieur. On adopterait pour celle-ci, comme on le fait d'ailleurs pour des raisons d'uniformité et d'interchangeabilité des dynamos, le voltage de 80 que l'alimentation des projecteurs exige. L'emploi de ce système mixte permettrait de faire une certaine économie de cuivre sur la canalisation.

Il ne faut pas toutefois s'exagérer l'importance de l'économie qu'on réaliserait ainsi. Assurément sur les fils propres aux lampes de l'éclairage extérieur dont on doublerait le voltage, l'économie serait de 75 % à pertes égales (§ 348) et la seule cause d'augmentation de dépense serait un accroissement à donner aux enveloppes isolantes des câbles ; mais cette économie porterait en réalité sur un nombre de lampes relativement petit. En ce qui concerne d'autre part les lampes de l'éclairage intérieur, la réduction de section ne porterait que sur les câbles principaux. Il faut en effet se rendre compte que les difficultés d'installation de la canalisation, à bord d'un navire divisé en nombreux compartiments par des cloisons qui doivent rester étanches, obligent à rassembler les câbles d'aller et de retour sur un même parcours et à les fixer en définitive le plus souvent le long des cloisons. Si par exemple la canalisation principale suit les cloisons longitudinales de bâbord, deux lampes L_1 et L_2 destinées à l'éclairage d'un même compartiment transversal seront disposées comme l'indique la figure 945 ; ces deux lampes devraient au contraire se brancher comme l'indique la figure 946 sur les deux ponts de la canalisation à trois fils qui suivrait le même chemin que les câbles doubles de la

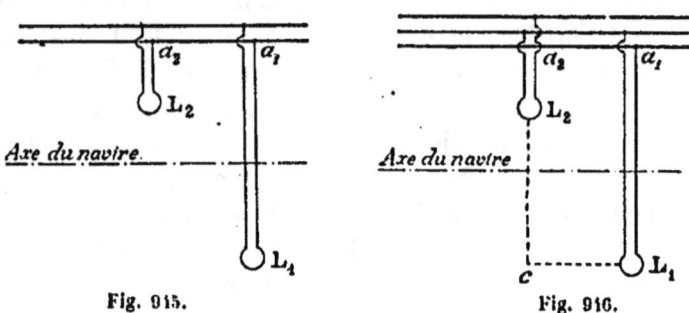

Fig. 945.   Fig. 946.

figure 945. Les conducteurs propres qui relieraient les lampes à la canalisation auraient donc les mêmes longueurs et les mêmes sections. L'économie ne serait donc réellement importante qu'à la condition de supprimer le fil moyen de la canalisation à 3 fils et de relier les lampes L_1 L_2 en série suivant le parcours pointillé sur la figure 946; et encore pourra-t-il se trouver que le parcours a_1 L_1 c L_2 a_2 soit aussi long que le double de $a\,L_1 + a_2\,L_2$. Toutefois l'économie réelle de cuivre serait de 75 0/0, à pertes égales, pour la canalisation principale comme pour les lampes de l'éclairage extérieur.

On se trouverait ainsi conduit à adopter pour l'éclairage par incandescence un voltage double de celui qui convient pour les projecteurs. C'est là, au point de vue de l'alimentation, un inconvénient : il faut en effet de toutes façons avoir un rechange pour chaque service et, dans le cas présent, il faudrait admettre l'installation à bord de deux dynamos de 80 volts pour les projecteurs et de deux dynamos de 160 volts pour l'incandescence. On pourrait, il est vrai, pour simplifier les rechanges, employer un type unique de dynamos à 80 volts et les monter en série pour l'incandescence et en dérivation pour les projecteurs, ou encore les faire tourner à vitesses différentes suivant qu'on les emploierait à l'une ou à l'autre fin.

Ce sont là complications dont la faiblesse du bénéfice à atteindre ne justifie pas l'introduction dans une installation à bord d'un navire de guerre, où la simplicité est une qualité primordiale. Les

CONSIDÉRATIONS GÉNÉRALES.

puissances absorbées par le service des projecteurs d'une part et par celui de l'incandescence de l'autre sont d'ailleurs à peu près de même ordre, et, avec trois dynamos égales que l'on affecte à tour de rôle à l'alimentation de l'un ou l'autre de ces groupes de récepteurs ou qu'on laisse reposer, on obtient une installation très simple qui répond entièrement aux besoins de ces deux services.

On se rend compte ainsi des avantages du maintien d'un voltage uniforme à bord des navires. Toutefois il ne faut pas perdre de vue que si, par suite du développement donné aux moteurs électriques, les projecteurs arrivent à ne plus absorber qu'une fraction relativement faible de la puissance électrique totale au lieu d'en rester, comme ils l'ont été jusque dans ces dernières années, les plus gros consommateurs, il peut devenir avantageux d'adopter pour l'ensemble des services électriques un voltage uniforme notablement plus élevé, dût-on perdre, dans les résistances auxiliaires des circuits de projecteur, une puissance beaucoup plus considérable que celle qu'on y perd actuellement : la rareté relative du fonctionnement de ces derniers appareils suffirait à justifier un tel procédé.

III. *Moteurs.* — L'étude générale des propriétés mécaniques des moteurs électriques a été faite pour le courant continu au chapitre III de la troisième partie : il ressort de cette étude que les moteurs en dérivation, alimentés sous potentiel constant, fournissent les caractéristiques mécaniques les plus avantageuses pour les divers services des bords, où la précision et la stabilité de l'allure sont des qualités essentielles. On obtient les variations du régime dont on a besoin, en introduisant momentanément des résistances dans le circuit de l'induit, ou, si les divers régimes doivent être de longue durée, en ayant recours aux combinaisons d'enroulements d'induits que nous connaissons (§ 247). C'est, de toutes façons, le système de distribution en dérivation que l'on doit adopter pour ces nouveaux récepteurs, comme pour les projecteurs et pour l'incandescence.

Quant au choix du voltage qui leur convient à eux-mêmes, il demeure libre, comme pour les lampes à incandescence, jusqu'à de certaines limites d'autant plus élevées qu'ils sont plus grands. C'est ici la considération des épaisseurs des isolants qui limite pratiquement le voltage en raison des dimensions du moteur, mais il se trouve que, dès que la puissance qu'il doit fournir dépasse quelques chevaux, le voltage peut atteindre sans inconvénient des valeurs très supérieures aux 80 volts qu'exigent les projecteurs. Assurément le maintien d'un voltage relativement faible n'a point d'inconvénient au point de vue de l'utilisation de la matière ni du rendement de la réceptrice elle-même, puisque le module de puissance d'une dynamo demeure indépendant du mode d'enroulement de son induit (§ 198) et par suite de son voltage. Mais il n'en est pas de même de la canalisation d'alimentation dont le poids varie, à perte égale, à l'inverse du carré du voltage, et à ce point de vue, dès que la puissance des moteurs atteint les valeurs qu'exige la manœuvre des tourelles, il y aurait tout intérêt à adopter une tension supérieure aux 80 volts actuels.

IV. *Conclusions*. — De ces diverses considérations résulte tout d'abord que, sur les navires qui n'ont point de moteurs électriques de grande puissance, il convient, pour des raisons évidentes d'uniformité et d'interchangeabilité des génératrices, de sacrifier l'économie de cuivre, et d'adopter pour l'alimentation de tous les récepteurs du bord le voltage uniforme de 80 volts. C'est dans cet esprit qu'a été rédigée l'instruction de l'Inspection générale du génie maritime, en date du 16 avril 1895, sur l'établissement des installations électriques d'éclairage et de transport d'énergie à bord des bâtiments. Avec trois ou quatre dynamos de 400 ampères suivant l'importance des services électriques du navire, on peut assurer en général l'alimentation de tous les récepteurs et se ménager un rechange.

Les dynamos, munies d'un enroulement calculé (§ 210) pour maintenir constante à 80 volts la différence de potentiel aux barres origines des circuits principaux, sont alors reliées à un même tableau. Là elles se trouvent associées pôles à pôles en quantité, comme on le fait maintenant en employant le fil d'équilibre que nous avons indiqué au § 225, ou bien, comme on le faisait dans ces dernières années encore, on relie leurs pôles aux barres d'un tableau de répartition dont les commutateurs, tout en les maintenant complètement séparées les unes des autres, permettent de les affecter l'une au circuit général des projecteurs, une autre à celui de l'incandescence et telle autre à l'alimentation des moteurs. La quatrième, si elle existe, demeure au repos.

Lorsqu'au contraire le service de l'artillerie et le pointage des tourelles est assuré par l'électricité, les moteurs peuvent l'emporter de beaucoup en puissance sur chacun des autres services, et il peut être avantageux de leur réserver des dynamos spéciales et d'adopter pour les alimenter un voltage plus élevé, 160 volts par exemple. On sacrifie alors à l'économie de cuivre le bénéfice de l'interchangeabilité des sources du bord, mais grâce à la fragmentation des génératrices spéciales à l'artillerie, on peut en cas d'avarie assurer, au moins à vitesse réduite, le fonctionnement des tourelles et de leurs monte-charges. On dédouble les génératrices, en fixant à 80 volts leur force électromotrice : on les monte en tension pour le fonctionnement normal à 160 volts, et n'en faisant marcher que la moitié, on obtient la manœuvre à demi-vitesse environ, avec 80 volts aux bornes des moteurs.

Dans cet ordre d'idées, rien n'empêche d'employer pour les moteurs un système d'alimentation complètement différent de celui des projecteurs : on a proposé notamment d'adopter le courant triphasé pour tout ce qui est moteur à bord. Outre la simplicité de construction des moteurs asynchrones, on cite à l'avantage d'un tel système son inaptitude à produire aucun effet d'électrolyse. Ce sont là avantages sensibles; mais, dans l'état actuel des connaissances que l'on a sur les deux genres de moteurs, on peut dire que le moteur à courant continu se conduit plus facilement que le moteur triphasé, qu'il se prête mieux aux variations de vitesse dont on a besoin à bord des bâtiments et que la canalisation à deux fils est plus simple à établir que la canalisation triphasée. Nous savons d'ailleurs que le courant continu n'est en rien inférieur au courant triphasé sur le point de l'économie de cuivre (§ 348), tant qu'on limite le potentiel aux valeurs qui n'exposent le personnel à aucun accident grave, condition nécessaire à bord d'un navire.

Quelque avantage d'ailleurs que présentent en principe les solutions économiques, il ne faut pas oublier que la simplicité est une qualité fondamentale à bord d'un navire, et qu'à ce point de vue il est regrettable d'abandonner l'uniformité dans l'alimentation. On en revient alors à l'égalité du voltage, on associe en quantité toutes les dynamos du bord sur les barres d'un tableau qui distribue l'énergie aux projecteurs, à l'incandescence et aux moteurs.

Jusqu'ici on s'en est tenu pour la tension commune aux 80 volts qui suffisent aux projecteurs, en dépit du poids de cuivre des canalisations. Il est permis de penser qu'on en viendra, dans un avenir plus ou moins prochain, à admettre une élévation notable du voltage général, dût-on, comme nous le disions plus haut, munir les circuits des projecteurs de résistances plus grandes.

Mais, à côté de la simplicité, il y a pour conduire à l'augmentation du poids de cuivre des canalisations à bord des navires une autre cause, c'est la nécessité où l'on se trouve d'assurer un rechange aux câbles d'alimentation des appareils principaux, et de doubler presque exactement le poids et le prix de la canalisation. Nous étudierons un peu plus loin les dispositions de principe que l'on a adoptées dans ce but. Examinons auparavant comment se peuvent grouper les divers récepteurs à alimenter.

362. Groupement des récepteurs : tableaux de répartition, d'association et de distribution. — On a pendant longtemps groupé les récepteurs d'après la simultanéité de leur emploi : telles lampes utiles seulement à la mer par exemple, ou sur rade au contraire, ou encore pendant le combat, étaient séparées des autres et alimentées par un circuit spécial, où la manœuvre d'un commutateur permettait d'envoyer à volonté le courant de l'une des dynamos du bord. On installait ainsi, pour la seule incandescence, de nombreux circuits, circuit de jour, circuit de nuit, circuit de mer, circuit de combat, etc.; tous ces circuits, indépendants, cheminaient souvent côte à côte pour se répartir dans tout le bâtiment.

Outre la complication des canalisations, une telle combinaison avait le grave inconvénient de réunir sur un même circuit des récepteurs protégés et des récepteurs exposés au contraire à des avaries presque certaines au combat, avaries qui, malgré l'emploi de coupe-circuit fusibles, pouvaient compromettre le service des récepteurs demeurés intacts. On a renoncé, depuis quelques années déjà, à une combinaison si peu rationnelle, et l'on a séparé le plus complètement possible les récepteurs non protégés de ceux qui sont placés à l'abri du cuirassement. Sous condition de cette division fondamentale, on a d'ailleurs adopté divers modes de répartition, qui ont paru dans chaque cas offrir divers avantages. Les solutions varient.

CANALISATION; TABLEAUX.

Si l'on maintient le principe de la séparation des sources, on est tenu de limiter l'importance de chaque circuit à la puissance unitaire des dynamos. On alimente alors les projecteurs à part, puis, à part encore, l'ensemble des lampes et des moteurs non protégés; on divise, d'autre part, les récepteurs protégés en plusieurs groupes, d'importance égale à peu près, incandescence et ventilateurs d'un côté, moteurs d'un autre, moteurs des tourelles d'un troisième, s'il y a lieu. Chaque groupe a de la sorte son ou ses circuits, qu'on peut alimenter à l'aide de telle ou telle dynamo, par la manœuvre d'appareils de répartition dont nous donnerons plus loin quelques exemples (§ 364). En principe le tableau de *répartition* comprend, dans ce cas (fig. 947) : 1° des barres ou plots qui sont reliés aux bornes des dynamos et 2° les barres origines

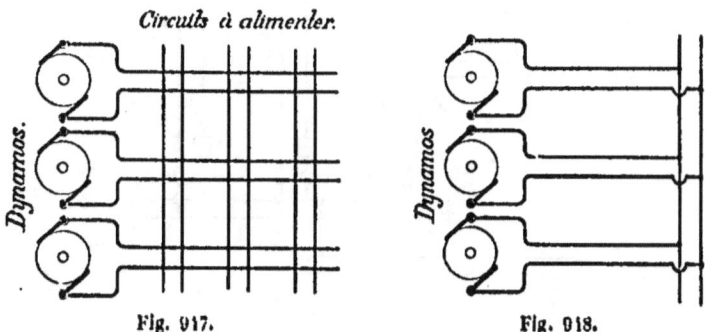

Fig. 947.   Fig. 948.

des divers circuits principaux qui correspondent aux divers groupes de récepteurs : le jeu des coupleurs permet de relier telle ou telle paire de barres-origines à telle ou telle paire de plots-dynamos, mais ces coupleurs sont disposés de telle sorte qu'on ne puisse relier un circuit qu'à une seule dynamo.

Si l'on admet au contraire l'association en quantité des dynamos, on peut réduire au minimum le nombre des circuits distincts. Ceux-ci ont leurs origines communes, et les pôles des dynamos se trouvent reliés entre eux comme l'indique la figure 948, par les barres du tableau d'*association*. On peut réaliser ainsi une économie sur le poids et le prix des appareils de répartition, et, en confondant tout ou partie des circuits principaux, réduire le prix des câbles. Toutefois il convient de séparer du reste de la canalisation le circuit des récepteurs non protégés, afin de limiter à ces derniers les conséquences des avaries qui peuvent s'y produire. Il importe de toutes façons de conserver aux projecteurs leurs circuits spéciaux, car, tout exposés qu'ils sont au feu de l'ennemi, il faut les soustraire aux effets des avaries survenues à d'autres récepteurs et les sauvegarder, pour ainsi dire, par la simplicité même de leur canalisation.

Quelle que soit la combinaison que l'on adopte d'ailleurs, chaque groupe principal d'appareils recevra son courant d'un tableau de distribution D (fig. 949) : les barres de ce dernier seront reliées di-

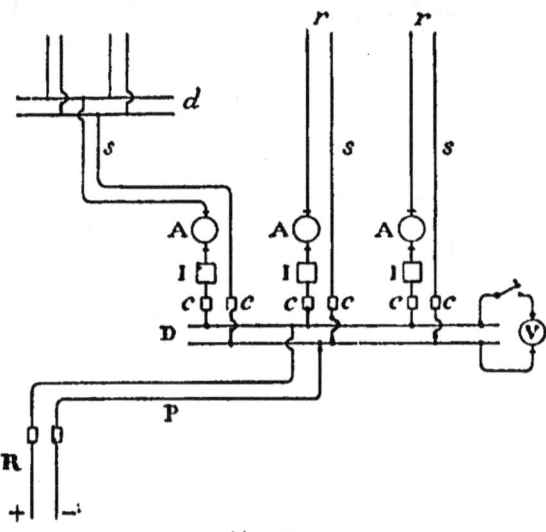

Fig. 949.

rectement soit au tableau de répartition R par des câbles tels que P, soit aux conducteurs issus du tableau de couplage par une dérivation analogue. Chaque circuit s de récepteurs importants r se munit généralement d'un interrupteur I et d'un ampèremètre A. Il en est de même des circuits secondaires qui alimentent tout un groupe de récepteurs moins importants par l'intermédiaire d'un tableau analogue au premier, d par exemple. Un voltmètre V permet de lire à volonté les voltages aux barres de chaque tableau tel que D.

Nous rencontrerons plus loin des exemples de ces tableaux; nous nous contenterons d'ajouter pour le moment que sur les câbles principaux P ou secondaires s sont toujours disposés des coupe-circuit $c\ c$: ceux-ci sont calculés pour fondre lorsque l'intensité qui les traverse dépasse d'une certaine quantité sa valeur normale : on assure ainsi l'isolement de toute branche, primaire ou secondaire, qui par suite d'une avarie maintiendrait la dynamo en court circuit (dénudation et contact des câbles d'aller et de retour).

363. Dédoublement des postes de dynamos; doublement des circuits principaux protégés; lignes de secours. — La simplicité de l'installation conseillerait d'adopter pour les dynamos un poste unique que l'on choisirait à proximité des chaudières, afin de réduire au minimum le développement du tuyautage. Mais une avarie grave survenue dans le compartiment unique des génératrices risquerait d'entraîner l'anéantissement de tous les services électriques du bord. Pour éviter cet inconvénient, on sépare le plus souvent les génératrices en deux postes, le poste AV et le poste AR. Une telle solution ne présente pas d'inconvénient au point de vue du développement en longueur des tuyaux de vapeur qui alimentent les dynamos, lorsque les chaudières, réparties elles-mêmes en divers groupes sur le navire, peuvent également se trouver à proximité des deux postes; mais il n'en est pas de même, lorsque les chaudières sont voisines les unes des autres, car on substitue alors, partiellement au moins, le transport d'énergie par la vapeur au transport par l'électricité. En ce qui concerne les câbles principaux, le dédoublement des postes de dynamos pourrait n'entraîner aucun accroissement de longueur : il suffirait de répartir en deux groupes les récepteurs de chacune des séries précédentes et de les greffer par exemple sur deux circuits tels que B et T (fig. 950). Mais on veut empêcher encore que la mise hors de service de l'un des groupes AV ou AR des dynamos

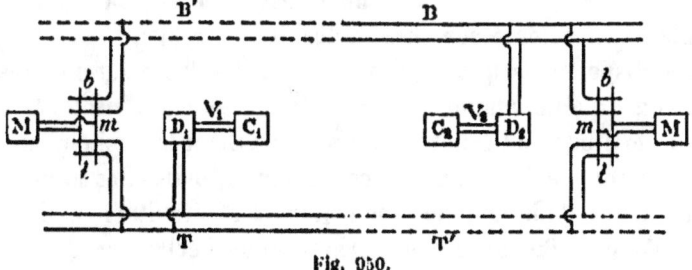

Fig. 950.

n'entraîne l'arrêt des récepteurs correspondants, et l'on prolonge les câbles principaux B et T comme l'indiquent les tracés pointillés B' et T'.

On constitue ainsi, pour chaque groupe de récepteurs importants du moins, une double canalisation qui s'étend sur toute la longueur du bâtiment ou à peu près, et qui suit les cloisons longitudinales à bâbord et à tribord. On admet cette mesure de précaution : 1° pour les moteurs protégés, 2° pour l'incandescence et les ventilateurs protégés. Pour les premiers, les circuits tribord et bâbord se servent mutuellement et actuellement de rechange, car les tableaux des moteurs sont reliés directement aux deux circuits, comme l'indique la figure en m, m et des commutateurs convenablement disposés permettent de prendre du courant à tribord ou à bâbord en t ou en b à volonté, sans jamais cependant admettre l'association en quantité des dynamos A' et $A\!R$. Pour l'incandescence protégée, les deux circuits ne se servent pas exactement de rechange : ils se complètent seulement en alimentant chacun la moitié des lampes de chaque compartiment protégé. Le principe de la répartition des lampes est donné par la figure 951 : sur quatre lampes L_1 L_2 L_3 L_4 disposées par exemple à peu près aux sommets d'un carré, on en greffe deux en diagonale sur chaque circuit. De la sorte, en cas d'avarie de l'un ou de l'autre poste ou de mise hors de service de l'un ou de l'autre circuit, le compartiment en question reçoit encore un demi-éclairage. Pour certaines lampes cependant dont le fonctionnement est essentiel, on admet l'alimentation à volonté sur chacun des deux circuits.

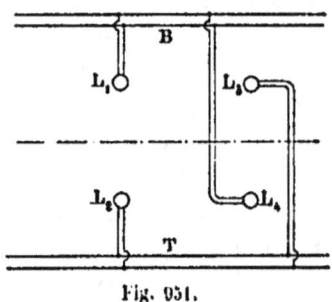

Fig. 951.

Les dispositions que nous venons de décrire assurent ainsi le rechange d'alimentation aux principaux moteurs protégés et la quasi-certitude de l'éclairage au moins à demi-intensité pour chacun des compartiments étanches du navire, mais elles suppriment le rechange d'alimentation pour tous les circuits non doublés. Cela n'a pas d'inconvénient sérieux pour l'éclairage des étages

CANALISATION; TABLEAUX. 363

supérieurs, que, par parenthèse, on rattache le plus souvent au poste AR en raison de la situation de la plus grande partie des lampes (chambres d'officier, etc.) : ces lampes peuvent être en effet alimentées par l'une ou par l'autre des dynamos de ce poste. Mais pour les feux de navigation et surtout pour les projecteurs dont le fonctionnement doit être assuré par tous les moyens possibles, la réduction des moyens d'alimentation est un défaut grave. Pour y remédier, on établit entre les deux postes des lignes de secours. Ces lignes partent chacune d'un tableau de répartition, à la façon d'un circuit à alimenter, et aboutissent au tableau de l'autre poste à la manière des barres des dynamos de ce poste. Grâce à ces lignes que l'on voit sur le schéma général de la figure 952 (¹),

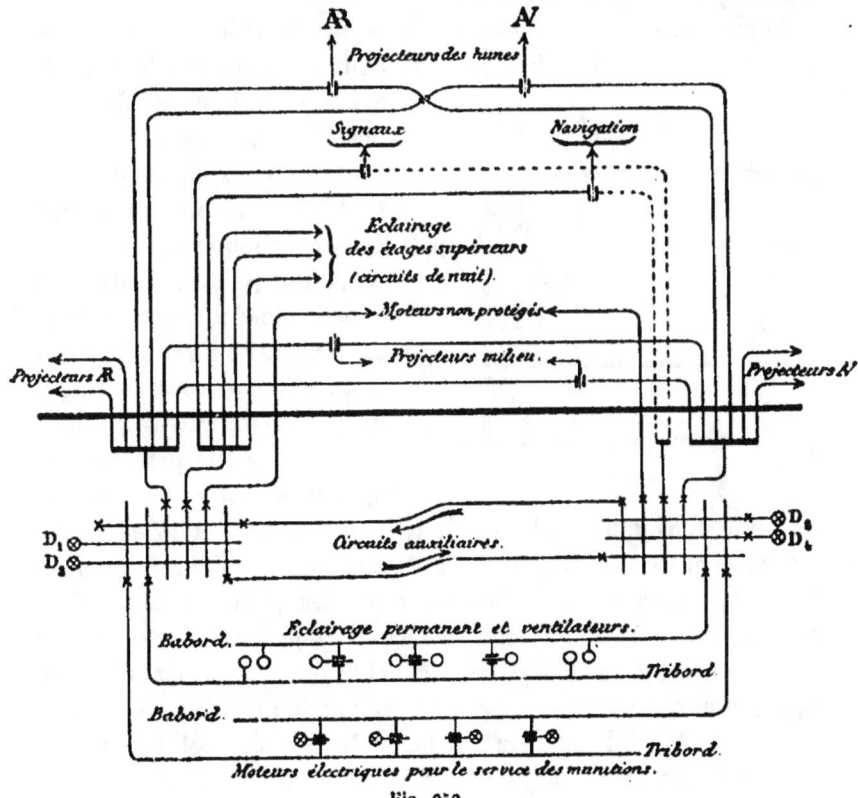

Fig. 952.

(¹) Sur ce schéma, on a représenté conventionnellement par un trait simple chacune des lignes à deux fils de la canalisation.

les dynamos des deux postes peuvent se mettre indistinctement sur n'importe quel circuit du bord. On peut alors en service courant les employer à tour de rôle à l'alimentation de l'éclairage permanent.

On remarquera sur ce schéma que les projecteurs du milieu du navire, ainsi que les feux de navigation et de signaux peuvent recevoir leur courant, à volonté, du poste AV et du poste AR des dynamos.

364. Exemples de tableaux de répartition. — Nous avons déjà rencontré au chapitre III de la septième partie des exemples des dispositions adoptées pour les tableaux de répartition. Nous ne décrirons ici qu'un des nombreux systèmes de coupleurs répartiteurs que l'on peut imaginer.

Représentons en P P' par exemple (fig. 953) les extrémités de l'un quelconque des circuits principaux qu'il s'agit d'alimenter à l'aide de l'une quelconque des dynamos dont les pôles sont reliés aux barres $D_1 D'_1$ et $D_2 D'_2$. Nous supposons, pour plus de simplicité, que deux dynamos puissent suffire à l'ensemble des lignes reliées au tableau; s'il en fallait davantage, on disposerait autant de paires de barres semblables à $D_1 D'_1$, le principe des appareils resterait le même.

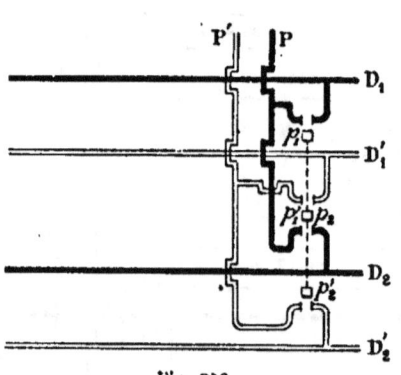

Fig. 953.

Ce qu'il nous faut réaliser, c'est l'union entre P et D_1 en même temps qu'entre P' et D'_1, ou entre P et D_2 en même temps qu'entre P' et D'_2 : dans ce but, nous armerons les points à relier d'antennes que nous amènerons en face les unes des autres, comme l'indique la figure 953 (¹), et, à l'aide de plots isolés $p_1 p'_1$ ou $p_2 p'_2$, nous opérerons à volonté la conjonction des barres $D_1 D'_1$ ou $D_2 D'_2$ avec P P'. Il nous suffira de rendre les plots solidaires pour qu'il soit impossible de joindre à la fois P P' aux deux paires de

---

(1) Sur cette figure, nous avons, comme sur d'autres déjà, représenté les fils positifs par des traits noirs et les négatifs par des traits doubles.

barres $D_1 D'_1$ et $D_2 D'_2$: on évite ainsi l'association en quantité des deux dynamos. Il importe d'assurer un excellent contact entre les plots d'union et les antennes des barres et, en même temps, d'éviter des contacts partiels. Dans ce double but, on donne aux antennes les dispositions habituelles en les constituant de lames de cuivre rouge en forme de ressort, on conserve le principe de la séparation par glissement (§ 241 tome I), on arme la tige, qui relie mécaniquement l'ensemble des trois plots, de ressorts de rappel à la position zéro, position intermédiaire que suppose la

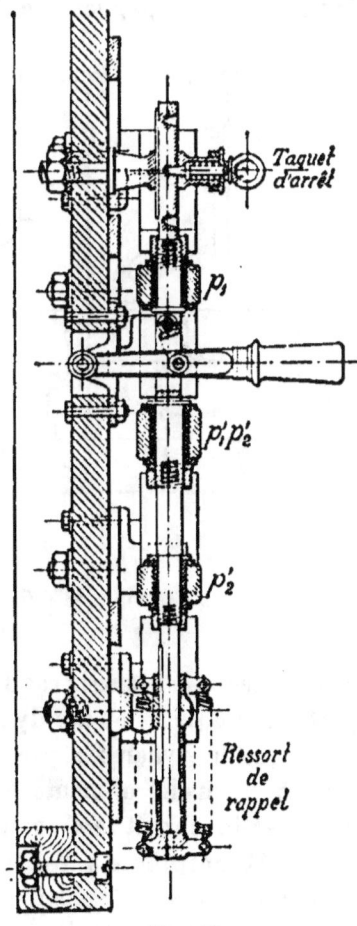

Fig. 954.

figure, et, de plus, on ménage à l'équipage mobile des plots trois positions d'arrêt, déterminées par le jeu d'un loquet à ressort, pour le maintenir soit à la conjonction sur les barres supérieures, soit au zéro intermédiaire, soit à la conjonction sur les barres inférieures. La figure 954 montre d'une façon suffisamment explicite les dispositions qu'on peut adopter pour cet appareil.

Chaque circuit à alimenter par le tableau a son système d'antennes et de plots mobiles.

Quant aux dynamos, elles peuvent être reliées directement aux barres $D_1 D'_1$ ou $D_2 D'_2$ comme nous l'avons supposé, ou bien on peut ne les relier à ces barres que par l'intermédiaire de conjoncteurs identiques à ceux des circuits PP', placés à côté même de ces derniers. Il suffit pour le concevoir d'imaginer que les barres PP' correspondent aux pôles d'une dynamo quelle qu'elle soit : par la manœuvre des plots, on reliera la dynamo en question aux barres supérieures. C'est ainsi que chaque dynamo possèdera son propre conjoncteur; c'est ainsi encore que se terminera la ligne de secours issue d'un autre poste et que les dynamos de ce dernier pourront se relier à l'une quelconque des paires de barres DD.

Chaque dynamo est munie de son ampèremètre A et de son voltmètre V. Chaque circuit principal est également pourvu le plus souvent d'un ampèremètre tel que a. Les extrémités de chaque circuit, de même que les abouts des pôles de chaque dynamo, se séparent haut et bas du tableau, comme l'indique la figure 955. Les câbles ne rejoignent le tableau que par l'intermédiaire de

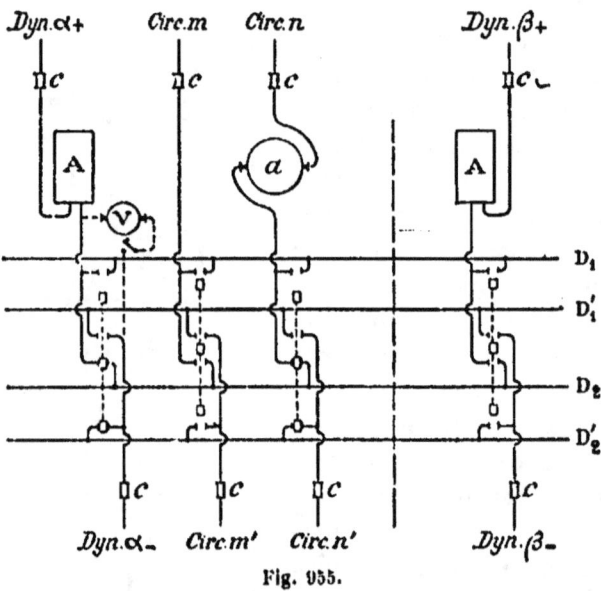

Fig. 955.

coupe-circuits cc. Dans le cas de la figure, qui ne représente qu'une partie des circuits et des dynamos, on voit, par la position des plots, que la dynamo α par exemple est reliée aux barres inférieures et qu'elle alimente le circuit nn'. Le dynamo β est au repos, et le circuit mm' également.

365. Exemples de tableaux d'association. — Lorsque, à l'inverse du cas précédent, on admet l'association des dynamos compound en quantité, il faut prendre diverses précautions pour éviter l'inversion du courant non seulement dans les inducteurs en série, mais dans les induits. On pare au premier inconvénient comme nous le savons (§ 225 tome I) à l'aide du fil d'équilibre, et, pour empêcher le renversement du courant dans l'induit en cas de baisse exagérée de la force électromotrice de l'une des dynamos, on munit chaque dynamo d'un interrupteur automatique analogue à ceux que nous avons déjà rencontrés (§ 359 tome II). Les dynamos ont toutes leurs bornes négatives par exemple directement reliées à l'une des barres du tableau d'association, et leurs interrupteurs, qui doivent au besoin rompre à la fois leur communication avec la seconde barre du tableau et avec le fil d'équilibre, sont disposés comme l'indique en A_1 A_2 la figure 956. L'élec-

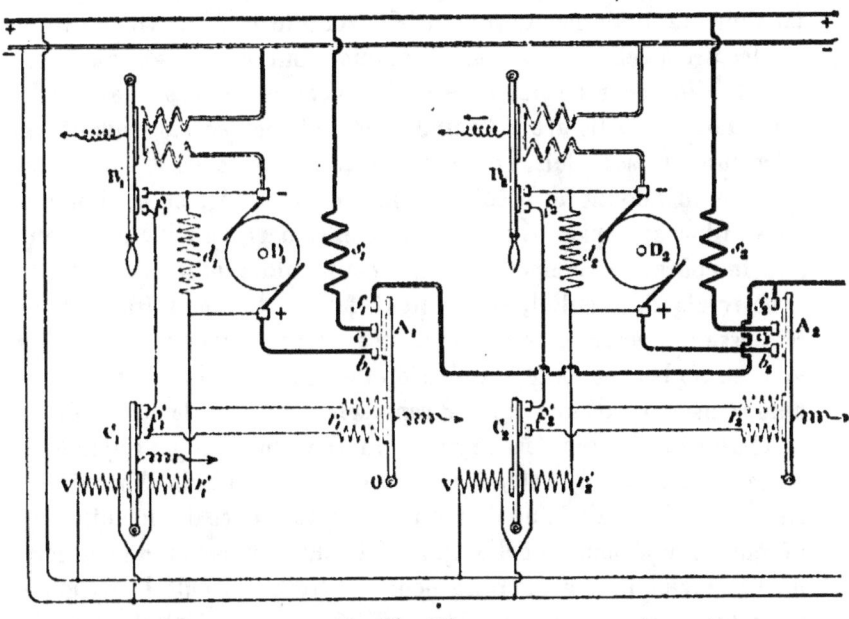

Fig. 956.

tro de manœuvre peut agir directement sur le levier A, comme on l'a vu au § 359 (fig. 937). On peut le disposer au contraire comme l'indique en $B_1 B_2$... la figure 956 et lui faire commander directement un interrupteur placé sur le circuit d'un électro en dérivation $r_1 r_2$... Ce dernier, greffé d'ailleurs aux balais mêmes de la dynamo qu'il protège, lâche son armature A_1 A_2... soit lorsque le courant de la dynamo devient trop faible (coupure en ρ_1 ρ_2...) soit lorsque la différence de potentiel aux balais diminue trop.

On obtient une précision plus grande en employant un relais différentiel, comme l'a fait sur divers bâtiments la Société des Forges et Chantiers de la Méditerranée. La figure 956 donne le principe de cette disposition. Les électros V et r'_1 r'_2... sont greffés respectivement entre les barres du tableau et entre les balais des dynamos (les balais négatifs sont en communication directe avec la barre négative) et ils opposent leurs attractions sur les leviers c_1 c_2... Par ce moyen, la différence de potentiel de chaque dynamo se compare en quelque sorte à celle qui existe aux barres, et les interrupteurs c_1 c_2... ne restent appliqués sur les plots en ρ'_1 ρ'_2 qu'autant que la différence de potentiel produite par la dynamo reste supérieure à celle des barres. Sitôt que, pour une raison quelconque, la différence de potentiel de la dynamo tombe au-dessous de cette dernière, l'électro V l'emporte et le levier correspondant, en s'écartant de ses plots, coupe le courant au relais r_1 ou r_2. Ce dernier abandonne aussitôt son levier A_1 ou A_2, et la dynamo trop faible se sépare du tableau. On remarquera incidemment que le courant principal est ainsi coupé alors qu'il est faible.

Le relais différentiel, qu'on peut faire petit en raison de la faiblesse des résistances que met en jeu le mouvement de son levier, se règle avec toute la précision désirable à l'aide d'un ressort antagoniste ; ce ressort n'a été représenté que sur le levier C_1. Il n'échappera pas que c'est ce relais qui devient l'unique régulateur de la dynamo qu'il protège, car il empêche même de l'introduire en circuit tant qu'elle ne donne pas une différence de potentiel légèrement supérieure à celle qui existe aux barres : on a beau fermer le levier B_1 par exemple pour mettre en circuit la dynamo D_1, celui-ci ne prend que si la différence de potentiel est assez forte pour fermer ρ'_1 et laisser r_1 appliquer A_1 sur les plots $b_1 c_1 f_1$; aussitôt le courant passe et maintient B_1.

Il est à peine besoin de faire remarquer d'autre part que c'est la chute de volts par effet Joule dans le circuit de chaque dynamo, qui fournit la stabilité voulue au fonctionnement de ces appareils, en ménageant une marge aux variations de la force électromotrice totale e de chaque dynamo. Si en effet une dynamo se trouve fournir une force électromotrice e un peu faible, sous condition cependant d'être plus grande que la différence V existant aux barres du tableau, son courant se règle à une valeur moindre, telle que la chute de volts ri rende la différence $e-ri$ égale à V. Il reste à veiller les ampèremètres et à égaliser les débits entre les diverses dynamos : on agit pour cela légèrement soit sur leurs régulateurs de vitesse, soit sur leurs excitateurs; le premier moyen dispense de l'emploi d'un rhéostat qu'exigerait l'application du second.

On appréciera tout l'intérêt qu'il y a à séparer de l'interrupteur A proprement dit l'appareil de précision, qui doit commander l'interruption, lorsque l'on songera que les appareils dont il s'agit doivent être traversés par des courants qui peuvent atteindre un millier d'ampères : c'est-à-dire que leurs dimensions sont considérables et que les efforts qu'il faut produire pour les manœuvrer avec sûreté et rapidité sont trop grands pour se prêter directement à un réglage précis.

La Société des Forges et Chantiers de la Méditerranée applique à la construction de ces interrupteurs les principes des brevets Savatier, de Lagable, Sautter-Harlé et Cie, que nous avons déjà eu l'occasion de signaler (§ 241 tome I). La séparation des plots tels que b_1 c_1 f_1 et du pont destiné à les unir se fait par écart normal aux surfaces en contact, mais la rupture des courants ne se fait que sur crayons de charbons (fig. 584 bis); le pont A est formé par un ensemble de lames de cuivre qui offrent une certaine élasticité. La figure 957 donne un tracé dont les dispositions paraissent tout avantageuses, car elles sont ramassées et les moments d'inertie des pièces mobiles sont très réduits. Ce sont ici les plots tels que b_1 c_1 f_1 qui sont formés par des lames de cuivre (la figure qui donne le profil de l'appareil ne laisse voir qu'un seul de ces faisceaux de lames bb), l'armature de jonction AA, portée sur le levier ll mobile autour du point o, est maintenue au contact des lames par l'action des deux solénoïdes rr et rappelée au contraire en arrière par le ressort R pour couper le circuit de la dynamo, lorsque les solénoïdes rr ont leurs courants interrompus par le relais différentiel C de la figure 956. Les deux électros *r r*, qui agissent dans le même sens sur le levier *l*, ont des rôles différents dont on trouvera l'explication au § 79 du tome I : l'un des deux est du type défini par la figure 167 *bis*, il com-

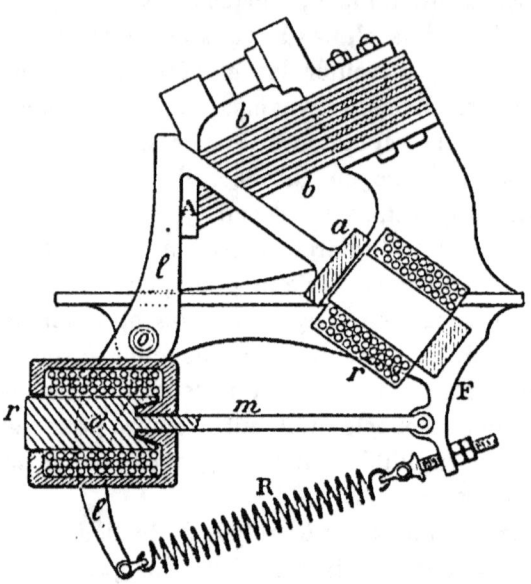

Fig. 957.

porte un fût mobile, relié à la bielle, *m*, tandis que le reste de son circuit magnétique est monté sur le levier *l* par l'intermédiaire des tourillons *o'*; il fournit une action qui, à distance, est considérable, et c'est lui qui fournit tout d'abord l'effort le plus grand pour rapprocher l'armature A des plots *b*, lorsqu'elle en a été écartée; l'autre, au contraire, fixé au bâti F, ne donne avec son noyau coupé droit, un effort considérable sur son armature *a* qu'à très faible distance, et son rôle est de maintenir énergiquement appliquée sur ses plots l'armature A, que l'électro à noyau ne saurait aussi fortement retenir.

366. Cas de deux tableaux d'association; appareils destinés à les maintenir séparés. — Lorsque, tout en admettant l'association en quantité entre dynamos voisines, on divise en deux postes, pour des motifs de sécurité, les génératrices d'un navire, on se réserve cependant la liberté d'alimenter chacun des circuits principaux du bord par les dynamos de l'un quelconque des deux postes, et cela directement sans l'intermédiaire d'aucune ligne de secours du genre de celles qu'on emploie avec les tableaux de répartition; chaque circuit principal se trouve donc attenant aux deux tableaux d'association, et il les relierait si l'on mettait à la fois à la fermeture des deux conjoncteurs C_1 C_2. On doit éviter cependant d'alimenter un même circuit à la fois par les deux postes, par la raison que, si le réglage du potentiel est possible entre dynamos voisines, on n'est nullement assuré d'égaliser rigoureusement les potentiels de deux postes différents. Il importe donc, pour rendre impossible toute fausse manœuvre, de relier

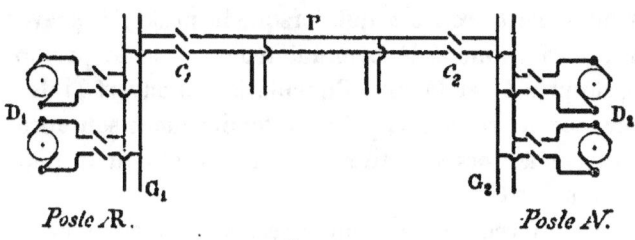

Fig. 958.

les deux conjoncteurs C_1 C_2 d'un même circuit sur les deux tableaux par un mécanisme quelconque, qui ne laisse libre la fermeture d'un conjoncteur que si l'autre est à l'ouverture.

On peut recourir aux combinaisons les plus variées : les leviers de manœuvre des conjoncteurs sont par exemple munis de verrous, qui les immobilisent à la position de repos et qu'on peut retirer chacun de son encoche en excitant un solénoïde, dont le circuit ne reste fermé qu'autant que le conjoncteur opposé est au repos (fig. 959). Pour dégager le verrou V_1 qui maintient immobile le levier L_1 du conjoncteur C_1, on abaisse le contact i_1, mais le solé-

Fig. 959.

noïde S_1 ne reçoit de courant et n'aspire son verrou que si le commutateur C_2 est lui-même en prise. Si au contraire le conjoncteur C_2 alimente le circuit P, le verrou V_2, retiré de son encoche, a coupé le circuit de S_1 en a_1, où une bague en ébonite par exemple s'est interposée entre les plots p_1.

Ainsi qu'il est facile de s'en rendre compte, le changement d'alimentation nécessite l'interruption de fonctionnement du circuit P pendant un temps qui peut être assez long. Supposons en effet que le circuit en question soit en conjonction avec le tableau $A\!V$, le commutateur C_1 est écarté de sa position de repos et le verrou V_2 au recul. Lorsqu'on voudra alimenter par l'arrière, on préviendra le poste $A\!R$ qui abaissera son contact i_1, mais le verrou V_1 ne se retirera que lorsque le poste $A\!V$, prévenu également, aura ramené le commutateur C_2 dans la position de la figure, supprimé par le fait l'alimentation et ouvert l'interrupteur i_2, pour que le verrou V_2 puisse retomber dans son encoche. Le poste $A\!R$ verra alors se retirer le verrou V_1 et pourra manœuvrer le commutateur C_1.

Si l'on veut réduire le temps nécessaire au changement d'alimentation, on pourra étendre au levier même des commutateurs l'action des solénoïdes S_1 et S_2, au lieu de la limiter à la manœuvre d'un verrou. On peut employer par exemple des commutateurs à relais du genre de ceux que nous connaissons et disposer les connexions comme l'indique la figure 960 : cette figure représente en G_1 et G_2 les barres des tableaux d'association $A\!V$ et $A\!R$ et en P les câbles de l'un des circuits principaux, qui s'étend sur la lon-

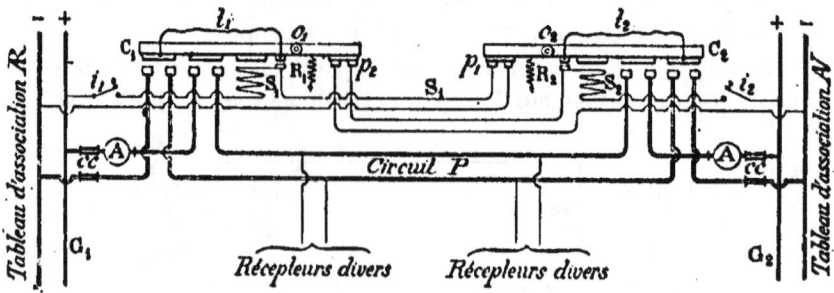

Fig. 960.

gueur du bâtiment à bâbord par exemple. Les conjoncteurs C_1 et C_2 sont représentés tous deux au repos, écartés de leurs plots par leurs ressorts R sur le tableau Æ comme sur le tableau Æ'; dans cette position ils ferment les circuits des solénoïdes S_1 et S_2 par les plots p_1 p_1 et p_2 p_2 sur lesquels ils reposent, et il suffit d'abaisser soit l'interrupteur i_1, soit l'interrupteur i_2, pour fermer le conjoncteur C_1 ou le conjoncteur C_2. Puis, lorsque C_1 sera abaissé, si l'on veut changer l'alimentation, il suffira, à condition que l'interrupteur i_1 soit abaissé — ce que le poste Æ aura vérifié, dès qu'il aura été prévenu du changement à opérer — il suffira, disons-nous, que le poste Æ' interrompe le courant en i_2 pour que C_2 se relève, ferme p_1 p_1 et laisse C_2 s'abaisser seul.

La figure montre deux connexions t_1 et t_2 intérieures aux conjoncteurs C_1 et C_2 : le rôle de ces connexions est d'envoyer le courant directement dans l'électro d'un commutateur une fois l'alimentation établie par ce commutateur et d'empêcher qu'une avarie survenant aux longs fils de communication entre les électros S_1 et S_2 ait la moindre influence sur le fonctionnement établi.

367. Exemples de tableaux de distribution. — A titre d'exemple de tableaux de distribution, nous nous contenterons d'indiquer les dispositions du tableau d'incandescence que représente la figure 961. Le courant arrive du tableau de répartition R par la borne A, traverse l'ampèremètre et aboutit à la bande supérieure B d'où partent les conducteurs d'aller aux ponts supérieurs, à bâbord et tribord b et t, aux signaux S, aux feux de navigation N et à l'éclairage extérieur E. Les commutateurs interrupteurs correspondant à ces divers circuits secondaires ont tous les mêmes dispositions, avec un plot de repos et un plot d'alimentation. Les cables de retour aboutissent aux bornes inférieures b' t' S' N' E', et se réunissent à la barre inférieure B qui est en communication fixe avec le tableau de répartition. Chaque câble, à son issue du tableau de distribution et à son entrée sur ce même tableau, est muni d'un coupe-circuit c. Le voltmètre, muni d'un interrupteur à ressort i, fournit, quand on le désire, la différence de potentiel entre bornes A et B; on ajoute souvent une lampe témoin L qui donne en permanence par son éclat la mesure approximative de cette même différence.

Lorsque les feux de signaux sont disposés pour recevoir le courant d'une batterie d'accumulateurs, on ajoute au tableau un

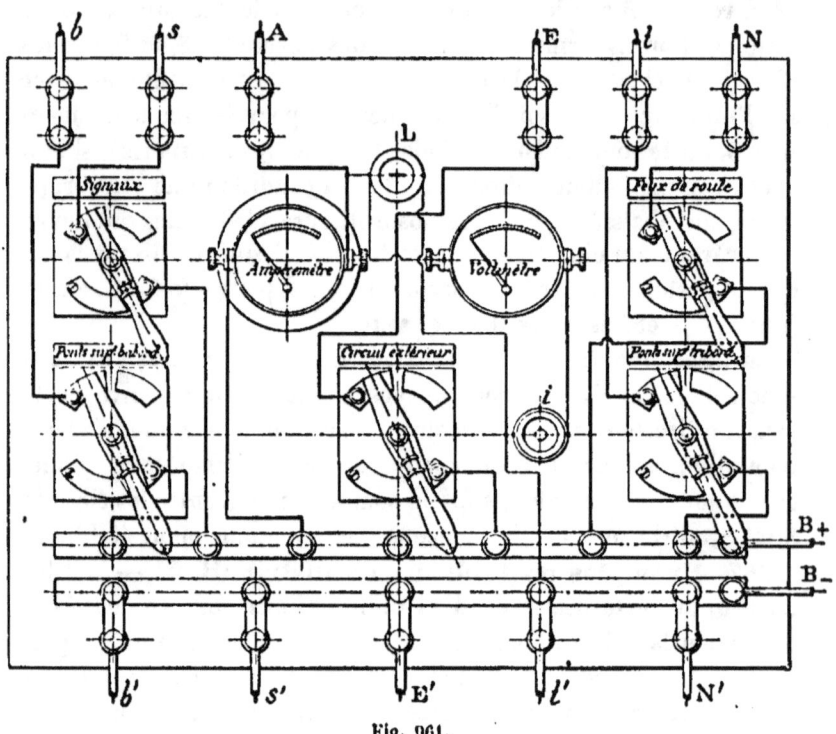

Fig. 961.

ensemble de commutateurs et disjoncteurs, qu' répond aux conditions que nous avons indiquées au § 310 de la V⁰ partie (fig. 821).

CHAPITRE II.

Appareils de commande des moteurs.

368. Divers genres d'appareils de commande. — Nous avons examiné d'une façon générale au § 361 quels genres de moteurs convenaient le mieux aux divers services d'un navire. Le plus souvent les variations d'allure s'obtiennent à l'aide d'un rhéostat, dont la manœuvre fait varier la résistance de l'induit. L'appareil de commande du moteur comporte alors simplement un ensemble de touches et de leviers, dont le jeu doit permettre non seulement d'introduire ou d'enlever des résistances, mais encore d'inverser le sens des connexions pour produire les changements de marche du moteur et de mettre l'induit en court circuit pour déterminer l'arrêt rapide. Mais, lorsqu'on a besoin de faire prendre au moteur des régimes déterminés différents, on a recours à des changements de connexion entre parties d'enroulement d'induit ou entre induits de moteurs jumeaux : le tableau de manœuvre des moteurs comprend alors, en plus des appareils précédents, un coupleur du genre de ceux dont nous avons décrit le principe aux §§ 246 et 309.

Lorsque le moteur n'admet qu'un courant de peu d'importance, les commutateurs divers du tableau se manœuvrent à la main, et leurs dispositions correspondent directement aux types des figures 589 et 602 *ter* par exemple, où les frottements mis en jeu dans le mouvement de glissement des barres sur leurs plots n'offrent pas une trop grande résistance.

Lorsque, au contraire, les commutateurs du moteur doivent porter un courant de forte intensité, il y a grand avantage à recourir à l'emploi d'appareils à bascule (§ 241 tome I) et à les munir de relais qui permettent de les actionner instantanément à l'aide d'un faible courant. Les appareils de commande du moteur comprennent alors deux parties distinctes : d'un côté, l'ensemble des leviers, plots, résistances où passent les courants de forte intensité et que l'on dispose à proximité du moteur pour réduire au minimum le développement des gros câbles, et, d'autre part, l'ensemble des relais, conducteurs de faible diamètre et commutateurs de petites dimensions, ces derniers ne servant qu'à exciter tel ou tel des relais pour faire basculer tel ou tel des leviers précédents. Le poste de manœuvre peut alors être séparé du moteur, sans qu'il en résulte d'autre inconvénient que d'allonger le parcours des fils de minime importance entre commutateur et relais. C'est à la Société des Forges et Chantiers de la Méditerranée et à la maison Sautter Harlé que revient l'honneur d'avoir réalisé le premier appareil de ce genre (manœuvre électrique des tourelles du croiseur chilien *Capitan Prat*, brevets Savatier, de Lagable, Sautter, Harlé et Cie).

Le schéma de la figure 962 résume les dispositions de principe des circuits dans ce système. Au-dessous de la ligne $\alpha \beta$ sont tous les câbles en relation directe avec le moteur : la génératrice est en b et le moteur en R avec son inducteur en dérivation aux bornes BB. Au-dessus de la ligne $\alpha \beta$ sont représentés les fils de faible diamètre alimentant les relais. C'est pour dégager la figure que nous avons ainsi séparé les deux ensembles de circuits : les électros de manœuvre des leviers $i\,i$ et $r\,r\,r$ sont représentés en double par les cercles G, D, 1, 2, 3 sur la partie haute et sur la partie basse de la figure; leurs places sont celles qu'indiquent les cercles tracés sous les leviers des conjoncteurs. Quand, en manœuvrant le commutateur ou manipulateur supérieur C dans un sens ou dans l'autre, on envoie du courant dans l'un quelconque des électros en question, on détermine l'abaissement du conjoncteur correspondant qui bascule autour de son axe $\beta\beta$ et met en communication ses plots l'un avec l'autre; pendant ce temps tous les autres leviers restent écartés de leurs plots sous l'action de leurs ressorts de rappel, que nous n'avons représentés sur la figure que par un point aux extrémités des leviers.

Les leviers ii sont les conjoncteurs inverseurs qui font marcher le moteur dans un sens ou dans un autre. Si l'on a poussé la barre du manipulateur sur la touche d par exemple, le courant passe aussitôt de B_+ à d et à B_- en excitant D et le levier i de conjoncteur de droite s'abaisse : la barre positive $B'_+ B''_+$ du tableau des relais se trouve alors jointe par le pont $B''_+ b''_1$ à la borne b_1,

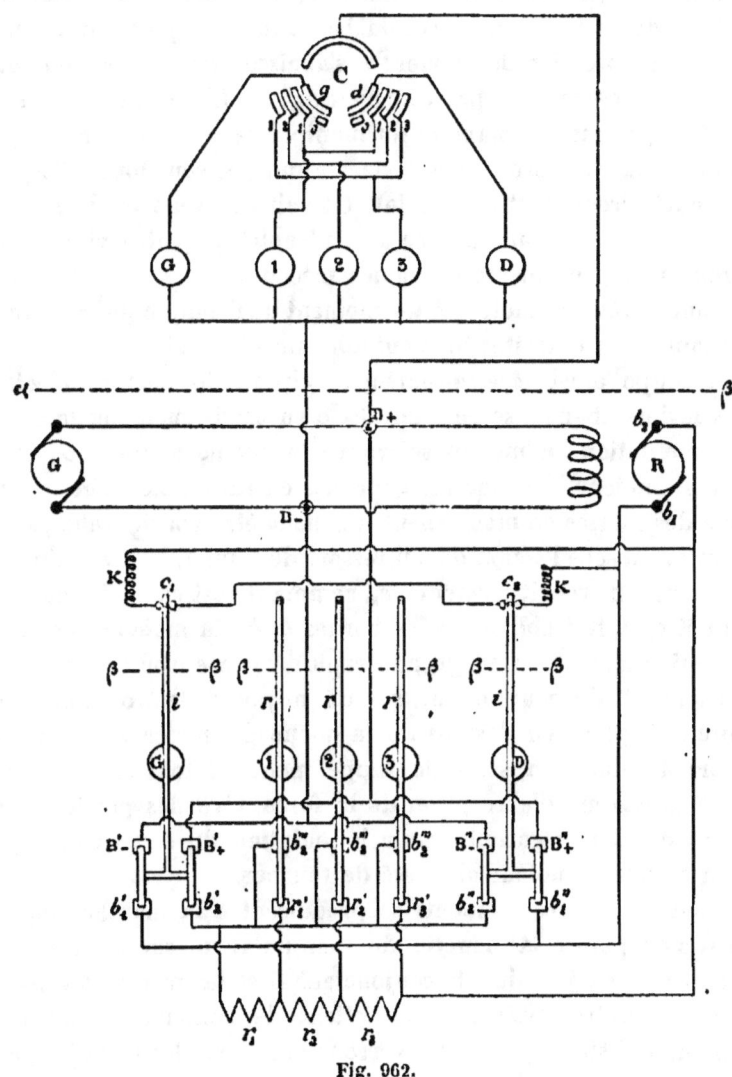

Fig. 962.

du moteur en même temps que la borne b_2 de ce dernier se relie par le pont $b''_2 B''_-$ à la barre négative $B'' B'$ du même tableau. Si on laisse la manette du manipulateur C à la première position où elle repose sur le plot o, aucun des électros 1, 2 ni 3 n'est excité, les ponts des leviers $r\ r\ r$ restent levés et le courant n'a de chemin que par les trois résistances $r_1\ r_2\ r_3$. Si l'on veut accélérer l'allure du moteur, on pousse la barre du manipulateur C sur le plot 1, le premier des leviers r s'abaisse alors et met en court circuit la résistance r_1 par son pont $b_2'''\ r_1'$. L'allure maxima s'obtient en poussant la manette du manipulateur C sur le plot 3 ; on abaisse ainsi le dernier des leviers r qui par son pont $b_3'''\ r_3'$ met en court circuit tout le rhéostat. On voit qu'avec trois leviers tels que r, on peut communiquer à la réceptrice quatre vitesses différentes sur une même résistance mécanique.

Pour arrêter le moteur à un moment quelconque de sa marche, on ramène la barrette du manipulateur à la position verticale, et l'on coupe ainsi nécessairement le circuit de tous les électros. Les leviers abaissés se relèvent donc successivement, et le circuit d'alimentation du moteur se trouve lui-même coupé en b'_1 et b'_2. Mais le moteur continuerait à tourner en raison même de la force vive des masses en mouvement qui peut être considérable, si, en se relevant sous l'action de son ressort de rappel, le levier du conjoncteur i ne venait fermer en c_2, comme il l'est en c_1, le court circuit K $c_1\ c_2$ K établi entre les bornes $b_1\ b_2$ du moteur : l'arrêt se produit alors avec une grande rapidité. On enroule quelquefois les spires K du court circuit sur un noyau d'électro supplémentaire qui, placé en dessous de la queue du levier i, ajoute son effort à celui du ressort de rappel pendant tout le temps que dure le courant d'absorption de la force vive des parties mobiles : c'est là une garantie pour le maintien du court circuit jusqu'à ce que le moteur ait cessé de tourner.

Tous les mêmes incidents se produisent à la marche opposée lorsqu'on pousse la manette du manipulateur sur le côté g, et qu'on met en jeu ainsi le conjoncteur G et les mêmes leviers r.

Divers autres systèmes permettent de commander ainsi un moteur à distance; nous en verrons des exemples dans les paragraphes suivants.

369. Commande d'un projecteur. — Nous avons indiqué au § 339 les motifs qui justifient l'adoption d'une commande à distance pour les projecteurs des navires, et décrit en même temps les mécanismes employés pour effectuer les deux mouvements de pointage, en direction et en hauteur (fig. 892); il nous reste à étudier le jeu de la commande électrique. Les courants nécessaires à la mise en mouvement des deux induits sont ici assez faibles pour qu'on puisse les faire passer directement au poste de manœuvre, d'autant que ce poste se trouve en général situé entre les génératrices et les projecteurs; de plus, il est essentiel ici de faire varier la vitesse angulaire du faisceau lumineux d'une façon continue et selon les besoins du moment : c'est donc, sans contredit, à l'emploi de rhéostats à manœuvre directe qu'il convient de recourir pour l'objet qui nous occupe.

L'inducteur I qui donne le flux aux induits H et D est unique (fig. 963), le circuit magnétique se partageant en deux bran-

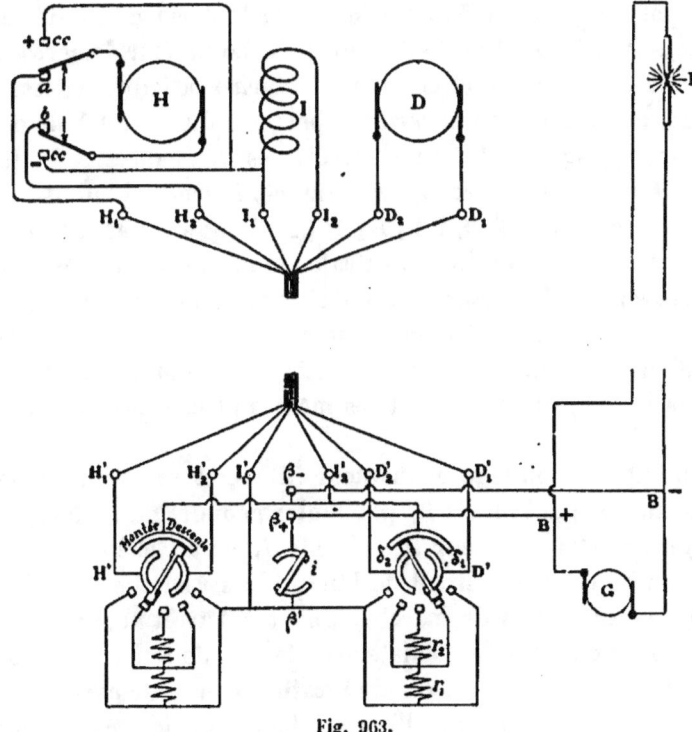

Fig. 963.

ches. Cet inducteur prend son courant aux bornes ββ qui communiquent aux pôles BB de l'une des génératrices. Toutefois le courant n'arrive à l'inducteur, et d'ailleurs aux induits, que par le conjoncteur i; c'est là le distributeur commun à tout l'ensemble H I D. Lorsqu'il est dans la position qu'indique la figure, le courant inducteur suit le parcours $\beta_+ \, i \, \beta' \, I'_1 \, I_1 \, I \, I_2 \, I'_2 \, \beta_-$ et les deux induits sont prêts à fonctionner.

L'induit du pointage en direction D, en dérivation sur l'inducteur, reçoit son courant par l'intermédiaire du rhéostat inverseur D' dont la barre entre plots est isolante : dans la position verticale, position de stop, la barrette du commutateur relie les deux plots $z_1 \, z_2$ qui sont les extrémités du circuit de l'induit, et le met en court circuit pour produire l'arrêt; dès que, en tournant la barrette vers la gauche, on écarte son extrémité supérieure de la touche z_1 et son extrémité inférieure de la touche z_3, l'induit se trouve relié par son extrémité z_2 au pôle β_- et par son extrémité z_1 au point β' c'est-à-dire au pôle β_+ par l'intermédiaire de toutes les résistances $r_2 \, r_1$ et de l'interrupteur i. Le moteur démarre donc dans un certain sens et continue à tourner à faible vitesse; on augmente la vitesse en poussant la barrette du rhéostat de droite à gauche jusqu'à retirer du circuit les résistances $r_2 \, r_1$ (dans la position de la figure, le courant est fourni à l'induit par le circuit $\beta_+ \, i \, \beta' \, r_1 \, z_1 \, D'_1 \, D_1 \, D \, D_2 \, D'_2 \, z_2 \, \beta_-$). Pour stopper, on ramène la barrette dans la position verticale, mouvement qui réintroduit successivement les résistances en circuit et met finalement l'induit en court circuit; l'arrêt est presque instantané. Pour renverser la marche, on pousse la barrette du commutateur le haut vers la droite, et l'on obtient les mêmes phases que dans l'autre sens.

L'induit du pointage en hauteur H reçoit son courant de la même façon que l'induit D, par l'intermédiaire de l'interrupteur i et du rhéostat inverseur H' qui, identique au rhéostat D', permet la mise en court circuit de l'induit, les variations de vitesse, et les renversements de marche. Quant à l'arrêt automatique, il suffit, pour en saisir immédiatement le jeu, de remarquer que les deux contacts cc sont en communication constante avec β', c'est-à-dire avec le $+$, lorsque l'interrupteur i est fermé; si donc le moteur H fait marcher vers le bas le faisceau lumineux lorsque la manette du rhéostat H' est dans la position de la figure, le doigt K venant manœuvrer le contact *b* mettra au + le pôle du moteur qui était au —, et les deux pôles du moteur se trouveront au +, c'est-à-dire que le moteur sera fermé en court circuit sur lui-même.

On remarquera que le schéma d'ensemble représente quatre parties distinctes dans les connexions :

1° la dynamo G génératrice et son tableau GB_+ B_- le tout généralement placé sous le pont cuirassé du bâtiment;

2° le tableau (D' H' *i*) de commande à distance des moteurs du projecteur : ce tableau est placé au poste de commande du projecteur;

3° le moteur à deux induits D I II avec son mécanisme d'arrêt automatique, placé, avec les engrenages, dans le socle du projecteur;

4° la lampe à arc L, munie de son régulateur, avec son circuit propre partant des bornes BB; cette lampe et son régulateur sont portés par le projecteur proprement dit.

Le câble *cc* est un câble à six conducteurs isolés séparément et enfermés dans une même gaîne. Les câbles $\gamma\gamma$ ainsi que les câbles $\gamma'\gamma'$ sont en général indépendants l'un de l'autre.

370. Treuils, monte-charges, monte-escarbilles, treuils d'embarcations, etc. — Les treuils s'emploient à de nombreux usages à bord des navires, mais pour tous il n'y a pas les mêmes raisons d'adopter la manœuvre électrique, qui suppose toujours un nouveau développement donné aux génératrices et entraîne ainsi une augmentation du prix et du poids de l'installation. On a construit cependant des treuils électriques pour le service des embarcations, pour l'expulsion des escarbilles, pour l'approvisionnement des canons, etc. Les raisons d'ordre général que nous avons données au § 360 paraissent justifier plus spécialement dans ce dernier cas l'emploi du moteur électrique; car, outre qu'il s'installe sans inconvénient à proximité des soutes d'où l'on a toujours éloigné les moteurs à vapeur, le moteur électrique se prête parfaitement à l'installation d'arrêts automatiques aux extrémités de course du monte-charge.

L'étude de la partie mécanique des treuils fait partie du Cours de mécanique appliquée de l'École du génie maritime, celle des installations spéciales au service des munitions se rattache aux Cours de construction ou d'artillerie, et nous n'avons ici qu'à nous occuper de la partie électrique proprement dite. La nécessité de définir la donnée du problème nous entraîne cependant à remarquer que tantôt le moteur du treuil doit agir à la descente comme à la montée, et qu'il faut alors le munir d'appareils de renversement de marche, et que tantôt il meut une noria dont le mouvement se fait toujours dans le même sens ; enfin parfois on peut compter sur le poids des chaînes ou autres accessoires pour faire dévirer le treuil. Dans ce dernier cas, on le munit de freins de divers systèmes, et les transmissions mécaniques doivent être reversibles. Dans le premier, au contraire, on ne s'astreint point à cette condition, et l'on trouve souvent avantage à introduire entre l'induit et les chaînes une vis tangente à une roue striée. C'est la disposition que donne en particulier la figure 964 (treuil de MM. Sautter, Harlé et Cie). On remarquera sur cette figure les formes de la dynamo réceptrice, dont les inducteurs enferment presque complètement l'induit. La manivelle supérieure et la chaîne représentée en traits discontinus permettent, en cas d'avarie, de hisser la charge à bras.

Pour déterminer les arrêts aux extrémités de course, on peut employer de nombreux moyens, soit qu'on fasse mouvoir le commutateur de mise en marche par un doigt qui le ramène au zéro après un certain nombre de tours de la machine, soit que la benne elle-même, en arrivant aux points voulus, un peu avant ses extrémités de course d'ailleurs, manœuvre un levier et mette progressivement le moteur en court circuit, afin de produire le ralentissement et l'arrêt complet. Le premier moyen a l'inconvénient de laisser le jeu, qui se produit toujours à la longue dans les transmissions, fausser la correspondance entre benne et points fixes : on interpose d'ailleurs sans difficulté entre ces deux parties un tablier ou un bout de rail mobile, qui suffit amplement à racheter de légers défauts de coïncidence : on se dispense ainsi de recourir à d'autres procédés plus précis mais aussi plus compliqués, tels que l'asservissement du moteur.

L'appareil de commande du moteur peut être un simple rhéostat inverseur qui, au zéro, mette d'ailleurs l'induit en court circuit. Le schéma en est alors en principe celui qu'indique la figure 965.

APPAREILS DE COMMANDE DES MOTEURS.

C'est sur la barre zz' que vient agir le doigt d'arrêt qui est porté par l'une des pièces mobiles du treuil, ou encore le levier que la

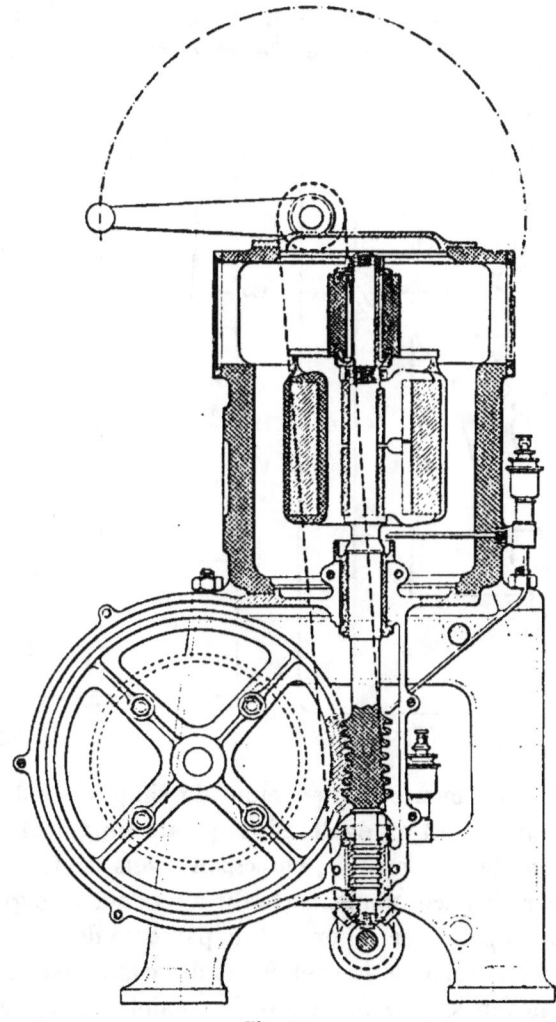

Fig. 961.

benne actionne elle-même : un ressort de rappel énergique ramène rapidement cette barre au zéro, sitôt que le levier l'a dégagée.

La résistance du ressort offre d'ailleurs l'avantage d'obliger l'homme qui manœuvre le rhéostat, au moment de la mise en

384 INSTALLATIONS ÉLECTRIQUES A BORD DES NAVIRES.

marche, à ne gagner que lentement les touches d'admission directe du courant dans l'induit. Nous avons en effet déjà remarqué au § 240 du tome I qu'une suppression trop rapide des résistances à l'admission laisse croître par trop le courant et l'effort au démarrage : les courbes de la figure 966, relevées à l'ampèremètre enre-

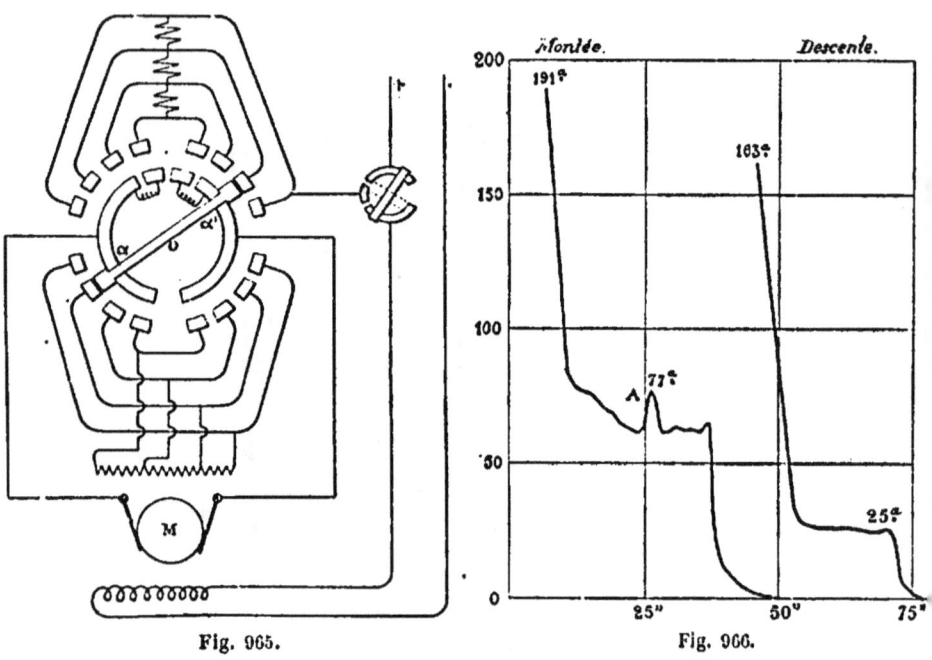

Fig. 965.   Fig. 966.

gistreur sur un monte-charges muni du simple rhéostat en question, mettent ce fait en évidence (la pointe intermédiaire A de la courbe relevée à la montée, correspond sans doute à un accroissement de résistance momentanée dû à un défaut de graissage ou d'ajustage au point correspondant du parcours de la benne).

L'emploi des relais à la commande des commutateurs offre encore un moyen simple de rendre impossible la suppression des résistances avant que le moteur ait pris de la vitesse et donné par suite une force contre-électromotrice convenable : il suffit, en effet, ainsi que nous allons le voir, de greffer aux bornes mêmes de l'induit le fil d'excitation de l'électro qui commande le retrait des résistances. Le système de commande des commutateurs par relais, qui n'absorbent que de faibles courants, s'applique d'ailleurs très avantageusement au cas d'un monte-charges : non seulement l'emploi de ce système permet de remplacer par une transmission électrique de minime encombrement les tringles de transmission entre le levier que manœuvre la benne à ses extrémités de course et le rhéostat, mais il se prête à l'établissement d'un double commutateur de manœuvre, l'un au poste supérieur, l'autre au poste inférieur : on est donc assuré de ne faire monter ou descendre la benne que lorsque, des deux postes, on est prêt à la faire partir et à la recevoir.

Examinons d'abord quelles dispositions on peut donner au levier conjoncteur et aux électros et ressorts qui agissent sur lui. Les plots à joindre sont représentés en $a_1\ a_1$ et en $a_2\ a_2$ sur la figure 967.

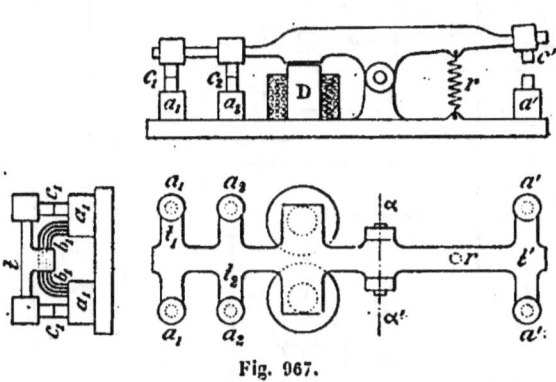

Fig. 967.

Les ponts qui les relient lorsque le levier est abaissé vers la gauche sont faits de lames de cuivre flexibles $b_1\ b_1$. En $c_1\ c_1$ et $c_2\ c_2$ sont les charbons de rupture dont nous avons expliqué le rôle au § 241 du tome I. Le levier LL bascule autour de l'axe $\alpha x'$ sous l'action du solénoïde D, enroulé d'un fil de faible diamètre, ou sous celle d'un ressort r lorsqu'on interrompt le courant du solénoïde. Ce sont là dispositions essentielles de l'appareil. On le munit en plus, lorsqu'il y a lieu, de contacts en charbons $c'\ c'$ et d'une traverse t' dont le rôle est de fermer l'induit du moteur en court circuit pour l'arrêter, sitôt que le courant s'est trouvé coupé en $a_1\ a_1$ et $a_2\ a_2$. Quelquefois on dispose, du même côté que le ressort r, un électro sur lequel on enroule le fil de court-circuit, de façon que le cou-

386   INSTALLATIONS ÉLECTRIQUES A BORD DES NAVIRES.

rant engendré par le moteur pendant ses derniers tours vienne ajouter un effort considérable à celui du ressort, et que le maintien du levier à sa positon d'interruption se trouve mieux assuré ; nous rencontrerons ultérieurement des exemples de leviers munis de cet accessoire (fig. 968).

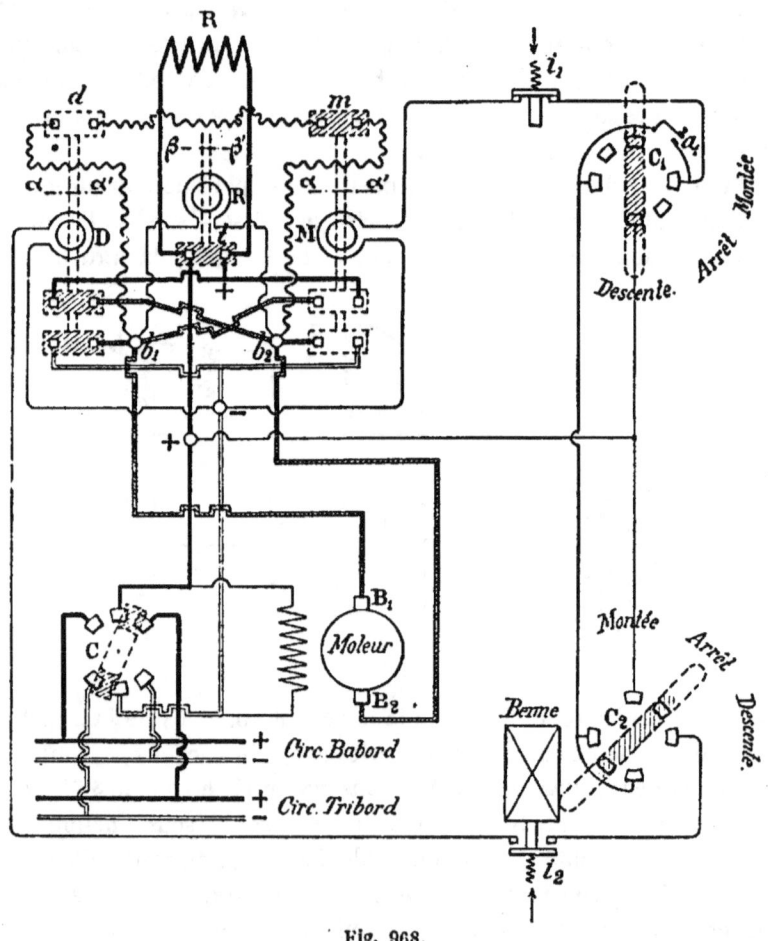

Fig. 968.

On peut disposer les circuits de commande du monte-charges comme l'indique le schéma de la figure 968. Sur les trois leviers à bascule qu'actionnent les électros M, D et R, deux leviers M et D, jouent le rôle d'inverseurs en reliant, tantôt dans un sens et tantôt dans l'autre, selon que l'un ou l'autre est abaissé, les extrémités b_1 et b_2 du circuit de l'induit aux bornes + et — de la canalisation, et le troisième, en se levant ou en s'abaissant, laisse le conducteur de grande résistance R seul en circuit sur l'induit, ou lui ajoute le court-circuit de sa traverse conductrice t. L'électro de manœuvre du levier R est en dérivation aux bornes b_1 b_2 de l'induit et il n'attire son armature, pour abaisser t et supprimer par le fait la résistance de démarrage, que lorsque, en tournant, le moteur a atteint une force contre-électromotrice assez grande pour qu'il n'y ait plus à redouter la liaison directe de l'induit aux bornes + et — de la canalisation.

L'ensemble des circuits que parcourt le courant principal ressort nettement sur la figure. Tout d'abord, le commutateur C permet d'alimenter le moteur soit par le circuit de tribord soit par celui de bâbord; sur la figure, la barre du commutateur, qui porte deux plots séparés, est en position d'alimenter par tribord. L'inducteur du moteur prend son courant aux bornes mêmes du commutateur C et le moteur est prêt à fonctionner, mais l'induit ne reçoit aucun courant, tant qu'on laisse les barres conductrices des commutateurs de manœuvre c_1 et c_2 à la position d'arrêt. La figure suppose que la benne vient d'arriver en bas de sa course; un instant avant, les barres des deux commutateurs étaient à la *descente*, la barre de c_1 *verticale* et la barre de c_2 *horizontale* : mais la benne a fait basculer cette dernière et l'a amenée à 45°, sur les plots d'arrêt.

Le schéma des circuits du courant des électros de manœuvre est tracé en trait fin. On se rend compte que, pendant la descente, le courant, partant de la borne + du tableau, monte au commutateur c_1 le traverse par la barre verticale, redescend au commutateur c_2, le traverse par la barre qui alors est horizontale, passe par la barre à l'interrupteur i_2 (qui, avant l'arrivée de la benne, reste en contact avec ses plots), puis arrive à l'électro du levier D, le maintient appliqué sur ses plots et regagne la borne — du tableau. Le levier D étant abaissé, on voit immédiatement que c'est le frotteur B_2 du moteur qui se trouve relié à la borne + du tableau et le frotteur B_1 à la borne —.

Sitôt que la benne arrive au bas de course, elle fait basculer la barre de c_2 (position de la figure), coupe le courant de l'électro D, qui lâche immédiatement son levier, et celui-ci, rappelé par son ressort, bascule autour de son axe xx'. Le courant du moteur est coupé, et le moteur ne continue à tourner qu'en vertu de la force vive des pièces en mouvement.

Pour l'arrêter rapidement, on le met en court circuit (§ 242 tome I). Ceci se fait automatiquement par le jeu du levier D lui-même, qui, rappelé par son ressort lorsque l'électro D l'a lâché, vient fermer en d le circuit représenté par un trait ondulé qui relie les bornes b_1 b_2 du moteur : ce circuit est en effet déjà fermé en m par la traverse de l'électro M qui ne quitte ses plots m qu'à la montée.

Le jeu du levier M donne lieu, lors de la montée, aux mêmes remarques; la barre du commutateur c_1 doit être placée horizontale et celle du commutateur c_2 verticale. En arrivant au haut de sa course, la benne fera basculer la barre du commutateur c_1 et l'amènera dans la position d'arrêt. On peut ajouter sur le commutateur c_1 une branche dérivée sur les plots horizontaux et un contact à ressort a_1 qui permette, une fois le circuit coupé par la benne, de renvoyer du courant dans l'électro M, afin de faire monter tant soit peu la benne, si, par suite d'un déréglage quelconque, elle s'arrête un peu en dessous de son niveau normal. Au poste inférieur cette précaution paraît inutile, car la benne vient à fin de course dans ce sens, et repose sur ses tampons limiteurs.

Il est prudent enfin, pour suppléer à un défaut de fonctionnement quelconque de l'arrêt automatique, d'ajouter haut et bas de course des interrupteurs tels que i_1 et i_2 qui coupent à coup sûr le courant des relais M_1 et M_2; ces interrupteurs doivent jouer un peu avant que la benne touche ses buttoirs.

371. Manœuvre des tourelles. — De toutes les qualités des moteurs électriques, celle qui, dans leur emploi à la manœuvre des tourelles, devient la plus précieuse est assurément leur vivacité à fournir les efforts les plus différents. La précision et la rapidité qu'il faut assurer au pointage exigent en effet que l'appareil de commande puisse mener la tourelle au gré du pointeur, à grande vitesse pour les grands angles, par petits à-coups au contraire pour achever le pointage et qu'il l'arrête presque instantanément. Aussi, dès le début, avait-on pu estimer qu'il serait avantageux de réaliser l'asservissement proprement dit du moteur ; c'est dans cet ordre d'idées que fut combiné le premier appareil de manœuvre électrique que la marine essaya, l'appareil du Tonnant, dont le principe avait été imaginé par l'ingénieur de la marine Marit. Mais les essais entrepris par la société des Forges et Chantiers de la Méditerranée, avec le concours de la maison Sautter, Harlé et Cie, à bord du *Capitan Prat,* montrèrent que l'emploi d'un simple rhéostat d'induit, muni de touches de mise en court circuit, suffisait à assurer à la manœuvre toute la souplesse et toute la précision désirables.

Aussi bien l'asservissement n'est-il véritablement utile que lorsque la position du récepteur ne peut être contrôlée ou que les positions à lui donner sont déterminées à l'avance. Pour un canon dont le pointage se fait à la visée, sur un navire dont l'axe est lui-même sujet à se déplacer, il suffit que le moteur obéisse promptement à la manœuvre d'un commutateur, qu'il soit puissant et facile à stopper. Il faut bien remarquer d'ailleurs que, lors même qu'on emploierait un mécanisme d'asservissement, le manipulateur jouerait le rôle d'un simple commutateur tant que les corrections d'angle de tir resteraient de l'ordre de grandeur du retard qui se produit dans tout servo-moteur entre la marche du récepteur et celle du manipulateur.

Ce qu'il faut faire alors, c'est réduire les bras de levier des masses que le moteur doit mouvoir, c'est équilibrer l'ensemble de ces masses mobiles : on évite ainsi non seulement les chocs que peuvent déterminer les mouvements brusques du roulis et du tangage, mais on égalise dans toutes les positions les couples résistants que la masse à mouvoir oppose à son moteur, et cela malgré la bande du navire. En outre, on reliera la plateforme ou le fût pivot à l'arbre de l'induit par un ensemble de transmissions rigides, sans jeu et assez robustes pour supporter sans fatigue les couples que font intervenir les accélérations aux départs et aux arrêts rapides. Il faut d'ailleurs que ces transmissions relient effectivement la tourelle à la coque, malgré la disparition de tout effort de la dynamo après suppression du courant : c'est dire que les transmissions doivent être irréversibles et comprendre par suite une vis tangente et une roue striée. Dans ces conditions, il convient de soustraire cependant la transmission à l'action de couples trop élevés, soit pour le cas d'une manœuvre trop rapide du rhéostat, soit pour celui d'une embardée trop dure du navire, et le mieux est d'adopter une disposition telle que celle qu'indique la figure 969, où la roue striée S, menée par la vis V, n'est reliée à

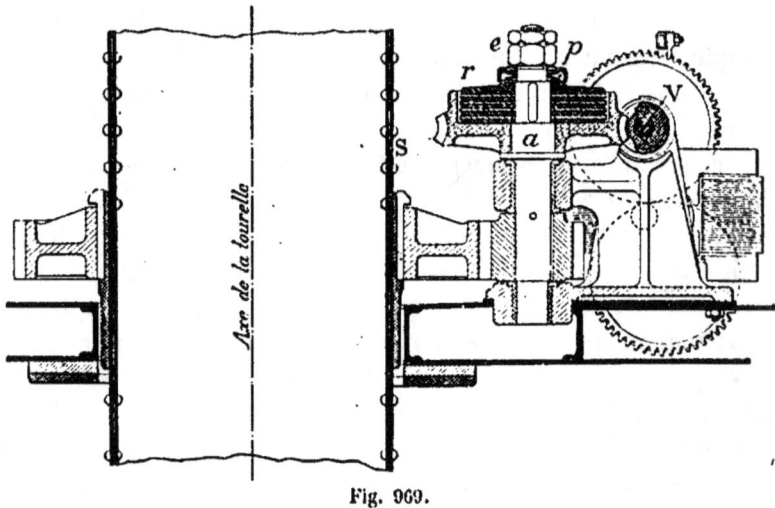

Fig. 969.

l'arbre a que par l'intermédiaire de rondelles de pression r : on en règle la résistance au glissement relatif à l'aide de ressorts p et d'écrous e. Sur certains navires d'ailleurs, on s'est contenté d'interposer des ressorts entre les chaînes tire-veille c menées par l'axe des roues striées, et la tourelle (fig. 970). Mais ce sont là dispositions dont l'étude sort du cadre de ce cours.

Quant aux moteurs eux-mêmes, on leur donne diverses dispositions : le plus souvent maintenant on accorde la préférence aux dynamos à inducteurs en cuirasse qui enferment complètement l'induit (§ 194 tome I) et le protègent. Il convient alors, ou de ménager des entrées et sorties d'air pour rafraîchir le moteur, ou de calculer les sections de cuivre assez largement pour que la température ne s'élève pas à un trop haut degré. On emploie des balais en charbon, et, pour atténuer l'effet de la réaction d'induit, on coupe les pièces polaires de fentes normales au flux de l'induit et l'on ajoute des inducteurs interpolaires (§ 190 tome I) :

de la sorte, on peut effectuer les renversements de marche sans modifier le calage des balais.

Lorsqu'on emploie des moteurs accouplés, on trouve quelquefois avantage à les alimenter par une canalisation pouvant leur fournir

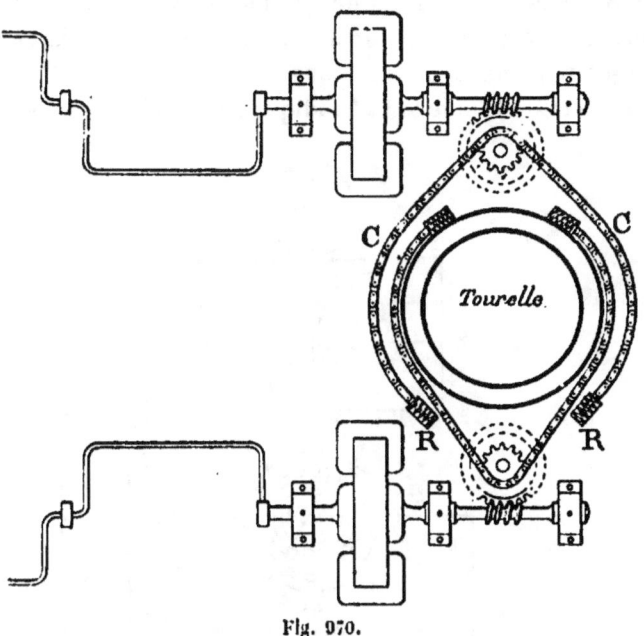

Fig. 970.

160 ou 80 volts selon que les dynamos génératrices montées en tension fonctionnent en totalité ou par moitié. A 160 volts on obtient la vitesse normale, à 80 c'est le régime de mi-puissance à peu près, ainsi que nous l'avons déjà dit au § 361.

Enfin, pour commander le moteur, on a, jusqu'à ces derniers temps, employé deux systèmes, le système Savatier-de Lagabbe-Sautter-Harlé et Cie, et le système Hillairet-Huguet, qui ne diffèrent que par la manière d'actionner les commutateurs.

372. Système Hillairet-Huguet-Canet. — Dans ce système, qui s'applique au pointage d'un canon de calibre moyen, le courant d'alimentation du moteur monte jusqu'au poste de manœuvre dans la tourelle; le commutateur unique est sous la main du pointeur et les résistances de réglage de vitesse sont disposées dans le support du commutateur. L'ensemble des appareils de commande est ainsi groupé sous un volume assez faible dans une enveloppe de forme conique et porte le nom de cartouche électrique. Ce bloc se met en place, à la façon d'une lampe à incandescence, et ses bornes se relient respectivement aux plots d'aboutissement des fils d'alimentation d'une part et des fils de l'induit d'autre part : en cas d'avarie, on remplace la cartouche électrique par une autre identique.

Le schéma de la figure 971 indique le principe des dispositions

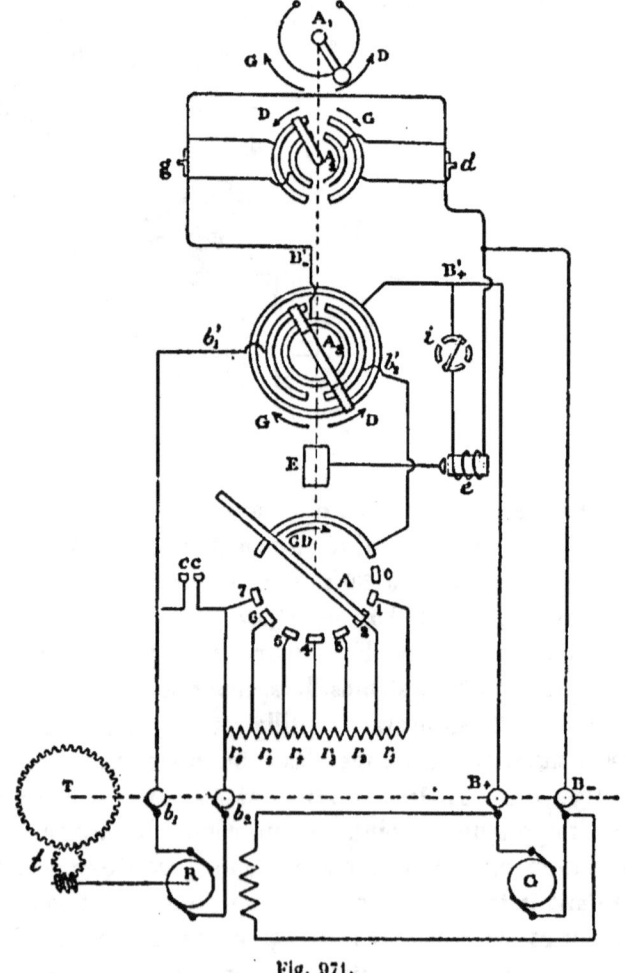

Fig. 971.

de l'ensemble. Les engrenages t représentent sommairement des transmissions du genre de celles de la figure 970, par exemple, établies entre le moteur R et la tourelle T. La réceptrice R est excitée en dérivation par courant pris aux bornes B B de la génératrice G. Toute cette partie des appareils est placée sous le pont cuirassé. Les cercles et frotteurs B_+ B_- b_1 b_2 représentent schématiquement les contacts glissants établis entre les parties fixes précédentes et le reste de la canalisation qui pénètre dans la tourelle mobile. Toute la partie du schéma située au-dessus de la ligne pointillée T b_1 b_2 B_+ B_- correspond donc aux circuits de commande proprement dits du moteur.

Les commutateurs A_1 A_2 A_3 A ont leurs axes sur une même verticale ; les barrettes A_1 A_2 A_3 sont solidaires et tournent parallèlement, à la volonté du pointeur qui tient la manette A_1 à la main. L'arbre, qui relie ces trois barrettes, entraîne la barre du rhéostat A par l'intermédiaire d'engrenages E, lorsque l'embrayeur Ee est engagé. Nous ne donnerons pas la description de détail du mécanisme E ; il nous suffit de savoir que l'entraînement de la barre du rhéostat A par l'arbre A_1 A_2 A_3 se fait dans le même sens pour les deux marches, que la manette de A_1 soit poussée vers D ou vers G : on obtient ce résultat en actionnant le pignon monté sur l'axe a de la barre A par une roue conique à deux dentures opposées $\gamma \delta$ (fig. 972) dont l'une ou l'autre engrène selon que la manette de A_1 passe à droite ou à gauche de sa position milieu. Dans cette position, d'ailleurs, la barre du rhéostat A repose sur ses plots cc de mise en court circuit de l'induit du moteur : c'est la position d'arrêt. L'arbre A_1 A_2 A_3 n'entraîne la roue à deux secteurs $\gamma \delta$ que lorsque l'électro e attire son armature : il faut donc, pour manœuvrer, fermer le circuit de l'électro e par la barre du conjoncteur-interrupteur i. De plus, on pourra ménager des interrupteurs automatiques g et d, que des heurtoirs convenablement disposés manœuvreront, lorsque la tourelle atteindra les limites de son champ de tir. Dès que l'électro e lâche son armature, les roues $\gamma \delta$ se trouvent

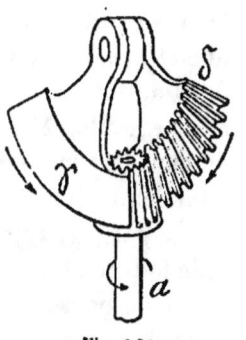

Fig. 972.

séparées de l'arbre A_1 A_2 A_3 et la barrette A, libre de toute liaison, revient à sa position d'arrêt sous l'action d'un ressort de rappel : le circuit d'alimentation du moteur est ainsi coupé en 1 après interposition des résistances r_6 r_5... r_2, r_1 et finalement le moteur se ferme en court circuit.

On saisit le fonctionnement de tout l'appareil : les commutateurs A_1 et A_3 ne présentent aucune disposition spéciale ; le commutateur A_3 est un simple inverseur, la touche annulaire extérieure représente la borne B_+ de la canalisation d'alimentation et la touche annulaire intérieure la borne B_-, tandis que les deux demi-anneaux intermédiaires sont les extrémités b'_1 et b'_2 du circuit de l'induit, y compris le rhéostat r_1 r_2... r_6. Enfin le conjoncteur A_2 qui, comme on le voit, double les contacts g et d, n'est là que pour permettre de faire repartir la tourelle dans le sens opposé à celui de la marche qui l'a amenée à l'extrémité de son champ de tir.

Suivons en effet le courant en partant de la borne B_+ : nous supposerons qu'on ait fait jouer l'embrayeur e E, en fermant le circuit de l'électro e en i, et que, la tourelle étant à un pointage quelconque, différent des angles extrêmes de son champ de tir, on ait amené la manette de A_1 dans la position qu'indique le schéma ; les interrupteurs automatiques g et d sont fermés et le courant peut passer par leurs contacts. De B_+ le courant passe à l'anneau extérieur du commutateur A_3 et traverse le pont conducteur (hachuré inférieur) de la barre pour aller au secteur b'_2 et de là au long secteur du rhéostat A ; il suit la barre de ce rhéostat et, par le plot 2 et les résistances r_2 r_3... r_6, gagne la borne b_2 du moteur. Du moteur, c'est-à-dire de b_1 puis de b'_1, il traverse le pont conducteur (hachuré supérieur) jusqu'à l'anneau intérieur de A et, par B'_-, rejoint la borne négative de la dynamo G. La tourelle tourne alors vers la droite avec une vitesse faible, qu'on augmente en poussant plus loin la manette de A_1 jusqu'à faire passer la barre du commutateur A sur les plots 6 et 7.

Si l'on maintient ainsi la tourelle en marche sans s'inquiéter du point où elle arrive, elle s'arrête automatiquement à l'extrémité droite de son champ de tir, dès que le buttoir disposé ad hoc vient rencontrer l'interrupteur d et couper le courant de l'électro e : ce dernier lâche aussitôt son armature, et le désembrayage des transmissions E se produit. Le ressort de A ramène alors la barre A à la position d'arrêt en court circuit. Pour faire repartir la tourelle vers la gauche, il suffit de pousser la manette de A sur le côté G, et le pont de A_1, entraîné avec elle, rétablit dans l'électro e, par l'intermédiaire des deux secteurs G de ce commutateur, le courant que le jeu de l'interrupteur d avait coupé. Le réembrayage de E se produit aussitôt, le doigt de l'embrayeur se trouvant en face de son encoche à la position d'arrêt de la barre A.

Le pointeur mène la tourelle à son gré à l'aide de la manette A_1. Plus vite et plus loin la pousse-t-il, plus le démarrage est brusque et plus grande la vitesse. Les courbes d'ampèremètre enregistreur que donnent les figures 973, 974 et 975 montrent les résultats obtenus. Dans la première manœuvre (fig. 973), on a écarté

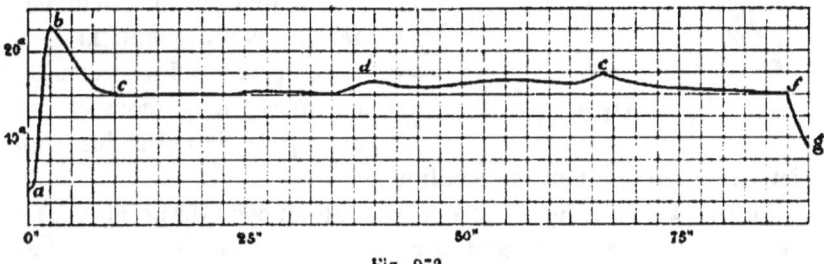

Fig. 973.

la manette A de sa position d'arrêt avec une certaine lenteur, comme en témoigne la première partie ab de la courbe : la tourelle a démarré sous une intensité de 23 ampères environ (soit un certain couple égal à la somme des résistances statiques et des forces d'inertie au départ). L'accélération du mouvement a duré de 7 à 8 secondes de b en c (période de croissance de la force contre-électromotrice de la réceptrice), et, le régime permanent atteint, la tourelle a décrit un certain angle à vitesse bien constante (intensité de 15 ampères). De d en e s'est produit un accroissement d'intensité : la cause peut en être soit un déplacement de la manette soit une augmentation des résistances de frottement, soit un défaut d'équilibre des masses tournantes mis en évidence par un léger mouvement de roulis. En f enfin, l'interrupteur automatique a joué, et la tourelle s'est stoppée.

La seconde courbe (fig. 974) correspond à une manœuvre plus rapide. On a poussé brusquement la manette, et plus loin : l'accélération au démarrage, plus considérable, a mis en jeu un couple d'inertie plus grand, et l'intensité est montée très rapidement d'ailleurs jusqu'à 53 ampères. La vitesse de régime a été atteinte en 9 secondes environ, et elle s'est maintenue à valeur à peu près constante. Le couple résistant à cette allure correspond à l'intensité d'environ 17 ampères au lieu des 15 à 16 ampères du cas précédent. La tourelle a mis ici environ 30 secondes à parcourir son champ de tir entier jusqu'au jeu de l'interrupteur automatique.

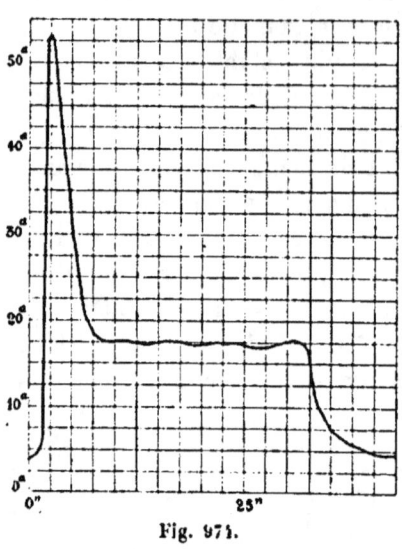

Fig. 974.

La courbe de la figure 975 représente un essai de pointage. La première partie de la courbe correspond à une première manœuvre de la manette A, qu'on a ramenée presque au zéro au bout de 50 secondes, quand on a vu la ligne de mire s'approcher du but. On a rectifié ensuite le pointage par poussées très courtes de la manette, comme l'indique la seconde partie de la courbe, poussées d'abord insuffisantes pour faire bouger la tourelle, puis plus hardies jusqu'à obtenir les très petits déplacements désirés.

373. Système des ateliers de La Seyne. — La Société des Forges et Chantiers de la Méditerranée applique couramment à la manœuvre des tourelles des navires qu'elle construit les relais du type Savatier-de Lagabbe-Sautter-Harlé et Cⁱᵉ. L'avantage de ce système est de laisser à l'abri du pont cuirassé la canalisation du courant principal. Nous indiquerons ici les dispositions accessoires que l'on emploie, tant pour parfaire le pointage que pour préserver les appareils des effets d'une fausse manœuvre. Le schéma de la figure 976 résume ces dispositions.

APPAREILS DE COMMANDE DES MOTEURS.

Tout d'abord on reconnaîtra dans le tracé fait en trait large simple ou double, tout le circuit principal d'alimentation ou d'arrêt du moteur, à peu près tel que le définissait en principe la partie inférieure de la figure 962. Le trait noir représente la portion du circuit d'alimentation qui demeure en communication avec le câble positif B_+ de la canalisation du bord, et le trait double clair, la barre négative du tableau des conjoncteurs, laquelle est en relation permanente avec le câble négatif B_-. Le circuit propre du moteur, où s'établit un courant de sens variable avec la marche, est représenté par des traits doubles hachurés b_1 et b_2; enfin le trait noir ondulé correspond au court circuit qui se trouve établi entre les branches b_1 et b_2 du moteur lorsque les contacts c_1 et c_2 sont abaissés à la fois.

Selon qu'on excite les électros D ou G, on connecte respectivement au positif et au négatif soit les branches b_1 et b_2 du moteur soit les branches b_2 et b_1.

Lorsque aucun des électros 1, 2, 3 n'est excité, le courant partant de B_+ n'a de chemin que les trois résistances R_3, R_2 et R_1; si l'on excite l'électro 1, on met R_1 en court circuit par le pont de cuivre et de charbon du conjoncteur qui s'abaisse, et l'on fait de même pour R_2 et pour R_3 si l'on excite en même temps les électros 2 et 3.

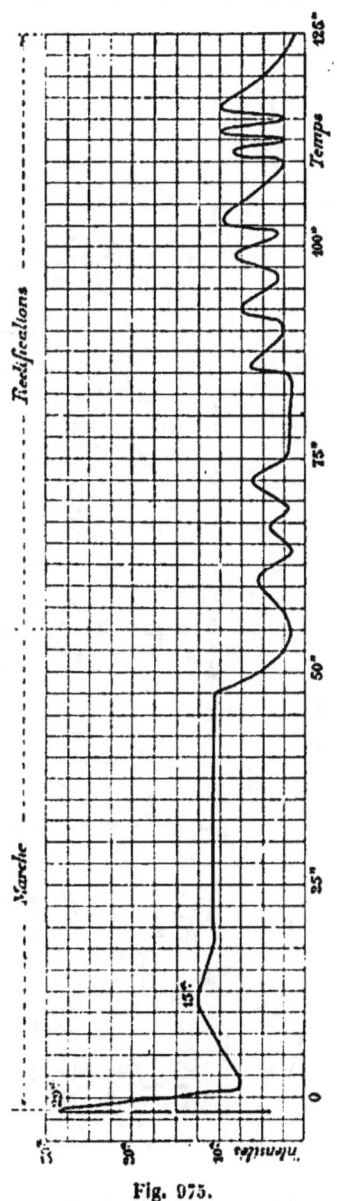

Fig. 975.

Le schéma ramène la résistance R_3 au voisinage du moteur : c'est qu'en effet on peut enrouler le conducteur qui constitue cette

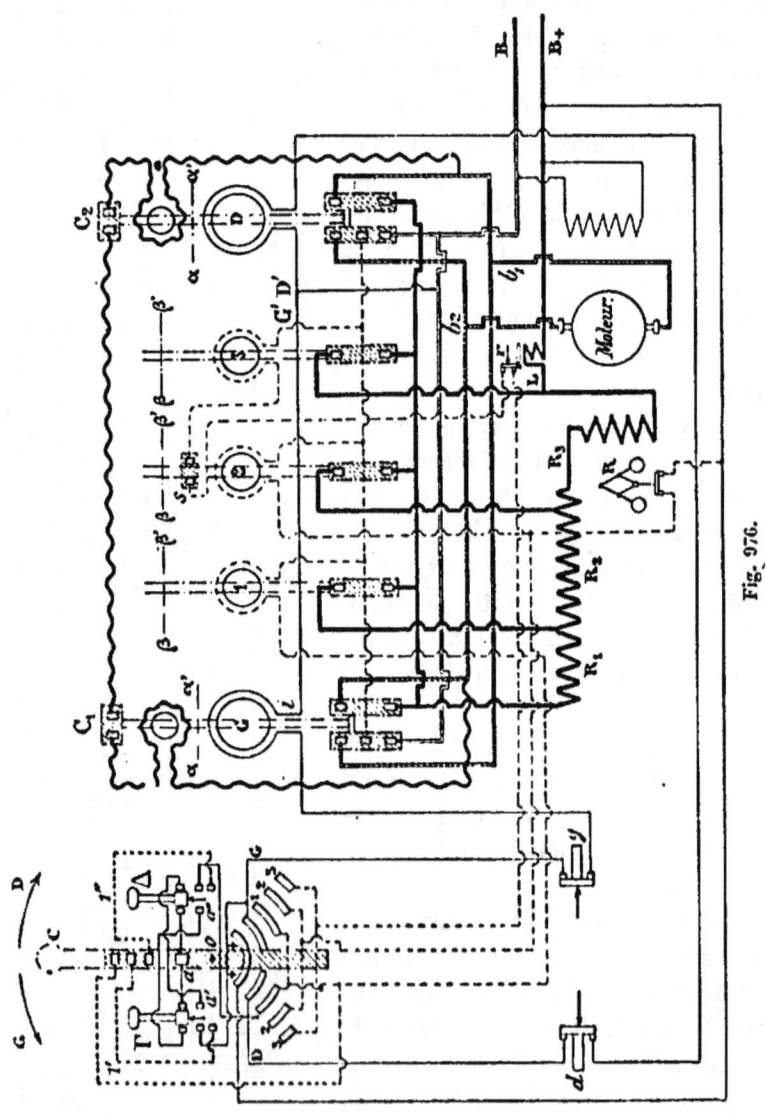

Fig. 976.

résistance sur l'inducteur du moteur, et cela dans un sens tel que les ampèretours du courant principal issu de B_+ renforcent le flux,

APPAREILS DE COMMANDE DES MOTEURS.

que produisent déjà les ampèretours du fil en dérivation représenté sur la droite du moteur. De la sorte, on obtient au démarrage, et tant que la résistance R_3 n'est pas mise en court circuit par le levier 3, un couple moteur plus fort, à intensité dans l'induit égale; on peut ainsi augmenter l'énergie du moteur au démarrage tout en réduisant, par des résistances $R_1 + R_2 + R_3$ assez considérables, l'intensité dans l'induit, pour le cas où la tourelle serait un peu dure au départ.

En ce qui concerne la mise en court circuit au moment de l'arrêt, rien ici de particulier; comme nous l'avons vu déjà, c'est le conjoncteur en prise sur les plots d'alimentation qui, en basculant autour de son axe xx' sous l'action de son ressort de rappel, lorsqu'on éteint son relai, vient appliquer sa queue sur les contacts du fil ondulé et fermer le court circuit. Le fil ondulé s'enroule d'ailleurs sur un noyau de fer, qui vient ajouter son attraction à celle du ressort pour assurer le maintien du conjoncteur à la position d'arrêt, pendant tout le temps que le moteur conserve de la vitesse.

La figure 977 montre d'ailleurs les dispositions que l'on peut adopter dans ce cas pour chacun des conjoncteurs-inverseurs. En

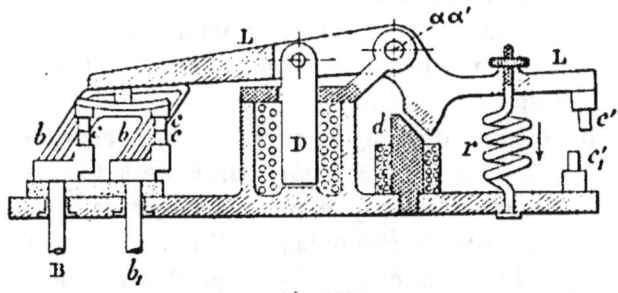

Fig. 977.

LL est le levier portant le pont du conjoncteur d'alimentation bb : ce pont est fait de lames de cuivre flexibles, munies d'ailleurs de contacts de rupture en charbon. On voit d'autre part, en $c' c'_1$, les charbons de mise en court circuit de l'induit (charbons qui sont doubles et forment pont dans le sens perpendiculaire au profil du conjoncteur). En Bb_1 sont les plots de la canalisation et du moteur; en c'_1, l'un des plots du conducteur de court circuit (trait ondulé sur le schéma général, fig. 976). L'axe d'oscillation du levier est en xx'. Le solénoïde de mise en prise du conjoncteur agit sur le noyau D relié au levier. Le ressort de rappel à la position d'arrêt est représenté en r, et l'électro d n'est autre que l'électro de maintien à cette position ; c'est lui dont l'enroulement est constitué par le fil de court circuit du moteur.

Passons à l'étude des circuits d'excitation des électro G, D, 1, 2 et 3.

Les circuits des deux premiers sont représentés en traits fins continus sur le schéma de la figure 976. Partant de la barre B_+ de la canalisation, leur fil d'alimentation commun arrive à la touche centrale du commutateur C et, de là, le courant passe à la touche G ou à la touche D suivant le sens dans lequel on manœuvre la barre conductrice de ce commutateur. De ces touches partent respectivement les fils des électros G et D ; ces fils se réunissent d'ailleurs en un seul en $G'D'$ pour rejoindre la barre négative du tableau B_-. Sur leurs trajets, entre le commutateur C et les électros G et D, ils rencontrent chacun un interrupteur automatique, l'un g, l'autre d : ces derniers sont constitués chacun en principe par une traverse qu'un ressort, agissant dans le sens de la flèche, maintient appliquée sur ses plots, et qu'un heurtoir sépare au contraire de ces derniers lorsque la tourelle arrive à la limite de son champ de tir : l'arrêt automatique se produit donc, à fin de course, par rupture du courant dans l'électro G ou D qui se trouve en action.

Quant aux électros des conjoncteurs de mise en court circuit des résistances 1, 2, 3, ils reçoivent leur courant de la touche centrale positive du commutateur C, quel que soit le sens de la marche, et le déversent à la barre horizontale pointillée, qui se trouve jointe au négatif par l'un quelconque des conjoncteurs G ou D, lorsque l'un de ceux-ci est en prise à l'alimentation. Ils sont actionnés successivement, lorsqu'on écarte davantage la barre C de sa position moyenne, et, par suite de la disposition des touches 1, 2, 3, ils abaissent leurs leviers dans l'ordre de leurs numéros, et maintiennent abaissés les premiers lorsque les suivants le sont.

On voit sur le schéma trois dispositifs particuliers en s, en L et en R. Ces dispositifs, indépendants les uns des autres, ont chacun un rôle spécial.

Le premier, qui n'est autre qu'un interrupteur manœuvré par le levier du conjoncteur 2, établit la subordination du conjoncteur 3 au conjoncteur 2, puisque le circuit d'excitation de l'électro 3 ne peut être fermé qu'à la condition que le levier de 2 soit en prise. On évite ainsi qu'une manœuvre trop rapide de la barre du commutateur C ne détermine brusquement la mise en court circuit des trois résistances $R_1 + R_2 + R_3$: grâce à la mise *en cascade* des électros 2 et 3 que cette disposition réalise, ce n'est que lorsque 2 a supprimé R_2 que 3 supprime R_3.

L'organe indiqué sommairement en L est un disjoncteur automatique, auquel on donne le nom de *limiteur d'intensité*. Il a pour objet de protéger l'induit de l'action d'une trop forte intensité, pour le cas où, pendant la manœuvre à toute vitesse c'est-à-dire avec la résistance R_3 en court circuit, un grippement ou toute cause analogue viendrait déterminer le ralentissement de la tourelle et par suite la chute de la force contre-électromotrice du moteur : aussitôt en effet que l'intensité dépasse une certaine valeur dans le fil d'alimentation, l'électro L attire son armature, que le ressort *r* maintient en temps normal sur ses plots, et coupe le courant de l'électro du conjoncteur 3.

Enfin l'interrupteur à force centrifuge R a son rôle marqué lors de la marche à très petite vitesse. Dans ce cas, on marche en effet avec les résistances R_2 et R_3, le conjoncteur 1 se trouvant au plus seul en prise avec l'un des deux conjoncteurs inverseurs G ou D naturellement. Or, il peut se faire que, par suite d'augmentation momentanée des résistances mécaniques, la vitesse diminue par trop ; les boules alors s'abaissent, et le courant passe directement dans l'électro 2, ce dernier met aussitôt R_2 en court circuit et l'y maintient jusqu'à ce que la vitesse ait repris sa valeur normale.

Étudions enfin l'organe d'achèvement du pointage. Cet organe consiste en deux poussoirs P et Δ, qui permettent d'envoyer le courant dans chacun des électros des conjoncteurs-inverseurs G ou D et dans l'électro du relais 1, pendant très peu de temps, exactement comme on le ferait en manœuvrant la barre du commutateur C par poussées et rappels immédiats. Dès qu'on le lâche, en effet, chaque bouton de poussoir est ramené à sa position d'arrêt par un ressort agissant dans le sens des flèches. On obtient de la sorte des lancées rapides du courant dans l'induit par l'intermédiaire des résistances R_2 et R_3 toujours maintenues en pleine action. Les connexions des plots des poussoirs sont faciles à saisir sur le schéma de la figure 976. Le plot a reçoit le potentiel positif par l'intermédiaire de la barre C, lorsqu'elle est *dans la position d'arrêt*. Avec ce plot a communiquent les plots $a'a''$, mais *seulement par l'intermédiaire des poussoirs* quand ils sont relevés : cette disposition supprime tout effet à la manœuvre simultanée accidentelle des deux poussoirs, manœuvre qui aurait pour effet de mettre en prise à la fois les conjoncteurs G et D et par suite de fermer en court circuit la canalisation. En poussant alors l'un des deux poussoirs jusqu'au bas de sa course, celui de gauche $1'$ par exemple, on envoie le courant par a' à la fois dans le fil (trait plein) de l'électro G et dans le fil (trait pointillé) de l'électro 1 par l'intermédiaire du conducteur $1'$ qui, comme $1''$, se trouve relié à 1 par la barre C, *lorsqu'elle est dans sa position d'arrêt*.

Les poussoirs et le manipulateur C se trouvent, cela va de soi, dans la tourelle, sous la main du pointeur.

374. Manœuvre de la barre d'un gouvernail. — Les exemples de manœuvre électrique directe de la barre d'un gouvernail sont en très petit nombre; on n'en rencontre pour bien dire qu'à bord des navires purement électriques, car, pour les motifs indiqués au paragraphe 360, on a conservé jusqu'à présent la préférence aux servo-moteurs à vapeur, en se bornant à commander électriquement, des principaux postes de manœuvre, le volant de la machine à gouverner. Mais les essais de commande de la barre des grands navires par les moteurs électriques ne peuvent manquer de se faire dans un avenir prochain. Sans recourir d'ailleurs à l'emploi d'aucun système d'avertissement, on peut appliquer à ce cas tel ou tel des systèmes de manœuvre indiqués précédemment, à la condition de munir la barre du gouvernail d'un répétiteur ou d'un indicateur de ses propres angles.

Dans cet ordre d'idées, on a réalisé sur certains navires de faible tonnage le système de manœuvre qu'indique en principe la figure 978. Le moteur commande la barre par l'intermédiaire des transmissions non réversibles figurées sommairement. Il reçoit

APPAREILS DE COMMANDE DES MOTEURS.

son courant, lorsque l'interrupteur i est à la position de marche, par l'intermédiaire du rhéostat-inverseur C. Dans la position que suppose la figure pour les plots de la manette, le courant pénètre

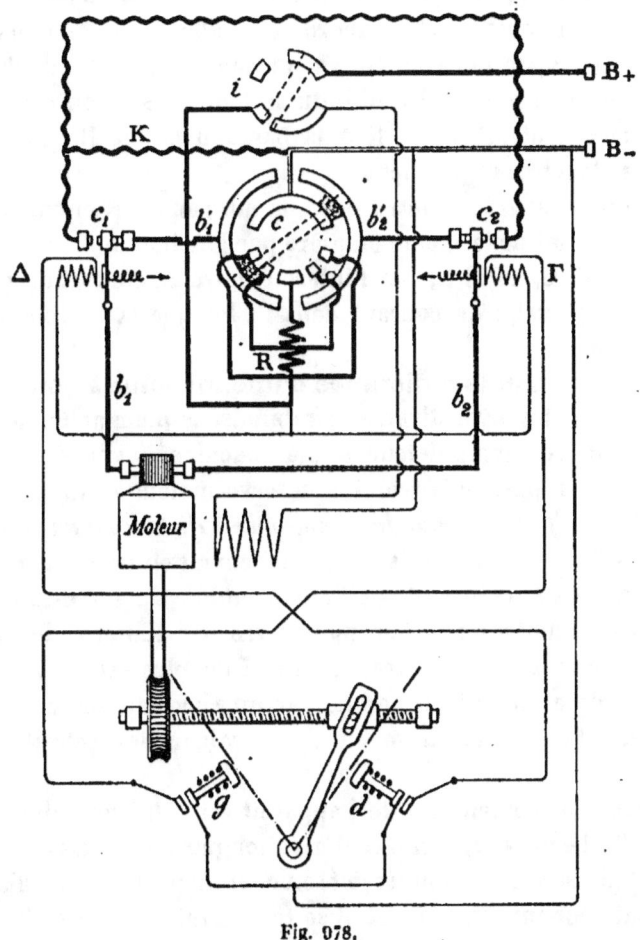

Fig. 978.

dans l'induit par le balai b_1 et en sort par le balai b_2; les résistances du rhéostat R sont presque toutes hors circuit et la vitesse est voisine de son maximum.

La barre est munie d'un indicateur d'angle que nous n'avons pas représenté sur la figure (voir § 384). Lorsque l'angle de barre a atteint la valeur convenable, on stoppe le moteur en ramenant la manette C à la position verticale, position dans laquelle les branches b_1 et b_2 du moteur se trouvent mises en court circuit.

On a ménagé en outre des arrêts automatiques aux angles extrêmes : la barre, en arrivant à fin de course, à tribord par exemple, rencontre un poussoir (d à tribord, g à bâbord) et ferme le circuit de l'électro Δ ; ce dernier attire son armature et le conducteur b_1, qui recevait le potentiel positif du secteur b'_1, se trouve relié par le contact c_1 et par le fil K à la barre négative B. Le moteur s'arrête alors très rapidement.

A fin de course sur l'autre bord, la mise en court circuit de l'induit se produit de la même manière par jonction de la branche b_2, alors négative, au fil K, par l'intermédiaire du contact c_2 que fait fermer le passage du courant dans l', lorsque la barre atteint le poussoir g.

375. Commande à distance d'une machine à gouverner. — On peut employer diverses combinaisons pour actionner électriquement le manipulateur d'une machine à gouverner quelconque, et en particulier celui d'un servo-moteur à vapeur.

I. *Appareil Marit pour la commande à distance d'un servo-moteur.* — Cet appareil consiste essentiellement en un moteur en dérivation dont l'arbre agit sur l'écrou mobile du servo-moteur de gouvernail, moteur que l'on manœuvre par l'intermédiaire d'un rhéostat inverseur ordinaire, mais qui de plus est automatiquement réglé et stoppé au besoin par un rhéostat conduit par l'écrou mobile, en raison même de la valeur des retards de ce dernier.

Le schéma élémentaire de l'appareil est celui qu'indique la figure 979. Le moteur, excité en dérivation par un fil pris aux barres B_+ et B_- de la canalisation, reçoit son courant par l'intermédiaire du commutateur-inverseur C, et il se trouve mis en court circuit en permanence par les résistances R_1, qui sont d'ailleurs considérables. L'arbre du moteur commande le volant V de l'écrou mobile E du servo-moteur (fig. 980) et le fait avancer ou reculer, suivant le sens de la marche, sur la vis S que meut d'ailleurs la machine à vapeur en raison même de l'avance du volant V sur la vis. C'est ce mouvement longitudinal qui, en même temps qu'il commande le tiroir à vapeur de la machine, règle l'allure du moteur électrique : en effet, par l'intermédiaire des leviers mobiles autour du point O, l'écrou E entraîne suivant le sens de son déplacement le levier Δ ou le

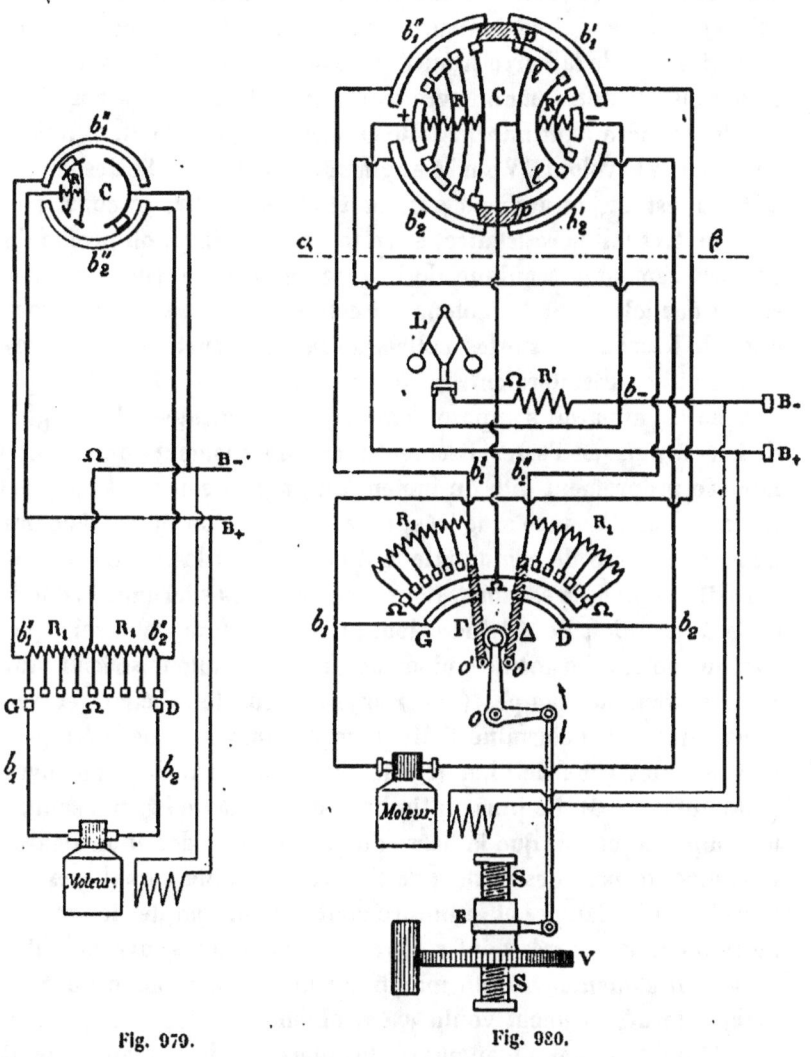

Fig. 979.   Fig. 980.

levier Γ, et réduit la résistance en court circuit aux bornes du moteur en rapprochant de Ω le contact D ou le contact G (fig. 979 et 980). Par le jeu même de ce rhéostat en dérivation, la vitesse du moteur se trouve donc réduite, lorsque augmente l'avance du manipulateur (moteur ou volant V) sur la vis (arbre mû par la vapeur). Si, pour une certaine position de la manette de C, la machine suit convenablement le moteur, l'avance de l'écrou E V sur la vis reste constante, et le régime demeure constant lui-même, avec une certaine position de la barre Δ ou I' sur son rhéostat R_1. Si, pour une raison ou une autre, manœuvre trop rapide du commutateur C ou résistance mécanique anormale de la barre du gouvernail, le retard de la vis sur le volant E V tend à augmenter par trop, celle des barres Δ I' qui est en jeu arrive à gagner Ω et le moteur, en court circuit sur très faible résistance, s'arrête. En définitive, on profite de l'asservissement mécanique de la machine à gouverner pour asservir partiellement le moteur, et cela dans le but d'éviter tout choc de l'écrou E V sur les collets de la vis et surtout les coïncements qui en résulteraient.

Avec cet appareil s'impose l'emploi d'un indicateur des angles de barre, puisque l'asservissement n'existe nullement pour la manœuvre proprement dite du moteur qui, à part son arrêt automatique en cas d'avance exagérée, tourne tant qu'on ne ramène pas au zéro la barre du commutateur C et mènerait la barre du gouvernail à son angle extrême. Nous n'entrerons pas ici dans le détail de la description de cet indicateur; il nous suffira de savoir que c'est le moteur lui-même qui mène un commutateur spécial, dit commutateur des lampes (non représenté sur le schéma), et que ce commutateur détermine l'allumage de lampes numérotées placées sous les yeux de l'homme de barre au poste de manœuvre (commutateur C). De plus un timbre est disposé de façon à sonner un coup chaque fois que la barre du gouvernail a décrit un degré. L'homme de barre est ainsi averti, par le double signal que lui fournissent les lampes et le timbre dont il peut compter les coups, du nombre de degrés dont a tourné la barre du gouvernail depuis qu'il a manœuvré son manipulateur; il le ramène au zéro lorsque le déplacement voulu a été obtenu.

Sitôt qu'il fait cette manœuvre, les plots p p de la manette de C se trouvant dans la position qu'indique la figure 980, le moteur se trouve en court circuit direct par le commutateur C, ainsi qu'il est facile de le vérifier, puisque les secteurs extérieurs b'_1 et b'_2 de ce commutateur sont invariablement reliés aux points b_1 et b_2, et que la communication directe existe entre les touches intérieures, en contact alors avec les plots $p\,p$.

Lorsqu'on voudra remettre le moteur en marche d'un côté ou de l'autre, on placera la manette de commande des plots $p\,p$ dans la position qu'indique par exemple la figure 979 et le courant prendra le chemin que l'on peut suivre facilement sur la figure 980. Le plot supérieur p étant poussé vers la gauche, le courant partant du positif prendra une partie des résistances R, passera au secteur b''_1 et gagnera l'extrémité correspondante de la résistance R_1 : de là il se partagera, comme sur la figure 979, entre la résistance R_1, qui au total est très grande, et le moteur. De ce côté il ira en effet de b''_1, en G et b_1 par le pont de la barre l', passera par le moteur qu'il fera tourner, en sortira par b_3, gagnera b', et finalement Ω, c'est-à-dire la barre B-, par l'intermédiaire du plot inférieur p. Par le premier chemin que lui offre la résistance R_1, il passera, en très faible intensité d'ailleurs, de b''_1, en $\Omega\,\Omega\,\Omega$ et B-. La résistance R_1 est donc bien en dérivation sur le moteur, comme dans la figure 979. Le moteur tournant, E prendra une certaine avance sur S, mais si cette avance devient trop considérable, le pont l' se trouve poussé assez loin vers la gauche et connecte la touche b_1 du moteur (alors positive) à des touches de R_1 de plus en plus voisines de Ω.

Les connexions inverses, mais analogues, s'établissent à la marche inverse, lorsqu'on pousse le manipulateur de C dans l'autre sens.

Il ne nous reste plus qu'à indiquer le rôle du régulateur L : c'est un limiteur de vitesse ; dès que la vitesse a atteint une certaine valeur, le huitième de la valeur maxima par exemple, les boules s'écartent et coupent le court circuit qui annihilait la résistance R' établie entre le point Ω et la barre B- de la canalisation. Aussitôt la vitesse diminue, et avec elle l'avance de E, les leviers l' ou D jouent pour réaugmenter la vitesse, et il s'établit un régime de faible vitesse avec la résistance R' en circuit. Les plots du commutateur C sont dans l'un des angles qui correspondent aux touches les plus longues voisines de la verticale.

Si l'on veut passer aux vitesses supérieures, il faut retirer la résistance R' du circuit de l'induit ; pour cela il suffirait d'agir sur le régulateur à boules L et de le déclancher, si cet organe était à portée, mais il ne faut pas oublier que l'ensemble de tous les appareils représentés au-dessous de la ligne $\alpha\beta$ forment un groupe voisin du servo-moteur, et que le manipulateur C est en un quelconque des postes de manœuvre, sur la passerelle par exemple. C'est donc par la seule manœuvre de la manette des plots $p\,p$ qu'on doit pouvoir retirer cette résistance : c'est dans ce but qu'on a décomposé le secteur intérieur de la demi-circonférence de droite du commutateur suivant le tracé qu'indique la figure 980. En poussant en effet les plots p de plus en plus vers l'horizontale, il vient un moment où le courant, à sa sortie du moteur par b', par exemple, au lieu de passer à la borne Ω par l'intermédiaire de la touche longue l, passe de b', à la borne b- par la résistance R" du commutateur : la résistance R" se substitue donc ainsi simplement sur le circuit du moteur à la résistance R' introduite par le limiteur L, et il ne reste qu'à pousser les plots pp jusqu'à la position extrême, voisine de l'horizontale pour retirer progressivement cette résistance R"$_1$ du circuit et atteindre la vitesse moyenne, puis la vitesse maxima.

II. *Appareil Savatier-Sautter*. — On peut employer à la manœuvre à distance du volant d'un servo-moteur un moteur électrique disposé de la même façon que dans l'appareil Marit et introduire dans son circuit des résistances pour faire varier la vitesse, mais commander l'introduction de ces résistances par l'intermédiaire de relais. Le système dans son ensemble comprend alors, en dehors de la machine à gouverner dont le moteur mène le volant : 1° au voisinage de celle-ci, le moteur et ses résistances d'induit avec le tableau des conjoncteurs munis de leurs relais ; 2° l'ensemble des conducteurs de commande de ces derniers, allant du tableau des conjoncteurs au manipulateur, lequel n'est pas autrement disposé en principe que les commutateurs C des figures 979 et 980 ; 3° un répétiteur des angles de barre du gouvernail.

376. Répétiteurs des positions du récepteur; combinaisons destinées à en éviter l'emploi. — Les appareils précédents n'étant nullement asservis, il est absolument nécessaire de les doubler d'un indicateur des positions du récepteur, lorsque ce récepteur est, comme la barre d'un gouvernail, invisible du poste de manœuvre. On a réalisé de nombreux systèmes de répétiteurs; nous en étudierons quelques exemples un peu plus loin. Souvent d'ailleurs on emploie un système analogue à celui du répétiteur de l'appareil Marit, qui comporte une boîte de lampes reliées aux touches d'un commutateur dont la barre est mue par le moteur lui-même. Mais on a cherché à se dispenser de l'emploi d'un tel système, et pour cela on a dû, sinon chercher dans la voie de l'asservissement complet du moteur à la manette de son manipulateur, du moins réaliser un asservissement partiel, c'est-à-dire lier le moteur à son manipulateur de telle sorte que la position donnée à la manette du manipulateur sur son cadran détermine la limite précise du parcours du récepteur.

Nous allons passer en revue quelques-unes des combinaisons réalisées dans ce but.

377. Commande à distance par l'intermédiaire de fils de mise en court circuit. — Le principe de cette combinaison consiste essentiellement à disposer un ensemble de conducteurs entre deux commutateurs dont l'un, le manipulateur, se manœuvre à volonté, tandis que l'autre est actionné par le moteur en marche : les fils d'alimentation du moteur passent aux barres des deux commutateurs, et chacun des conducteurs susdits ferme en court circuit le moteur lorsque la manette du second commutateur, mue par le moteur, arrive à toucher le plot correspondant au plot marqué par la manette du premier commutateur. Si donc on place la manette du manipulateur C sur un plot quelconque, 2 par exemple (fig. 981), le moteur tournera jusqu'à ce qu'il ramène la barre du récepteur K sur la touche 2 de ce dernier commutateur, et il stoppera aussitôt.

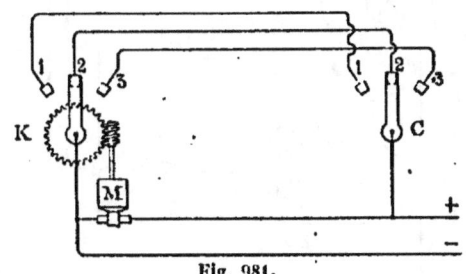

Fig. 981.

Une telle combinaison, dans sa simplicité, répond à l'une des conditions fondamentales du problème. Mais, à moins qu'on ne munisse le circuit du moteur d'un inverseur convenablement disposé, le moteur tournera toujours dans le même sens, et, si de la position 2, on veut revenir à la position 1, le moteur fera tourner le commutateur K dans le sens des aiguilles d'une montre par exemple, d'un tour entier moins l'intervalle 1.2, quel que soit le sens dans lequel on ait déplacé la manette C pour l'amener de 2 en 1.

Pour employer un tel système à la commande d'une machine à gouverner, il est indispensable de produire l'inversion de marche.

On peut employer dans ce but un dispositif tel que celui que M. l'ingénieur de la marine Maugas a adopté dans divers projets de manœuvre électrique de gouvernails et que la maison Bréguet utilise à la commande des rhéostats de manœuvre de divers moteurs de grande puissance. Le schéma de la figure 982 définit le principe de cet appareil. On voit en I l'inverseur des connexions entre ornes b_1 b_2 du moteur et les pôles positif et négatif de la canalisation. La barre de l'inverseur est commandée par deux relais gd et dg, qui la font passer sur le côté de la marche gauche-droite ou sur celui de la marche droite-gauche, suivant que l'un ou l'autre reçoit du courant.

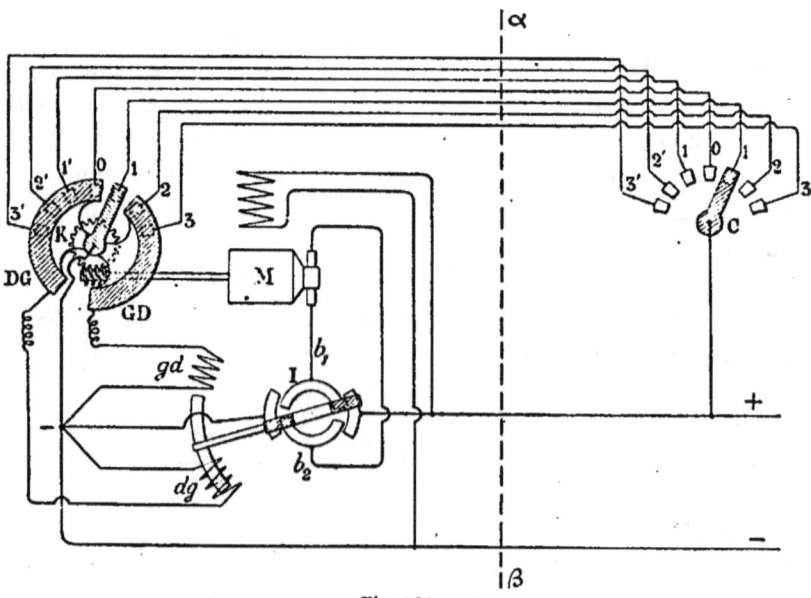

Fig. 982.

Or, si l'appareil est arrêté dans la position de la figure, les manettes en 1 et 1, et qu'on veuille faire tourner le récepteur de droite à gauche par exemple pour le faire passer à la position 2′, on poussera la manette de C sur le plot 2′, et c'est la touche 2′ du commutateur K qui recevra le potentiel positif : c'est donc cette touche, et d'une façon générale une touche de K située sur la gauche de 1, qui doit envoyer le potentiel positif au relais dg. Tel est le rôle des deux secteurs conducteurs DG et GD, solidaires de la manette conductrice centrale, isolés d'elle et l'un de l'autre : ces secteurs portent en effet respectivement sur toutes les touches du commutateur, qui, pour une position quelconque de l'équipage mobile, se trouvent momentanément situées à gauche et à droite de la manette centrale. Une telle combinaison réalise l'inversion des connexions du moteur dans le sens voulu pour le faire partir dans le sens du déplacement de la manette du commutateur C. Si en effet, de la position de la figure, on avait voulu passer à la position 2 ou 3 par exemple, on eût transporté la manette de C vers la droite sur le plot 2 ou 3 et communiqué le potentiel positif à l'un des plots 2 ou 3, c'est-à-dire à un plot situé sur la droite du plot 1 sur le commutateur K, et c'eût été le relais gd qui se fût trouvé mis en action par l'intermédiaire du secteur GD.

378. Emploi d'un conjoncteur à relais monté sur fil d'équilibre entre résistances conjuguées. — Ce système consiste à constituer, par l'ensemble du manipulateur, du récepteur et des lignes qui les joignent, un véritable pont de Wheatstone dont le fil d'équilibre AB passe par un relais à champ magnétique permanent disposé à la façon d'un galvanomètre (fig. 983). En manœuvrant la manette c du manipulateur, on partage les résistances de ce côté dans un certain rapport (que nous aurions désigné par $\frac{a}{x}$ en conservant les notations du § 50 tome I) : le courant passe aussitôt dans le fil d'équilibre et fait dévier, d'un sens ou de l'autre suivant le cas, le cadre mobile G du relais qui enclanche l'un ou l'autre des conjoncteurs de mise en marche du moteur, conjoncteurs que nous *n'avons pas représentés* sur la figure mais dont il est facile d'imaginer les dispositions, analogues à celles de l'appareil I sur la figure 982. Celui-ci, se mettant à tourner, entraîne alors la machine qu'il doit conduire et, tout à la fois, la manette K du récepteur jusqu'à ce que cette dernière vienne oc-

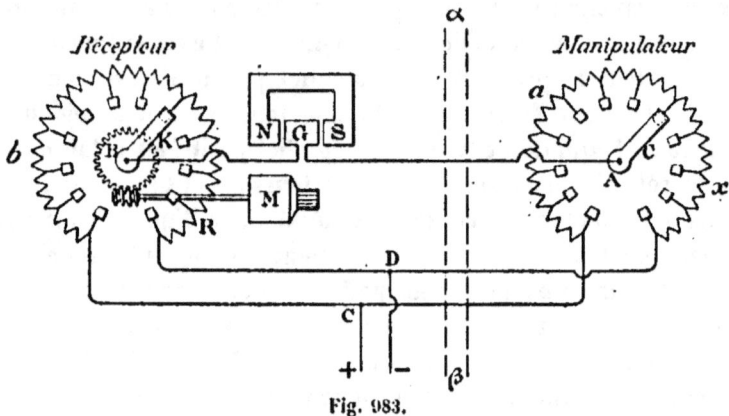

Fig. 983.

cuper sur son rhéostat la position qui correspond, sur ce nouveau côté, à un partage des résistances identique à celui que la position donnée à la manette du manipulateur a établi sur le premier côté : le cadre G revient en effet au zéro, lorsqu'on a entre les résistances l'égalité :

$$\frac{b}{R} = \frac{a}{x}$$

Le cadre quitte alors le contact qui permettait par exemple à un courant direct pris aux bornes CD d'actionner l'électro du conjoncteur mis en prise : celui-ci bascule et met le moteur aussitôt en court circuit. On peut employer cette combinaison à de nombreux usages : elle est la base du transmetteur Fiske, elle constitue le principe du servo-moteur Bersier, enfin MM. Sautter-Harlé et Cie l'ont, en la complétant, utilisée à la manœuvre à distance des projecteurs.

379. Emploi d'un manipulateur diphaseur et d'un récepteur-redresseur où le redressement est opéré par le mouvement même du moteur (système Marit). — Dès 1890, Marit avait imaginé, pour commander à distance un moteur et lui imposer des arrêts déterminés, un système auquel nous avons déjà fait allusion et qui fut appliqué à bord du *Tonnant* à la manœuvre des tourelles. Le système consiste à couper le courant continu affluant au manipulateur en deux courants alternatifs diphasés et à les recevoir dans un distributeur qui les redresse, lorsque le moteur à asservir le fait tourner lui-même au synchronisme du manipulateur. Assurément, pour que le moteur suive le manipulateur et se conserve à lui-même son alimentation, il faut manœuvrer avec une vitesse convenable la manette du manipulateur, lentement au démarrage, pour l'accélérer ensuite en se guidant en quelque sorte sur les mouvements mêmes du récepteur ou de la tourelle que l'on manœuvre; mais on conçoit qu'aussitôt que l'on arrêtera la manette du manipulateur, c'est-à-dire aussitôt qu'on cessera de produire les impulsions diphasées, le moteur s'arrêtera, puisqu'en continuant à tourner, il diphaserait son courant d'alimentation devenu instantanément continu. Pour obtenir des arrêts francs il suffit, comme on le fait d'ailleurs pour des raisons de continuité pendant le fonctionnement (rapprocher ceci des dispositions prises dans les dynamos à enroulements coupés, § 192), il suffit, disons-nous, de ménager un recouvrement partiel des secteurs redresseurs qui procure la mise en court circuit momentanée de l'induit à chaque redressement dans le distributeur.

Le schéma de l'appareil est des plus simple à tracer. Représentons tout d'abord le manipulateur (fig. 984, côté droit) : il comportera

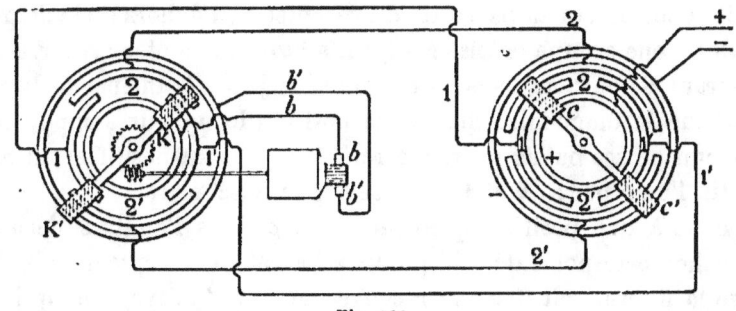

Fig. 984.

deux systèmes de secteurs demi-annulaires, décalés de 90°, d'où partiront respectivement les quatre fils de la ligne, et deux bagues reliées respectivement en permanence aux barres positive et négative de la canalisation d'alimentation. En faisant tourner la manette à doubles frotteurs (un frotteur positif c et un frotteur négatif c') on produira les inversions diphasées voulues du potentiel aux quatre demi-secteurs, et si l'on fait tourner la manette dans le sens des aiguilles d'une montre, le potentiel positif passera dans l'ordre qu'indiquent les numéros 1. 2. 1'. 2', aux fils de ligne et par suite aux quatre quarts de secteurs du distributeur, que nous allons maintenant étudier; en un mot il fera le tour des secteurs du distributeur dans le sens de la rotation communiquée à la manette du manipulateur diphaseur en la suivant exactement. Il suffirait donc, pour distribuer finalement du courant continu au moteur, de faire tourner, avec la même vitesse que le potentiel cette fois sur le cadran du distributeur, une barre à deux frotteurs, dont l'un serait en communication permanente avec une borne b du moteur, tandis que l'autre toucherait en permanence une bague reliée au balai b' : c'est le moteur lui-même qui fera tourner la barre de son distributeur, et cela par l'intermédiaire d'une transmission que nous avons sommairement représentée sur la figure par une vis et une roue striée.

Supposons par exemple que l'on place la manette du manipulateur comme l'indique la figure, le pont c dans l'angle supérieur gauche, le pont c' venant par suite dans l'angle inférieur droit : les fils 1 et 2 sont positifs, et avec eux, les secteurs 1 et 2 du distributeur, tandis que les secteurs 1' et 2' sont négatifs. Quelle que soit la position de la barre KK' du récepteur en dehors de la diagonale qu'elle occupe précisément sur la figure, le moteur recevra du courant et tournera dans un certain sens jusqu'à amener la barre KK' sur la diagonale. Dans cette position le moteur stoppe, car chacun de ses balais se trouve relié à la fois au positif et au négatif, l'un b par K, 2 et 1', l'autre b' par K', 2' et 1.

Donc à une position quelconque de c dans l'angle supérieur gauche correspond déjà la position d'arrêt du récepteur qu'indique la figure, soit K sur le recouvrement 2-1'. Voyons ce qui se passe quand la manette C quitte cet angle. Supposons que nous la portions de gauche à droite dans l'angle supérieur droit, c' passant dans l'angle inférieur gauche : 2 et 2' conservent leurs signes et 1' devient positif comme 2. Le moteur reçoit donc aussitôt du courant par son balai b et se met à tourner. Il faut que les transmissions et la polarité des inducteurs soient établies de façon que sa rotation entraîne alors le déplacement de la barre K'K dans le sens des aiguilles d'une montre. Le moteur tournera alors jusqu'à ce que KK' ait fait un quart de tour, car l'arrivée du point K sur le recouvrement 1'-2' mettra le balai b à la fois au positif et au négatif, tant, du moins, que c restera dans l'angle supérieur droit. On fera faire un nouveau quart de tour à la barre K'K en poussant c dans l'angle suivant, et ainsi de suite; on entraînera donc le récepteur d'un quart de tour dans le sens des aiguilles d'une montre à chaque changement de quadrant de la manette du manipulateur toujours poussée dans le même sens, et le récepteur peut être considéré comme asservi au manipulateur. Avec des transmissions à rapport convenable entre moteur et tourelle, d'une part, et entre moteur et distributeur, de l'autre, on obtiendra une précision de pointage assez grande : il suffit que le quart de tour du distributeur corresponde à une fraction assez faible de degré dans les mouvements angulaires de la tourelle.

Mais voyons ce qui se produit si l'on renverse la marche du manipulateur. Les conditions se retrouvant identiquement les mêmes à chaque quart de circonférence, reportons-nous à la position que nous avons prise comme point de départ : la manette $c\,c'$ étant dans la position de la figure, la manette KK' s'était trouvée amenée sur la diagonale où la représente également la figure. Poussons maintenant c vers la gauche : rien ne change, et par suite KK' reste immobile, tant que c n'atteint pas l'horizontale (point 1); mais dès que la manette c dépasse cette position, c'est 2' qui devient positif, tout comme 1, en même temps que les demi-anneaux 1' et 2 se trouvent reliés à l'anneau négatif. C'est donc le potentiel négatif que prennent instantanément les deux secteurs 1' et 2 que recouvre le pont K, tandis que le pont K' se trouve porter sur deux secteurs positifs, et le courant pénètre dans le moteur par le balai b' pour en sortir par le balai b. L'inversion est donc produite et le moteur dévire, entraînant maintenant dans le sens inverse de la rotation des aiguilles d'une montre le pont K vers la seconde diagonale à 45° : aussitôt que cette position est atteinte, le moteur s'arrête, car les ponts K et K' touchent respectivement le recouvrement 2-1 (négatif positif) et le recouvrement 2'-1' (positif négatif). Telle est la position d'arrêt du récepteur, lorsque la manette du manipulateur occupe le quadrant 1-2' : si l'on pousse c au quadrant suivant, c'est-à-dire dans la position qu'occupe c' sur la figure, la position d'arrêt de K devient celle qu'occupe K' et le récepteur en un mot suit le manipulateur, par sauts de quarts, toujours en retard, comme dans la rotation précédente il passait avec lui de quarts en quarts mais toujours en avance.

380. Conditions d'asservissement complet. — Aucun des systèmes que nous venons d'étudier ne réalise la totalité des conditions nécessaires à l'asservissement complet, car celui-ci s'entend non seulement de l'assujettissement du moteur au manipulateur, mais bien encore d'une surbordination partielle de la liberté de mouvement de ce dernier à l'exécution des déplacements qu'il commande. La première condition est toujours réalisée, par le fait même que le moteur se supprime à lui-même son courant d'alimentation et se met en court circuit dès qu'il a accompli le mouvement voulu, et cela, parce que les appareils sont disposés de telle sorte que l'admission et la suppression du courant au moteur dépendent uniquement de la position relative de deux commutateurs, et parce que le moteur en conduit un pour le ramener à la position relative du court circuit, à la suite de l'autre qu'on manœuvre à volonté. Mais aucun obstacle ne limite à de faibles valeurs l'écart relatif des deux commutateurs, ou, pour bien dire, l'avance, quel qu'en soit le sens, du manipulateur sur le récepteur : on peut donc mouvoir le manipulateur sans que le récepteur le suive exactement et, à moins d'avoir sous les yeux le récepteur, il faut, pour savoir où il en est de son mouvement, recourir à l'emploi de répétiteurs ou d'axiomètres.

Ce dernier résultat s'obtient de la manière la plus simple, lorsque que le manipulateur est à proximité du moteur : les simples collets de la vis du récepteur, dans le servo-moteur Farcot par exemple, fournissent l'obstacle désiré, car ils limitent les déplacements longitudinaux de l'écrou du manipulateur, déplacements qui mesurent l'écart des positions relatives du récepteur et du manipulateur. Ce mécanisme d'asservissement complet s'adapte d'ailleurs aussi bien aux moteurs électriques qu'aux machines à vapeur; c'est ce dispositif même qu'a utilisé M. Fiske. La figure 985 indique assez le fonctionnement de l'appareil bien connu des mécaniciens.

Pour obtenir le même résultat avec l'un quelconque des systèmes de commande à distance étudiés aux paragraphes précédents, il faut recourir à l'emploi de combinaisons accessoires qui compliquent toujours l'installation des appareils et qui malheu-

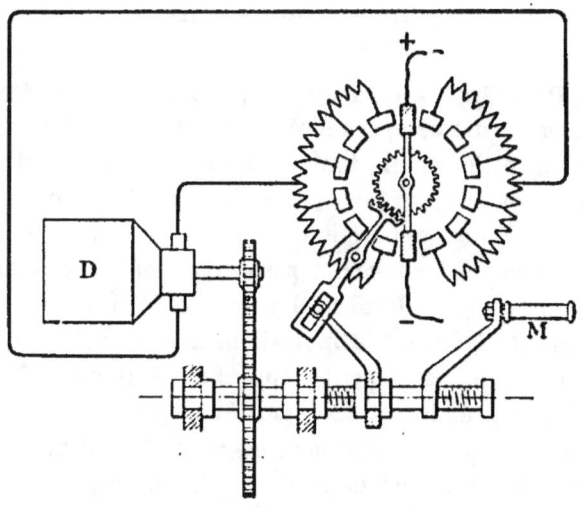

Fig. 985.

reusement n'offrent pas toujours des garanties suffisantes pour qu'on puisse supprimer les répétiteurs. Nous verrons quelques exemples de ces combinaisons dans l'étude des transmetteurs d'ordres, dont quelques-uns sont basés exactement sur les mêmes principes que certains appareils de commande à distance des moteurs : il suffit, par exemple, de faire mouvoir au petit moteur des appareils en question une aiguille mobile sur un cadran portant diverses suscriptions pour obtenir l'indication de tel ou tel de ces ordres.

CHAPITRE III.

Transmetteurs d'ordres.

381. Principaux genres de transmetteurs d'ordres. — Les transmetteurs comprennent les appareils les plus variés depuis le portevoix et le simple timbre jusqu'au téléphone et au télégraphe : mais on réserve plus particulièrement le nom de transmetteur d'ordres aux appareils qui servent à indiquer, d'un poste d'observation quelconque aux postes d'action qui en dépendent, la manœuvre que ces derniers doivent exécuter parmi celles qu'ils sont préparés à faire. Les indications à transmettre sont donc ici toutes faites, en assez petit nombre généralement, les distances ne sont pas grandes et les qualités qu'on recherche avant tout de l'appareil qui les transmet, ce sont l'exactitude, la netteté, l'instantanéité et, par surcroît de précaution, la permanence : l'instantanéité, le télégraphe ne la procure pas, puisqu'il donne une série de signaux; quant à la permanence, le téléphone fait défaut. On a employé jusqu'à ces dernières années, pour la transmission des ordres aux machines, des appareils mécaniques dont les déformations et les frottements rendaient les indications peu précises et la manœuvre assez dure. On les a remplacés avantageusement par des transmetteurs électriques.

Tantôt ces derniers comportent un ensemble de lampes qui, allumées, ont une signification précise, et un commutateur-combinateur qui en allume tel ou tel groupe. Tantôt on fait agir une certaine différence de potentiel aux bornes de divers voltmètres, dont les indications ont aussi leur signification déterminée. Dans quelques transmetteurs, on déplace, par un moyen quelconque, attraction magnétique ou autre, une aiguille mobile devant un cadran porteur d'indications spéciales; dans d'autres, on manœuvre l'aiguille indicatrice par un moteur dont la commande réalise l'asservissement. Nous ne donnerons que quelques exemples de ces nombreux appareils.

382. Transmetteur Perruisse. — Dans le transmetteur dont M. le mécanicien en chef Perruisse a indiqué les dispositions, les lampes, au nombre de 22 dans l'ensemble du manipulateur et du récepteur, sont reliées par groupes de deux en série, comme l'indique la figure 986 ; l'appareil étant destiné à être alimenté sous la tension de 80 volts en usage à bord des navires, les lampes donnent chacune leur éclat normal sous une tension d'environ 36 volts. Les 11 paires sont montées parallèlement, leurs fils ayant chacun son origine spéciale, à une touche du manipulateur et aboutissant tous à la touche annulaire négative du récepteur. La manette du manipulateur établit un pont entre la touche annulaire positive et la touche origine du fil des lampes qu'on veut allumer : de la sorte le signal transmis au récepteur se produit également sous les yeux de l'homme qui manœuvre le manipulateur. Les lampes de chaque appareil sont disposées dans les cases d'une boîte dont le couvercle porte une glace dépolie où se trouvent inscrits les 11 ordres relatifs à la marche de la machine. A droite se trouvent cinq cases relatives à la marche en avant : *le plus doucement possible, plus doucement, allure normale, plus vite, à toute vitesse;* à gauche, cinq cases symétriques avec les mêmes ordres pour la marche en arrière ; enfin au milieu, la case de la lampe *stop*.

On remarquera sur la figure une sonnerie double S S et une lampe accessoire T. Ces organes servent à s'assurer, du poste de manœuvre, que l'on veille au récepteur et que l'on est prêt à recevoir l'ordre que l'on va transmettre. On commence par exemple par appeler avec la sonnerie en fermant le commutateur du manipulateur : les sonneries marchent toutes deux, et elles ne s'arrêtent que lorsqu'on vient couper le courant au récepteur. En même temps qu'il fait cesser la sonnerie, l'homme de service au récepteur ferme le commutateur central qui reste ouvert en temps ordinaire : la lampe T, dite lampe témoin, s'allume alors et indique que l'on attend l'ordre annoncé.

Il arrive souvent qu'un même récepteur doit pouvoir être commandé de divers postes suivant le besoin. Dans ce cas les groupes de fils issus des divers manipulateurs aboutissent chacun à un demi-conjoncteur qu'on emboîte sur le demi-conjoncteur apparte-

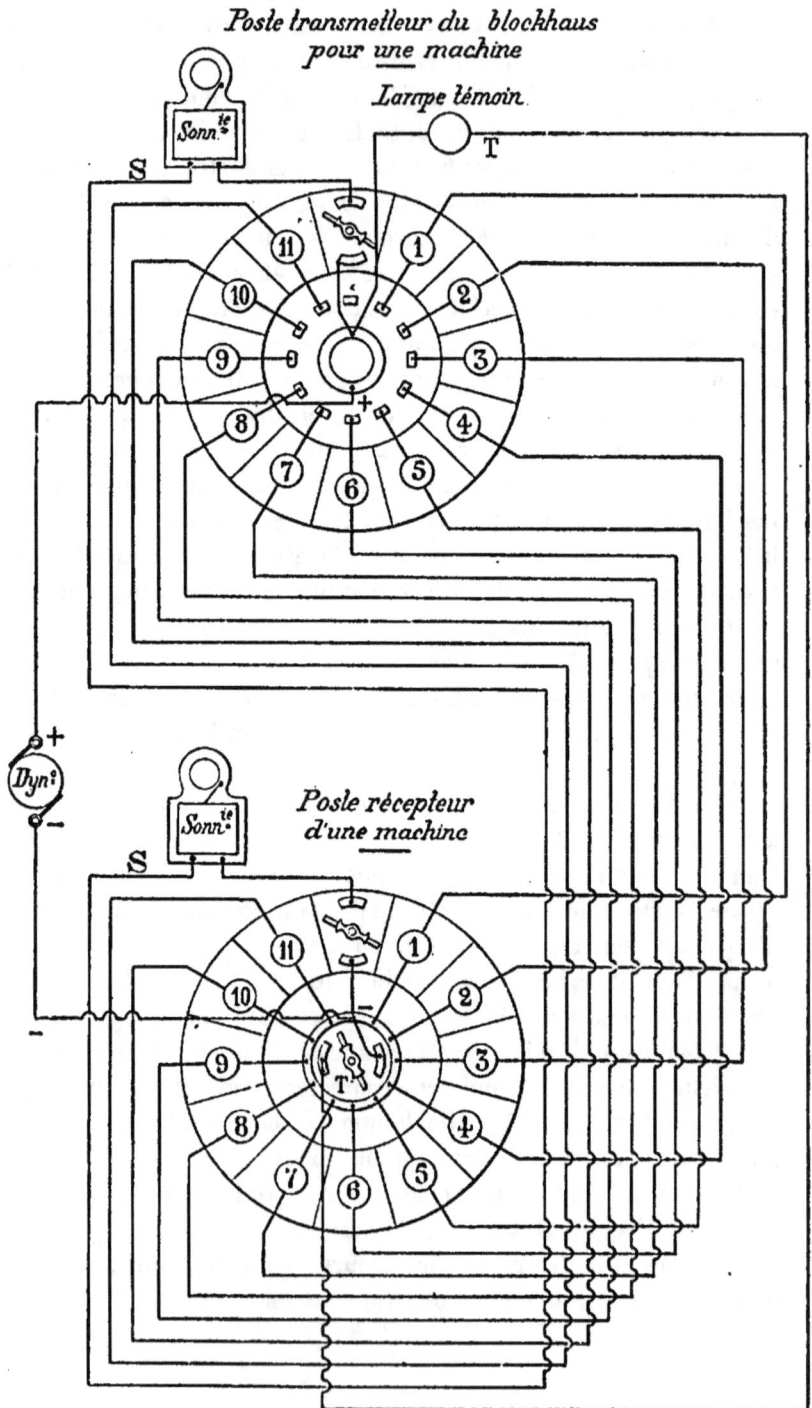

Fig. 986.

nant au récepteur : on établit ainsi à volonté la conjonction du récepteur avec le manipulateur de tel ou tel poste, passerelle ou blockhaus par exemple. Les dispositions de ces conjoncteurs sont faciles à imaginer : on a soin de ménager sur les deux parties qui doivent se raccorder des ergots et mortaises pour empêcher tout montage incorrect.

383. Autre disposition; emploi d'un combinateur. — Une autre solution consiste à allumer plusieurs lampes à la fois, à l'aide d'un combinateur dont la barre, en se déplaçant sur une série de touches, établit à chaque position une combinaison déterminée. Les lampes sont toujours doubles, c'est-à-dire qu'à une lampe du récepteur correspond sur le manipulateur une lampe montée en série avec elle, en sorte que l'homme qui fait le signal le voit en même temps se produire sous ses propres yeux.

La disposition adoptée sur les récepteurs des machines est la suivante : deux lampes sont réservées à l'indication du sens de la marche et cinq autres lampes numérotées valent respectivement 5, 10, 15, 20 et 50 (fig. 987). Les lampes allumées indiquent par la somme des nombres qu'elles représentent le nombre de tours à la seconde que doit donner la machine. On ajoute souvent sur les transmetteurs des navires destinés à naviguer en escadre deux autres lampes qui indiquent, lorsque l'une ou l'autre est allumée, qu'il faut ralentir ou accélérer l'allure de la machine. En allumant l'une de ces lampes et en même temps telles ou telles des lampes à valeur numérotées, on indiquera qu'il faut perdre ou gagner tant de tours.

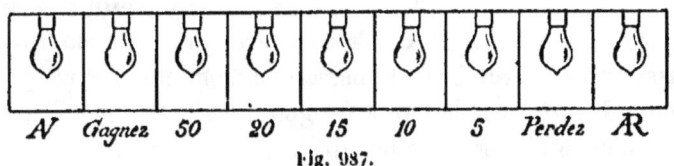

Fig. 987.

Le manipulateur est divisé en cinq parties principales : 1° la position de *stop*, manette droite, aucune lampe allumée; 2° la région de marche AV sur laquelle s'étend un long secteur en relation avec la lampe AV; 3° la région de marche AR qui porte un secteur symétrique relié à la lampe AR; 4° la région de la lampe d'accélération, avec la mention *gagnez;* 5° enfin la région de réduction de vitesse, que recouvre le secteur de la lampe *perdez*.

La manette du commutateur, en relation permanente avec le positif de la canalisation, constitue un pont qui envoie le courant à celle des quatre touches que l'on veut, en même temps qu'à telle ou telle des lampes numérotées. Ces lampes sont reliées chacune séparément à un anneau métallique : cet anneau est recouvert d'un isolant sauf sur les saillies qu'il porte dans les secteurs où chaque lampe doit entrer en jeu (fig. 988). Ce sont ces saillies qui le mettent en contact avec le pont de la manette. Le tracé des saillies à ménager sur l'anneau de chaque lampe est facile à établir. La figure le définit complètement : pour marquer 45 tours par exemple, on allumera les lampes 20, 15 et 10, c'est-à-dire que les anneaux de ces trois lampes doivent être munis de saillies sur le rayon 45.

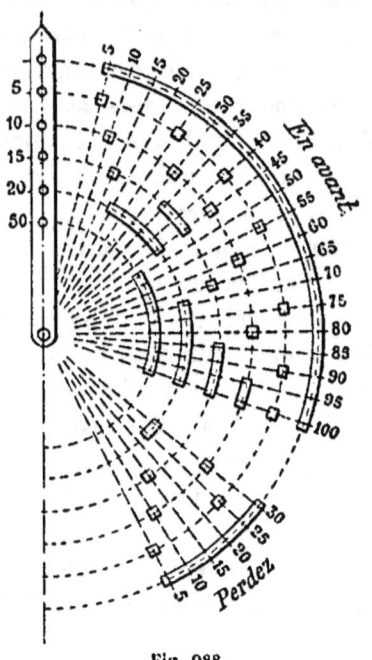

Fig. 988.

On ajoute à ces transmetteurs des sonneries d'appel avec une lampe témoin, comme dans le cas précédent.

384. Indicateur des angles de barre. — Un appareil de ce genre peut être employé pour transmettre des ordres de la passerelle de manœuvre au poste de commande directe de la barre du gouvernail. On peut l'employer aussi pour indiquer au contraire au poste de manœuvre sur la passerelle les angles de barre réels : c'est alors la barre du gouvernail qui entraîne dans son mouvement la manette d'un commutateur analogue au précédent, et les lampes indicatrices des angles sont disposées sous les yeux de l'homme de barre sur la passerelle ou dans le blockhaus.

385. Signaux divers. — Pour exécuter les signaux de diverses sortes que peuvent avoir à se faire les navires entre eux, on a réalisé de nombreuses combinaisons dans l'étude de détail desquelles nous n'avons pas à entrer. On trouvera des renseignements sur ce sujet dans le traité d'électricité pratique de M. l'ingénieur de la marine Callou.

386. Transmetteur d'ordres système Romazzotti. — Le principe de transmission d'ordres imaginé par M. l'ingénieur de la marine Romazzotti consiste à produire, à l'aide de courants, qu'un manipulateur distribue de diverses façons dans les conducteurs d'un anneau Gramme, un champ magnétique d'orientation variable qui entraîne avec lui un barreau de fer doux mobile devant un cadran : l'anneau, le barreau et le cadran, porteur d'indications diverses, constituent le récepteur. La ligne comporte six fils qui se raccordent en six points équidistants de l'enroulement régulier de l'anneau (fig. 989). Le manipulateur, qui n'est autre qu'un combinateur dont nous étudierons les dispositions, permet de relier au pôle positif ou au pôle négatif de la canalisation tels et tels des fils 1, 2,... 5, 6, ou de les en isoler.

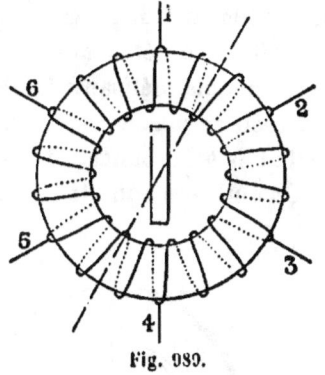

Fig. 989.

Supposons d'abord qu'on relie le point 1 au pôle A de la canalisation et le point 4 au pôle B. Le courant se partageant également entre les deux parties de l'enroulement engendre les flux symétriques que nous connaissons (fig. 990), et le barreau s'oriente suivant le diamètre 4-1.

Supposons maintenant que, tout en conservant les connexions précédentes, nous reliions le point 2 au pôle A comme le point 1 : les courants magnétisants seront disposés comme l'indique la figure 991. Aucun courant ne passant dans le secteur 1-2, le champ devient dissymétrique et le barreau prend une position telle que $p'p$, comprise entre le diamètre 4-1 et la bissectrice $b'b$ de l'angle 4-5 et 1-2.

Pour l'amener en effet en coïncidence avec cette bissectrice, il suffira de relier le point 5 au pôle B comme l'est le point 4, tout en conservant la liaison des points 1 et 2 au pôle A : c'est la troisième position qu'on obtiendra pour le barreau, avec des courants

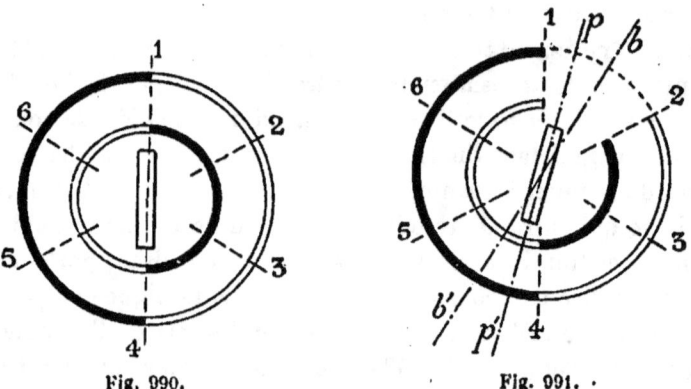

Fig. 990.   Fig. 991.

magnétisants disposés symétriquement comme l'indique la figure 992. En détachant alors le point 1 du pôle A, on donnera aux courants magnétisants la disposition qu'indique la figure 993 et le barreau se placera dans une direction telle que qq', intermédiaire cette fois à la bissectrice $b'b$ et au diamètre 5-2.

On amènera enfin le barreau sur ce dernier diamètre en suppri-

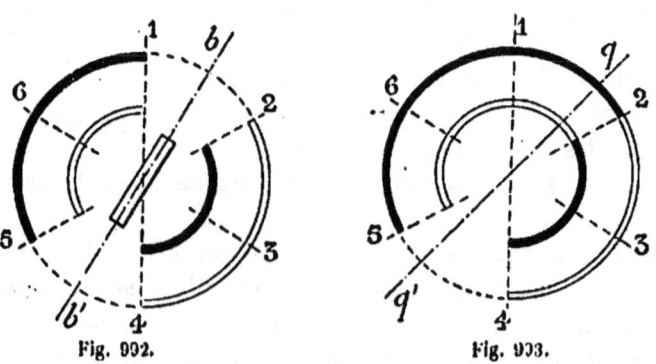

Fig. 992.   Fig. 993.

mant la connexion du point 4 au pôle B ; et, en reproduisant les mêmes séries de connexions et d'interruptions successives entre les pôles A B et les points 2-3, 5-6, on fera tourner le barreau de quarts en quarts dans le secteur 2. 3. 5. 6, comme dans le premier.

TRANSMETTEURS D'ORDRES.

On voudra que ces diverses combinaisons correspondent en général à des positions également écartées de la manette du manipulateur sur son cadran. Les dispositions à donner au combinateur pour obtenir ce résultat sont les suivantes.

Représentons le manipulateur, et divisons chaque sixième de circonférence en quatre parties égales. Les deux touches annulaires A et B continues, et isolées l'une de l'autre, sont en communication permanente avec les pôles A et B de la canalisation (fig. 994). Sur deux circonférences extérieures sont disposées des touches reliées aux fils de ligne. Ce sont ces touches qu'il faut mettre dans l'ordre convenable en communication avec les anneaux A ou B. Pour cela,

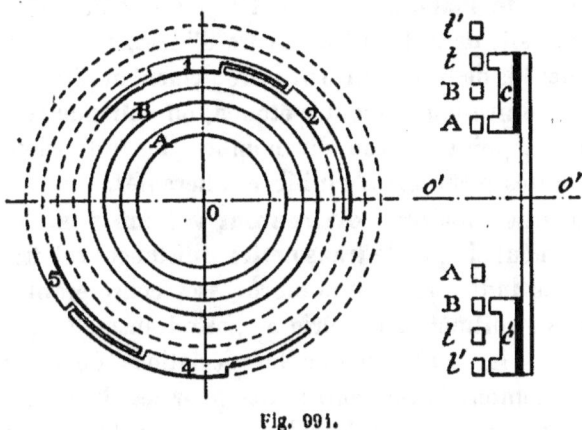

Fig. 994.

on emploie une manette à deux ponts c et c' : l'un des ponts, c par exemple, porte en permanence sur la touche annulaire A et établit la communication de ce pôle avec telles ou telles touches de la circonférence t, pendant que l'autre pont c' relie les touches opposées du cercle t' à la touche annulaire B. Sur chacune des circonférences t et t' sont disposées six touches reliées respectivement aux six conducteurs du câble transmetteur, mais dans l'ordre convenable pour réaliser les combinaisons précédentes. Les touches s'emboîtent comme l'indique la figure, afin de permettre tantôt la prise aux pôles A ou B soit d'un seul, soit de deux consécutifs à la fois des six fils de ligne.

Pour éviter les oscillations du barreau dont le moment d'inertie est assez considérable, on a recours à un ensemble d'ergots à ressort et d'électros de rappel dont le jeu tantôt permet au barreau de se déplacer quand on manœuvre la poignée du manipulateur, tantôt l'arrête à sa position d'équilibre sitôt qu'on abandonne cette poignée.

Pour accroître le nombre des indications distinctes que l'on peut transmettre avec cet appareil, on peut relier, d'une part, la manette de manœuvre à la barre du commutateur c c' et, d'autre part, le barreau mobile à l'aiguille indicatrice de ses positions par des engrenages réducteurs ou amplificateurs, et faire faire au commutateur et au barreau plusieurs tours pour un seul tour de la manette de manœuvre et de l'aiguille indicatrice.

On pourrait, dans le même ordre d'idées, sans augmenter le nombre des fils de ligne, faire un enroulement multipolaire de l'anneau et conduire une armature étoilée; on obtiendrait un résultat analogue au point de vue du nombre des indications à transmettre ou des positions d'équilibre différentes.

387. Transmission d'ordres par voltmètres. — Un moyen essentiellement simple de transmettre à distances relativement peu grandes des indications en nombre assez considérable consiste à disposer des voltmètres en série au poste transmetteur et au poste récepteur. A la condition que les déviations de ces voltmètres soient exactement égales entre elles pour les diverses différences de potentiel qu'on fera agir à leurs bornes extrêmes, le fonctionnement du transmetteur sera parfait. Les dispositions données aux conducteurs varient avec les inventeurs.

Dans le transmetteur Fiske, les circuits sont disposés comme l'indique la figure 995 : les voltmètres V et V', placés, l'un au poste de transmission, l'autre au poste récepteur mesurent la différence de potentiel qui s'établit entre le centre d'un ensemble de résistances, aux extrémités A et B desquelles agit le voltage du bord, et un point m quelconque de la ligne de ces résistances : en déplaçant la manette et le point m, on fait varier la déviation commune des deux voltmètres.

On emploie encore le pont de Wheatstone comme nous l'avons vu au paragraphe 378; les rhéostats R et R' du manipulateur et du récepteur sont disposés comme l'indique la figure 996 et les deux voltmètres sont établis en tension sur le fil d'équilibre. On place la manette du manipulateur sur une touche quelcon-

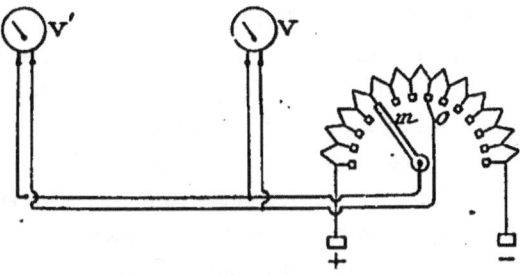

Fig. 995.

que du rhéostat R ; les voltmètres dévient aussitôt, et c'est le poste récepteur qui déplace la manette de son rhéostat jusqu'à rame-

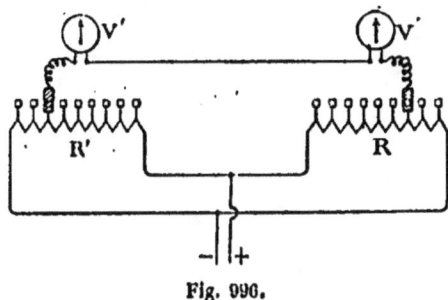

Fig. 996.

ner l'aiguille de son voltmètre V' au zéro. Les manettes des deux appareils sont alors nécessairement sur les touches correspondantes, en regard de la même inscription (télémètre).

388. Transmetteur d'ordres Caré. — Le récepteur imaginé par M. le lieutenant de vaisseau Caré comprend un enroulement triphasé en étoile porté par un anneau de fer et une aiguille de fer pour indiquer la direction du champ créé par les courants des trois sections. La direction de ce champ est fonction des valeurs relatives des potentiels agissant aux extrémités libres des trois fils. Ces fils partent du manipulateur, chacun d'un frotteur qui porte sur un anneau Gramme fixe, où passe un double courant pris aux bornes de la canalisation du bord. Les trois frotteurs sont aux sommets d'un triangle équilatéral : lorsqu'on déplace l'ensemble des trois frotteurs par rapport à l'anneau, on fait varier les potentiels suivant une loi qui serait rigoureusement triphasée sans les effets Joule. De toutes façons d'ailleurs, à chaque position du manipulateur correspond une direction du champ du récepteur, direction qui serait invariable si le potentiel d'alimentation et les résistances de contact demeuraient invariables eux-mêmes.

Pour soustraire les indications du récepteur à l'influence de ces variations possibles, on donne une grande résistance aux fils de ligne ainsi qu'aux enroulements du récepteur et une résistance relativement faible à ceux de l'anneau Gramme.

CHAPITRE IV

Télégraphie sans fil.

389. Principe de la télégraphie hertzienne. — Depuis les célèbres expériences de Henri Hertz sur la propagation des ondes produites par les décharges oscillantes (1887-88) et celles de M. Édouard Branly (1890) sur les variations de conductibilité des limailles métalliques sous l'action de ces ondes, divers savants ont songé à appliquer les nouvelles découvertes à la transmission des signaux à distance, sans aucun intermédiaire métallique. En 1895, M. Popoff, après avoir employé les radioconducteurs de Branly à l'étude des décharges atmosphériques, put déceler à l'aide du même révélateur les ondes produites avec un certain rythme par un oscillateur de Hertz et parvint à transmettre des signaux d'un bord à l'autre de la rade de Cronstadt. En 1896, M. Marconi doubla le récepteur de Popoff d'un récepteur Morse ordinaire et réussit à faire imprimer par l'appareil les traits et points habituels en produisant les ondes hertziennes par longues et brèves. Aujourd'hui de nombreuses expériences sont suivies en France, en Angleterre et ailleurs pour déterminer les conditions les plus avantageuses de la production des ondes hertziennes et de leur manifestation aux plus grandes distances. Il est vrai que, par le fait même de l'extrême sensibilité des *radioconducteurs* aux ondes de toutes provenances, la télégraphie hertzienne demeure jusqu'ici impuissante à assurer aux dépêches l'indépendance que leur conserve le télégraphe d'Ampère. Mais le nouveau système n'en paraît pas moins offrir un moyen précieux de communication en rase campagne et surtout sur mer où les ondes de l'éther ne sont gênées par aucun obstacle dans leur propagation.

390. Expériences de Hertz; oscillateur et résonnateur. — Nous rappellerons brièvement les expériences de Hertz. Ce savant produisait l'oscillation électrique à l'aide d'une bobine d'induction à interrupteur ordinaire en localisant l'étincelle de décharge entre les surfaces voisines de boules de laiton reliées aux bornes de l'induit (fig. 997), et il obtenait, à diverses distances de cet

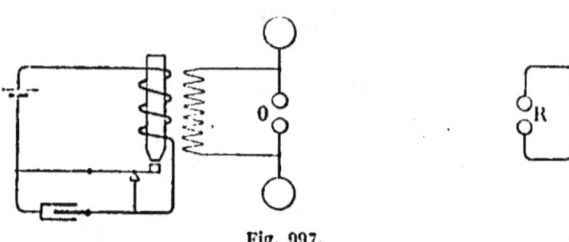

Fig. 997.

oscillateur, entre les boules d'un résonnateur convenablement réglé, une série d'étincelles concordantes, tout comme on fait vibrer un diapason à l'aide d'un autre diapason convenablement accordé. C'était la confirmation des théories de Maxwell (1864) sur l'intervention des milieux impondérables à la transmission des ondes électriques. L'oscillation produite par la décharge se propage dans l'*éther* à la façon et avec la vitesse des ondulations lumineuses. Les ondes ainsi formées traversent les milieux isolants, non seulement l'atmosphère, mais les murs de maçonnerie, les cloisons de bois, les écrans de bitume, etc, comme si ces substances étaient *transparentes* pour ces ondes. Elles se réfléchissent au contraire sur les parois métalliques et généralement sur la surface des corps dénommés conducteurs, qui sont *opaques* pour elles. A l'aide de miroirs cylindriques à profil parabolique, on les transforme en rayons parallèles, et on les concentre sur le résonnateur qui peut être ainsi actionné à plus grande distance. Si les axes des miroirs sont parallèles, la résonnance se produit : on l'empêche, en interposant entre les miroirs non seulement un écran métallique, mais même un grillage fait de lames de métal parallèles entre elles et disposé de façon que les lames soient parallèles au plan focal des miroirs. Si les miroirs ont leurs axes perpendiculaires, la résonnance ne se produit pas; on la fait réapparaître en orientant à 45 degrés des axes les lames métalliques de l'écran. C'est la répétition exacte des expériences que l'on fait en optique avec deux prismes et une tourmaline.

La longueur d'onde des vibrations dépend de la période de la décharge alternative et par suite des dimensions de l'oscillateur, de la capacité et des coefficients d'induction. Ainsi que nous l'avons vu au § 83 (tome I), la période de la décharge oscillante d'un condensateur au travers d'un circuit présentant de la selfinduction et de la résistance est donnée par la formule :

$$\Theta = \frac{2\pi}{\sqrt{\dfrac{1}{\mathcal{L}c} - \dfrac{r^2}{4\mathcal{L}^2}}}$$

On conçoit donc qu'en proportionnant convenablement les organes de l'oscillateur, on puisse produire des vibrations de très hautes fréquences (1).

Les fréquences des ondes hertziennes sont loin cependant d'atteindre les valeurs des fréquences des ondes lumineuses, elles sont en moyenne un million de fois moindres et leurs longueurs varient de quelques centimètres à plusieurs mètres, alors que les longueurs d'ondes lumineuses restent comprises entre 4 et 6 dix millièmes de millimètres.

Pour que la résonnance se produise avec le récepteur à boules, Hertz avait pensé qu'il fallait que la période naturelle d'oscillation de ce dernier fût en rapport simple avec celle de l'oscillateur, et de plus que l'oscillateur fût convenablement placé par rapport à l'oscillateur. C'est en principe parfaitement exact, et il y a même là le moyen d'assurer aux communications simultanées l'indépendance qui leur est nécessaire; mais l'oscillateur engendre en réalité des ondes de diverses tonalités, et, lorsqu'il est en action, pour peu qu'il soit puissant, on voit se produire des étincelles entre tous les conducteurs assez voisins les uns des autres.

394. Expériences de Branly. — En 1890, au cours d'expériences sur les radiations électriques, M. Édouard Branly, professeur à l'Université catholique de Paris, étudia l'effet des décharges oscillantes sur la résistibilité de diverses substances et

---

(1) L'étincelle qui jaillit entre les sphères de l'oscillateur est d'un blanc éblouissant et produit un bruit sec qui indique chaque mouvement de flux produit par le jeu de l'interrupteur de la bobine. Mais cette première décharge est effectivement suivie d'une série de décharges alternatives de périodes très courtes et de potentiels décroissants, comme le représente en principe la courbe de la figure 176 du tome I. On constate d'ailleurs, à l'aide d'un miroir tournant, que la teinte blanche ne se produit qu'au premier moment de chaque décharge principale.

notamment sur celle des poudres métalliques. Il étendait une couche très mince de cuivre porphyrisé, mélangé ou non d'étain, sur une lame de verre dépoli, ou bien encore il enfermait dans un tube de verre de 2 $^m/_m$ de diamètre, entre deux tiges métalliques, de fines limailles de fer, d'aluminium, de zinc, etc.; puis, il introduisait le conducteur ainsi préparé dans un circuit comprenant un élément Daniell et un galvanomètre : le galvanomètre ne marquait en général qu'une déviation insignifiante, mais, sitôt que l'on venait à produire dans le voisinage du circuit une ou plusieurs décharges, le galvanomètre accusait une diminution brusque de résistance (1). L'action des ondes hertziennes sur le tube à limaille se fit sentir à plus de 20 mètres de distance, alors même que l'appareil à étincelles fonctionnait dans une salle séparée du récepteur par trois grandes pièces et que le bruit des étincelles ne pouvait être perçu. M. Branly se servait, dans ces expériences, tantôt d'une machine de Whimshurst avec ou sans condensateur, tantôt d'un oscillateur de Hertz.

La résistance du radioconducteur varie entre des limites extrêmement éloignées, passant par exemple de plusieurs millions d'ohms à quelques centaines à peine. La modification est durable, mais on peut ramener instantanément la résistance à sa valeur primitive en frappant un petit coup sec sur la tablette qui supporte le tube.

Il y a là un phénomène dont l'explication n'est pas encore connue. M. Oliver Lodge, qui a repris en Angleterre les expériences de M. Branly, admet que les ondes hertziennes ont la propriété d'orienter ou du moins de faire adhérer entre elles les poussières métalliques, de les *cohérer* suivant l'expression anglaise, comme si les particules voisines se soudaient sous l'action d'étincelles que leur petitesse rendrait invisibles. D'autre part, d'après les expériences de M. Thomas Tommasina (2), il se produirait, dans certains cas au moins, une adhérence complète des parcelles soumises à l'action de l'onde hertzienne, et les limailles ne deviendraient conductrices que par l'effet des extra-courants induits par les ondes dans les conducteurs métalliques réunis au

(1) Comptes rendus des séances de l'Académie des sciences (24 novembre 1890).
(2) Comptes rendus des séances de l'Académie des sciences (13 mars 1899).

tube. La soudure n'est cependant nullement nécessaire pour qu'il
se produise un abaissement de résistance des poudres métalliques
sous l'action des ondes hertziennes, car, ainsi que l'a montré
M. Branly, on obtient des résultats identiques avec des aggloméres solides, faits de poudres métalliques et d'isolants dont les particules demeurent fixes. Tout récemment d'ailleurs, dans un mémoire présenté à l'Académie des sciences (1), M. Branly cite les
résultats qu'il a obtenus avec des tubes renfermant des billes de
plusieurs millimètres de diamètre de divers métaux : plomb, laiton,
fer doux, acier dur, etc. Avec six billes d'acier dur de $12^{m}/_{m}$ de
diamètre, la sensibilité du radioconducteur est à peu près aussi
grande que celle d'un tube à alliage d'or, le récepteur n'étant
même relié à aucun conducteur vertical ni mis d'aucune manière
en communication avec la terre.

392. Dispositions du récepteur. — Quoi qu'il en soit, le radioconducteur de Branly constitue un révélateur d'ondes extrêmement sensible, et, pour l'employer comme récepteur de signaux,
il suffit, comme l'ont fait M. Popoff et M. Marconi, de le munir d'un
frappeur automatique, dont chaque coup vienne instantanément
détruire la conductibilité produite par la première onde et remettre l'appareil en état de déceler, par une reprise de conductibilité, l'arrivée d'une nouvelle onde ou la continuation de la première. Le récepteur d'ondes hertziennes (fig. 998) comporte donc
essentiellement un tube de Branly B, en circuit avec une pile P et un
relais R. Sitôt qu'une onde arrive qui atteint le tube ou partie des
conducteurs en relation avec lui, la matière qu'il renferme devient
conductrice et le relais attire son armature a. Le jeu de cette dernière ferme le circuit d'un autre relais F qui, recevant du courant
d'une batterie indépendante A, attire et soulève le marteau m.
Mais, de ce fait, le circuit du relais F se trouve coupé en e, et
le marteau retombe sur le radioconducteur qui, aussitôt, perd
sa conductibilité. Si donc, à ce moment, la vibration de l'éther
a cessé, l'appareil demeure inerte, car le courant dans le circuit du radioconducteur s'est éteint et le relais R a lâché son
armature. Mais si, au contraire, l'ondulation continue, ou se

(1) Comptes rendus du 1er mai 1899.

renouvelle, les mêmes mouvements se reproduisent, et le récepteur fonctionne tant que dure la vibration. Il annonce le passage des ondes par le simple bruit que fait le marteau en frappant le tube, bruit que l'on peut d'ailleurs doubler du son d'un timbre convenablement disposé.

Dans son ensemble l'appareil occupe quelques décimètres cubes, et l'on peut en placer les éléments dans une boîte en bois facile à porter à la main. Le degré de sensibilité dépend de nombreux

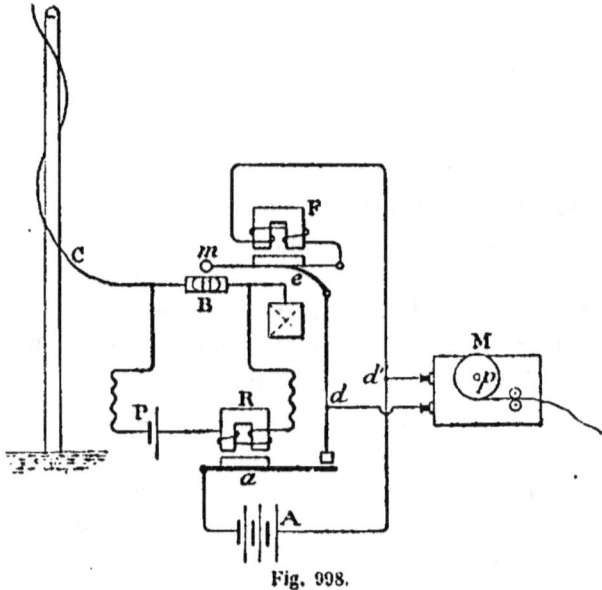

Fig. 998.

éléments entre lesquels il faut citer, outre la nature même de la limaille du tube, le degré de pression qu'on lui transmet en serrant plus ou moins ses électrodes métalliques. Mais le moyen le plus efficace d'augmenter la sensibilité du récepteur est d'armer ses extrémités de conducteurs, comme on le fait pour les boules de l'oscillateur : le mieux est de relier l'une de ces extrémités au sol et de prolonger l'autre par un fil métallique C que l'on soutient dans l'espace à l'aide de supports quelconques de substance transparente aux ondes, un mât de bois par exemple : la terre paraît jouer ici le rôle de capacité, et le fil celui de collecteur des ondes.

Pour enregistrer la durée du passage de ces ondes, on greffe en

d d' par exemple un récepteur Morse, comme l'a fait M. Marconi dès ses premières expériences de télégraphie à grande distance : le courant débité par la batterie A, lorsque l'armature a est appliquée sur son plot, excite le relais du Morse M, et l'appareil imprime sur la bande de papier mobile p une série de points qui se confondent en un trait, tant que persiste l'ondulation hertzienne; mais si l'on ne produit, à l'aide de l'oscillateur du poste transmetteur, qu'une ondulation de courte durée, le récepteur Morse ne se trouve actionné que pendant un court instant et n'imprime qu'un point. L'alphabet peut être le même que celui qu'on emploie dans la télégraphie ordinaire.

Pour éviter enfin au surveillant du poste récepteur d'avoir à s'occuper de faire dérouler le papier dès le premier signal ou de l'arrêter lorsque les ondes électriques cessent de se manifester, il est facile d'ajouter, comme le fait M. Ducretet, un relais qui enclanche le mécanisme de rotation du rouleau p, dès que le premier signal d'appel est lancé, et qui l'arrête un temps déterminé après le passage de la dernière onde : le récepteur est alors de tous points automatique.

393. Dispositions du transmetteur. — H. Hertz, qui cherchait à produire des ondulations de période déterminée, reliait les sphères entre lesquelles se produisait l'étincelle à des surfaces conductrices susceptibles de modifier la capacité d'une façon précise et par suite la période de l'oscillation. Lorsqu'on veut produire des ondes qui se propagent à très grande distance, on ne se préoccupe pas de la possibilité de soumettre au calcul les éléments de fonctionnement du transmetteur, et l'on relie directement à la terre l'une des boules de l'oscillateur, tandis qu'on munit l'autre pôle d'un conducteur convenablement développé qui porte le nom de radiateur : on attaque ainsi l'éther sur une surface plus considérable, à une hauteur plus grande, et l'onde porte plus loin.

L'oscillateur de Hertz a d'ailleurs reçu de nombreux perfectionnements, tant pour en augmenter la puissance que pour en assurer le bon fonctionnement. Tout d'abord, il y a avantage à interposer entre les boules un liquide isolant : on empêche ainsi les sphères de laiton de s'oxyder et de se piquer sous l'action des étincelles. MM. Sarasin et de La Rive ont employé l'huile d'olive, M. Righi a obtenu de meilleurs résultats avec l'huile de vaseline mélangée de vaseline, dont la rigidité électrostatique (§ 20, tome I) est plus grande : le potentiel d'éclatement doit ainsi atteindre une valeur plus élevée, et la puissance de l'onde s'en trouve accrue. L'oscillateur comprend alors deux sphères enfermées dans une cuve qui reçoit le liquide ; les sphères sont reliées directement aux pôles secondaires de la bobine d'induction ou excitées par deux paires de sphères extérieures, dont les sommets extrêmes sont mis en communication avec les pôles de la bobine. Les sphères entre lesquelles jaillissent les étincelles principales ont un diamètre variable, d'une dizaine de centimètres par exemple, et on maintient leurs surfaces voisines à 2 $^m/_m$ environ l'une de l'autre. Les boules d'excitation ont des diamètres moindres ; elles sont montées sur des supports qui permettent d'en faire varier les distances (fig. 999).

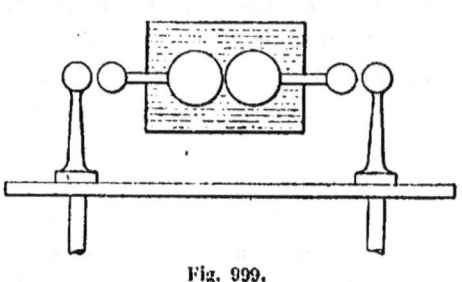

Fig. 999.

La bobine d'induction que l'on emploie doit présenter quelques dispositions particulières. L'interrupteur à lame vibrante notamment ne peut assurer un bon fonctionnement de longue durée ; les étincelles qui jaillissent dans l'air entre les parties périodiquement écartées et rapprochées les portent à une température dangereuse pour la bonne conservation de l'état des surfaces. Il est bien préférable d'employer un interrupteur à mercure I et, pour régler la vitesse des interruptions, de le mouvoir comme l'a fait M. Marconi, à l'aide d'un petit moteur électrique muni d'un rhéostat. La tige interruptrice doit être exactement guidée dans son mouvement alternatif vertical. Les dispositions que M. Ducretet donne à l'appareil qu'il construit sont décrites aux comptes rendus des séances de l'Académie (14 juin 1897); la forme du godet à mercure, étroite à la partie inférieure, évite les mouvements latéraux du métal liquide ; l'alcool qui le recouvre s'étend au contraire dans un réservoir plus large.

Enfin l'interrupteur à main i, dont la manœuvre sert à produire les longues et les brèves, est encore un interrupteur à mercure, muni d'une tige à bouton, qu'un ressort ramène au repos sitôt qu'on l'abandonne.

Le schéma du transmetteur présente donc dans son ensemble les dispositions de principe qu'indique la figure 1000.

394. Quelques résultats d'expériences. — Dans ses toutes premières expériences, M. Marconi avait employé des réflecteurs paraboliques, mais il reconnut vite qu'en reliant l'un des pôles de chacun de ses appareils transmetteur et récepteur au sol, il obtenait des résultats équivalents avec de simples plaques de zinc carrées de 0^m40 de côté reliées aux bornes opposées des mêmes appareils par de simples conducteurs isolés. Mais il faut élever ces plaques à des hauteurs d'autant plus considérables que l'on veut obtenir des signaux à plus grande distance. En laissant de côté les expériences du canal de Bristol, au cours desquelles M. Marconi dut soutenir les conducteurs des deux postes à l'aide de cerfs-volants à plus

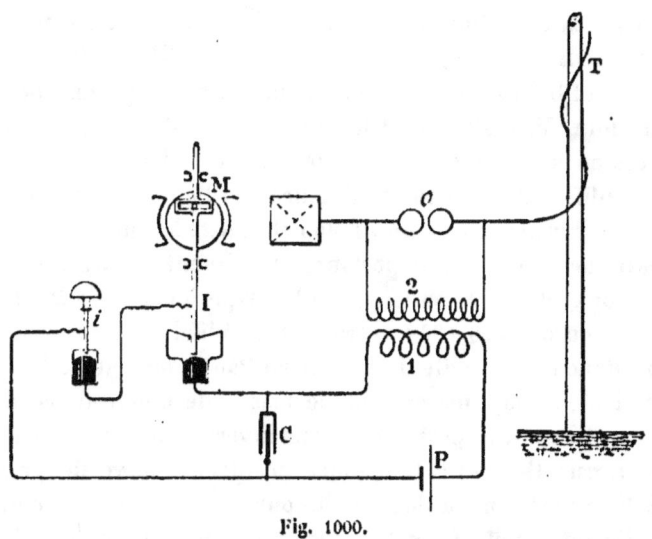

Fig. 1000.

de 50 mètres de hauteur pour communiquer à la distance de 14 kilomètres, nous rappellerons que sur la rade de la Spezzia, le cuirassé italien *San-Martino* put recevoir des télégrammes du poste de San-Bartolomeo jusqu'à 16 kilomètres au large et que la hauteur des conducteurs verticaux, tant au poste transmetteur que sur le navire, atteignait 34 mètres. C'est la hauteur verticale du radiateur et du collecteur qui paraît jouer en effet le rôle le plus important pour la transmission des dépêches à grande distance : l'influence même des plaques de ciel disparaît, et l'on se contente aujourd'hui d'établir le long d'un mât, à chaque poste, un simple fil de cuivre de quelques millimètres de diamètre, ainsi que nous l'avons dit aux paragraphes précédents. Il semble même, d'après certaines expériences, que ce soit la hauteur du fil transmetteur qui règle la portée de l'onde, comme si les ondes hertziennes avaient une trajectoire tant soit peu tombante. La hauteur du fil qui, dans les récentes expériences de Marconi, a permis de franchir le Pas-de-Calais entre South-Foreland et Wimereux (près Boulogne) à 50 kilomètres, est de 50 mètres.

La propagation des ondes hertziennes ne paraît en rien gênée par le brouillard ; c'est là un résultat capital au point de vue des transmissions sur mer, soit entre les navires, soit entre les bateaux-phares et la côte. Mais il n'en est pas de même des obstacles divers qui s'offrent sur terre, soit au voisinage des villes, soit en pays accidentés et boisés : dans ces conditions, les ondes portent beaucoup moins loin. M. Slaby, en Allemagne, a fait de nombreuses expériences en soutenant le radiateur et le collecteur à l'aide de ballons captifs : il lui a fallu atteindre des hauteurs de 300 mètres pour obtenir des communications nettes à 21 kilomètres. Les pièces métalliques de masse importante constituent encore un obstacle à la propagation des ondes. Dans les expériences que M. Ducretet a faites en octobre 1898 entre la tour Eiffel et le Panthéon, la transmission, très nette de la tour au Panthéon, même lorsque le fil collecteur était masqué par le massif de pierre de ce dernier édifice, devenait impossible en sens inverse, lorsque le Panthéon était transmetteur et la tour Eiffel réceptrice : le voisinage immédiat de la masse métallique de la tour annule l'effet des ondes sur le radioconducteur. Lors de ses expériences en rade de la Spezzia, M. Marconi avait reconnu des effets analogues ; il suffisait par exemple que, dans les évolutions du navire porteur du récepteur, la cheminée vînt s'interposer entre le poste transmetteur et le tube à limaille pour que la communication fût interceptée. La portée des ondes n'atteignit d'ailleurs 16 et 18 kilomètres que dans la direction du large : les côtes élevées, les îles mêmes empêchaient la communication entre le poste de San-Bartolomeo et le navire, lorsque celui-ci passait derrière ces obstacles matériels, même à distance assez grande pour qu'on pût penser tout d'abord que les ondes devaient sinon traverser l'obstacle, du moins le contourner et atteindre cependant le navire.

Il va de soi que, si l'on veut échanger des communications entre deux postes, il faut que chaque poste possède un transmetteur et un récepteur, et que l'on s'entende pour parler et écouter à tour de rôle, car jusqu'ici on n'a pas trouvé le moyen de faire fonctionner utilement les deux appareils à la fois. Il y a là un défaut capital, inhérent au système lui-même, et qui, jusqu'à nouvelle découverte, doit limiter ses applications. Il importe d'ailleurs dans ce cas, de mettre le récepteur à l'abri des ondes que le transmetteur voisin engendre quand il fonctionne, car la vivacité de l'impression que subirait le radioconducteur lui ferait perdre sa sensibilité et le rendrait impropre à révéler ultérieurement les ondes issues d'un poste éloigné. Il résulte des expériences qu'a faites M. Branly à ce sujet (1), qu'il faut pour protéger un radioconducteur non seulement le séparer de ses attaches métalliques, mais l'enfermer dans une enveloppe métallique complètement fermée. Pour le cas où l'on voudrait employer les nouveaux appareils à bord des navires, il faudrait donc munir le récepteur d'une enveloppe métallique qui se ferme automatiquement et qui isole à la fois le radioconducteur sitôt qu'on manœuvrerait le bouton d'appel de l'oscillateur.

De tels appareils pourraient alors être utilement employés en temps de brume par les navires pour s'avertir mutuellement de leur voisinage ; il suffirait, comme le remarque M. Branly, que chaque navire opérât par intermittences suffisamment prolongées, et en variant ces intermittences pour avertir à coup sûr les navires voisins de sa présence.

Nous terminerons enfin cette étude sommaire de la télégraphie hertzienne en signalant les récentes expériences de M. Thomas

---

(1) Comptes rendus des séances de l'Académie des sciences des 4 et 18 juillet 1898.

Tommasina sur les effets que produisent les champs magnétiques sur certains tubes à limailles rendus conducteurs par l'onde hertzienne. Nous avons déjà dit un mot des chaînes d'adhérence entre parcelles métalliques observées par ce savant. Il voulut voir si l'approche d'un aimant pouvait rompre ces chaînes : il opéra sur des tubes à poudre de nickel mélangées de traces d'argent ou encore sur des limailles de cobalt, de fer et d'acier. Il constata que le champ magnétique attirait la limaille et que la conductibilité acquise sous l'action d'une décharge oscillante disparaissait immédiatement : l'adhérence conductrice ne se reproduisait que si l'on éloignait l'aimant, et sous l'action d'une nouvelle onde électrique. L'approche de l'aimant produit donc tous les effets d'un choc, et un électro-aimant alternativement excité et éteint peut remplacer le trembleur de Popoff. « J'ai obtenu ce résultat, ajoute M. Thomas Tommasina (1), en fixant un électro-aimant de façon que l'un des pôles fût à quelques millimètres au-dessus de la limaille. Le circuit était formé par un accumulateur, une résistance et un relais, lequel agissait pour ouvrir et fermer le circuit de l'électro-aimant avec deux accumulateurs et un récepteur téléphonique en dérivation convenablement shunté. Une fois le réglage effectué, la réception des signaux a été parfaite, avec des tubes contenant des limailles d'acier, de fer, de cobalt et de nickel. Le mouvement de la limaille, très visible à l'œil nu, est d'une précision remarquable et ressemble à une pulsation. J'ai également constaté que les trépidations du sol, et même les secousses et les chocs donnés au cohéreur ne dérangent nullement le fonctionnement de l'appareil. » Il se peut qu'il y ait dans ce résultat l'origine d'une amélioration importante aux appareils récepteurs de la télégraphie hertzienne, car les effets du choc laissent toujours une certaine part aux irrégularités de fonctionnement.

(1) Comptes rendus des séances de l'Académie des sciences, 15 mai 1899.

TABLE DES MATIÈRES

DU SECOND VOLUME

QUATRIÈME PARTIE

DYNAMOS A COURANTS ALTERNATIFS ; TRANSFORMATEURS, COMMUTATRICES.

CHAPITRE PREMIER

ALTERNATEURS SIMPLES

I. — Fonctionnement en génératrices.

	Pages.
Principe de l'enroulement d'induit d'un alternateur	1
Force électro-motrice en circuit ouvert	3
Influence des proportions relatives des pièces polaires, intervalles polaires et bobines	3
Excitation des inducteurs	10
Disposition de principe de quelques alternateurs	10
Réaction d'induit d'un alternateur	14
Puissance fournie à l'alternateur, emploi de cette puissance	18
Fonctionnement simultané des alternateurs	20
Alternateurs couplés en tension	20
Alternateurs couplés en quantité	23

II. — Fonctionnement en réceptrice synchrone.

Fonctionnement d'un alternateur simple en moteur synchrone	28
Étude géométrique du fonctionnement du moteur	31
Décrochage	36

CHAPITRE DEUXIÈME
ALTERNATEURS POLYPHASÉS
I. — Générateurs de courants polyphasés.

Pages.

Génération des forces électromotrices polyphasées; principe des enroulements... 39
Dispositions particulières de quelques générateurs polyphasés... 42
Fonctionnement d'un générateur à courants polyphasés... 43
Réaction d'induit... 44

II. — Moteurs polyphasés à champ tournant.

Moteurs synchrones... 47
Moteurs à courants polyphasés asynchrones... 49
Dispositions générales des moteurs... 51
Disposition du champ de réaction d'induit... 53
Expression du flux et des forces électromotrices... 55
Force contre-électromotrice de transformation... 61
Puissance fournie au moteur; répartition de cette puissance : pertes diverses, couple moteur... 64
Fonctionnement du moteur; caractéristiques mécaniques... 68
Démarrage... 75
Valeurs des intensités et du flux... 76
Influence des fuites de flux; épure de M. Blondel... 79
Remarques générales à appliquer dans l'étude d'un projet de moteur polyphasé asynchrone... 84
Divers systèmes employés pour réduire la puissance absorbée par le moteur au démarrage... 93
Procédés Boucherot... 95
Essais d'un moteur à champ tournant... 97

CHAPITRE TROISIÈME
TRANSFORMATEURS

Usage et principe des transformateurs... 100
Principales dispositions des transformateurs... 101
Transformateurs polyphasés... 104
Fonctionnement d'un transformateur sur circuit extérieur simplement résistant... 108
Pertes par hystérésis et courants parasites... 116
Effet des fuites de flux, mesure de leur importance... 121
Combinaison des fuites diverses, diagramme complet... 126
Fonctionnement du transformateur sur circuit extérieur à réactance... 129
Perte de charge, méthode de Kapp pour la déterminer rapidement... 133
Essais des transformateurs... 135
Remarques diverses... 138

CHAPITRE QUATRIÈME

TRANSFORMATEURS TOURNANTS

	Pages.
Transformation de courants alternatifs en courant continu.............	142
Moteur-générateur...	143
Convertisseur à deux enroulements....................................	149
Commutatrices..	155
Commutatrices alimentées par des courants alternatifs en nombre relativement faible..	163

CINQUIÈME PARTIE

PILES ET ACCUMULATEURS

CHAPITRE PREMIER

PILES

Force électromotrice...	175
Force électromotrice de polarisation.................................	177
Moyens de combattre la polarisation; exemples de piles...............	178
Élément Meidinger...	179
Élément Leclanché...	180
Éléments au bichromate de potasse...................................	181
Rendement et puissance des piles.....................................	182
Considération relative à l'emploi de piles en batteries puissantes.......	186

CHAPITRE DEUXIÈME

ACCUMULATEURS

Principe des accumulateurs...	189
Accumulateurs au plomb..	191
Fonctionnement des accumulateurs au plomb.........................	198
Dispositions accessoires des accumulateurs; précautions diverses.......	202
Accumulateurs Commelin-Desmazures................................	207
Usages divers des accumulateurs; installation.........................	208
Emploi des accumulateurs à la navigation.............................	209
Batteries d'accumulateurs; exemples de coupleurs.....................	211
Tableaux de chargement des accumulateurs...........................	213
Essais des accumulateurs...	216

SIXIÈME PARTIE

LAMPES ET PROJECTEURS

CHAPITRE PREMIER

PHOTOMÉTRIE. — CONSIDÉRATIONS GÉNÉRALES

	Pages.
Champ lumineux.	221
Étalons d'intensité lumineuse.	223
Unités pratiques de lumière.	224
Dispositions de quelques photomètres.	225
Méthode de MM. Ayrton et Perry.	228
Méthode de MM. Blondel et Rey pour la mesure des éclats et intensités lumineuses des projecteurs.	229
Courbes d'intensité; intensité moyenne sphérique; lumenmètre Blondel.	231
Éclairement en un point du champ de plusieurs sources; luxmètres.	233
Production de radiations lumineuses par le courant électrique.	235

CHAPITRE DEUXIÈME

LAMPES A INCANDESCENCE

Dispositions de principe des lampes à incandescence et conditions fondamentales de leur bon fonctionnement.	239
Voltage et proportions du filament.	241
Fabrication des lampes à incandescence.	243
Disposition des culots et douilles.	247
Essais des lampes à incandescence.	248
Diverses lampes employées dans la marine.	250

CHAPITRE TROISIÈME

LAMPES A ARC

Fonctionnement de l'arc.	253
Propriétés de l'arc à courant continu et de l'arc à courant alternatif.	255
Régulateurs.	257
Lampes alimentées sous potentiel constant; régulateurs d'intensité.	258
Action des résistances interposées entre les bornes à potentiel constant et les bornes de la lampe.	259
Emploi de régulateurs de résistance et de régulateurs de potentiel.	259
Alimentation sous intensité constante, régulateurs de résistance ou de potentiel.	264
Exemples de régulateurs.	266

CHAPITRE QUATRIÈME

PROJECTEURS

	Pages.
Dispositions principales des projecteurs.....................	270
Lampes des projecteurs...............................	273
Lampes obliques......................................	273
Lampes horizontales...................................	278
Lampes Schückert, Bréguet, Sautter.....................	279
Miroirs..	281
Divers types de projecteurs; dispositions accessoires........	286

SEPTIÈME PARTIE

SYSTÈMES DE DISTRIBUTION; CANALISATION

CHAPITRE PREMIER

SYSTÈMES DE DISTRIBUTION

Remarques générales.................................	289
Distribution en série.................................	291
Distribution en dérivation.............................	292
Montage en boucle....................................	295
Inconvénients des systèmes de distribution en dérivation simple.........	296
Systèmes mixtes......................................	297
Distribution par l'intermédiaire d'accumulateurs..........	298
Distribution par l'intermédiaire de transformateurs........	299
Distribution par courants polyphasés....................	302
Poids de cuivre des lignes.............................	303
Choix d'un système de distribution......................	312
Maintien du voltage à valeur normale...................	315

CHAPITRE DEUXIÈME

CANALISATION

Qualités diverses des conducteurs.......................	318
Revêtements des câbles................................	321
Dispositions diverses des câbles........................	322
Élévation de température des conducteurs; limite de la densité d'intensité.	322
Calcul de la section des conducteurs d'une ligne de parcours déterminé..	323
Choix de l'emplacement des dynamos....................	332

CHAPITRE TROISIÈME

APPAREILLAGE — DISPOSITIONS DIVERSES

	Pages.
Appareils de distribution...	335
Exemple d'une distribution à trois fils.............................	336
Exemple d'une station de chargement d'accumulateurs et de distribution en dérivation simple..	338

HUITIÈME PARTIE

INSTALLATIONS ÉLECTRIQUES
A BORD DES NAVIRES

CHAPITRE PREMIER

CONSIDÉRATIONS GÉNÉRALES. — CANALISATION. — TABLEAUX DE DISTRIBUTION

Services assurés par l'électricité à bord d'un navire...................	345
Systèmes de distribution et voltage à adopter à bord des navires.........	348
Projecteurs...	349
Lampes à incandescence...	352
Moteurs..	355
Groupement des récepteurs..	358
Tableaux de répartition..	359
Dédoublement des postes des dynamos; doublement des circuits protégés, lignes de secours...	361
Exemples de tableaux de répartition....................................	364
Exemples de tableaux d'association.....................................	366
Cas de deux tableaux d'association : appareils destinés à les maintenir séparés...	370
Exemples de tableaux de distribution...................................	373

CHAPITRE DEUXIÈME

APPAREILS DE COMMANDE DES MOTEURS

Divers genres d'appareils de commande..................................	375
Commande d'un projecteur...	378
Treuils, monte-charges, monte-escarbilles, etc.........................	381
Manœuvre des tourelles...	388
Système Hillairet-Huguet-Canet...	391
Système des ateliers de La Seyne.......................................	396
Manœuvre de la barre d'un gouvernail...................................	402

	Pages
Commande à distance d'une machine à gouverner....................	404
Appareil Marit pour la commande d'un servo-moteur................	404
Répétiteurs des positions du récepteur ; combinaisons diverses destinées à en éviter l'emploi..	408
Commande à distance par l'intermédiaire de fils de mise en court circuit.	409
Emploi d'un conjoncteur à relais monté sur fil d'équilibre entre résistances conjuguées..	411
Manipulateur diphaseur et récepteur-redresseur (Système Marit).........	412
Conditions d'asservissement complet............................	416

CHAPITRE TROISIÈME

TRANSMETTEURS D'ORDRES

Principaux genres de transmetteurs d'ordres......................	418
Transmetteur Perruisse....................................	419
Emploi d'un combinateur...................................	421
Indicateur des angles de barre...............................	422
Signaux divers..	423
Transmetteur d'ordres Romazzotti............................	423
Transmission d'ordres par voltmètres.........................	426
Transmetteur d'ordres Caré.................................	427

CHAPITRE QUATRIÈME

TÉLÉGRAPHIE SANS FIL.

Principes de la télégraphie Hertzienne.........................	429
Expériences de Hertz ; oscillateur et résonnateur.................	429
Expériences de Branly.....................................	431
Dispositions du récepteur ; récepteurs Popoff et Marconi............	433
Dispositions du transmetteur................................	435
Quelques résultats d'expériences.............................	437

FIN DE LA TABLE DES MATIÈRES DU SECOND VOLUME.

ERRATA

TOME I

Pages.	Repères.	Au lieu de	lire
155	Dernière formule	$\dfrac{10^4}{4}\sqrt{\dfrac{P}{S_p}}$	$\dfrac{10^4}{2}\sqrt{\dfrac{P}{S_p}}$
406	Deuxième formule	$\mathfrak{M}^p$	$\mathfrak{M}_p$
548	Avant-dernière formule	$v =$	$r =$
550	Première formule	$140^r + \ldots$	$150^r + \ldots$

TOME II

5	5ᵉ ligne du bas	$2p$	$2m$
63	Première formule	$\dfrac{a_2\,\mathcal{L}_1{}^2\,l_1{}^2\,\cos^2\varphi}{\cos\varepsilon}$	$\dfrac{a^2\,\mathcal{L}_1{}^2\,l_1{}^2\,\cos^2\varphi}{\cos^2\varepsilon}$
103	Formule	e (trois fois)	l (trois fois)
122	Dernière formule	$\mathfrak{M} = \mathrm{A}\,m_1\,m_2\,10^{-9}$	$\mathfrak{M} = v\,\mathrm{A}\,m_1\,m_2\,10^{-9}$
146	Fig. 700	10^{-1}	10^{-9}
82	Fig. 710	\multicolumn{2}{L'angle φ est l'angle de $\beta\mathrm{M}$ avec le prolongement de $\alpha\beta$ et non de $o\beta$}